निबंध-निलय

(निबंध-संकलन)

निबंध-निलय

सम्पादक
डॉ. सत्येन्द्र

वाणी प्रकाशन
प्रकाशन के उत्कृष्टतम 62 वर्ष

vaniprakashan.com

पहला संस्करण : 2005
दूसरा संस्करण : 2008
तीसरा संस्करण : 2011
चौथा संस्करण : 2018
पाँचवाँ संस्करण : 2020
छठा संस्करण : 2021
सातवाँ संस्करण : 2022
आठवाँ संस्करण : 2025

वाणी प्रकाशन

4695, 21-ए, दरियागंज, नयी दिल्ली-110 002
फ़ोन : + 91 11 23273167, 23275710

शाखाएँ

अशोक राजपथ, पटना-800 004, बिहार
कॉफ़ी हाउस कैम्पस, महात्मा गांधी मार्ग, प्रयागराज-211 001, उत्तर प्रदेश
महात्मा गांधी अन्तरराष्ट्रीय हिन्दी विश्वविद्यालय, वर्धा-442 001, महाराष्ट्र

sales@vaniprakashan.in
vaniprakashan@gmail.com

Nibandh-Nilay

Edited by Dr. Satyendra

ISBN : 978-81-8143-380-0

Collection of Essays

मूल्य : ₹ 225

आर. टेक ऑफ़सेट प्रिंटर्स, दिल्ली-110 032 में मुद्रित

वाणी प्रकाशन का लोगो मक़बूल फ़िदा हुसैन की कूची से

प्राक्कथन

निबंधों का यह संग्रह विश्वविद्यालयों की उच्चस्तरीय कक्षाओं के निमित्त किया गया है। इसके माध्यम से एक ओर तो हिंदी निबंध के विकास के सतत चरण उजागर होंगे, दूसरी ओर निबंध के शिल्प और निबंध विधा की मूलवर्ती चेतना सुस्पष्ट हो सकेगी। भारतेंदु-युग से अद्यतन निबंध की यात्रा कम रोचक नहीं है। अंग्रेजी साहित्य में 'एसे' की जो महत्ता रही है आज हिंदी में निबंध को वही महत्ता प्राप्त है। हिंदी गद्य-विकास के समूचे वैभव का निबंध ही एकमात्र निकष है। इस तथ्य को ध्यान में रखते हुए ऐसे ही महत्त्वपूर्ण निबंधों को इस संकलन में स्थान दिया गया है जो निबंध-समूह में रेखांकित करने योग्य हैं।

आरंभ में निबंध को स्पष्ट करने हेतु एक विस्तृत भूमिका दी गई है। यदि इस भूमिका से अध्येता को निबंध और उसकी साहित्यिक महत्ता के संबंध में कोई दृष्टि मिली तो लेखक का श्रम सार्थक होगा।

–सत्येन्द्र

अनुक्रम

निबंध का स्वरूप एवं विकास		9
साहित्य जनसमूह के हृदय का विकास है	*बालकृष्ण भट्ट*	109
साहित्य का उद्देश्य (प्रगतिशीलता)	*प्रेमचंद*	117
कविता क्या है?	*रामचंद्र शुक्ल*	127
नवीन यथार्थवाद	*नंददुलारे वाजपेयी*	166
भारतीय संस्कृति	*गुलाब राय*	183
हिंदी की प्रयोगवादी कविता	*डॉ. नगेंद्र*	192
यथार्थ और आदर्श	*महादेवी वर्मा*	204
कुटज	*हजारी प्रसाद द्विवेदी*	227
तुलसी-साहित्य के सामंत विरोधी मूल्य	*डॉ. रामविलास शर्मा*	235
संवत्सर	*अज्ञेय*	256
मेरे राम का मुकुट भीग रहा है	*विद्यानिवास मिश्र*	261
उत्तराफाल्गुनी के आसपास	*कुबेरनाथ राय*	269

निबंध का स्वरूप एवं विकास

निबंध का आरंभ

निबंध के आरंभकर्त्ता 'मॉनटेन' (Montaign) माने जाते हैं। ये फ्रांस निवासी थे। इन्होंने विविध विषयों पर अपने विचारों को प्रकट करने के प्रयोग किए। प्रयोग के लिए अंग्रेजी पर्याय 'एसे' है। इन्होंने अपने 'एसे' प्रयोगों को 'प्रयोग' नाम ही दिया। ये 'प्रयोग' ही साहित्य का पृथक् अंग बन गए, इनकी कला भी साहित्य के अन्य अंगों की भाँति पुष्ट हुई। आज तो साहित्य का यह अंग सभी अंगों से विशेष परिपुष्ट तथा विशेष उपयोगी सिद्ध हुआ है।

संस्कृत में निबंध

प्राचीन संस्कृत ग्रंथों में निबंध शब्द का प्रयोग देखकर निबंध का मूल उत्स वहाँ खोजना तर्क एवं प्रमाण सम्मत नहीं है। निबंध शब्द का प्रयोग तो अनेक ग्रंथों में मिलता है किंतु वह आधुनिक हिंदी निबंध से कोई संबंध नहीं रखता। न्यायवार्तिक श्लोक में 'कुतार्किका ज्ञाननिवृत्तिहेतुः करिष्यते तस्यमया निबंधः' अथवा पंचपादिका में 'परिसमाप्तश्चायं पंचपादिका विवरणात्मको निबंधः' में प्रयुक्त निबंध शब्द को आज की निबंध-विधा का मूलस्रोत मानना वादरायण संबंध से भी दूर का संबंध स्थापित करना है। वासवदत्ता में भी निबंध-प्रबंध शब्द का प्रयोग हुआ है–'प्रत्यक्षर श्लेषमय प्रबंध विन्यास वैदग्धनिधिर्निबंध चक्रे' किंतु यहाँ भी निबंध शब्द का अर्थ लेख अथवा आधुनिक निबंध नहीं है।

भारत में प्राचीनकाल में भी निबंध होते थे। पं. हजारी प्रसाद द्विवेदी जी ने बताया है–

"प्राचीन संस्कृत साहित्य में निबंध नाम का एक अलग साहित्यांग है।

इन निबंधों में धर्मशास्त्रीय सिद्धांतों की विवेचना है। विवेचना का ढंग यह है कि पहले पूर्व-पक्ष में ऐसे बहुत से प्रमाण उपस्थित किए जाते हैं जो लेखक के अभीष्ट सिद्धांत के प्रतिकूल पड़ते हैं। इस पूर्व-पक्ष वाली शंकाओं का एक-एक करके उत्तर-पक्ष में जवाब दिया जाता है। सभी शंकाओं का समाधान हो जाने के बाद उत्तर-पक्ष के सिद्धांत की पुष्टि में कुछ प्रमाण उपस्थित किए जाते हैं। चूँकि इन ग्रंथों में प्रमाणों का निबंधन होता है इसलिए इन्हें निबंध कहते हैं।''[1]

किंतु यह प्राचीन रूप आधुनिक रूप में महत्त्वहीन है, क्योंकि प्राचीनों के जैसे शास्त्रीय खंडन-मंडन की दृष्टि आज लुप्त हो चुकी है। आज अन्य बहुत-सी बातों का निबंधन किया जाता है। निबंध शब्द तो भारतीय परंपरा से लिया गया है पर वह पर्याय बन गया है एसे (Essay) का जिसका मूल अर्थ 'प्रयोग' होता है। फलतः निबंध की आत्मा का सारतत्त्व भी वही है जो अंग्रेजी के 'एसे' का है।

निबंध प्रवर्त्तक मॉनटेन

मॉनटेन के निबंध संग्रह के दो खंड 1580 में प्रकाशित हुए थे। मॉनटेन की मूल अभिरुचि राजनीति और कानून में थी। यदि वह राजनीतिक क्षेत्र में पदार्पण कर गया होता तो निबंध नहीं लिख पाता, ऐसा अनुमान लगाया जाता है। अंग्रेजी में निबंधों की दशा-दिशा मॉनटेन के निबंधों की प्रेरणा से ही निर्धारित हुई। इन निबंधों की भूमिका में उसने बताया था कि वह कोई कला या अध्ययन प्रस्तुत नहीं कर रहा, वरन् अपने आपका ही चित्रण कर रहा है।[2] वस्तुतः निबंध कला का व्यक्तित्ववाद का सिद्धांत इसी सूत्र से पनपा है। मॉनटेन का मनमौजीपन मुक्त विषय-वैविध्य को आधार बनाकर इन निबंधों में प्रकट हुआ है। तभी निबंध की ऐसी परिभाषाएं हुईं जिनमें व्यक्तिनिष्ठता को महत्त्व देते हुए डॉ. सैमुअल जोनसन ने कहा कि 'An essay is a loose sally of mind, an irregular, illdigested piece' अर्थात् निबंध मानस की उन्मुक्त उत्सर्जना है, अनियंत्रित

---

1. द्विवेदी, हजारीप्रसाद, आचार्य : साहित्य का साथी, पृ. 150
2. Reader, where a well meaning book...I desire therein to be delineated in mine own genuine and simple and ordinary fashion without contention, art or study, for it is myself's portray.—Encyclopaedia of Literature, p. 205.

और कुव्यवस्थित रचना। एडीसन ने 'स्पेक्टेटर' में बताया कि निबंध नाम की रचना में जंगल जैसा असौष्ठव (Wildness) होता है। बेन्सन (Benson) ने इसी व्यक्तिवाद को महत्त्व देते हुए यहाँ तक कह दिया कि–'निबंध के लिए 'विषय' तो कोई बात नहीं, कोई भी विषय लिया जा सकता है, जो अपूर्ण है, वह है व्यक्तित्व का चमत्कार।'[1] व्यक्तित्व या 'पर्सनैलिटी' ही निबंध का प्राण है। इस व्यक्तित्व को किसी-किसी ने 'मूड' या 'मन की मौज' और किसी ने ह्विम (Whim) या मन की झोंक के रूप में ही ग्रहण किया है। व्यक्तित्व की अभिव्यक्ति या अपने आपको ही चित्रित करने को निबंध का सारतत्त्व मानते हुए ही इनमें विषय-वैविध्य को स्थान देने के यह अर्थ लगाए गए कि संसार की कोई भी वस्तु या कोई भी विषय ही नहीं, कई-कई विषय भी एक ही निबंध में समावेशित किए जा सकते थे।

हैजलिट (Hazlitt) महोदय ने इसी तथ्य को इस प्रकार प्रस्तुत किया है–"The topic of the essay is like a peg to hang the bundle of thoughts upon." निबंध में जो आकर्षण होता है उसका बहुत बड़ा श्रेय उस निबंधकार को होता है जिसकी प्रतिक्रियाएँ और मानसिक प्रतिच्छवियाँ निबंध में अंकित हुआ करती हैं।

प्रो. सेंटस्वरी ने निबंध को गद्य लेखन की कला का चरम उत्कर्ष माना है "It is a work of prose art." तथा फ्रीमैन (Freeman) ने माना है कि पूर्ण अहंवादी ही सच्चा निबंधकार होता है–'Your perfect egoist is your perfect essayist'। फ्रीमैन के अनुसार निबंधकार को बौद्धिक शाहखर्च(Intellectual spendthrift) होना चाहिए। पाश्चात्य विचारकों ने निबंध की विवेचना करते हुए अनेक स्थानों पर इस प्रकार के कथन बार-बार किए हैं–'The natural man must speak, the `I' must be expressed, one should let oneself go.' निबंध का मूल आहार, मूल उपादान निबंधकार के असली व्यक्तित्व (Real personality) की अभिव्यक्ति माना गया है–

1. The purpose of the essay is to bring out the natural man, the real personality of the writer.

---

1. The point of the essay is not the subject, for any subject will suffice, but the charm of personality.

2. Essence of the essay is soliloquy.
3. The essayist must wear his heart upon his sleeve.
4. The essay is the expression of a personality, an artful and enduring kind of talk.

निबंधकार के व्यक्तित्व की अभिव्यक्ति की प्रधानता के कारण कुछ समीक्षकों ने यहाँ तक कहा कि निबंधकार को अपनी बात कहने के संबंध में अपने व्यक्तित्व और अपनी विचारधारा आदि के प्रक्षेपण में थोड़ा बेशर्म भी होना चाहिए।

पाश्चात्य विद्वानों की निबंध के विषय में यह धारणा भी प्रचलित है कि निबंध एक संक्षिप्त रचना होती है, जो अपूर्ण होने के साथ-साथ अव्यवस्थित भी होती है। प्रो. ह्यूज वाकर (Hugh Walker) का विचार है–" Perhaps the nations most widely prevalent with regard to the question of essay are, first, that an essay is a composition comparatively short, and second, that it is something incomplete and unsystematic." इन्हीं दोनों तत्त्वों को मिलाकर 'आक्सफोर्ड इंगलिश डिक्शनरी' में निबंध को इस प्रकार से परिभाषित किया है–"A composition of moderate length on any particular subject or branch of a subject; originally implying want of finish, an irregular, indigested piece, but now said of a composition more or less elaborate in style though limited in range."

निबंधों की अंग्रेजी साहित्य में असाधारण महिमा मानी जाती रही है। इसके अध्ययन के बिना कोई भी साहित्यिक अध्ययन अपूर्ण माना जाता रहा है। अंग्रेजी में निबंध का अध्ययन अपने-आप में एक बहुत ही रसात्मक अनुभूति के रूप में माना गया है। जे.एस. आरमॅर (J.S. Armeur) के अनुसार–"The essay should be studied first of all for its own sake. It is one of the most important and most delightful types of literary composition. It is the prose equivalent of the sonnet, admitted to be one of the most difficult exercises in verse. The men who excelled in sonnet writing bear the greatest names in poetry. Our great essayists are similarly our finest artists in prose. No study of literature can be said to be complete which fails to give prominence to the essay."

साहित्यिक सौंदर्यमूलक एवं रसात्मक पक्ष के साथ-साथ निबंध का एक व्यावहारिक और उपयोगितावादी पक्ष भी है। निबंध सबसे अधिक प्रचलित और उपयोगी साहित्यिक विधा है जिस पर लोग असाधारण रूप से मुग्ध रहे हैं। अलेक्जेण्डर स्मिथ (Alexander Smith) का मत है कि साहित्यिक विधा के रूप में निबंध की तुलना प्रगीत या लिरिक से की जा सकती है। दोनों में एक केंद्रीय मनःस्थिति प्रधान होती है। निबंध और गीत दोनों के निर्माण में केंद्रीय मनःस्थिति की प्रमुख भूमिका होती है। निबंध पहले वाक्य से लेकर अंतिम वाक्य तक उसी केंद्रीय मनोदशा के चारों ओर आवर्तित होता रहता है–"Give the mood and the essay, from the first sentence to the last, grows around it as the cocon grows around the silk worm." हम यह पहले स्पष्ट कर चुके हैं कि निबंध के लिए विषय का महत्त्व कुछ बहुत अधिक नहीं होता। निबंध का विषय कुछ भी हो सकता है। व्यक्तित्व के जादू से उसे एक सौष्ठव और कलात्मकता से मोहक बना देना है। सशक्त सामान्य ज्ञान (Strong common sense) के लिए जोनसन, 'मूड' या 'ह्रिम' की प्रधानता के लिए लैंब (Lamb) और ज्ञान की गंभीरता की दृष्टि से हैजलिट् (Hazlitt) प्रसिद्ध रहे हैं।

फ्रांसिस बेकन–निबंध का एक अलग रूप

मॉनटेन के समकालीन इंग्लैंड के फ्रांसिस बेकन ने निबंध की विधा को प्रशस्त किया। बेकन के प्रथम निबंध संग्रह का नाम था, 'एसेज, रिलीजस मेडीटेशंस, प्लेसेज ऑव परसुएशन एंड डिप्सुएशन' और इस संग्रह का प्रकाशन हुआ सन् 1597 ई. में मॉनटेन के निबंध संग्रहों से सत्रह वर्ष पश्चात्। बेकन ने इसमें समर्पण लिखा था, कि एक पूरे ग्रंथ की रचना में लेखक को भी समय चाहिए और पाठक के पास भी पढ़ने के लिए समय होना चाहिए। इसी कारण मैंने छोटी-छोटी टिप्पणियाँ लिखी हैं जिनमें सार्थकता है कौतूहल की अपेक्षा, और इन्हें ही मैंने 'एसेज' (निबंध) नाम दिया है–

"To write just treatises, requiseth leisure in writer and leisure in the reader, and, therefore, are not so fit, neither in regard of your highness Presprincely affairs, nor in regard of my continual service, which is the cause that hath made me choose to write certain brief notes set down rather significantly than curiously, which I have called

'Essays', The word is late, but the thing is ancient for senecas Epesthis, to Lucihies if you mark them well, are but essays, that is dispersed meditations, though conveyed in the form of Epesthis."

स्पष्ट है कि बेकन मॉनटेन से भिन्न शैली और भिन्न प्रकार की कृति को भिन्न आवश्यकता से, निबंध का नाम दे रहा था। उसने अपने निबंधों को टिप्पणियाँ बताया है। अभिप्राय यह था कि उसके निबंध सूत्र रूप में प्रस्तुत किए गए हैं। थोड़े शब्दों में बहुत विचार और भाव भरने के प्रयत्न उसने किए थे। उसके निबंधों में उक्तिपूर्ण बौद्धिकता, वाग्वैदग्ध्य (Wit) या बौद्धिक व्युत्पन्नता है।

बेकन की इन रचनाओं को भी निबंध का नाम दिया गया। अब बेकन भी निबंध के प्रवर्त्तक माने जाने लगे। इस प्रकार इस सत्रहवीं शती के आरंभ में ही निबंध की दो शैलियाँ हो गई थीं—एक मनमौजी प्रवाह में लिखी गई रोचकता वाली शैली और दूसरी गंभीर सूत्रात्मकता युक्त बौद्धिक शैली। ये दो शैलियाँ तब से निरंतर आज तक चली आ रही हैं।

निबंध : सीमा विस्तार

इस दूसरी स्थिति की ओर संकेत करते हुए कैसल्स 'एनसाइक्लोपीडिया फॉर लिटरेचर' में 'एसे' शीर्षक के अंतर्गत यह टिप्पणी दी गई है—

"किंतु बेकन के समय से इस शब्द (अर्थात् 'एसे' निबंध) का प्रयोग कुछ-कुछ भेद बोध रहित किया जाने लगा है। इसका उपयोग आज परस्पर एक-दूसरे से भिन्न रूपों के लेखन के लिए किया गया मिलता है—गंभीर और विद्वत्तापूर्ण ग्रंथ (treatise) से लेकर किसी क्षण द्वारा उद्रेकित क्षण—स्थायी एवं हलके भावोद्वेलन तक के लेखन इस शब्द से अभिहित किए जाते हैं। उदाहरणार्थ, यह शब्द मॉनटेन और उसकी 'सद अभिप्राय' वाली पुस्तक के लिए भी काम में आता है, और ऐसा होना ठीक भी है क्योंकि उसी ने लेखन के इस नए रूप की सृष्टि की और 1580 में प्रकाशित अपनी कृति को एसे (Essais) नाम भी दिया। किंतु यही शब्द मालथस और उसके 'जनसंख्या पर निबंध' के लिए भी प्रयुक्त होता है और इसी तरह 'लोक और उसकी मानवीय समझ' विषयक निबंध (Essay concerning human understanding) के लिए भी, पोप के लिखे 'ऐसे ऑन क्रिटिसिज्म' और 'एसे ऑन मैन' के लिए भी (हालाँकि ये पद्यबद्ध हैं),

बेकन, मेकॉले, फ्रॉउडे और कार्लायल के निबंधों के लिए भी, जॉन अर्ल की 'माइको-कोस्मोग्राफी ऑर ए पीस ऑव द वर्ल्ड डिस्कवर्ड इन एसेज़ ऐंड कैरेक्टर्स' के लिए भी, सर फिलिप सिडनी की 'ऐन अंथालौजी फॉर पौइट्री' के लिए भी, जी.के. चेस्टरटन की 'ट्रिमेंडस ट्राइफिल्स' के लिए भी, बर्नार्ड शॉ की भूमिकाओं (Prefaces) के लिए भी, हिलेयर बैलक के 'ऑन समथिंग, ऑन नथिंग और ऑन ऐवरीथिंग' के लिए भी, जेरेनी टेलर, एडीसन और स्टील, राबर्ट लुईस स्टीवेंसन और चार्ल्स लैंब के लिए भी, तथा अन्य हजारों परस्पर विशदता से असंगत लेखन शैलियों और विषय-वस्तुओं के लिए भी निबंध का नाम दिया जाता है।"[1]

इस उद्धरण से विदित होता है कि निबंध की गंभीर, विशद अध्ययन युक्त, घनिष्ठ विचार सामग्री वाले सूत्र रूप में निबद्ध लघु रचनाओं और मॉनटेन शैली के व्यक्तिपरक मौजों पर चढ़े रमणीय प्रयत्नों के बीच जो क्षेत्र बनता था उसमें अनेकानेक प्रकार की साहित्यिक, वैचारिक और मर्मस्पर्शी कृतियाँ समावेशित हो सकती थीं। फलतः निबंध की परिभाषा करना आसान नहीं।

शुक्ल जी की परिभाषा

आचार्य शुक्ल ने बताया कि यदि गद्य कवियों या लेखकों की कसौटी है तो

---

1. But from the time of Bacon the use of the word has been somewhat indiscriminate. It is now to be found applied to the most diverse forms of writing, from the solemn and learned treatise to the slightest and most ephemeral effusion of the moment. It is used, for example, to describe Montaigne and his `Well meaning book', as indeed it should be, for Montaigne not only created the new form of writing, but attached the word Essais to his first publication in 1580. But the same word is applied to Malthus and his Essay on Population, to Locke and his Essay Concerning Human Understanding, to Pope's Essay on Criticism and his Essay on Man (although they are both in heroic couplets), to the essays of bacon, Macauley, Froude and Carlyle, to John Earle's Micro-Cosmographic, or a Price of the World Discovered in Essayes and Characters to Sir Phillip Sidney's An Apologie for Poetric, to G.K. Chesterton's Tremendous Trifles, to the `Prefaces' of Bernard Shaw, to Hilaire Belloc's on Something on Nothing, and on Everything, to Jeremy, Taylor, to steele and Addison, Robert Louis Stevenson and Charles Lamb, and to a thousand other vividly-contrasted styles of writing and subject matter.—Cassell's Encyclopaedia of Literature, p. 205.

निबंध गद्य की कसौटी है। भाषा की पूरी शक्ति का विकास निबंधों में ही सबसे अधिक संभव होता है।[1]

"आधुनिक पाश्चात्य लक्षणों के अनुसार निबंध उसी को कहना चाहिए जिसमें व्यक्तित्व अर्थात् व्यक्तिगत विशेषता हो। बात तो ठीक है, यदि ठीक तरह से समझी जाय।...निबंध लेखक अपने मन की प्रवृत्ति के अनुसार स्वच्छंद गति से इधर-उधर फूटी हुई सूत्र-शाखाओं पर विचरता चलता है। यही उसकी अर्थ संबंधी व्यक्तिगत विशेषता है। अर्थ संबंधी सूत्र की टेढ़ी-मेढ़ी रेखाएँ ही भिन्न-भिन्न लेखकों का दृष्टि-पथ निर्दिष्ट करती हैं। एक ही बात को लेकर किसी का मन किसी संबंध सूत्र पर दौड़ता है, किसी का किसी पर। इसी का नाम है एक ही बात को भिन्न दृष्टियों से देखना। व्यक्तिगत विवेचना का मूल आधार यही है।...निबंध लेखक जिधर चलता है उधर अपनी संपूर्ण मानसिक सत्ता के साथ अर्थात् बुद्धि और भावात्मक हृदय दोनों लिए हुए।"

किंतु डॉ. श्रीकृष्णलाल जी ने बताया कि : "निबंध वही साहित्य रूप है जिसमें लेखकों ने प्रतिपाद्य विषय के भीतर ही अपनी रुचि, भावना एवं विचारों की स्वच्छंद भाव से अभिव्यक्ति की है।" वे आगे कहते हैं–"व्यक्ति-प्रधान निबंध के दर्शन वहीं होते हैं जहाँ लेखक अपने प्रतिपाद्य विषय की चर्चा के भीतर ही अपने व्यक्तित्व की झलक दिखलाता चलता है। व्यक्तित्व की यह झलक अतिस्पष्ट भी नहीं होती और वह बिलकुल अस्पष्ट रहे, ऐसा भी नहीं होता।"

व्यक्तिनिष्ठता : मतभेद

व्यक्तिनिष्ठता निबंध में होती है, यह बात शुक्ल जी ने भी मानी है और डॉ. श्रीकृष्णलाल ने भी। पर शुक्ल जी व्यक्तिनिष्ठता का अर्थ लेते हैं 'व्यक्ति का विषयगत दृष्टिभेद', डॉ. लाल व्यक्तित्व का अर्थ मानते हैं रुचि, भावना एवं विचारों की स्वच्छंद अभिव्यक्ति विषय-निरूपण में धूप-छाँह की तरह व्याप्त। वस्तुतः व्यक्तित्व दृष्टिकोण रुचि-भावना-विचार सभी की धुरी होता है। अतः

---

1. कुछ ऐसी ही बात मैरिऑट ने लिखी है :
"The essay is a severe test of a writer and has been described as the Ulysses Bow of literature." (भूमिका, 'एसेज़ एंड स्केचेज' नामक पुस्तक की, पृ. X)

वस्तु प्रतिपादन में इनकी व्याप्ति से निबंध में व्यक्तिनिष्ठता या व्यक्तित्व मिल जाता है।

लेखक-पाठक का निकटत्व

यों तो यह भी एक पक्ष है कि निबंध में लेखक और पाठक आमने-सामने होते हैं।[1] उनके बीच में निबंध एक ऐसा माध्यम है जिसमें ओट या कोई बहाना नहीं रहता, जैसे महाकाव्य, खंड काव्य, उपन्यास, कहानी, नाटक में कृतिकार पात्रों-चरित्रों की ओट में या उनके बहाने से अप्रत्यक्ष रूप से अपने आपको व्यक्त करता है। ऐसा कोई व्यवधान लेखक-पाठक के बीच निबंध में नहीं रहता। लेखक निबंध में जो कुछ कहना चाहता है, सीधे पाठक से कहता है। इसी तंत्र के कारण प्रत्येक शब्द सीधे उसी की अपनी अभिव्यक्ति है। अतः उसका व्यक्तित्व उसमें विद्यमान है। पर इस तंत्र में भी यह पक्ष रहता है कि लेखक क्या देना चाहता है—वस्तु को या स्वयं को। जब वह वस्तु-मात्र, शुद्ध वस्तु ही देता है तो भी तो वह अपने आपको प्रकट नहीं होने देता। यह अवश्य है कि वह वस्तु को भी अपनी दृष्टि से, अपनी तरह से, अपनी भाषा-शैली में प्रेषित कर रहा है। अतः वस्तु-प्रतिपाद्य को प्रेषित करने के तंत्र में ही उसका व्यक्तित्व रहता है। फलतः यह एक प्रकार है व्यक्तित्व को प्रेषित करने का कि व्यक्तित्व झलके ही नहीं, वस्तु ही सामने आए। ऐसे निबंधों को ही वस्तुनिष्ठ कहा जाता है, पर यह भी सत्य है कि इस वस्तुनिष्ठता का परिणाम एक विशेष व्यक्तित्व ही है।

वस्तु व्यक्ति : संबंध-अनुपात

किंतु जब लेखक वस्तु को देने के साथ स्वयं को भी देता है तो वस्तु के प्रेषण के साथ व्यक्तित्व कुछ विशेष उभरकर आता है। निबंध के साथ व्यक्तित्व के भाव, विचार, दृष्टिकोण या अनुभूति आदि भी वस्तु के साथ प्रेषित हो रहे होते

---

1. ए.सी. बेनसन ने भी कुछ ऐसी ही बात कही है :
"It must concern itself with something jolly. His (essayist's) charm depends upon giving the sense of good humoured, gracious and reasonable personality and establish a sort of pleasant friendship with his readers."

हैं। इस प्रयोग में वस्तु और व्यक्तित्व के प्रेषण में पारस्परिक संबंध-अनुपात से कितने ही रूप दिखाई पड़ते हैं। एक लेखक या निबंधकार विषय से एक खूँटी का ही काम लेता है, और उस पर टाँगता है अपने व्यक्तित्व के विविध रूप को। ऐसे निबंधों में विषय का महत्त्व बहुत गौण हो जाता है और व्यक्तित्व मुखर हो उठता है। लगता है, केवल व्यक्ति ही प्रेषित-समर्पित है। ऐसी रचनाएँ कुछ गद्यकाव्यत्व ग्रहण कर लेती हैं। इसमें भी व्यक्तित्व के कितने ही प्रकार के पुट हो सकते हैं। किसी में व्यक्तित्व का भाव-पक्ष प्रबल हो सकता है किसी में विचार की लहरों का, किसी में कल्पनाओं और अनुभूतियों का।

निस्सीमता विषयों की

डॉ. गुलाबराय जी ने बताया है कि निबंध के विषयों की कोई सीमा नहीं। निबंध 'कुछ नहीं (Nothing)' से लगाकर विश्व की अनंतता में आने वाली जितनी वस्तुएँ (भाव और क्रियाएँ) हैं उन सब पर लिखे जा सकते हैं।

रमणीयता का तंत्र : जिज्ञासा

'वस्तु' को प्रस्तुत करने में निबंध लेखक-पाठक के बीच के भेद का लोप करके ही सहज रूप में वस्तु को प्रस्तुत करता है, पर इस प्रस्तुतीकरण में वह रमणीयता कैसे ला सकता है? इसे लाने के दो प्रकार के प्रयत्न होते हैं। एक है निबंधकार का अपना 'आत्मतत्त्व', उसका अंतरंग मनःतंत्र जैसे, वह उसमें जिज्ञासा को माध्यम बनाकर ज्ञान-विज्ञान का निरूपण करे। जिज्ञासा के साथ अपने मन की आग किसी बात से हुए मन के असंतोष में अथवा विषय की जिज्ञासा में, उद्भूत विविध शाखा-प्रशाखाओं पर मौज के साथ नई जिज्ञासाओं अथवा असंतोषों की चर्चा से ही निबंध में कुछ आवर्त पैदा कर पाठक के लिए निबंध को रमणीय बना दिया जाता है। इस क्रम में कुछ विशिष्ट समस्याएँ खड़ी करके निबंध को विचार प्रेरक बनाकर पाठक का मन पकड़ने का प्रयत्न किया जाता है।

आवर्त द्वारा निबंध की रमणीयता को कुछ उदाहरणों से समझें—

"जिज्ञासा के सूत्र पर मन को ज्ञान-विज्ञान की दृष्टि से पकड़ने में सक्षम निबंध पं. महावीरप्रसाद द्विवेदी का 'हंस का नीरक्षीर विवेक' माना जा सकता है। इसमें एक प्रघट्टक का आरंभ यों होता है—अच्छे हंस रहते कहाँ हैं और खाते क्या हैं।"

यहाँ लेखक ने प्रश्न खड़ा करके जिज्ञासा उत्पन्न की है। अब पाठक इन दोनों के संबंध में जानने के लिए उत्कंठित हो उठेगा और लेखक इन बातों के संबंध में जो कहना चाहता है, उसे वह ध्यान से पढ़ेगा। लेखक ने सीधे ही पाठक का मन पकड़ लिया। अब वह उसे तरह-तरह से ज्ञान-विज्ञान की बात करके काव्योक्तियों का आस्वादन कराता हुआ और बीच-बीच में अन्य प्रश्न खड़े करता हुआ अपना अभिप्राय सिद्ध करता है।

पुनराख्यान

'जिज्ञासा' के साथ 'पुनराख्यान' भी जुड़ा हुआ है, क्योंकि नई दृष्टि से किसी भी प्रस्तुत शब्दार्थ में किसी नए अर्थ के सूत्र प्रकट हो सकते हैं, और उसके पुनराख्यान की या पुनः नई व्याख्या की आवश्यकता हो सकती है। पुनराख्यान के पीछे भी भूमि तो जिज्ञासा की है, पर ज्ञान-विज्ञान वाली जिज्ञासा से कुछ भिन्न है। इस पुनराख्यानमय निबंध का एक अच्छा उदाहरण आचार्य केशवप्रसाद मिश्र का निबंध 'मधुमती भूमिका' है। 'मधुमती भूमिका' का संबंध योगी से है, पर आचार्य उसका पुनराख्यान करते हुए कहते हैं--

''योगी की पहुँच साधना के बल पर जिस मधुमती भूमिका तक होती है प्रातिभ ज्ञान[1] संपन्न सत्कवि की पहुँच स्वभावतः उस भूमिका तक हुआ करती है। साधक और कवि में अंतर केवल यही है कि साधक यथेष्ट काल तक मधुमती भूमिका में ठहर सकता है, पर कवि अनिष्ट रजस् या तमस् के उभरते ही उससे नीचे उतर पड़ता है। जिस समय कवि का चित्त इस भूमिका में रहता है उस समय उसके मुँह से वह मधुमयी वाणी निकलती है जो अपनी शब्दशक्ति से उसी निर्वितर्क समापत्ति का रूप खड़ा कर देती है जिसकी चर्चा पहले हो चुकी है। यही रसास्वाद की अवस्था है यही रस की 'ब्रह्मास्वाद सहोदरता' है।''

योगी की मधुमती भूमिका की व्याख्या या पुनराख्यान कवि के 'रसास्वाद' से आचार्य ने किया है क्योंकि उनके मन में साहित्य के अध्येता की दृष्टि से यह अर्थ प्रकट हुआ। इसके पीछे भी एक जिज्ञासा थी ही।

यह नया अर्थ-बोध जिज्ञासावृत्ति का ही एक पक्ष है।

---

1. Benederto ने इसी प्रातिभ ज्ञापन को Intuitive Knowledge कहा है। इसका वर्णन 'प्रतिभाद्वासर्वम् 3 ।33 तथा तारक सर्व विषयं सर्वथा विषयक्रमं चेति विवेकजं ज्ञानम् 3/54/3' –पातंजल सूत्रों पर व्यास के भाष्य और विज्ञानभिक्षु के वार्तिक में देखना चाहिए।

मन का आक्रोश

कवि या लेखक के मन का आक्रोश या मन के असंतोष से लिखे गए निबंधों के भी कई रूप हो सकते हैं। एक रूप वह है जहाँ किसी साहित्यकार की कृति से ठेस पहुँची, उसकी प्रत्यालोचना के रूप में वह निबंध लिखने बैठ गया। प्रत्यालोचना के रूप में लिखे निबंध इसी कोटि में आएँगे। पं. पद्मसिंह शर्मा का 'सतसई संहार' इसी प्रक्रिया का परिणाम है। बिहारी सतसई की एक टीका से उन्हें घोर असंतोष हुआ। तब उन्हें लेखनी उठानी पड़ी।

इसी असंतोष का एक रूप होता है–'सैद्धांतिक मतभेद' का। यह मतभेद धर्म, राजनीति, समाजनीति से या अन्य किसी साहित्यिक या इतर वाद से संबंधित हो सकता है। विविध साहित्य के वादों पर लिखे गए निबंध ऐसे ही असंतोष की प्रेरणा से रूप ग्रहण करते हैं।

गजानन माधव मुक्तिबोध के निबंध 'छायावाद और नई कविता' में इस असंतोष की व्याप्ति देख सकते हैं :

"साहित्य में आत्माभिव्यक्ति[1] शीर्षक निबंध में एक स्थान पर डॉ. नगेंद्र ने एक प्रसंग दिया है–उस दिन इसी विषय पर श्री जैनेन्द्र कुमार से बातचीत हो रही थी। उनका कहना था कि साहित्यकार का 'अहं' स्वभावतः अत्यंत तीव्र होता है–यहाँ तक कि वह उसके मारे परेशान रहता है। साहित्य-सर्जन द्वारा वह इसी अहं से मुक्ति पाने का प्रयत्न करता है–अपनी सृष्टि में वह इस ग्रह (अहंकार) के नीचे दबी हुई पीड़ा को व्यक्त करता हुआ अपने को घुला देने का प्रयत्न करता है।"

इन वाक्यों में डॉ. नगेन्द्र जी ने जैनेन्द्र जी के उद्धरण से साहित्यकार में एक गहरी पीड़ा की विद्यमानता की ओर ध्यान आकर्षित कराया है। इस पीड़ा का स्तर आध्यात्मिक है अथवा भूतेतर है। फलतः शब्द-रूप ग्रहण करने पर यह दार्शनिक निबंध हो जाएगा। डॉ. नगेन्द्र की टिप्पणी है :

"व्यापक रूप में लीजिए तो संतों की आत्मपीड़नमयी चिंता धारणा का प्रभाव है, जैनेन्द्र जी के चिंतन में।"

---

1. मिश्र, भगीरथ (डॉ.) एवं तिवारी, रामचन्द्र (डॉ.) : साहित्य निकष में द्रष्टव्य डॉ. नगेन्द्र का निबंध, पृ. 148

ऐसा आत्मपीड़न ही गीतकाव्य में विसर्जित होता है। गद्यबद्ध होने पर गद्यकाव्य भी हो सकता है, और किसी समस्या पर व्यग्रता वाला निबंध भी हो सकता है। यही चिंतन 'भाव' की पीड़ा से ऊपर विचार-सागर मूल से तरंगित हो उठे तो निबंध दार्शनिक हो जाएगा।

पर इस असंतोष का मूल किसी भूत-जगत् की स्थिति-व्यवस्था, गति या दुर्गति, नीति-अनीति के यथार्थ से संबंधित हो सकता है। यथा, बालकृष्ण भट्ट के 'आत्मगौरव' (Self respect) पर लिखे निबंध को लिया जा सकता है। इसका एक अंश यों है :

''गरीबी और निर्धनता में तो आत्मगौरव बड़ा भारी धन है। जिसने अपनी पत को नहीं गँवाया और अपना गौरव बनाए हुए है, समाज में वह वैसी ही निष्ठा और इज्जत पाने का दावा रख सकता है जैसा धनी अपने असंख्य धन के द्वारा पाता है—आत्मगौरव एक प्रकार का साधन है जिसे बनाए रखना सहज काम नहीं है, यावत् बुराइयों से अपने को अलग रख सके तब आत्मगौरव पाने का दावा कर सकता है।'' (पृ. 89)

यह असंतोष, यह मन में धधकती अग्निज्वाला वैचारिक तीखेपन का रूप भी ग्रहण कर सकती है। उद्दंड विचार, निरंकुश विचार, क्रांतिकारी विचार, इसी प्रकार के तीखे और चोट करने वाले विचार वैसे ही तर्क और कटूक्तियों से युक्त होकर निबंध में उमड़ पड़ते हैं। यह ध्यातव्य है कि ये दोनों स्थितियाँ परस्पर मिल-जुल कर भी निबंध को प्रेरित कर सकती हैं। पर, लेखक की तटस्थ वृत्ति भी लेखक को निबंध-रचना में महत्त्वपूर्ण योगदान देती है।

ये सभी बातें लेखक के अंतरंग में उद्वेलित होती हैं। इनमें से किसी भी पक्ष से संबंधित होने पर निबंध पाठक को आकृष्ट करता है और उसे रमाए रखता है। यह समस्त अभिव्यक्ति कथ्य का ही रूप है।

कथ्य एवं कुछ और

पर निबंध लेखक यह जानता है कि कथ्य की रोचकता के साथ उसमें कुछ और भी होना चाहिए—अब यह 'कुछ' भी दो प्रकार से नियोजित होता है।

एक तो निबंध के रूप-भेद से नियोजित होता है। यह रूप-आश्रित भेद किसी रोचक तंत्र से निबंध में सर्जित होता है; दूसरे, इस तंत्र को कुछ विशेष

शक्तियों से व्याप्त करके।

निबंध का एक रूप तो यह है कि सहज अभिव्यक्ति को सामान्य क्रम से प्रस्तुत कर दिया जाए। यह निबंध का सामान्य रूप है, वस्तुनिष्ठ होगा तो और भी अधिक सामान्य होगा; व्यक्तिनिष्ठ होगा तो व्यक्तित्व-विधान से इसमें कुछ असामान्यता लेखक के व्यक्तित्व से आ ही जाएगी। किंतु इन दोनों में ही कुछ और रमणीयता लाने के लिए कुछ रूपात्मक तंत्र या टेकनीक का उपयोग भी कर लिया जाता है।

संवाद-नियोजन

किसी-किसी निबंध में 'संवाद-नियोजन' रहता है। उदाहरण लें; 'कवि-वचन सुधा' में प्रकाशित है एक निबंध 'बाघ का चरचा' शीर्षक। उसका एक अंश यों है :

"प्रपंचनाथ (पंच का एक शिष्य)—नहीं-नहीं, वह सर्वथा बाघ नहीं था।

मन्नू—तो क्या था?

प्रपंच—वह कलियुग होगा।

म.—वाह महाराज जी वाह! क्यों न हो! आप ऐसी दून की लेते हैं कि बस।

प्रपंच—अबे मेरी बात भी सुनता है, वह निस्संदेह कलियुग होगा। कलियुग और व्याघ्र का धर्म एक ही है, देख यह कलियुग का बाघ सच्चे बाघ से भी भंयकर है जो बुरे लोगों के हृदयरूपी वन में रहता है और जिसकी गरज सुनते ही बिचारे धर्मादिक मृग लोग भागते फिरते हैं, काम क्रोधादिक उसके कराल-कराल दाँत हैं और बड़े-बड़े पाप उसके पंजे हैं, अच्छे-अच्छे मनुष्यों को मारता फिरता है, परंतु ज्ञानी लोग उसको ज्ञान की गोली से मार गिराते हैं जैसे वह यहाँ मारा गया।

म.—महाराज वह तो बाघ ही था।

प्रपंच—नहीं बाघ सर्वथा न होगा, क्योंकि यदि कलियुग न होगा तो चंद्रमा होगा जो प्राची दिशि रूपी गुहा में निवास करता है और विरही मृगों को परम दुखदाई है।

मन्नू—नहीं महाराज वह तो व्याघ्र ही था।

प्रपंच—नहीं, चंद्रमा न होगा तो कालात्मा भगवान् होगा जो अपने दिन-रात्रि

रूपी ऊपर-नीचे के दाँतों से यावत् संसार को मृग बनाकर भक्षण करता निर्द्वंद्व विचरण करता है।

म.—महाराज मैं तो समझता हूँ कि बाघ ही है, यदि कालात्मा भगवान् होता तो जीता क्यों न रहता, मारा कैसे जाता?

प्रपंच—कालात्मा भगवान् भक्ति से जीता है, जिसको उसकी भक्ति है, उसको काल का भय नहीं, अच्छा कालात्मा न होगा तो मुसलमानों का राजा होगा जो समस्त हिंदू रूपी मृगों के नाश का कारण हुआ, परंतु सरकार की राज्य रूपी गोली उसको ऐसी लगी कि फिर न उठा, पर उसके घायल किए हुए कई प्रबंध रूपी मृग ऐसे पड़े हैं कि उनके अंग भंग हो रहे हैं...।'' इत्यादि।[1]

द्रष्टव्य है कि इस निबंध का विषय है कि किसी मुहल्ले में बाघ आने का समाचार सुना तो उस पर चर्चा चल पड़ी। अब इस निबंध का रूप 'संवादात्मक' है। यह तो स्पष्ट ही है। पर, यह 'संवाद' एक तंत्र या टेकनीक के रूप में एक अन्य तंत्र का सहायक बनाया गया है। वह तंत्र है 'अपह्नुति-युक्त संदेह' अलंकार का। पहले बाघ का निषेध फिर एक अन्य उपमान का सुझाव—और ऐसी एक माला 'या', 'अथवा' के साथ। 'भारतेन्दु-युग' में इस शुद्ध अलंकार तंत्र का उपयोग 'गद्य-काव्य' के लिए किया जाता था। किंतु इस त्रिविध तंत्र में लेखक का कुछ कथ्य भी है।

इसी तंत्र को और अधिक गंभीर भी बनाया जा सकता था, और उसको अलंकारिकता से मुक्त करके तर्क और उक्ति से मंडित किया जा सकता था। इस संबंध में पं. बनारसीदास चतुर्वेदी के एक निबंध का यह अंश द्रष्टव्य है। इसमें भी एक भिन्न ढंग से संवाद-शैली अपनाई गई है। विचारणीय विषय को 'जीवन और साहित्य' की गंभीर समस्या से अनोखे ढंग से जोड़ दिया गया है :

''कुछ वर्ष पहले की बात है। उत्तर भारत के प्रसिद्ध नगर में प्लेग फैलने की आशंका थी। चूहे मर रहे थे। दैवदुर्विपाक से इन्हीं दिनों वहाँ के साहित्यरसिकों के हृदय-सरोवर में काव्य-प्रेम की अदम्य मौज या लहर आई हुई थी। जगह-जगह

1. कविवचन सुधा, दिसंबर 1871, पृ. 83-84।

कवि-सम्मेलन हो रहे थे। कुछ सज्जन हमारे पास पधारे और बोले–आप अजीब आदमी हैं। इस नगर में रहते हुए भी आप स्थानीय कवि-सम्मेलनों में भाग नहीं लेते? मालूम होता है कि आपमें साहित्य-प्रेम का बिलकुल ह्रास हो गया है? लोग आपकी बेहद निंदा कर रहे हैं।

मैंने उस समय उन काव्य-प्रेमियों की सेवा में यही निवेदन किया–लोग मेरे बारे में क्या कहते हैं, इसकी मुझे चिंता नहीं। (लोग जो चाहते हैं कहते हैं; उन्हें कहने दो–'They say, what they say; let them say') प्रत्येक स्वाभिमानी साहित्य-सेवी को ये तीन वाक्य अपने कमरे में टाँग देने चाहिए। पर मैं अगर गुस्ताखी माफ हो तो एक सवाल आपसे पूछता हूँ–जनाब, यह तो फरमाइए कि जब शहर में चूहे मर रहे हों उस वक्त क्या मनुासिब है–कवि-सम्मेलन करना या चूहे पकड़ना?

आगंतुक महानुभाव हँसने लगे और उनमें से एक बोले–तो क्या आप कवियों से चूहे पकड़वाएँगे?

मैंने कहा–इसमें हर्ज क्या है? कवित्व क्या जीवन से और मनुष्यत्व से भी अधिक ऊँची चीज है? अपने घर-मुहल्ले अथवा नगर के स्वास्थ्य को ठीक रखने के लिए अगर हम साहित्य-सेवियों को पाखाने भी साफ करने पड़ें, मोरियाँ भी धोनी पड़ें, तो उसके लिए हमें तैयार रहना चाहिए। चूहे पकड़ना तो एक मामूली-सी बात है। मैं तो गद्य-लेखक हूँ, यदि कवि लोग अपना दर्जा कुछ ऊँचा समझते हैं, तो हम गद्य-लेखक पैसा चूहा ले लेंगे, कवियों को दो पैसे चूहे का हिसाब पड़ जाएगा। आप और क्या चाहते हैं?

मामला हँसी में उड़ गया और मैं भी कवि-सम्मेलन और प्लेग तथा कवि और चूहों के किस्से को भूल गया। पर तीन-चार महीने बाद फिर वही प्रश्न बड़े विकट रूप में सामने आ गया।"[1]

इधर रेडियो प्रसारणों के लिए संपूर्ण वार्ता ही संवाद रूप में प्रस्तुत करने की प्रणाली भी पनपी है। दो काल्पनिक व्यक्तियों के द्वारा ही किसी विषय का प्रतिपादन भी सामने आया है। इस प्रकार पूरे निबंध ही संवादात्मक नियोजन

1. द्विवेदी, हजारीप्रसाद : निबंध-संग्रह, पृ. 210-211।

से एक व्यक्तित्व में दो के आभास से और उसमें उक्ति-प्रत्युक्ति की विशद और गहन संभावना से पाठक को रमाए रखने की क्षमता कुछ विशेष ही पैदा हो जाती है।

स्वप्न के तंत्र से

संवादात्मकता के तंत्र के साथ 'स्वप्नविधान' को भी तंत्र या टेकनीक के रूप में भी निबंध लेखकों ने ग्रहण किया है। राजा शिवप्रसाद सितारेहिन्द का 'राजा भोज का सपना'[1] प्रसिद्ध है। स्वप्न कल्पना से एक वैचित्र्य का कुछ-कुछ कथात्मकता के साथ समावेश होता है, पर लक्ष्य है उसका एक नैतिक शिक्षा देना या अन्य कोई प्रतिपाद्य।

अन्य तंत्र

इसी प्रकार और कितने ही प्रकार की टेकनीक, तंत्र या रूपविन्यास से निबंध को और रोचक तथा रमणीय बनाने का प्रयत्न निबंधकार करता है। कहीं कथांश, कहीं नाटकीयता, कहीं नाटकीय भाव-सिक्त, रसप्लावित कथन, कहीं लौकिक-अलौकिक घटनाओं का कथ्य में समन्वय, कहीं काव्यांश को या किसी सूक्ति को या चुटकुले को गूँथ दिया जाता है। अन्य रचना से उद्धरण, श्लोकों का समावेश, कहीं किसी इंटरव्यू का संदर्भ, ऐसे कितने ही सूत्रों के ताने-बाने से निबंध बुनकर पाठक को यथार्थ में रमा लेता है।

मात्र रूप-रचना में ऐसे प्रयोगों से ही निबंध रमणीय नहीं बनता, लेखक की कुछ विशिष्ट प्रवृत्तियाँ भी निबंध में व्याप्त हो जाती हैं, इससे निबंध और आकर्षक हो जाता है। कुछ प्रवृत्तियाँ विशेष रूप से निबंध को सार्थकता प्रदान करती हैं। इन वृत्तियों में से एक है 'विनोद' की, दूसरी है तत्परोक्ति की, जिसे 'वाग्वैदग्ध्य' (Wit) भी कह सकते हैं, तीसरी है व्यंग-कटाक्ष की। विनोदात्मकता और व्यंग निबंध की महत्त्वपूर्ण विशेषता है। इससे निबंध यथार्थतः प्राणवान् हो उठता है।

---

1. ऊपर यह बताया जा चुका है कि 'राजा भोज का सपना' राजा शिवप्रसाद जी की मौलिक कृति नहीं, उनके द्वारा किया गया अनुवाद है।

विनोदात्मकता

पं. बालकृष्ण भट्ट जी का कथन है :

"रसिक पढ़ने वाले हास्यरस पर अधिक टूटते हैं, सच पूछो तो हास्य ही लेख का जीवन है। लेख पढ़ कुंद की कली समान दाँत न खिल उठे तो लेख ही क्या—हमारे संस्कृत साहित्य में तो वक्रोक्ति ही काव्य का जीवन माना गया है। 'वक्रोक्तिः काव्य जीवनम्'। हास्य में अवश्यमेव कुछ न कुछ वक्रोक्ति रहती ही है।"[1]

इन तंत्रों की दृष्टि से आचार्य हजारीप्रसाद द्विवेदी के निबंध 'आम फिर बौरा गए' का किञ्चित् विश्लेषण करें—आरंभ एक अनोखी बात से या लोकवार्ता से होता है :

"वसंत से पूर्व आम्रमंजरी को हाथ में मल ले तो ऐसी हथेली बिच्छू के जहर को उतार देती है।"

इस लोकवार्ता या लोकविश्वास में अनूठापन है। फिर प्रश्न है—भला आम और बिच्छू में क्या संबंध? इससे 'जिज्ञासा' भी जाग्रत हुई। साथ ही आम और बिच्छू का असंगत संबंध संगत कैसे हुआ—यह वैचित्र्य भी आकर्षित करता है। वैचित्र्य कौतूहल का जनक है। तब लेखक आम शब्द पर भाषा वैज्ञानिक दृष्टि से विनोदात्मक रूप में चर्चा करता है—यह बात ज्ञानवर्द्धन करती है कि 'आम्र' की व्युत्पत्ति अम्र से, अम्र अम्ल से—अम्ल=खट्टा—यही फिर मीठा, यही अमृत हुआ—अमृत संभवतः खटाए हुए सोमरस के लिए था—इस पर टीप है कि 'अपना-अपना भाग्य शब्दों का भी।' इस कथन में कितना व्यंग है। व्यंग से तो यह निबंध लबालब है।

इस व्यंग के साथ विनोद भी अद्भुत है। विनोद-व्यंग के साथ कथांश को गूँथने के कौशल इस निबंध में मिलते हैं। इसमें लोकवार्त्ता और कवि समय भी अनोखे ढंग से पिरोए गए हैं। लेखक का निज की ओर संकेत भी हमें मुग्ध कर लेता है :

"परसाल भी मैंने बसंत पंचमी के पहले आम्र-मुकुल देखे थे। पर बड़ी

---

1. हिंदी-प्रदीप, जि. 23, सं. 1, 2, 3, सन् 1900 ई.

जल्दी से मुरझा गए। उसी आम्र को दुबारा फूलना पड़ा। मुझे बड़ा अद्‌भुत लगा। आगे-आगे क्यों फूलते हो बाबा, जरा रुक-रुक के ही फूलते। कौन ऐसी यात्रा बिगड़ी जाती थी। मेरे एक मित्र ने कहा था कि मुझे ऐसा लगता है कि नवल वधू के समान यह बिचारी आम्र मंजरी जरा-सा झाँकने बाहर निकली और सामने हमारे जैसे मनहूसों को देखकर लजा गई।''

किस खूबी से असंगत को संगत बताया गया है। लेखक 'मनहूस'! इस आरोप को असिद्ध करना ही चाहिए। अतः द्विवेदी जी लिखते हैं :

''वस्तुतः यह मेरे मित्र की कल्पना थी। अगर सच होती तो मैं कहीं मुँह दिखाने लायक न रहता। पर मुझे इतिहास की बात याद आ गई। उससे मैं आश्वस्त हुआ, मनहूस कहाने की बदनामी से बच गया। वह इतिहास मनोरंजक है। सुनाता हूँ। बहुत पहले कालिदास ने इसी प्रकार एक बार आम्रमंजरी को सकुचाते देखा था। शकुंतला नाटक में वे उसका कारण बता गए हैं। दुष्यंत पराक्रमी राजा थे। उनके हृदय में एक बार प्रिय-वियोग की विषम ज्वाला जल रही थी, तभी बसंत का पदार्पण हुआ। राजा ने बसंतोत्सव न करने की आज्ञा दी। आम बिचारा बुरी तरह छका। इसका स्वभाव थोड़ा चंचल है। बसंत आया नहीं कि व्याकुल होकर फूट पड़ता है। उस बार भी आम पुलकित हो गए, तब तक राजा की आज्ञा हुई। बेवकूफ बनना पड़ा। इन कलियों के रूप में मदन देवता ने अपना बाण चढ़ाया था। बिचारे अधखिंचे धनुष के बाण समेटने को बाध्य हुए—'शंकेसंहरति समरोऽपि चकितस्तूणार्धकृष्टं शरम्।' आजकल दुष्यंत जैसे प्रतापी राजा नहीं हैं। पर पिछली बार भी मदन देवता को अपना अर्धकृष्ट सर समेटना ही पड़ा था तो कैसे कहा जाए कि वैसे प्रतापी लोग अब नहीं हैं। जरूर कोई न कोई पराक्रमी मनुष्य कहीं-न-कहीं विरह-ज्वाला में संतप्त हो रहा होगा। कार्य जब है तो कारण भी होगा ही। इतिहास बदल थोड़े जाएगा और इस घटना के बाद जब कोई कालिदास को मनहूस नहीं कहता तो अपने ही कौन कुम्हड़े की बतिया हैं।''[1]

कितना विकट श्लिष्ट यह कथन है : 1—साहित्य का ज्ञान, 2—इतिहास संदर्भ, 3—मनहूस से बढ़कर पराक्रम की व्यंग्य स्थापना, 4—प्रकृति-क्रियाएँ एवं

1. द्विवेदी, हजारीप्रसाद : निबंध-संग्रह, पृ. 154।

मानवीय मनोवेग, 5—सुष्ठु साभिप्राय वक्रतायुक्त भाषा ने इस कथन को चमत्कारिक बना दिया है। फिर, जहाँ-तहाँ आकाश में तारों की तरह श्लोक गुंफित हैं। फिर प्रद्युम्न-कथा, रोचक ढंग और रोचक अभिप्राय को वर्तमान के संदर्भ से युक्त करके निबंध रचना की गई है।

इस प्रकार कितने ही रूप-रचना के तंतु और विनोद-युक्त व्यंग्य से संयुक्त है यह निबंध।

शैली

शैली का संबंध तो व्यक्तित्व से स्वीकार किया ही गया है। एक कथन अंग्रेजी में बहुत प्रसिद्ध है, वह है 'Style is the man himself'।

शैली ही स्वयं मनुष्य है, शैली के द्वारा मनुष्य का व्यक्तित्व अभिव्यक्त होता है। सामान्यतः लेखक के व्यक्तित्व और शैली के संबंध को बताना सरल नहीं है, पर जिन्हें साहित्य से प्रेम है वे किसी रचना के किसी अंश को पढ़कर यह संकेत कर सकते हैं कि यह तो आचार्य शुक्ल की शैली है, यह आचार्य हजारीप्रसाद द्विवेदी की। इस शैली के साथ भाषा-तत्त्व भी जुड़ा हुआ है।

यों तो शैली के भी दो स्तर होते हैं, एक आंतरिक स्तर जिसमें निबंध में कथ्य को प्रस्तुत करने का ढंग भी शैली का ही एक पक्ष होता है—इसमें वे सभी बातें आती हैं जिनका उल्लेख ऊपर उस तंत्र या टेकनीक के संबंध में किया गया है, जिसमें मन को रमाने या निबंध को रमणीय बनाने के लिए उसमें उपयुक्त रचना-विधान को सन्निहित किया जाता है। इस रचना-विधान-तंत्र का उपयोग विषय या कथ्य को भली प्रकार प्रतिपादित करने के लिए भी होता है, अतः यह प्रतिपादक शैली का ही अंग है।

दूसरा स्तर शैली का भाषा-पक्ष से संबंधित है। इसी पक्ष से संबंधित शैली तत्त्व भाषा विज्ञान का भी एक अंग है। किंतु निबंध में भाषा-शैली का निबंधकार के व्यक्तित्व से घनिष्ठरूपेण संबंध है।

भाषा-शैली का संबंध शब्द-प्रयोग से भी है, वाक्य रूपों से भी है। उसमें प्रयुक्त आनुप्रासिकता और भाषा-निर्भर शब्दालंकारिकता से भी है, मुहावरों के प्रयोग से यह शैली जुड़ी हुई है और कहावतों के समावेश से भी। शब्दों के तत्सम, तथा देशज रूपों के साथ विविध क्षेत्रों से लिए गए, विदेशी, ग्राम्य

लाक्षणिक, पारिभाषिक वैज्ञानिक आदि प्रकार के शब्दों के साथ उनसे संयुक्त शब्द-शक्ति से भी—विविधार्थक श्लेष-यमक से भी, लक्षणा से प्राप्त विविध छाया-प्रकाश युक्त लक्ष्यार्थ के शब्दों से भी है और व्यंजना से अपूर्व अर्थाभिव्यक्ति से भी है। साथ ही उन वृत्तियों से भी जो मधुरा, परुषा या उपनागर आदि नामों से ज्ञात हैं। शब्दों के इस जटिल व्यूह में से लेखक का व्यक्तित्व अपनी अनुकूलता से इन्हें ग्रहण करता है, इनमें प्रसाद, ओज और माधुर्य गुणों से और अधिक चमत्कार पैदा होता है।

यही बात वाक्यों के संबंध में है। कितने प्रकार के वाक्यों से हम परिचित हैं, पर कितने ही प्रकार ऐसे हैं जिनसे हम अपरिचित भी हैं। पर एक समर्थ निबंधकार उन्हीं का निर्माण कर भाषा की असीम अभिव्यंजक अर्थ-क्षमता के नद को नए प्रयोगों से निबंधित करने का श्लाघ्य प्रयत्न करता है। स्थूल रूप से शैलियों के कुछ वर्ग स्वीकार किए जा सकते हैं। यथा—समास शैली, व्यास शैली, ये दो वर्ग इस सिद्धांत पर बने हैं कि लेखक कम शब्दों में अधिक बात कहना चाहता है, प्रत्येक वाक्य में भाव और विचार ठूँस-ठूँसकर भर रहा है, अतः कथन सूत्र-शैली ग्रहण कर रहा है। या कि लेखक एक बात को भली प्रकार से समझा कर कई प्रकार से प्रस्तुत कर रहा है। अर्थ को ठूँसना नहीं चाहता उसे खोलकर कहना चाहता है। पहले प्रकार का वर्ग समास शैली के अंतर्गत है, दूसरा व्यास शैली के।

तब चित्रांकन शैली, क्रम-संवर्द्धन शैली, आलंकारिक शैली। चित्रांकन शैली किसी वस्तु का चित्र-सा खड़ा कर देती है। पर चित्रकार की कला के वैशिष्ट्य से ऐसे चित्रांकनों के कितने ही रूप हो सकते हैं, किसी में यथातथ्यात्मक चित्रांकन हो सकता है, किसी में ऐसे चित्रांकन में कवि की कल्पना और संवेदना भी साथ में गुँथकर चित्र को मोहक बना देती है।

अभी निबंध में क्रम से कोई बात प्रस्तुत की जा रही हो और क्रम-क्रम से संवर्द्धित करके अपना अभिप्राय प्रकट किया जा रहा हो तो ऐसी शैली को क्रमसंवर्द्धन शैली का नाम दिया जा सकता है।

किसी कथ्य को प्रस्तुत करने में जब आलंकारिकता का समावेश किया गया हो तो एक अन्य शैली प्रस्तुत हो जाती है। पं. बालकृष्ण भट्ट का निबंध 'चंद्रोदय' इसी शैली में लिखा गया माना जा सकता है। फिर शैली का वर्ग

है धारा शैली का, एक 'तरंग शैली' का, एक विक्षेप शैली का। इसके अतिरिक्त प्रलाप शैली भी होती है।

प्रवाह का सिद्धांत शैली में मान्य है। किसी भी निबंध में जब प्रवाहात्मकता होगी तो उसमें धारा शैली मानी जाएगी। क्योंकि प्रवाह तो नदी की धारा के समान होता है। धारा का प्रवाह संयत कला की मर्यादा से बँधा, गत्यात्मकता से युक्त होता है। ऐसा ही रूप जब भाषा का किसी निबंध में हो तो उसमें धारा शैली माननी चाहिए।

पर जब धारा विशेष वेगवती हो जाए और उसमें तरंगों पर तरंगें उठें-गिरें, किनारों से टकराहट भी हो रही हो–तो वह धारा तरंगमय हो जाएगी–और जब किसी निबंध में भाषा का प्रवाह भी ऐसा ही तरंगमय हो तो वह शैली तरंग-शैली होगी।

और जैसे तरंगमयी धारा के प्रवाह में आवर्त पड़ने लगते हैं, तरंगें उठती हैं और वे परस्पर गुँथ कर भँवरमय हो जाती हैं, वैसे ही निबंध में तरंगमय भाषा जब अंतरतः भँवर-चक्र से युक्त हो उठे तो उसे विक्षेप शैली माना जा सकता है।

यही प्रवाहमयी तरंगित विक्षिप्त भाषा जब उच्छृंखल हो जाए, कूल-किनारों का, भाषा की और भाव की मर्यादाओं का भी ध्यान न रखे तो उसे 'प्रलाप-शैली' कहा जाता है।

फिर और कितनी ही बातें हैं जिनसे किसी भी निबंध की भाषा का स्वरूप और तत्संबंधी शैली-विधान खड़ा होता है। हरि अनंत हरिकथा अनंता की तरह भाषा-शैली का क्षेत्र भी अनंत है।

इन सभी से युक्त होकर निबंध की रचना होती है।

'इनसाइक्लोपीडिया ऑव लिटरेचर' में मॉनटेन के निबंधों के संबंध में निम्नलिखित अभिमत प्रस्तुत किया गया है–

"As a large host of writers have followed Montaigne's great example, perhaps it would be well to say that this air of discursiveness, so congenisal to the essay, is almost always deceptive. Montaigne knew perfectly well what he was doing, and just as the modern after-dinner speaker is said to be awake half the night considering how best to give the impression of being completely spontaneous speech, so Montaigne, it may be thought, with his elaborate quotations, his historical allusions, his curious speculations, and his quaint and most daring fancies, is not quite the casual and careless commentator he sometimes appears to be; but rather is he a man of some method and of great industry and of much forethought; with a plan and a scheme in all his writing."

(Cassell's Encyclopaedia of Literature, p. 206.)

इससे यह सिद्ध है कि मॉनटेन की रचनाओं में जो अपूर्णता, अव्यवस्था, च्युतियाँ और असंगतियाँ रहती हैं, उनमें उद्देश्यों का विशद समावेश, उड़ानें, ऐतिहासिक सदर्भ, अद्‍भुत कौतूहलपूर्ण कल्पनाएँ, ऐसी ही अनोखी वे सब बातें जो मॉनटेन की रचनाओं में मिलती हैं, बिना सोचे-समझे यों ही प्रमाद से नहीं प्रस्तुत की गई हैं। यथार्थ यह है कि मॉनटेन के निबंध भी सुविचारित एवं व्यवस्थित पद्धति में परिश्रमपूर्वक प्रस्तुत किए गए थे। उनमें सोद्देश्य योजना और रचना-विधान है।

अब हम कह सकते हैं कि निबंधों के सामान्य लक्षण ये हो सकते हैं :

(1) निबंध योजना-बद्ध रूप में प्रस्तुत किया जाता है। किंतु वह ऊपर से यानी रूप रचना में ऐसा होना चाहिए जैसे 'जगत्यां-जगत्' की विविध झाँकियाँ नियोजित हैं, और उनमें लेखक की अपनी प्रतीति ही होती है, लेखक के अपने प्रत्यक्ष अनुभवों से युक्त।

(2) विषय या विविध विषयों की विविध शाखा-प्रशाखाओं से संबंधित चर्चा भी सम्मिलित की जा सकती है।

(3) यह एक प्रयास ही है। न तो उसके संबंध में लेखक का यह दावा हो कि वह पूर्ण है, न यह कि उसमें उसने कोई बात कह दी है जो अंतिम रूप से सिद्ध है और जिसमें संशोधन नहीं हो सकता।

(4) उसमें विचार-प्रवाह हो, विचार-क्रम तो निबंध की धुरी है।

(5) उस विचार-क्रम पर लेखक के अपने विविध भाव और विचार विविध प्रकार से गुम्फित हों।

(6) निबंध में विनोदात्मकता सोने में सुहागे का काम करती है।

(7) निबंध का सबसे बड़ा आकर्षण उसकी भाषा-शैली होती है।

(8) वह गद्य में हो। पद्य में भी कुछ निबंध लिखे गए हैं, जैसे—पोप के लिखे 'एसे ऑन क्रिटिसिज्म' तथा 'एसे ऑन मैन' तथा रत्नाकर जी द्वारा किए गए उनके पद्यबद्ध अनुवाद; किंतु साधारणतः निबंध गद्य में ही होते हैं। हिंदी में भी कई अच्छे पद्यबद्ध निबंध मिल जाते हैं।

निबंध का आकार सामान्यतः छोटा होता है। पर यह सीमा नियम के रूप में नहीं मानी जा सकती। पं. रामचंद्र शुक्ल ने अपनी कृति 'काव्य में रहस्यवाद' को निबंध बताया है। पाश्चात्य क्षेत्र में भी निबंध को साधारण विस्तार का बताया गया है। 'एनसाइक्लोपीडिया ब्रिटैनिका' के अनुसार :

"The Essay is a composition of moderate length, usually in prose, which deals in an essay, cursory way with a subject, and in strictness with that subject only, as it affects the writer."

निबंध कला

आधुनिक युग में साहित्य को भी कला के अंतर्गत माना जाता है। निबंध साहित्य का अंग होने के नाते कला है।[1]

कला है क्या? साहित्य को भी जब कला कहा जाता है तो कुछ लोग उसे अभिव्यक्ति की कुशलता ही समझते हैं। मैथिलीशरण जी गुप्त ने यही मानकर तो लिखा था :

"...कुशल अभिव्यक्ति ही कला है। वास्तविक बात यह है कि यदि आप कोई रचना प्रस्तुत करते हैं, जिसमें कोई ऐसी विशेषता आ जाती है कि उसकी ओर मनुष्य स्वभावतः आकर्षित हो उठे और वह उसे रमा सकने में सक्षम हो तो उसमें निश्चय ही कला का समावेश हो जाता है। कला में एक प्रभाव होता है। वह प्रभाव जादू की भाँति मनुष्य के हृदय और मस्तिष्क को मुग्ध कर लेता है। इसे लालित्य कहते हैं। इसे सुंदरता या सौंदर्य, रस या चमत्कार भी कह सकते हैं।"

जो लेखक अपनी रचनाओं में ऐसा प्रभाव पैदा कर सकता है, वही अपनी

1. 'कला और साहित्य' पर कुछ विचार।

रचना में कला ला सकता है। लेखक का अपना व्यक्तित्व, उसकी अपनी निजी विशेषता या प्रतिभा ही ऐसा चमत्कार पैदा करती है। विषय को भी लेखक अपने व्यक्तित्व के अनुकूल ही ढाल लेता है, ऐसा चमत्कार हमें निबंधों में स्पष्ट दिखाई पड़ता है—इसी कारण निबंध कला है। निबंधों का अपना निजी स्वरूप भी स्थिर है, उस स्वरूप में भी वे गुण प्रस्तुत हैं जो व्यक्ति की विशेषता के जादू को प्रकट होने के लिए प्रेरित करते हैं।

व्यक्ति-भेद

लेखक के अपने व्यक्तित्व का उसकी रचनाओं में प्रकाश अवश्य हो जाता है। इसी व्यक्तित्व के कारण दो लेखकों की रचनाओं में समानता नहीं आ पाती। दो लेखकों का व्यक्तित्व कभी एक नहीं होता, इसी कारण दो लेखकों की रचनाओं में भी भेद होता है, भले ही एक से विषय पर लिखें। इसी को स्पष्ट करने के लिए हम यहाँ दो उदाहरण प्रस्तुत करते हैं।

विषय है : 'साहित्य का उद्देश्य' या प्रयोजन

अब बाबू गुलाबराय जी इसी विषय पर जब निबंध लिखेंगे तो इस प्रकार लिखेंगे—

काव्य[1] के प्रयोजन

"साहित्य के आचार्यों ने काव्य के भिन्न-भिन्न प्रयोजन माने हैं, उनमें कुछ प्रेरणा रूप आंतरिक हैं और कुछ प्रयोजन रूप बाह्य हैं। पीछे की ओर देखने से प्रयोजन प्रेरणाएँ बन जाते हैं। भविष्य में स्थित प्रेरणाएँ प्रयोजन हैं। कुछ का संबंध साहित्य स्रष्टा से है और कुछ का आस्वादन करने वाले से है किंतु बहुत अंश में भोक्ता और स्रष्टा के दृष्टिकोण मिल जाते हैं।

कुछ विद्वानों ने तो आनंद को ही मूल प्रयोजन माना है क्योंकि वह रसास्वाद का फल या पर्याय है और उसमें सब प्रकार का ज्ञान विलीन हो जाता है। 'सकल प्रयोजनमौलिभूतं समनंतरमेव रसास्वादनसमुद्भूतं विगलितवेद्यांतरमानंदं'।

1. संस्कृत साहित्य में 'काव्य' 'साहित्य' का पर्यायवाची है।

साहित्यदर्पणकार ने काव्य को धर्म, अर्थ, काम, मोक्ष की प्राप्ति का साधन बतलाकर अपने कथन की पुष्टि में भामह का निम्नलिखित श्लोक उद्धृत किया है—

धर्मार्थकाममोक्षेषु वेचक्षण्यं कलासु च।
करोति कीर्तिं प्रीतिंच साधुकाव्यनिषेवणम्॥

कहीं-कहीं निबंधनम् भी पाठ है, किंतु 'निषेवणम्' स्रष्टा और पाठक दोनों पर लागू हो सकता है। कीर्ति का लाभ तो अधिकतर कवि को ही होता है। 'प्रीति' में पाठक और कवि दोनों का भाग है। इस श्लोक में यह भी देखने की बात है कि काव्य को कला से भिन्न माना है। काव्य द्वारा धर्म, अर्थ, काम, मोक्ष और कलाओं में कुशलता तथा कीर्ति और प्रीति (प्रसन्नता) की प्राप्ति होती है। ये सब प्रायः बाह्य प्रेरक हैं।

'काव्य प्रकाश' में जो प्रयोजन कहलाए हैं, ये उनसे कुछ विस्तृत हैं। देखिए—

काव्यं यशसेऽर्थकृते व्यवहारविदे शिवेतरक्षतये।
सद्यः परिनिर्वृतये कान्तासम्मिततयोपदेशयुजे॥

"काव्य यश के अर्थ, धन के अर्थ, व्यवहार जानने के लिए, अनिष्टि निवारण के निमित्त, शांतिजन्य आनंद और स्त्री के से मृदुल उपदेश के लिए होता है। इनमें से तीन यश से, अर्थकृते और शिवेतरक्षतये कवि के लिए हैं।"

'साहित्य का उद्देश्य या प्रयोजन' निबंध में बाबूजी की गंभीर लेखन शैली की छाप है। उनकी विद्वत्ता और उनका पांडित्य इसमें उभरा पड़ रहा है। साथ ही निबंध के सभी गुण भी इसमें हैं। अब इसी विषय पर श्री गोपालप्रसाद व्यास का एक निबंध है। व्यास जी हिंदी के हास्यरस के विख्यात लेखक हैं। उनके निबंध में हास्य का समावेश न हो तो आश्चर्य हो सकता है। ऐसे गंभीर विषय में भी किस प्रकार हास्यरस का समावेश हो सकता है, यह पं. गोपालप्रसाद व्यास के इस निबंध के निरीक्षण से जाना जा सकता है। पहले तो उन्होंने अपने व्यक्तित्व अथवा प्रवृत्ति और रुचि के अनुकूल थोड़ा शीर्षक में हेर-फेर किया है। उसको यों प्रश्नवाचक बनाया गया है—'साहित्य का भी कोई उद्देश्य होता है?'

गंभीर विषयों पर हास्यरसात्मक निबंध

लेखक के लिए विषय का निर्वाचन ही महत्त्वपूर्ण नहीं होता, यह भी महत्त्व रखता है कि उसमें किस रस का पुट दिया जाए। वस्तुतः किसी भी विषय पर किसी भी रस में लिखा जा सकता है, केवल प्रतिभा की आवश्यकता होती है। ऐसा विदित होता है, जैसे कुछ विषय ऐसे हैं जिनमें एक विशिष्ट रस का ही समावेश किया जा सकता है—उदाहरणार्थ, 'उत्तरा विलाप' करुणरस में ही लिखा जा सकता है, 'लँगड़ों की बारात' में हास्यरस ही परिपुष्ट हो सकता है, 'श्मशान-वर्णन' में बीभत्स रस हो सकेगा, आदि। यह किसी सीमा तक सत्य है। किंतु प्रतिभाशाली लेखक इस सीमा का भी अतिक्रमण कर सकते हैं। उदाहरण है यह निबंध—'साहित्य का भी कोई उद्देश्य होता है?' इस पर गंभीर निबंध लिखा जा सकता है। साहित्य और उसका उद्देश्य दोनों ही गंभीर चिंतन की अपेक्षा रखते हैं। यह ऊपर उद्धृत बाबू गुलाबराय जी के निबंध से सिद्ध है। किंतु यहाँ इसी विषय पर एक ऐसा निबंध दिया जा रहा है जिसमें हास्य की अनुभूति होती है। इस निबंध पर विचार करते हुए उस तकनीक को भी हृदयंगम किया जा सकता है जिससे किसी गंभीर विषय को हास्यरस में प्रस्तुत किया जा सकता है—

"साहित्य का भी क्या कोई उद्देश्य है? मेरी समझ में तो अभी कुछ नहीं आया, पर होता अवश्य होगा।[1] क्योंकि अगर सचमुच कोई उद्देश्य नहीं होता, तो तारों-भरी रात की मादक मदहोशी में जब संसार सुख की नींद में बेसुध पड़ा रहता है, ये कवि लोग जलती आँखों से चंद्रमा को न ताका करते, वायु

1. लेखक ने आरंभ में ही 'उद्देश्य' पर शंका प्रस्तुत कर दी है। इस प्रकार अपना मत, जो उत्तर पक्ष है, वह पहले ही प्रेषित कर दिया है, और तब 'अबोधता' का आवरण पहनकर यह संभावना सिद्ध की है कि 'उद्देश्य' अवश्य होगा, और इसके लिए अपने से अन्य कवियों और लेखकों की ओर आकर्षित हुआ है। और इसमें विशेषता यह है कि कवियों और लेखकों का मत उद्धृत न करके उनके कुछ ऐसे आचरणों का उल्लेख किया गया है जो साहित्य रचना के आडंबर के लिए किए जाते हैं पर जो साधारण आचार शास्त्र में अभिनंदनीय नहीं हो सकते, और उसने ऐसे आचरणों की क्रमशः एक सूची प्रस्तुत कर दी है और उसमें भी एक चरम (Climax) प्रस्तुत कर दिया है।

की सिसकियाँ न सुना करते और अकारण ही ये बुद्धिमान अपने देश, नगर, मोहल्ले और पड़ोस क्या, पास लेटी चंद्रमुखी पत्नी को भूल कर कभी चाँदनी की याद न करते, कभी निशा की साड़ी न खींचते, कभी स्वर्गंगा में विहार न करते और कभी उषा के अरुणिम कपोलों पर उनकी ललचाई नजरें न फिसलतीं।"[1]

उद्देश्य न होता तो क्या कहानीकार स्वयं अपनी कहानी को भूल कर बस के स्टैण्डों, काफी हाउसों, क्लबों, नाचघरों और वेश्यालयों तक में दौड़-दौड़ कर बार-बार पहुँचते, आवारे की तरह बाजारों में घूमते, पार्कों में फिरते, प्लेटफार्मों पर ताकते, गलियों को नापते, खिड़कियों में झाँकते?[2]

उद्देश्य न होता तो यों आज के नाटककार वर्तमान को भूल कर भूत का नाटक रचा करते? भविष्य के पर्दे उठाया करते? उपन्यासकार इस कागज की तंगी के जमाने में भी पोथे पर पोथे रचते-विचरते चले जाते?

उद्देश्य न होता तो आलोचक इतना गला फाड़ते? साहित्य क्यों छपता और क्यों बिकता? सचमुच कुछ-न-कुछ उद्देश्य तो साहित्य का होना ही चाहिए।

"पर सच बताऊँ, अब तक इसका उद्देश्य मेरी समझ में कुछ नहीं आया।"

निबंध के दो रूप

ऊपर हमने व्यक्तित्व का भेद दिखाने के लिए जो दो निबंध उदाहरणस्वरूप दिए हैं, उनसे एक और बात स्पष्ट होती है। ऊपर के दो निबंध निबंधों के दो विपरीत स्वरूपों को प्रस्तुत करते हैं।

निबंधों का जब से आरंभ हुआ है तभी से निबंधों के दो स्वरूप मिलते हैं—एक तो मॉनटेन की शैली वाले, दूसरे बेकन की शैली वाले। यह हम देख चुके हैं। यह भी देख चुके हैं कि मॉनटेन की शैली वाले निबंधों में विनोदात्मकता अथवा मन की बहक या मौज खूब मिलती है। खुलकर बिना किसी प्रतिबंध

---

1. इस वाक्य में कवियों की व्यग्रता दिखाई गई है—यथार्थ स्थूल को छोड़कर प्रकृति के सौंदर्य के प्रति आकर्षण किसी उद्देश्य के कारण ही संगत हो सकता है यह व्यंग है, इसी के कारण यहाँ हास्य भी है।
2. ये सभी ऐसे कार्य हैं जो भले मनुष्य के लिए वर्जित हैं, पर कहानीकार इन्हें करते हैं—इसी विद्रूप आचरण में हास्य है।

के एक गहन (deep) योजनापूर्वक[1] किसी विषय पर जो सूझ पड़ता है, उसको ही अभिव्यक्त करने की प्रेरणा मॉनटेन ने दी।

बेकन भी मॉनटेन के समकालिक थे। मॉनटेन की शैली से प्रभावित हुए और 'एसे' नाम के इस नए विभाग ने उन्हें आकर्षित किया, पर उन्होंने जो निबंध लिखे उनमें गंभीर तात्विक अनुभूति और विचारों का समावेश किया। उनके वाक्य सधे हुए थे और सूत्र रूप में होते थे। सूत्रों की जैसी समास शैली वाली प्रणाली ने उनके निबंधों को और भी गंभीर बना दिया।

बेकन के समय से ही निबंधों के दो रूप हो गए और प्रत्येक साहित्य में दोनों रूपों का प्रयोग मिलता है। हिंदी साहित्य में ऊपर जो निबंध का ऐतिहासिक दिग्दर्शन कराया गया है उसमें भी आप एक ओर मॉनटेन के अनुयायी पं. प्रतापनारायण मिश्र को देख सकते हैं, दूसरी ओर बेकन के अनुयायी पं. बालकृष्ण भट्ट को।

इस तरह इन दो प्रकारों को स्थूलतः व्यक्तिनिष्ठ और वस्तुनिष्ठ निबंध कह सकते हैं।

इन दो बृहद् प्रकारों के अंदर भी कई और प्रकार होते हैं।

निबंधों के प्रकार

निबंधों के 'विषय-निरूपण शैली' की दृष्टि से भी कई भेद किए जाते हैं। वे इस प्रकार हैं—

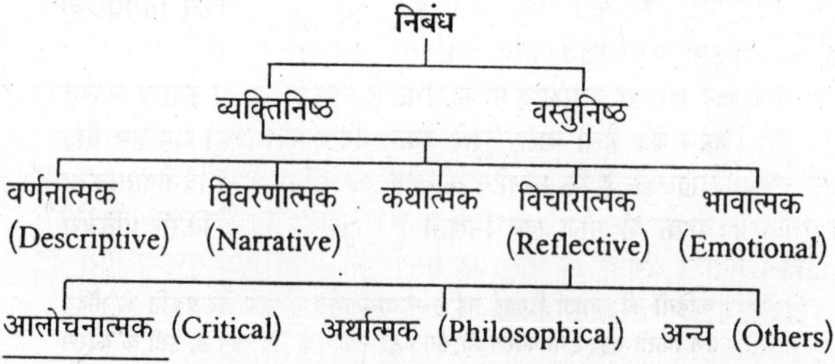

1. 'गहन योजना' का अर्थ कुछ वैसा ही है जैसा चौम्स्की के 'deep structure' का वाक्य-रचना के क्षेत्र में होता है।

वर्णनात्मक निबंध

इन निबंधों में किसी वस्तु, व्यक्ति, घटना आदि का वर्णन मात्र रहता है। ऐसे निबंधों में निम्नलिखित बातों पर दृष्टि रखनी होती है–

1. **वर्णन व्यवस्थित और क्रमपूर्वक हो**–किसी वस्तु का ऐसा वर्णन किया जाए कि तस्वीर खिंच जाए। जो अवयव जहाँ है, वर्णन में भी वहीं आए।
2. **विशदता हो**–जो बात लिखी जाए वह ऐसी लिखी जाए कि पूर्ण प्रतीत हो। कोई आवश्यक बात छूट न जाए।
3. **सूक्ष्म निरीक्षण**–लेखक की दृष्टि छोटी से छोटी बात को देख ले, और उसका अपने निबंध में ऐसे ढंग से वर्णन करे कि वर्णन प्रभावोत्पादक हो जाए।
4. **चयन**–इसी के साथ यह भी आवश्यक है कि ऐसी छोटी बातें न सम्मिलित की जाएँ जो निरर्थक हों।
5. **दृष्टि वैचित्र्य**–निबंध में मौलिकता लाने के लिए यदि लेखक समस्त वर्णन में कोई नई दृष्टि रखे तो अच्छा रहता है।
6. **विषय का ज्ञान**–जिस पर लिख रहे हैं उसका पूर्ण ज्ञान होना जरूरी है–यह ज्ञान पुस्तकें पढ़कर, प्रत्यक्ष देखकर या जानकार लोगों से सुनकर प्राप्त किया जा सकता है।

विवरणात्मक निबंध

विवरणात्मक निबंधों में किसी दृश्य अथवा स्थिति अथवा आयोजन का वर्णन किया जाता है। वर्णनात्मक निबंध में एक चित्र प्रस्तुत किया जाता है और उसका पूरा ब्यौरा दिया जाता है। एक के बाद एक घटित बात प्रस्तुत की जाती है। किसी मेले का, किसी यात्रा का, किसी सभा का दृश्य अथवा उसकी वर्ष भर की प्रगति का वर्णन ऐसे ही निबंधों के अंतर्गत आता है। विवरणात्मक निबंध में विविध मनोहर वर्णनों को ाला के मनके की भाँति एक सूत्र में पिरो देते हैं। 'रिपोर्ताज' इसी का साभिप्राय अधिक कलात्मक रूप है।

कथात्मक निबंध

कथात्मक निबंध के लिए किसी साधारण कथानक की आवश्यकता रहती है।

उस कथानक को कहानी का रूप नहीं दिया जाता, क्रमशः कथा को किसी अभिप्राय विशेष से स्पष्ट करते जाते हैं। संस्मरण, रेखाचित्र, ऐतिहासिक वृत्त आदि इस प्रकार में आ सकते हैं। बाबू गुलाबराय जी ने इसे अलग भेद नहीं माना। अंग्रेजी में 'नरेशन' में कथात्मक निबंध भी आ जाते हैं; Narrative Poetry में 'नरेटिव' का अर्थ कथात्मक ही होता है, पर हिंदी में विवरणात्मक में कथात्मक नहीं समा सकती। हमने इसीलिए इसे एक अलग भेद स्वीकार किया है।

विचारात्मक निबंध

विचारात्मक निबंधों में विचार का तत्त्व प्रधान रहता है। ये दो प्रकार के हो सकते हैं—एक है आलोचनात्मक। किसी कला कृति अथवा साहित्यिक रचना पर जो विचार प्रस्तुत किए जाते हैं वे आलोचनात्मक कहे जाएँगे; दूसरा है दार्शनिक। किसी बात पर सूक्ष्म तात्विक विचार दार्शनिक निबंधों के अंतर्गत आवेंगे। अन्य प्रकार के वैचारिक चिंतन का अलग वर्ग हो सकता है।

आलोचना का संबंध वैचारिकता से है, किंतु लगता यह है कि यह एक अलग ही प्रमुख वृत्ति है। अतः यदि इसे एक अलग भेद भी मान लिया जाए तो आपत्ति नहीं होनी चाहिए। आलोचना विवेक से जुड़ा हुआ बुद्धि या अंतःकरण का एक मूल धर्म है। वैचारिकता या विचारणा इसकी सहायिका है।

भावात्मक निबंध

भावात्मक निबंध उन्हें कहते हैं जिनमें भावुकता, रागात्मकता, रस या चमत्कार की प्रधानता हो। 'गद्य काव्य' भी इसके अंतर्गत आते हैं।

भावात्मक निबंध के भी सामान्यतः दो भेद माने जा सकते हैं—एक भेद में जो भावात्मकता व्याप्त रहती है, वह निबंध के विषय के प्रतिपादन में रागात्मकता और भावात्मकता के हृदय-पक्ष को साथ लिए रहती है। इसके सभी साथी हास्य-व्यंग्य का भी इसमें पुट लगाते रहते हैं। 'शिवशंभु के चिट्ठे' के निबंधों को बाबू बालमुकुंद गुप्त ने इसी प्रकार रचा था।

इसका दूसरा भेद भावुकता और रागरंजनात्मकता से अथवा एक प्रकार की काव्यात्मकता से प्लावित रहता है। उदाहरण के लिए सरदार पूर्णसिंह के निबंधों को ले सकते हैं। भावों के साथ अपने निबंधों में वे ओज की शान और चढ़ा देते हैं।

इसके अंतर्गत विशेष रागात्मकता और काव्यात्मकता युक्त रचनाएँ भी आती हैं पर उन्हें अब एक नई विधा के रूप में स्वीकार कर लिया गया है। ये हैं गद्य-काव्य या गद्य-गीत।

आलोचनात्मक निबंध

हिंदी गद्य के विकास के साथ हम देख चुके हैं कि गद्य-विधाओं का भी जन्म होता गया। इन विधाओं में वैविध्य था। यह हम देख चुके हैं कि पत्र-पत्रिकाओं के प्रकाशन ने इन विविध विधाओं को जन्म देने और इनका विकास करने में पूरा योग दिया। इन्हीं विधाओं में निबंध ने भी विशेष पोषण पाया। निबंध के विविध रूपों और प्रकारों से हम परिचित हो चुके हैं। इन प्रकारों में विचारात्मक निबंधों में ही आलोचनात्मक वर्ग भी था। किंतु आलोचना अपने आपमें एक विशिष्ट मानसिक प्रक्रिया है। अतः यह 'विचारक्षेत्र' से भिन्न क्षेत्र खड़ा करने में सफल हो गई और अपना महत्त्व भी इसने बढ़ा लिया।

यों तो विचार समस्त मनोजगत से जुड़े रहते हैं, इस विचार जाति के लिए बुद्धि विवेक आदि सभी मनोवृत्तियाँ क्रियाशील रहती हैं, किंतु विचार कहीं से कोई उत्तेजना पाकर ऐसे कहीं शून्य में से उमड़ते हैं कि अमूर्त से अमूर्त और सूक्ष्म से सूक्ष्म की ओर एक के बाद दूसरे विचारकणों से उत्पन्न होते चले जाते हैं जिससे हम विचारों की गहराइयों और ऊँचाइयों में उतरते-चढ़ते चले जाते हैं, स्थूल से सूक्ष्म, सूक्ष्म से सूक्ष्मतर और सूक्ष्मतम तक पहुँचते जाते हैं। विचारों का तो सागर भी उमड़ पड़ता है। ऐसा लगता है कि मानस में विचारों का सागर है, जिसकी तरंगों पर तरंगें उठती हुई हमें विचार-सागर में गोते लगाने को विवश कर देती हैं। इन्हीं विचारों का एक पक्ष दार्शनिक भी है; चिंतन, मनन, मंथन का भी संबंध विचारों से है।

पर, आलोचना की वृत्ति आलोच्य वस्तु से संलग्न रहती है और जहाँ सैद्धांतिक विचारणा से जुड़ती है, वहाँ भी वस्तु-तत्त्व को ओझल नहीं होने देती, हाँ इस प्रकार आलोचना के दो पक्ष अवश्य हो जाते हैं। एक पक्ष वस्तु से टकराता रहता है, दूसरा उसके आलोचन के लिए विविध कसौटियों की उद्‌भावना में संलग्न हो जाता है। यह पक्ष सिद्धांत-निरूपण करता है।

इस विवेचन से यह स्थापित होता है कि आलोचनात्मक निबंध वैचारिक

निबंधों से अलग वर्ग बना लेते हैं।

आलोचनात्मक निबंधों के प्रकारों पर संशोधनपूर्वक एक संग्रह ग्रंथ की भूमिका से लिया गया यह अंश उपादेय होगा।

आलोचनात्मक निबंध के निम्न प्रकार प्रतीत होते हैं—

आलोचनात्मक निबंधों के प्रकार

- दार्शनिक विचारणा
- शास्त्रीय विचारणा
- ऐतिहासिक विचारणा
  - ऐतिहासिक परिचयात्मक
  - ऐतिहासिक विचारात्मक
- व्याख्यात्मक विचारणा
- तुलनात्मक विचारणा
  - स्थूल (भावावेश-प्रधान)
  - सूक्ष्म (बौद्धिकता-प्रधान)
- विविध विचारणा
  - संवादात्मक
  - प्रभावात्मक
  - सूत्र विकास निरूपक
  - प्रवृत्ति निरूपक
  - मणिकांचना-वलित
  - अध्ययनात्मक

1. दार्शनिक विचारणा के निबंधों में प्रतिपादन-प्रणाली दार्शनिक तत्त्व-प्रसूत अनुसंधान कोटि की होती है। इस प्रणाली का परिणाम होता है सिद्धांत निरूपण। विचारक ऐसे निबंधों की वस्तु में ही निबद्ध होकर, उसमें ही अंतरंग से अंतरंग में प्रवेश करता चला जाता है, या गहराई में उतरता है, या ऊँचाई पर चढ़ता चला जाता है। अंत में निष्कर्ष स्वरूप किसी सिद्धांत की स्थापना करता है। कभी ऐसा भी हो सकता है कि सिद्धांत पर न पहुँचकर तात्विक चर्चा भर ही रहे।

2. शास्त्रीय विचारणा-प्रधान निबंधों में निबंधकार या तो सिद्ध शास्त्र का उपयोग अपने साहित्यिक विवेचन में करता है, या स्वयं शास्त्रकार का स्थान ग्रहण करके किसी कृति पर विचार करता है। दूसरी स्थिति में वह सिद्ध-साहित्य के सिद्धांतों की नई व्याख्या भी प्रस्तुत करता है।

3. (i) ऐतिहासिक विचारणा के अंतर्गत परिचयात्मक निबंधों में इतिहास से सामग्री लेकर यथासंभव ऐतिहासिक क्रम में साहित्य का परिचय दिया जाता

है। परिचय में सामान्य विश्लेषण भी रहता है और विवेचन भी, तभी इन्हें समीक्षा के अंतर्गत रखा जा सकता है।

(ii) ऐतिहासिक विचारात्मक वे निबंध माने जाएँगे जिनमें ऐसे साहित्यिक ग्रंथों पर विचार किया जाए, जिनकी पृष्ठभूमि इतिहासाश्रित हो, इतिहास की सामग्री का ऐतिहासिक दृष्टि से विचार और इतिहास की प्रेरणाओं के उपयोग के साहित्यिक औचित्य पर गंभीर विचार किया गया हो। यह शैली साहित्य में इसलिए स्थान पाती है कि साहित्य को बहुधा इतिहास की सामग्री का आश्रय लेना ही पड़ता है। इतिहास से उसे प्रेरणा मिलती है। इसी पर विचारक पहुँचता है। इसमें केवल इतिहास की पृष्ठभूमि को ही विचार का विषय नहीं बनाया जाता, ऐतिहासिक वस्तु को भी ऐतिहासिक साधनों और प्रमाणों के आधार पर विवेचित किया जाता है। ऐसा कृतिकार की इतिहास में पैठ की प्रामाणिकता और कृतिकार की मौलिक देन के रूप और गुण को स्पष्ट समझने के लिए किया जाता है। इसमें इतिहासकार की भाँति इतिहास का विवेचन होता है और साहित्यिक विवेचन की भाँति ऐतिहासिक सामग्री के उपयोग के विधान में सौंदर्य की दृष्टि का अन्वेषण किया जाता है।

4. व्याख्यात्मक निबंधों में किसी कवि या विषय की समस्त भूमिकाओं पर एक ओजपूर्ण वक्तव्य दिया जाता है। इसमें विचारोत्तेजकता की मात्रा भी पर्याप्त रहती है। इन निबंधों का मूल उद्देश्य होता है विषय के विविध पक्षों को खोलकर व्याख्यापूर्वक प्रस्तुत करना।

5. 'तुलनात्मक' शब्द ही निबंध के धर्म को स्पष्ट कर देता है। यों प्रसंगात् तुलनाएँ तो सभी निबंधों में जहाँ-तहाँ प्रतिपादनार्थ मिलती ही हैं, पर कुछ निबंध शुद्ध तुलना करने की दृष्टि से ही लिखे जाते हैं। ऐसे ही निबंधों को तुलनात्मक कहा जा सकता है। तुलनात्मक निबंधों में भी कई वर्ग या कोटियाँ हो सकती हैं—जिनमें से एक अत्यंत सामान्य कोटि उस स्थूल तुलना की होती है जिसमें दो तुलनीय निबंधों में से एक की श्लाघा और एक की निंदा की जाती है। इसमें उतना बौद्धिक तत्त्व नहीं मिलता जितना भावावेश। एक अन्य कोटि सूक्ष्म तुलना की है जो ऐसे निबंधों की हो सकती है जिनमें बौद्धिक पक्ष प्रधान हो। ऐसे निबंधों में दो तुलनीयों की तुल्यताओं के अंतरंग तत्त्वों को विश्लेषणपूर्वक

स्पष्ट करते हुए रखा जाता है और उनके कृतित्व में ही उनका तुलनात्मक स्थान निर्धारित किया जाता है।

6. विविध विचारणा के अंतर्गत हम निम्न विविध प्रकारों को रख सकते है, यथा–

(क) संवादात्मक निबंध वस्तुतः प्राचीन उपनिषद्‌युगीन या प्लेटो-कालीन प्रश्नोत्तरों की परिपाटी पर नहीं होते (प्रश्नोत्तरी पद्धति में एक प्रश्नकर्ता या शिष्य होता है, दूसरा उत्तरदाता होता है अथवा गुरु)। यह परिपाटी पुरानी शास्त्रार्थ की परिपाटी से भिन्न है। नई संवादात्मक प्रणाली के प्रायः दो रूप हो सकते हैं। एक में दो कंठ मात्र होते हैं। इनका विषय कुछ लंबा होता है, छोटा भी हो तो क्या है, उसे सुनाने के लिए एक कंठ की अपेक्षा दो कंठों का उपयोग सुनने में रोचकता लाने और उबाने वाली एकरसता को दूर करने के लिए होता है। यह पद्धति रेडियो प्रसारण के लिए काम में लाई जाने लगी है। दूसरी पद्धति में संवाद प्रणाली विषय के भिन्न-भिन्न दृष्टियों से प्रतिपादनार्थ होती है। एक व्यक्ति एक बात कहता है, दूसरा उससे आगे की कड़ी जोड़ता है। इसमें किंचित् विवाद, नोक-झोंक, व्यंग-उपहास का भी समावेश किया जा सकता है, किंतु वह भी विषयों को आगे बढ़ाने में समर्थ होना चाहिए। इस प्रणाली का भी इस काल में विकास रेडियो के द्वारा ही हुआ है।

(ख) प्रभावात्मक निबंध की विचारण की भूमि तो बहुत उच्च होती है, पर उसकी अभिव्यक्ति में विचारणा के तर्क के चरण नहीं दिए जाते। विचारणा की उच्च भूमि से जो अनुभूति होती है उसी को आलोचक प्रस्तुत करना चाहता है। उसके लिए उसे शब्द-अर्थ और शब्दार्थी शब्दावली के एक विशेष प्रभावपूर्ण नियोजन का उपयोग करना पड़ता है।

(ग) सूत्रविकास निरूपक निबंधों में किसी एक ही बात की शृंखला और उसमें होने वाले विकास को प्रस्तुत किया जाता है। जैसे एक ही नाटककार या उपन्यासकार के एक ही पात्र में जो एक तारतम्य विविध नाटकों और उपन्यासों में उसके आने पर मिलता है उसे उद्‌घाटित किया जाए, एक ही घटना या अभिप्राय (मोटिफ या कथानकरूढ़ि) के प्रयोगों को चित्रित किया जाए। ऐसे निबंध लिखने से पूर्व लेखक किसी उपन्यासकार या नाटककार के समस्त ग्रंथों का अध्ययन करके कुछ इस निष्कर्ष पर पहुँचता है कि इस उपन्यास या नाटककार के उपन्यासों

या नाटकों में एक पात्र ही बार-बार किंचित् रूप-रंग तथा नाम बदलकर आता है। कुछ पात्रों का किसी पात्र-विशेष में समीकरण भी हो जाता है। ऐसे अध्ययन ही इन निबंधों में दिए जाते हैं।

(घ) इसी पद्धति पर निबंधों में प्रवृत्ति-निरूपण भी होता है। प्रवृत्ति किसी युग में प्रभावित होने वाली सामान्य रुचि की धारा को कहते हैं। इसका भी ऐतिहासिक तथा विवेचनात्मक निरूपण निबंधों में किया जाता है।

(ङ) मणिकांचनावलित शैली के प्रकार का उपयोग ऐसे निबंधों में किया जाता है, जिनमें विविध बातों को एक विचार-सूत्र या भाव-सूत्र में गूँथकर माला की भाँति प्रस्तुत किया जाए। इसमें ऐतिहासिक क्रम की शर्त नहीं रहती।

(च) यों तो सभी उच्च निबंधों की भूमि सारस्वत अध्ययन (Academic study) की ही होती है, पर जिस निबंध में किसी कवि के कृतित्व को अनुसंधान और गवेषणा के द्वारा नई योजना से रखा जाय तो उसे विशेष रूप से अध्ययनात्मक ही कहा जाएगा।

दो अन्य प्रकार

कुछ विद्वानों ने इनके अतिरिक्त दो प्रकारों को और स्वीकार किया है। एक को 'आत्मपरक या वैयक्तिक' (Personal)[1] नाम दिया है। दूसरे को व्याख्यात्मक (Oratorical)[2] नाम दिया है।

आत्मपरक या वैयक्तिक निबंधों की अलग श्रेणी समीचीन नहीं प्रतीत होती। वैयक्तिकता या आत्मपरकता इन निबंध-प्रकारों में एक धर्म के रूप में मिल सकती है। उक्त सभी निबंध-प्रकार प्रकृति से या तो आत्मनिष्ठ, आत्मपरक या वैयक्तिक (Personal) हो सकते हैं, या फिर वस्तुनिष्ठ। इन दोनों की चर्चा आरंभ में हो चुकी है। व्याख्यानात्मकता यथार्थ में शैली ही है, निबंध का प्रकार नहीं।

निबंध के कुछ अन्य प्रकारों की भी चर्चा होती मिलती है। कभी किसी निबंध को 'ललित निबंध' कहा जाता है कभी किसी निबंध को साहित्यिक

---

1. श्री जयनाथ नलिन : हिंदी-निबंधकार, पृ. 25।
2. श्री ब्रह्मदत्त शर्मा : हिंदी-साहित्य में निबंध, पृ. 15।

भी कहा गया है। लालित्य तो हमारी दृष्टि में निबंध का साधारण धर्म ही है। यह साहित्यिक निबंध के क्षेत्र की ओर संकेत करता है।

निबंध तथा अन्य गद्य-विधाएँ

निबंध कितने ही गद्य-रूपों की धुरी है। इन गद्य रूपों में लेख, रिपोर्ताज, गद्यकाव्य, संवाद, रेखाचित्र, संस्मरण, इण्टरव्यू आदि प्रमुख हैं।

हम यह देख चुके हैं कि निबंध का पत्रकारिता से घनिष्ठ संबंध रहा है। इंग्लैंड में भी एडीसन-स्टील ने 'टैटलर' और 'स्पेक्टेटर' नामक पत्रों के माध्यम से निबंधों का कलात्मक विकास किया था। हिंदी में भी ऐसा ही हुआ था। यही कारण है कि पत्रकारों द्वारा दो गद्य रूपों को साथ-साथ ही अपनाया गया है। इसमें से एक है—'लेख' जिसे अंग्रेजी में आर्टिकल कहते हैं तथा दूसरा है, निबंध या 'एसे'। लेख और निबंध शब्दों के प्रयोग पर ऐतिहासिक दृष्टि से विचार करते हुए डॉ. शिवनाथ इस निष्कर्ष पर पहुँचे हैं—

''आधुनिक काल में, जो गद्यकाल के नाम से अभिहित होता है और जिस काल के आरंभ में गद्य में साहित्य के विविध अंग प्रस्तुत होने आरंभ हुए, पहले निबंध के लिए 'लेख' शब्द का ही प्रयोग होता था। उस काल के लेखक 'लेख' के लिए 'प्रबंध' का भी प्रयोग करते थे पर विरलतः ही।...ढूँढ़ने पर 'निबंध' का भी प्रयोग मिल सकता है, पर इसे भी विरल ही समझना चाहिए।... उस समय जिस प्रकार की रचना के लिए 'लेख' शब्द का प्रयोग होता था, वह 'निबंध' की आधुनिक निर्धारित विशिष्टताओं से अनेक अंशों में युक्त था।''[1]

फलतः दोनों में सामान्यतः बहुत कम अंतर प्रतीत होता है। अब भी कभी-कभी 'लेख' को भी 'निबंध' कह दिया जाता है और कभी-कभी 'निबंध' को 'लेख'। इन दोनों का वास्तविक अंतर यह है कि लेख का विषय बहुत अधिक सामयिक होता है और उसका मूल्य भी अपेक्षाकृत अस्थायी होता है। किसी भी सामयिक बात से जो तत्क्षण प्रतिक्रिया होती है उसी को विद्यमान ज्ञान-सामग्री के आधार पर लेख के रूप में लिख दिया जाता है। फलतः लेख

---

1. शिवनाथ : भारतेंदु युगीन निबंध, पृ. 8-9।

प्रकृति में निबंध के प्रतिकूल होते हैं; लेख सामयिक क्षणस्थायी उपयोग के लिए होता है। इसके विपरीत निबंध का विषय सर्व-सामयिक या सर्वकालिक होता है और उसका मूल्य चिरस्थायी होता है।

कुछ अन्य पर्याय

उपर्युक्त विवेचन से यह प्रकट होता है कि इस प्रकार से 'लेख' शब्द 'निबंध' शब्द का पर्याय है। द्विवेदी युग से पूर्व 'लेख' का ही दौरदौरा था। द्विवेदी युग में लेख का स्थान निबंध ने लिया, और अब लेख 'आर्टिकल' का पर्याय होकर रह गया और 'निबंध' एसे का।

किंतु कुछ और शब्द भी निबंध के रूप में 'निबंध' की पूर्णतम मान्यता के पूर्व उपयोग में आते थे। इनमें से एक शब्द है 'प्रबंध'। द्विवेदी-युग से पूर्व प्रबंध का प्रयोग कभी-कभी कोई कर देता था। प्रबंध शब्द का अर्थ अब कुछ और ही हो गया है। प्रबंध के संदर्भ में सबसे पहले 'शोध प्रबंध' का स्मरण हो आता है। इसका अंग्रेजी पर्यायवाची थीसिस (Thesis) है। फलतः आज 'प्रबंध' का एक अर्थ तो यही है कि उसमें अनुसंधान और शोध के परिणामों का उल्लेख वैज्ञानिक प्रणाली से निबद्ध कि.या जाता है। एक दूसरा प्रयोग भी मिलता है, जैसे 'प्रबंध काव्य' और तदनुसार यह काव्य का एक रूप-विशेष है। इसमें प्रायः कथा-काव्य प्रतिष्ठित होता है। किंतु जब तुलसीदास जी ने लिखा था–

''जो प्रबंध बुध नहिं आदरहीं
सो श्रम बादि बाल कवि करहीं''

तो उनका अभिप्राय किसी भी प्रकार के रचना (Composition) या कृति से था।

गद्य में तो 'प्रबंध' का अर्थ आज प्रायः 'थीसिस' से ही लिया जाता है। यह 'प्रबंध' निबंध से सर्वथैव भिन्न है। प्रबंध किसी उपाधि या डिप्लोमा प्राप्त करने के लिए लिखा जाता है। इसमें किसी एक विषय पर की गई शोध या अनुसंधान का परिणाम निबद्ध रहता है, इसकी परिपाटी को वैज्ञानिक माना जाता है। 'निबंध' शब्द के अन्य पर्यायों की इस चर्चा से भी निबंध की सीमा रेखाएँ स्पष्ट होती हैं। अब हम कुछ उन गद्य-विधाओं पर विचार करेंगे, जिनकी

धुरी हमारी दृष्टि में निबंध ही है यथा—

(क) रिपोर्ताज भी पत्रकार-कला की देन है। किसी विशेष घटना के दूरगामी परिणाम होने की संभावना के कारण पत्रकार को उसका महत्त्व लगता है। उस घटना को वह समाचार-पत्रों में प्रकाशनार्थ दे सकता है—वह एक समाचार मात्र बनकर रह जाएगा। पर उसमें मानवीय संवेदनाओं के लिए कितने ही प्रसंग जुड़े हुए हैं, अन्य कितनी ही प्रेरणाओं के स्फुलिंग भी उसमें हैं—तो वह उस घटना का विवरण कुछ ऐसी विशदता के साथ प्रस्तुत करेगा कि उसका संवेदना-पक्ष कुछ-कुछ कलात्मक ढंग से प्रस्फुटित हो सके। सामयिकता पर बल रहते हुए भी उसमें शाश्वत मानवता से जुड़ जाने की क्षमता पैदा हो जाती है।

यह रूप भी अतः निबंध की धुरी पर ही रचा जाता है।

(ख) 'गद्यकाव्य' तो वस्तुतः भावात्मक निबंध ही है, जिसमें भाव-संपत्ति काव्यात्मकता के स्तर तक पहुँच जाती है, या काव्य-जैसी अलंकारिता या रससिद्धि इसमें आ जाती है। जब भावों में विशेष तरलता और उद्दामता भी होती है, तो गद्य गीत का जन्म हो जाता है।

(ग) 'रेखाचित्र' भी निबंध की चित्रांकन शैली का ही एक रूप है, जिसमें वाक्यों से बनी रेखाओं से ऐसा चित्र अंकित होता है जिसमें व्यंजना से कोई अभिराम अर्थ व्यक्त होना मिलता है।

(घ) 'संस्मरण' भी वस्तुतः निबंध का ही एक रूप है। इसमें व्यक्ति अपना या अपने माध्यम से किसी का ऐसा अंकन प्रस्तुत करता है, जो उसकी स्मृति में उभरा है। स्मृति-मात्र पर निर्भर होने के कारण अनिवार्य संकोच और एकांकी होने से यह निबंध की परिभाषा से बाहर रह जाता है।

(ङ) संवाद कभी-कभी निबंध की एक शैली-मात्र, एक तंत्र या टेकनीक-मात्र हो सकता है, पर जब 'संवाद' को ही एक साहित्य-विधा के रूप में महत्त्व दे दिया जाए, और लेखक संवाद-मात्र का ही आश्रय लेकर अपनी कला को अभिव्यक्त करे तो 'संवाद' निबंध की कोटि में नहीं रह सकेंगे।

(च) 'इंटरव्यू' या 'भेंट' को पत्रकारिता के क्षेत्र में निबंध के सहयोगी के रूप में प्रस्तुत किया गया है, इसमें रिपोर्ताज का हाशिया रहता है, संवाद इसमें भी टेकनीक के रूप में उपयोग में आता है। इनका उद्देश्य होता है किसी सामयिक महत्त्व के व्यक्ति के कर्त्तृत्व और कृतित्व के आंतरिक अभिप्राय को

प्रकाश में लाना।

इतने रूपों के अतिरिक्त और भी कुछ अन्य रूप हो सकते हैं जिनकी धुरी निबंध है। इन सबमें निबंध-लेखन की मनोवृत्ति का कोई एक अंश ही अभिव्यक्त होकर रह जाता है।

ये निबंध की सीमाएँ भी बन जाती हैं, इनको चारों तरफ सज्जित समझकर निबंध की परिभाषा और शक्ति को और भी स्पष्टता से समझ सकते हैं।

हिंदी में निबंध

हिंदी में निबंधों का आरंभ अंग्रेजी के प्रभाव तथा सामयिक आवश्यकता के कारण हुआ। भारत में इधर अंग्रेजी जमी, उधर प्रेस भी आ पहुँचा। प्रेस द्वारा पत्रों के प्रकाशन का आयोजन हुआ।[1] पत्रों के लिए निबंधों की आवश्यकता थी ही। यह अवस्था भारतेंदु-युग के आरंभ में ही प्रस्तुत हो चुकी थी। इसी युग से हिंदी में निबंधों का यथार्थ आरंभ हुआ।

हिंदी निबंधों का संक्षिप्त इतिहास

भारतेंदु के साथ हिंदी का नया युग–आधुनिक युग, गद्य युग तथा निबंध युग–आरंभ होता है। उनके 'हरिश्चंद्र चंद्रिका' में हमें हिंदी निबंधों के पूर्व रूप मिलते हैं।

भारतेंदु बाबू हरिश्चंद्र और मोहनलाल विष्णुलाल पंड्या के अतिरिक्त

---

1. यह बात उस काल में कितनी ही देश-भाषाओं के संबंध में चरितार्थ थी। जो काम पाठ्य ग्रंथ और धार्मिक कृतियों से नहीं हो सका वह भाषा के संबंध में पत्रिकाओं द्वारा संपन्न हुआ। डॉ. सुकुमार सेन से 'History of Bengali Literature' में यही बात निम्न रूप में कही है–

"What the high priced and striffly written textbooks published from Serampore could never attain and what the theological treatises of Ram Mohan Roy never aspired to, was done by the publication of the weekly paper Samachar Darpan (Mirror of Information) by the Serampore missionaries in May, 1818;...It was through such journals that literary prose found its first currency among the literates."

—Sen, Sukumar, History of Bengali Literature, pp. 183-184.

इस काल के निबंध-लेखक थे मुंशी कामता प्रसाद, रामेश्वरदत्त बिहारी चौबे, बाबू गोकुलचंद, पंडित सरयूप्रसाद, काशीनाथ खत्री, दीपनरायन वर्मा क्लाबीजर।

डॉ. माताप्रसाद गुप्त ने 'हिंदी पुस्तक साहित्य' में यह नोट दिया है :

"नीचे उक्त काल के समस्त साहित्य को दो युगों—1867-1909 ई. जिसको विगत युग कहा गया है, तथा 1909-1942 ई. जिसको वर्तमान युग कहा गया है—में विभाजित कर इसी दिशा में एक सामान्य प्रयास किया है।"[1]

और फिर इस विगत युग (1867-1942) के निबंध के संबंध में उन्होंने यह सूचना दी है।

हिंदी में निबंध के विकास के चरण (सन् 1867-1942)

आलोच्य काल में निबंध-ग्रंथ इने-गिने मिलते हैं। पत्र-पत्रिकाओं में जनता उन्हें भले ही पढ़ लेती थी, किंतु पुस्तक रूप में उनके ग्रंथों की माँग इस काल में कम नहीं हुई। जिनके निबंध-संग्रह प्रस्तुत हुए, इस काल के उन लेखकों की नामावली इस प्रकार है—

1. हनुमान प्रसाद	प्रजावाटिका 1881	विनोद पूर्ण
2. हरनाथ प्रसाद खत्री	मानव विनोद, 1885 द्वितीय	विनोद पूर्ण
3. त्रिलोचन झा	आत्म विनोद, 1903 द्वितीय	विनोद पूर्ण
4. हरिश्चंद्र	खुशी, 1897 द्वितीय	विशिष्ट विषय
5. रामगरीब चौबे	(1) पुस्तक सहवास, 1908	विशिष्ट विषय
	(2) कार्यसंपादन, 1908	विशिष्ट विषय
6. बालमुकुंद गुप्त	(1) शिवशंभु का चिट्ठा	सुरुचि, हास्य
	(2) चिट्ठे और खत	व्यंग्य से युक्त
7. बालमुकुंद गुप्त	गुप्त निबंधावली भाग 1, 1913	विविध विषय
8. प्रतापनारायण मिश्र	निबंध नवनीत भाग 1, 1919	विविध विषय
9. बालकृष्ण भट्ट	भट्ट निबंधावली, 1942	

किंतु निबंधों के विकास की दृष्टि से हमें इस विगत काल को भी तीन

1. गुप्त, माताप्रसाद (डॉ.) : हिंदी पुस्तक साहित्य, पृ. 5।

विभागों में बाँटने में सुविधा होगी—एक है बीजारोपण काल 1850-1885 ई. तक, दूसरा पल्लव-अंकुरण-काल 1885-1900 और तीसरा संधिकाल 1900 से 1914 तक।

तो इस प्रकार 1850 से निबंध-युग का आरंभ माना जा सकता है। इस आरंभ युग में हमें दो भाग मिलते हैं—एक 1850 से 1873, दूसरा 1873 से 1885 तक। 1873 में भारतेंदु जी ने 'हरिश्चंद्र मैगजीन' निकाली और उसमें यह दावा किया कि 'हिंदी नए चाल में ढली—1873 ई.।' अतः दयानंद-लक्ष्मणसिंह-शिवप्रसाद-युग हमें 1873 में समाप्त मानना होगा। 1873 से यथार्थ भारतेंदु युग चला और उसका पहला भाग 1885 तक रहा जबकि भारतेंदु जी ने अपनी इहलीला समाप्त की थी और महावीरप्रसाद द्विवेदी कृत बेकन-विचार रत्नावली प्रकाशित हुई थी।

1885 से 1900 तक पल्लव-अंकुरण काल है। 1900 में सरस्वती का प्रकाशन आरंभ हुआ। इससे तीन वर्ष पूर्व 1897 में नागरी प्रचारिणी पत्रिका का प्रकाशन हो चुका था।

1900 से 1914 तक संधिकाल है। इसमें वर्तमान युग के विकास की जड़ जमती मिलती है और पूर्व युग के ह्रास तथा लोप के चिह्न।

भारतेंदुकालीन निबंध-साहित्य की यह साधारण रूपरेखा देखकर कहा जा सकता है कि हिंदी में इस काल में निबंध पत्र-कला से संबंधित था, अतः ये सभी निबंध साधारणतः किसी सामयिक समस्या पर नोटवत् हैं, जिनमें स्वतंत्र निबंध कला के बीज पैदा हो गए हैं। अठारहवीं शताब्दी में अंग्रेजी निबंध भी पत्रकार कला के साथ आगे बढ़े थे। एनसाइक्लोपीडिया ब्रिटैनिका में यह नोट है :

"When we reach the 18th century, we find the essay suddenly become the dominant force in English literature. It made appearance almost as a new thing, and in combination with the earliest development of journalism."

इस युग में निबंधों की क्या दशा थी यह भी ब्रिटैनिका के लेख से जाना जा सकता है :

"On April 12, 1700, appeared the first number of a penny

newspaper, entitled the Tatler a main feature of which was to amuse and instruct fashionable readers by a series of short papers dealing with the manifold occurences of life."

हिंदी के पाठकों को 'फैशनेबिल' तो नहीं कहा जा सकता, पर अपने इस काल के लेखकों ने जो टेकनिक समृद्ध की वह विनोद और शिक्षा दोनों के लिए थी और उसमें जीवन की विविध घटनाओं पर ऐसे ही छोटे-छोटे लेख प्रकाशित किए गए। लेखकों की संख्या मासिक पत्र में बहुत कम थी, प्रायः समस्त मासिक पत्र एक ही व्यक्ति के द्वारा विविध विषयों के निबंधों से विभूषित किया जाता था।

एक बात और थी। लेखकों में दो वृत्तियों में एक स्पष्ट अंतर था। वह ग्रंथ-रचना की शैली में एक तटस्थ-भाव और गांभीर्य रखता था। उधर निबंधों में विचारों में विनोदात्मकता, रूपकत्व तथा व्यक्तिगत भाव-संस्पर्शिता रहती थी। मासिक पत्रों के निबंध-जैसे लेख यथार्थ में बड़े ग्रंथ के भाग-जैसे होते थे।

1850-1885 बीजारोपण काल

1850-1885 में पं. बालकृष्ण भट्ट तथा प्रतापनारायण मिश्र ने सामान्य स्थायी विषयों पर छोटे-छोटे निबंध लिखने की शैली को प्रोत्साहन दिया और उनमें मुहावरों तथा रचना-चातुरी का प्रदर्शन किया। मिश्र जी ने ही 'बात', 'वृद्ध' अथवा 'भौं', 'दाँत' जैसे विषयों पर लेख नहीं लिखे, पं. बालकृष्ण जी ने भी—'आँख', 'कान' आदि पर बामुहावरा विनोदात्मक निबंध लिखे थे। ये दोनों ही दो शैलियों को अपनाए चलते रहे हैं—एक विनोदात्मक, दूसरी गंभीर। 1885 के 'हिंदी प्रदीप' में से बालकृष्ण भट्ट के कुछ निबंधों के अंश उद्धृत करके उनकी भी इस विनोद शैली का परिचय दिया जा सकता है—

कान

पृथ्वीराज के कानों की कथा कानों सुना करते थे परंतु अपने सामयिक पृथ्वीराज के कानस्टेबिल अर्थात् कान के अस्तबलों को हर ठौर कोने-कोने में खड़े आँखों देखते हैं। कैसा अच्छा होता जो हमारी सरकार के आँख स्टेबल भी होते तब तो हम इनको साक्षात् इंद्र ही समझते जो अब केवल अपने इन्हीं कानों से सुनते

हैं उसे आँखों से भी देखते तो कान के कच्चे न होते। समाचार पत्र सदा कान खाते रहते हैं पर यह कब कान धरते हैं। जो सरकार तनिक भी उनकी पुकार पर कान देती तो कान की कान रह जाती है। पर जहाँ कई एक चालाकी के कान काटने वाले कान लगे हैं वहाँ हम गरीबों की कौन सुने, सिवा एक इनकी सुनने के और सब ओर से सरकार ने कान बंद कर रक्खे हैं, इसका एक प्रमाण यही है कि प्रजा सब हिंदी ही हिंदी पुकार रही है पर यह कान में तेल डाले बैठे हैं।...जो हमारी यह बात न मानोगे तो कोई दिनों में कान पकड़ उठाये-बैठाये जावेंगे : इसलिए हे प्रिय बंधुओ, कान रहते बहरे न बनो अपने सच्चे हितकारी की विनती कान लगाकर सुनो।

इससे भी उत्कृष्ट और स्थायी लेख है 'आँख' पर। कान में तो सामयिक प्रसंग ने प्रधानता ग्रहण कर ली है, पर 'आँख' ने अपनी सामान्यता से हाथ नहीं धोया—

आँख

आँख संसार में बड़ी चीज है। जिनको भगवान ने आँख नहीं दी वे बेचारे तो लाचार हुए ही हैं पर बहुत से ऐसे भी हैं जिनके माथे की हैं पर हिए की फूटी होने के कारण आँखों के अंधे नाम नैनसुख बन रहे हैं...इस आँख का एक अनोखा ढंग है न इसका मुँदना अच्छा, न उठना अच्छा, न बैठना अच्छा, न आँख का आना अच्छा, न जाना अच्छा। कितनों की रसीली आँख उपमा के योग्य होती है, फारसी के शायर आँख की उपमा नरगिस से देते हैं। हमारे देश के कवि मृग, मीन खंजन और कमल से आँख की उपमा देते हैं इन कानों के नेत्र जासूस होते हैं। इसी से राजा लोग चारचक्षु कहलाते हैं 'क्रिया सुयुक्ते नृप चारचक्षुषोनबचनायाः प्रभवीतु जीविभिः'। योगी लोग ज्ञाननेत्र से देखते हैं इसलिए वे ज्ञानचक्षु कहलाते हैं, स्त्रीजित जोरू के गुलाम गृहिणीनेत्र होते हैं क्योंकि ये जो कुछ करते-धरते, देखते-भालते हैं सब घरवाली की हिदायत से प्रायेण गृहिणीनेत्रा कंथार्थेषु कुटुंबिनः कितने आँख रहते भी अंधे हैं जैसा धन मदु दुर्भद 'कस्माद भजन्ति कवयो धनदुर्मदान्धान' ईश्वर ऐसों को आँख दे।

इस प्रकार यह युग कई नई शैलियों को उभार कर लाया। इसमें कोई संदेह नहीं कि यहाँ तक के समस्त निबंधों का रूप पत्र-पत्रिकाओं के द्वारा ही

निर्दिष्ट और निर्धारित हुआ। पत्र-पत्रिकाओं ने वैविध्य की ओर सदा ध्यान रखा। पर वह वैविध्य ज्ञान-क्षेत्र के विस्तार की दृष्टि से नहीं था जितना सामयिक समस्याओं को सामने लाने और विनोदभाव से कोई सहज चर्चा कर लेने की दृष्टि से होता था।

1885-1900 पल्लव-अंकुरण-काल

यह युग द्विवेदी-युग की भूमिका माना जा सकता है। इस काल में निबंधों के संग्रह प्रकाशन की ओर भी प्रवृत्ति हो उठी थी, विविध पत्र-पत्रिकाएँ तो निकलती ही थीं।

पत्र-पत्रिकाओं में मित्र-विलास, क्षत्रिय-पत्रिका, हिंदी प्रदीप, भारत जीवन, कवि-वचन-सुधा, सारसुधा-निधि तो पूर्वयुग में भी थीं। 1885 में हिंदोस्थान, भारतोदय, धर्मप्रचारक, दिनकर प्रकाश, धर्मदिवाकर, प्रयाग समाचार, शुभ-चिंतक, सदाचार मार्तंड, पीयूष प्रवाह, भारत जीवन, भारतेंदु, कविकुलकंज दिवाकर आदि पत्र निकले, 1883 में 'ब्राह्मण' निकला था, 1889 में 'अग्रवालोपकारक', 1897 में 'नागरीप्रचारिणी पत्रिका', 1898 में 'उपन्यास' आदि पत्र प्रकाशित हुए। इनके द्वारा विविध विषयों पर लेख तथा निबंध प्रकाशित होते थे।

लेखों के संग्रह-ग्रंथ इस काल में निम्नलिखित प्रकाशित हुए—

1885 : मानव विनोद	हरनाथप्रसाद खत्री
1885 : बेकन-विचार रत्नावली	महावीरप्रसाद द्विवेदी
1885 : परम पुरुषार्थ (स्माइल की रचना के उर्दू-अनुवाद से हिंदी में)	मदनमोहन भट्ट
1886 : साहित्य संग्रह	वीरेश्वर चक्रवर्ती
1887 : भाषासार (भाग 2)	साहबप्रसाद सिंह
1887 : नीत्युपदेश (जान स्टुअर्ट ब्लेकी के लेख)	काशीनाथ खत्री
1889 : भारतीय शिक्षा	जगन्नाथ भारतीय
1889 : नीति पुष्पावली (मु. शंकरदास वर्मा की उर्दू पुस्तक गुलदस्ता-ए-तहजीब)	काशीनाथ खत्री
1897 : खुशी	हरिश्चंद्र
1899 : साहित्य नवनीत	अंबिकादत्त व्यास

1899 : निबंध मालादर्श (विष्णु कृष्ण चिपलूणकर
के मराठी लेख) गंगा प्रसाद अग्निहोत्री

आचार्य शुक्ल जी ने लिखा है–

''इस उत्थान काल के आरंभ से ही निबंध का रास्ता दिखाने वाले दो अनुवाद ग्रंथ प्रकाशित हुए–'बेकन विचार रत्नावली' (अंग्रेजी के बहुत पुराने व पहले निबंध लेखक लार्ड बेकन के निबंधों का अनुवाद) और 'निबंध मालादर्श' (चिपलूणकर के मराठी निबंधों का अनुवाद)। पहली पुस्तक पंडित महावीरप्रसाद द्विवेदी जी की थी और दूसरी पंडित गंगाप्रसाद अग्निहोत्री की। उस समय यह आशा हुई थी कि इन अनुवादों के पीछे ये दोनों महाशय शायद उसी प्रकार के मौलिक निबंध लिखने में हाथ लगाएँ पर ऐसा न हुआ। मासिक पत्रिकाएँ उस द्वितीय उत्थान काल के भीतर बहुत-सी निकलीं पर उनमें अधिकतर लेख 'बातों के संग्रह' के रूप में ही रहते थे, लेखकों के अंतःप्रयास से निकली विचार-धारा के रूप में नहीं।''

जैसा कि अब तक विवेचन हो चुका है, हिंदी के निबंधों के विकास की यह मध्य श्रृंखला है। भारतेंदु-युग और द्विवेदी-युग का संधिकाल इसे माना जा सकता है। इसके दो कारण हैं : एक तो यह कि पं. प्रतापनारायण मिश्र की लेखन शैली इसी काल में चमकी, जिसमें पं. बालकृष्ण भट्ट का भी सहयोग हुआ, इससे निबंध की दो शैलियों का रूप निश्चित हुआ तथा निबंध साधारण लेख भंडार में अपना पृथक् तथा महत्त्वपूर्ण स्थान बना सका। दूसरे निबंधों के लिए आदर्श प्रस्तुत करने की दृष्टि से अंग्रेजी और मराठी के श्रेष्ठ निबंधकारों की रचनाएँ हिंदी पाठकों को अनुवाद करके भेंट की गईं।

पूर्व युगों में निबंध के जो रूप प्रस्तुत हुए थे उन पर संक्षिप्त सरसरी दृष्टि डाल लेने से आने वाले युग का अच्छा मूल्यांकन हो सकेगा।

हमें मिलता है कि आरंभ काल में संपादकीय 'निबंध' ही 'निबंध' अथवा लेख के रूप में किसी शीर्षक के साथ प्रकाशित होते थे। अन्य लेखकों के भेजे हुए निबंध 'प्रेरित-पत्र' के रूप में दिए जाते थे। धीरे-धीरे यह विभाजन टूटा और अन्य लेखकों के निबंध अथवा लेख भी पृथक् शीर्षक और महत्त्व के साथ प्रकाश में आने लगे।

इन निबंधों के विषय आरंभ में साधारण राजनीतिक विषयों के परिचय,

धार्मिक तथा साहित्यिक साधारण परिचय, कभी-कभी यात्रा संबंधी साधारण परिचय होते थे। धीरे-धीरे वर्णनात्मकता की ओर विशेष रुचि हुई और सामयिक प्रसंगों के साथ आलोचनात्मक दृष्टि विकसित हुई। इस आलोचना दृष्टि में विनोद शैली और भाषा-चातुर्य की ओर आकर्षण स्पष्ट झलकता है।

साधारण राजनीतिक चर्चा का स्थान साधारण आलोचनात्मक चर्चा ने ले लिया। वर्णन का विकास भी हुआ, कहीं-कहीं इस संबंध में अलंकारिक विधान का भी उपयोग किया। फिर भी, इन सबमें सामयिकता का प्रभाव रहा।

इसके बाद आगामी युग में आंदोलन और प्रचार-भाव बढ़ा, साथ ही आलोचना-प्रत्यालोचना की भी प्रवृत्ति जगी। हिंदी-संबंधी आंदोलन तो साहित्य क्षेत्र में प्रमुख था, आर्यसमाज का आंदोलन तथा हिंदू-मुस्लिम दंगों के विषय धार्मिक क्षेत्र में इस युग की प्रचार-राजनीति में विषय बने हुए थे। इन सभी आंदोलनों में लेखक की आलोचना-वृत्ति और विवेक, साथ ही पक्ष पोषण और हठ का खूब प्रदर्शन हुआ, पर भाषा और लेखन शैली को इनके लिए विविध शैलियों को अपनाना पड़ा। साहित्य जगत में भी आलोचना और प्रत्यालोचना जगी। किंतु यहाँ पुस्तक अथवा विषय के बहाने से अन्य प्रसंगों के वर्णन में तथा व्यक्ति की आलोचना में, आलोचना नहीं आक्षेप और कटूक्तियों में, पत्रों के पन्ने रंगे गए।

गंभीर निबंधों में राजनीतिक विचारों की प्रमुखता रही। उपदेशात्मक दृष्टि से लिखे आचार-शिक्षा के निबंध भी कम नहीं थे। धीरे-धीरे उपदेश-वृत्ति कम होती गई और आक्षेप-कटूक्तियों का स्थान व्यंग्य होता गया। पर व्यंग्य स्थूल ही रहा और बहुधा शब्दाडंबर में फँसा रहा, जिससे आज के युग में वह विनोद का ही काम देता है।

शुद्ध साहित्यिक गंभीर निबंध एक-दो ही मिलते हैं। इनमें गद्य-काव्यत्व आ गया है। वर्णनात्मक निबंधों में ही ऐसा हुआ है। भावात्मकता का पुट भी यथास्थान इनमें मिलता है।

निबंध की दिशा में विविध शैलियों में प्रयोग हुआ मिलता है।

साधारण वर्णन-परिचय अथवा प्रतिपादक शैली के साथ पत्र-शैली का उपयोग हुआ है, पर पत्र-शैली निबंध की दृष्टि से इस युग में बिलकुल अविकसित रही है। केवल सरनामे से ही वह पत्र लगता है अन्यथा किसी विषय पर

विचार-टिप्पणी का ही उसका रूप रहा है। अभिनंदन पत्र में अवश्य सभी आवश्यक तत्त्व पूर्ण समृद्ध मिलते हैं। पद्य-शैली में निबंध की ओर भी प्रवृत्ति हुई, पर यह विशेष अनुकरण की वस्तु नहीं बन सकी। जीवनी संबंधी निबंध लिखे गए।

प्रस्तुत युग में निबंध का रूप सुनिश्चित हुआ।

बालकृष्ण भट्ट और प्रतापनारायण मिश्र ने निबंध लिखकर हिंदी गद्य शैली को नवीन रूप दिया। उनके निबंधों में 'अलंकारिता और दुरूहता' नहीं मिलती। छोटे-छोटे और संयत वाक्यों में उन्होंने अपने भाव प्रकट किए हैं। प्रतापनारायण मिश्र के निबंधों में प्रांतीयता, स्वभाव वैचित्र्य और मनोरंजन तथा विनोद कुछ अधिक मात्रा में होते हुए भी दोनों की शैली में भाषा की प्रौढ़ता और भावों की मार्मिकता पाई जाती है। बालकृष्ण भट्ट के निबंधों में संस्कृत और पाश्चात्य साहित्य से अतवरण होते हुए भी दोनों की रचनाओं में अपने-अपने व्यक्तित्व-विशेष की छाप है। उन्होंने कहीं-कहीं बड़े तीखे व्यंग्य-प्रहार भी किए हैं जो उनके आंतरिक भावों के सच्चे प्रतिरूप हैं। उनमें उनका जीवन झलकता है। कुछ अपवाद छोड़कर दोनों की भाषा और शैली में अकृत्रिमता, स्निग्धता तथा सरलता मिलती है। उन्होंने अपने भाव अत्यंत स्पष्टता के साथ व्यक्त किए हैं। शब्द-समन्वय बड़ा ही सुरुचिपूर्ण है।[1]

भारतेंदु-युग : निबंध और निबंधकार

भारतेंदु बाबू हरिश्चंद्र ने हिंदी के उन्नयन के लिए प्रोत्साहन दे-देकर अनेक लेखकों को तैयार किया। आप ही ने 'हरिश्चंद्र चंद्रिका' में हिंदी को वह रूप दिया जिससे हिंदी नई चाल में ढली। भारतेंदु जी की भाषा बहुत प्रांजल और साफ-सुथरी थी। आपने विविध पत्रिकाओं में विविध निबंध अथवा लेख लिखे। इनके ऐसे निबंधों का संग्रह 'हरिश्चंद्र कला' भाग 4 में है। कुछ निबंध विशेष प्रसिद्ध हैं, जैसे—(1) इंग्लैंड और भारतवर्ष, (2) हम मूर्ति पूजक हैं, (3) श्रुति रहस्य, (4) एक अपूर्व स्वप्न, (5) सूर्योदय, (6) होली, (7) त्यौहार, (8) भूकंप, (9) मित्रता, (10) खुशी, (11) अपव्यय, (12) संगीतसार, (13) सूरदास, (14) बंग भाषा की कविता, (15) ईशु खृष्ट और ईशु कृष्ण, (16) सरयू पार की

---

1. वार्ष्णेय, लक्ष्मीसागर (डॉ.) : आधुनिक हिंदी साहित्य (1850-1900), पृ. 66।

यात्रा, आदि, और भी कितने ही सामयिक और साहित्यिक निबंध आपने लिखे हैं। इन सब पर दृष्टि डालने से विदित होता है कि भारतेंदु ने निबंध की आत्मा को पहचान लिया था। उनके निबंधों में विषयों का वैविध्य और सहज विनोद की भावना निबंधों के लिए आदिकाल से ही भव्य भविष्य का बीज प्रस्तुत करती हैं। इनके इन निबंधों में कई शैलियाँ मिलती हैं : 'बंग भाषा की कविता' जैसे निबंध में 'भूमिका शैली' है। निबंध जैसे उस विषय की भूमिका का कार्य करता है। 'सूरदास' जैसे लेख में जीवनी संबंधी निबंध का रूप निर्देश है। 'खत्रियों की उत्पत्ति' में जातीय शोध की ओर प्रवृत्ति है। 'ईशु ख्रष्ट और ईशु कृष्ण' में तुलनात्मक धार्मिक अध्ययन की चेष्टा है। यात्रा विषयक वर्णनात्मक निबंध का मार्ग-दर्शन 'सरयू पार की यात्रा' जैसे लेखों में हुआ है। भावात्मकता-युक्त वर्णन-माधुरी वृन्दावन के दृश्यों में प्रचुरता से मिलती है। व्यंग्य और आलोचना का नमूना 'बड़े पुण्य का फल' में है। 'मूक प्रश्न' में विनोद प्रेरक 'गणित बुझौबल' बतलाया गया है। इस प्रकार यह सिद्ध होता है कि भारतेंदु जी ने निबंध के विविध प्रकारों में प्रयोग उपस्थित किए। आपके लेखों में अध्ययन, निरीक्षण और भावुक वृत्ति की त्रिवेणी मिलती है। आपके अध्ययन का क्षेत्र ऐतिहासिक और धार्मिक विषयों से विशेष संबंधित है; इससे इनका संस्कृति-प्रेम विशेष प्रकट होता है। निबंधों में अध्ययन-प्रधान स्थलों में आपकी भाषा तत्समता लिए रहती है, किंतु यह तत्समता इतनी आतंकप्रद नहीं कि साधारण कोटि के शब्दों को उसमें स्थान न मिल सके। आपके अध्ययन में पर्याप्त सूक्ष्म और वैज्ञानिक वृत्ति मिलती है। एक उदाहरण लें—

"केवल यूरोप के मूर्ति-पूजकों ही पर नहीं नए संप्रदाय वालों की भी यही दशा है। गेब्रिल (जिबरईल) गरुड़ का अपभ्रंश है और गरुड़ जैसे परमेश्वर के सबसे उत्तम पार्षदों में हैं वैसे ही जिबरईल उत्तम फरिश्तों में। वरंच फरिश्ता शब्द ही पार्षद का अपभ्रंश है। जिबरईल का ईश्वर की आज्ञा लाकर मत प्रवर्तक होने का उदाहरण भी संप्रदाय में देख लीजिए।"

वह संयत और सधी हुई भाषा जो द्विवेदी काल के परिमार्जन और विन्यास का आधार बनी, भारतेंदु के उन निबंधों में मिल जाती है, जिनमें वे विषय का गंभीरतापूर्वक प्रतिपादन करते हैं, अथवा जिन्हें लिखते समय उनके मन में उस विषय की रोचक चर्चा अभीष्ट नहीं होती जितना कि उसका ज्ञान प्रस्तुत करना।

'संगीतसार' लेख का यह अंश उदाहरणार्थ लिया जा सकता है–

"भारतवर्ष की सब विद्याओं के साथ यथाक्रम संगीत का भी लोप हो गया। यह गान-शास्त्र हमारे यहाँ इतना आदरणीय है कि सामवेद के मंत्र तंत्र गाए जाते हैं। हमारे यहाँ वरंच यह कहावत प्रसिद्ध है 'प्रथम नाद तब वेद' अब भारतवर्ष का संपूर्ण संगीत केवल कजली ठुमरी पर आ रहा है। तथापि प्राचीन काल में यह शास्त्र कितना गंभीर था यह हम इस लेख में दिखलाएँगे।"

इसके वाक्य छोटे-छोटे हैं, और विचारपूर्वक लिखे गए प्रतीत होते हैं। इससे भी ऊपर जो उद्धरण दिया गया है वह उद्धरण इससे भी अधिक संयत है; उसे सुष्ठु बनाने की चेष्टा भी दिखाई पड़ती है। इसके साथ ही इनके एक दूसरे प्रसिद्ध निबंध 'खुशी' का एक उदाहरण देखिए–

"हस्बदिल ख्वाह असूदगी को खुशी कह सकते हैं, यानी जो हमारे दिल की ख्वाहिश हो वह कोशिश करने से या इत्त्फाकिया बगैर कोशिश किए आवै तो हमकों खुशी हासिल होती है।

× × ×

इसी से हम कह सकते हैं कि खुशी से मरतवः से कुछ वास्ता नहीं खुशी एक नेअमते उजमा है जिसे हर शख्स नहीं पाता है।"

यह वह शैली है जिसकी हिमायत राजा शिवप्रसाद उस समय कर रहे थे। भारतेंदु जी ने 'खुशी' जैसा पंद्रह पृष्ठों का बड़ा निबंध इस शैली में लिखकर अपनी प्रतिभा का चमत्कार नहीं दिखाया, वरन् उन्होंने यह प्रयोग यह देखने के लिए किया कि क्या यह भाषा हिंदी हो सकती है? क्या यह सार्वजनिक भाषा बन सकती है? उन्होंने इस शैली का निश्चय ही परित्याग कर दिया और उनकी तथा राजा शिवप्रसाद के विरोध की खाई गहरी होती गई। इस प्रयोग से हिंदी का असली रूप भारतेंदु को ठीक-ठीक समझ में आने लगा। यों निबंध्ध की दृष्टि से 'खुशी' भी एक अच्छा निबंध माना जाता है।

निरीक्षण संबंधी लेखों में भारतेंदु की शैली यथार्थ के बहुत निकट है, जैसा जो शब्द उस समय मिला है, उसी का प्रयोग कर दिया गया है। निरीक्षण संबंधी उनके निबंधों में वाक्यों का विन्यास सुगठित नहीं मिलता। ऐसा प्रतीत होता है कि निरीक्षण करते समय नोट लिखे गए हैं, उन्हें ही निबंध बना दिया

गया है—यथा,

"यहाँ के बाजार का हम बनारस के किसी भी बाजार से मुकाबिला नहीं कर सकते। महज बेहैसियत। महाजन एक यहाँ हैं वह टूटे खपड़े में बैठे थे। तारीफ यह सुनी कि साल भर में दो बेर कैद होते-होते बचे हैं क्योंकि महाजन को जाल करना फर्ज है और उसको भी छिपाने का शऊर नहीं।"

इसी वर्णन-प्रवृत्ति में उनकी एक शैली यह मिलती है—

"रें रें करके रात को बारह बजे बाद पहुँचे। चार बजे तक सरदी में वहीं टपे। पाँच बजे रेल फिर चली। घाट पर पहुँचे। वहाँ एक स्टीमर था। दरिद्र स्टीमर, जिसके सेकेंड क्लास में सिवाइस नाम के गुण कोई नहीं। बल्कि वहाँ बैठना भले आदमी के वास्ते एक शर्म की बात है। खैर वहीं बैठकर पार लगे। वहाँ से तिरहुत की रेल। वाह रे रेल। एक गाड़ी बालू में खड़ी थी, उसी में तारघर और टिकट आफिस। तार दो-दो कैंचीदार बाँसों पर। सड़क आधे-आधे औंधे गनेलों पर बालू में राम भरोसे। गाड़ी ऊँचे नीचे पर छकड़ों की तरह लुड़कती पुड़कती चलती थी। छोटी इतनी कि जी चाहा कि सरस्वती की गुड़िया को दे दूँ। सेकेंड क्लास महज वाहियात। भद्दा रंग, भद्दे काठ, भद्दे लोहे। जगह सोने को कौन कहे बैठने को नहीं। रेल की तारीफ करूँ कि तार की कि स्टेशनों की कि मास्टरों की। झंडी मालूम होती थी कि कोई खेतवाला स्त्री की मैली फटी सारी का पल्ला फाड़कर लकड़ी में लगाकर कौआ हाँकता है।"

इस शैली में वाक्यों की संक्षिप्त असम्पूर्णता, पर प्रभावशीलता देखने योग्य है। भावात्मक स्थलों पर लेखक बहुधा तत्सम-प्रधान प्रवाहमयी भाषा का उपयोग करने लगता है—

"हाँ। यह वही अयोध्या है जो भारतवर्ष में सबसे पहले राजधानी बनाई गई। इसी में महात्मा इक्ष्वाकु, मान्धाता, हरिश्चंद्र, दिलीप, अज, रघु, श्रीरामचंद्र हुए हैं और इसी के राजवंश के चरित्र में बड़े-बड़े कवियों ने अपनी बुद्धि शक्ति की परिचालना की है।"

अथवा

"आहा! भगवान की लीला भी कैसी दिव्य और धन्य पदार्थ है कि कलिमल ग्रसित जीवों को सहज ही प्रभु की ओर झुका देती है और कैसा भी विषयी जीव क्यों न हो दो घड़ी तो परमेश्वर के रंग में रँग ही देती है।" (रामलीला)

यहाँ पर इनके दो निबंधों का और उल्लेख कर देना ठीक होगा। एक है 'अद्‌भुत अपूर्व स्वप्न'। वह भी मनोरंजक और व्यंग्यपूर्ण तो है, पर शैली की दृष्टि से संयत और सधा हुआ है। गंभीरता है, शब्द चयन में चैतन्य है–

''देखो समय सागर में एक दिन सब संसार अवश्य मग्न हो जाएगा। कालवश शशिसूर्य भी नष्ट हो जाएँगे।''

लेख के शीर्षक से विदित होता है कि स्वप्न का वर्णन किया जाएगा और स्वप्न की संभावनाओं में असंभावना की स्थिति मूल में रहती है। इसी कारण ऐसे निबंधों में आकाश-पाताल के कुलावे मिलाए जाते हैं। वही 'अद्‌भुत' के भाव को जन्म देते हैं। उदाहरणार्थ–

''पाठशाला बनाने का विचार करके जब थैली में हाथ डाला तो केवल ग्यारह गाड़ी ही मुहरें निकलीं। इष्ट मित्रों से सहायता ली तो इतना धन एकत्र हो गया कि ईंटों के ठौर मुहर चुनवा देने पर भी दस पाँच रेल रुपए बच रहते। आधी रात को पाठशाला का उद्‌घाटन हुआ।''

लेखक ऐसी पंक्तियाँ लिखकर 'हास्य' प्रस्तुत करने की जुस्तजू में है। इसमें इन भावनाओं के उतार-चढ़ाव तो हैं पर उपदेशात्मकता उतनी नहीं, और जितनी-सी है भी वह भी विशेषतः व्यंग्य है। कुछ लेखक 'स्वर्ग में विचार सभा का अधिवेशन' को भी निबंध मानते हैं। यथार्थ में यह वह निबंध है जो कहानी का रूप ग्रहण कर लेता है। तो क्या इसे हास्य-युक्त कहानी मानना अधिक उपयुक्त होगा? पर, कहानी की टेकनीक का इसमें नितांताभाव है; यथार्थतः यह कहानी के लिए नहीं लिखा गया है कुछ कथात्मकता के साथ अपने भावों के उद्वेलनों को प्रकट करने के लिए। अतः है यह लघु कथाश्रित निबंध ही। हाँ, कहानी का बीज इसमें माना जा सकता है।

राधाचरण गोस्वामी

भारतेंदु बाबू हरिश्चंद्र के उपरांत पं. राधाचरण गोस्वामी का उल्लेख किया जाना चाहिए। पं. राधाचरण गोस्वामी जी के हमें कितने ही विविध विषयक निबंध और लेख मिलते हैं। इन्होंने हरिश्चंद्रकाल में हरिश्चंद्र की रचनाओं से प्रभावित होकर रचना करना आरंभ किया था। 'भारतेंदु' नामक एक पत्र भी वृंदावन से इन्होंने निकाला था। 'हिंदू बांधव' में ब्रह्म समाज संबंधी कई लेख लिखकर

ब्रह्म समाज की ओर अपना किंचित् झुकाव भी इन्होंने दिखाया था। इन्होंने अपने समय के सभी पत्रों के लिए कुछ न कुछ अवश्य लिखा। किसी के लिए चीज, किसी के लिए निबंध–यात्रा संबंधी (विविध राजस्थानी प्रदेशों की यात्रा पर आपने अच्छे लेख लिखे)। कभी गद्य काव्य : 'चंद्रोदय' पर आपका गद्य काव्य प्रसिद्ध है।

इनकी शैली प्रायः एक-सी रहती है, और भारतेंदु की सामान्य शैली से मिलती-जुलती है। 'पूर्णिमा का चंद्रोदय' जैसे गद्य काव्य में भी आपकी भाषा शैली का यही रूप है–

"काल रूपी रेल की लालटेन है। गढ़ तोड़ तोप का गोला है।...मोतीचूर का लड्डू है। उस अनोखे खिलाड़ी के अनूठे ख्याल गाने की चंग है। उस विचित्र बिसाती का अट्टा बट्टा है, कोहनूर है। हूर है। शुअला नूर है। किसी भी यूरोपियन मिस का मुँह है।...वाजिद अली शाह का कबूतर है।"

इसमें जो शब्द-चयन और वाक्य-विन्यास है, वही इनके उन संक्षिप्त नोटों में मिलता है जो ये 'मित्र विलास' आदि के लिए लिखा करते थे :

"क्या अंग्रेजी देशी सब समाचार पत्रों में मुक्ति फौज की धूम है। न मालूम वह कैसी मुक्ति फौज है? सुना तो कुल 5 आदमी मुक्ति फौज में निकले। वाह रे हिंदुस्तानी अखबारो। पर का कौआ करना आप ही लोगों का काम है।"

"जब मुसलमानी राज्य में इधर...दौलत और उधर तेग देखकर भी हमने अपने धर्म से पाँव न डिगाया, तो क्या अब खंजरी के गीत, और खुदाबंद ईसामसीह की फाँसी पर अपना धर्म छोड़ सकते हैं।"

इस लेख में भाषा का साधारण मुहाविरा ही मिलता है। विशेष, न तो भावुक स्थल हैं और न नीरस। वाक्य-विन्यास में पूरी सावधानी रहती है। आलंकारिकता आवश्यक स्थलों पर आई है, पर उसमें सर्वथा तत्कालीन सामयिक उपमानों पर दृष्टि विशेष रही है। यथा, पूर्णिमा के चंद्र के लिए 'यूरोपियन मिस के मुँह' को एक उपमान बताना।

'आर्य' शब्द पर लिखे इनके साधारण प्रेरणात्मक निबंध में इनकी भाषा का रूप यह है–

"हम जगत के सब आर्य, अनार्य, पंडित, राजा, प्रजा, धनी, दरिद्र, गल्पकार, पत्रिका संपादक, प्रभृति सकल श्रेणीस्थ लोगों से विनयपूर्वक निवेदन करते हैं

कि आप लोग हम आर्य लोगों को जो भारतवर्ष के प्राचीन निवासी और वैदिक धर्म के अनुयायी हैं कदाचित हिंदू न कहा करो।''

इससे भी हमारे उक्त कथन की पुष्टि होती है।

'स्वप्न शैली' की एक परिपाटी इस युग में प्रचलित थी। राजा शिवप्रसाद सितारे हिंद ने 'राजा भोज का सपना' लिखा था। भारतेंदु जी के अद्‍भुत स्वप्न का उल्लेख ऊपर हो चुका है। राधाचरण गोस्वामी जी ने भी 'यमलोक की यात्रा' स्वप्न शैली में ही लिखी है। स्वप्नद्रष्टा पच्चीस वर्ष की अवस्था में ही यमलोक जाने की तैयारी करता है। उसको नादिरशाह की सूरत के दूत लेने आते हैं। इसमें लेखक ने व्यंग्य और हास्य के द्वारा तत्कालीन स्थिति की करारी आलोचना कराई है। इसी में लेखक ने गाय के स्थान पर कुत्ते के द्वारा वैतरणी पार करने का उल्लेख किया है। डॉ. रामविलास ने 'भारतेंदु-युग' में लिखा है–

''जो व्यक्ति गोसाइयों के परिवार में पलकर वैतरणी को कुत्ते की सहायता से पार करने की बात सोच सकता था वह वेदों को अपौरुषेय कैसे मान सकता था।''

इससे विदित होता है कि लेखक गोस्वामी जी को बहुत उदार मानता है। गोस्वामी जी उदार तो अवश्य हैं, पर लेखक ने जिस उदाहरण को लिया है वह ठीक नहीं, उससे उनकी उदारता नहीं प्रकट होती। वह भी एक व्यंग्य है।

गोस्वामी जी का तर्क व्यंग्य है। प्राचीन हिंदू गोदान करता है, ब्राह्मण को, वैतरणी तरने के लिए। आज हिंदू कुत्ता प्रदान करता है, अंग्रेज साहब की मेम को और उसकी सहायता से वैतरणी तर जाता है। कौन-सी वैतरणी? फलतः कुत्ते के द्वारा वैतरणी पार नहीं कराई गई। गोदान न कर साहबों को कुत्ते देने में जो भाव है, उसी पर यह व्यंग्य किया गया है। इस निबंध का रूप स्पष्ट करने के लिए डॉ. रामविलास जी ने जो सार दिया है उसका एक आवश्यक भाग यहाँ देते हैं–

''यमपुर का बाजार, जयपुर-सा, गलियाँ बनारस की-सी, इमारतें दिल्ली और आगरे की सी हैं। भूख लगी थी, हलवाई की दूकान में इमरतियों का थाल देखकर लालच लग आया। सोचा, फिर तो मर सकते नहीं, क्यों न हाथ साफ किया जाए, इमरतियाँ लेकर भागे। एक साधु बैकुंठ गए थे, परंतु वहाँ चिलम

तमाखू न पाकर बहुत निराश हुए। यमपुर में इस सबका प्रबंध है। धर्मराज की कचहरी के बाहर तिलंगे सिपाही भाँग, तमाखू को पूछते हैं और उन्हीं में से एक बूढ़ा यमपुर का महत्त्व बताते हुए कहता है–

साधु गयल बैकुंठ के, मन ही मन पछताय।
इहाँ रहके का करबौ, इहाँ चिलम तमाखू नाँय॥

कुछ पुरबियों ने, जो सन् सत्तावन के विद्रोह में काम आए थे, इन्हें नरक दिखाने के लिए एक आदमी साथ कर दिया। नरक क्या था, चौरासी लाख जीवों का म्यूजियम था।''

अलमारियों में जीव थे और बाहर उनका विवरण लिखा था सबसे मजेदार बात यह कि गोरे-काले का भेद यहाँ भी–

''गोरे जीव के आगे मेज, कुर्सी, टेबुल आदि लगी हुई और चाय, कॉफी बिस्कुट धरा था। काले के वास्ते टाट और टूटी खाट और पुराना-धुराना हुक्का और कूँड़े में रोटी।''

× × ×

''हमारे बहुत से राजों, बादशाहों, नवाबों, काजियों, पंडितों की, मय कोतवालों, तहसीलदारों और दूसरे हुक्कामों की कैफियत देखने लायक थी। नीची नार किए बैठे थे और पछताते थे कि हाय, हमने क्यों प्रजा पर जुल्म किया।''

इन वाक्यों से राधाचरण गोस्वामी के उग्र विचारों पर यथेष्ट प्रकाश पड़ता है।

मोहनलाल विष्णुलाल पांड्या

मोहनलाल विष्णुलाल पांड्या ने भारतेंदु की 'हरिश्चंद्र चंद्रिका' को अपनी 'मोहन चंद्रिका' के साथ मिला लिया था, और जैसे भारतेंदु की 'हरिश्चंद्र चंद्रिका' में प्रधानतः हरिश्चंद्रजी की रचनाएँ रहती थीं, 'मोहन चंद्रिका' में पांड्या जी की रचनाएँ रहती थीं। प्रधानतः नंदलाल पांड्या ही इसके संपादन का कार्य करते थे। मोहनलाल जी की शैली निम्न उद्धरणों से जानी जा सकती है–

''श्री श्री जगदीश्वर ने जैसे अनेक वस्तु हमारे भरत खंड को सुशोभित और मनोहर करने के लिए बनाई हैं वैसा ही श्री मथुरा मंडल भी सौंदर्य में

सर्वसाधारण मनुष्यों को नितांत आवश्यक मानों फल बनाया है, यद्यपि इस नगर के दो विभाग हैं, तथापि दोनों एक ही नाम से प्रसिद्ध हैं। इस नगर की आकृति...।"

इस लेखक के निबंधों में साहित्यिक पुट उतना नहीं। इसमें वर्णन और शोध की दृष्टि तो है, यह भी विशेष गंभीर नहीं। भौगोलिकता में इस लेखक की विशेष रुचि है। अतः इस लेखक में दृष्टि-विस्तार पर्याप्त है।

शैली में संयम तो है पर निखार नहीं। हरिश्चंद्र-शैली के ही लेखक हैं, लेखक अत्यंत श्रद्धावान हैं। धार्मिक हैं। उसने इन दोनों भावों की रक्षा करते हुए विविध छोटे-छोटे विषयों पर निबंध लिखे हैं। सभी निबंधों पर सामयिक घटनाओं का प्रभाव अवश्य दृष्टिगोचर होता है। उन्होंने सामयिक घटनाओं का उल्लेख किया है, और उन्हें ऐसे प्रसंग में उपस्थित किया है कि उनकी आलोचना भी व्यंग्य से हो जाए। उसने शैली को हल्का बनाने का भी किंचित् उद्योग तो किया विदित होता है, किंतु उसमें उसे सफलता नहीं मिली। गंभीरता आ गई है।

लाला श्रीनिवासदास

ये नाटक और उपन्यास लिखने के लिए जितने प्रसिद्ध हैं उतने निबंधों के लिए नहीं। पर दिल्ली से इन्होंने सं. 1931 में 'सदादर्श' नामक पत्र निकाला था। उसमें तथा भूमिका लिखने में इन्होंने अपनी स्वतंत्र लेखन प्रणाली का परिचय दिया। इनकी भाषा संयत और सुथरी होती थी, रचनाएँ सोद्देश्य होती थीं। वह विनोद और मनमौजीपन नहीं था जो, भारतेंदु में मिलता है।

ठाकुर जगमोहन सिंह

इनमें प्रकृति की माधुरी, ग्राम्य जीवन की सुषमा तथा मानव-सौंदर्य का अच्छा विवरण मिलता है। भाव की प्रबलता से प्रेरित कल्पना के विप्लव और विशेष को अंकित करने वाली एक प्रकार की प्रलाप शैली भी इन्होंने निकाली जिसमें रूपविधान का वैलक्षण्य प्रधान था न कि शब्द विधान का।[1]

---

1. शुक्ल, रामचंद्र, आचार्य–हिंदी साहित्य का इतिहास, पृ. 567।

महादेव दुबे

महादेव दुबे अच्छे निबंध लेखक थे। पर इन्होंने सामयिक दृष्टि से ही निबंध लिखे हैं अथवा धार्मिक विषयों और आचार पर। शुभाचरण की बड़ाई पर इन्होंने काफी विस्तार से लिखा था। इनकी शैली में तत्समता तो प्रधान है ही, किंतु वाक्य लंबे और जटिल, बहुधा संतुलित उपवाक्य गर्भित होते हैं। 'प्रेरित' पत्र से एक उद्धरण–

"धन्य हैं ऐसे-ऐसे सत्पुरुष सदाशय लोग जो अपने-अपने कर्तव्य कर्म और धर्म पर प्रौढ़ और बद्ध परिकर हो निष्ठ रहते हैं। महाशय! मैं सत्य कहता हूँ कि नवीन आचाराधिकारियों, उन प्राचीन आर्य व्यवहार तिरस्कारियों तथा यज्ञादि कर्माद्विहिर्मुखियों और दावत प्रभृति कुक्कर्म आरोहियों पर एवं 'कौपिंडं युग्मवस्त्रं च त्रिपुंडश्च तथा वरेत्' प्रभृति त्यागियों और कोट बूट पतलून धारियों पर इतना आक्षेप होता है जिसका वर्णन नहीं।"

'शुभाचरण की बड़ाई' में से एक उद्धरण और देखा जाए–

"सिवाय इसके यह ऐसा गुण है कि जो कोई चाहे उसको प्राप्त कर सकता है। कुछ यह अवश्य नहीं कि इसको प्राप्त करने वाला राजा अथवा ऐश्वर्यवान ही हो जिससे सब कोई उसकी बड़ाई करें, नहीं केवल ईश्वर ही का देखना बहुत है, सत्य रूपी आभूषण ऐसा है कि उसकी बड़ाई करने के लिए उसको राज्य सभा रूपी सोने में जुड़ना अवश्य नहीं है। कैलाश की शोभा, कुछ चीन की नामी दीवार उसके आस-पास खिंचने से, अधिक नहीं हो जाती, इसी भाँति सज्जनों के मन, ईश्वर की आज्ञानुसार सत्य और धर्म को ग्रहण करके बहुत ऊँचे हो जाते हैं, कुछ आवश्यकता धन और ऐश्वर्य की नहीं होती।"

पंडित मुरलीधर

इसी 'मित्र विलास' के परिकर के एक प्रसिद्ध लेखक हैं पंडित मुरलीधर जी (फर्रुखाबाद के)। ये बहुधा लिखते रहे हैं और हिंदी-उर्दू के आंदोलन में भी इन्होंने लेख द्वारा भाग लिया है। ज्योतिष, धर्मशास्त्र आदि पर भी इनका अच्छा अधिकार था। भाषा में प्रवाह है, शुद्धता की ओर प्रवृत्ति है, हल्का भावात्मक स्पर्श भी मिल जाता है। इनकी विषय विवेचन प्रणाली सतर्क और सप्रमाण है।

इनके निबंधों में विषय को वस्तुनिष्ठ दृष्टि से विवेचित कर सत्य निष्कर्ष निकालने की प्रवृत्ति भी है। 'ज्योतिष' लेख के आरंभ में पाठकों को संबोधन है–

"प्रिय पाठकगण! हम बड़े खेद की दृष्टि से देखते हैं कि ज्योतिष विद्या की..."

इसी लेख में व्यंग्य चित्र खींचने की भी चेष्टा दिखाई देती है।–यथा

"ब्राह्मण जी ने अभी पत्रा भी चाहे नहीं देखा और विधि ध्यान में आई हो या न आई हो, यजमान लगे तकाजा करने, महाराज जल्दी कुछ बतलाओ तो बताओ, मुझे तो कचहरी जाने को देर होती है। कुछ समझ में आई या न आई, विध मिली या न मिली, महाराज लगे पट्टी से पढ़ने और यजमान जी के मनभावती कहने।"

यथास्थान शास्त्रों से उद्धरण भी लेखक ने दिए हैं, अन्य विद्वानों का मत भी देने का लेखक को चाव है–

"यूरोप के प्रसिद्ध विद्वान मोक्षमूलर का कथन है कि देवनागरी अक्षरों के समान कोई अक्षर दुनिया में नहीं हैं।" (–मित्र विलास, 7 अगस्त, 1882)

हरमुकुंद

हरमुकुंद एक अन्य लेखक हैं, जो शरीर-विज्ञान, धर्म आदि विषयों पर लिखते थे। इनकी भाषा में साधारण बोलचाल के शब्दों का भी प्रयोग मिलता है–जैसे 'बाँच के'। लेखक की भाषा में भाषण का ओज स्थान-स्थान पर मिलता है। 'बेटी बेचना' शीर्षक लेख में आरंभ ही से यह ओज इन शब्दों में प्रकट हुआ है–

"चाहे समय के फेर में अथवा चाहे देश के मंदभाग्य से कहो, परंतु कुरीतियों ने हमारा देश खा लिया है।"

उद्धरण भी स्थान-स्थान पर आकर इस भाव-स्पर्श को और बढ़ा देते हैं :

"हाय! भारत के भाग्य! एकस्य दुःखस्य न वादंतं गच्छाम्यहं चारमिवार्णवस्य।"

छोटे-छोटे वाक्यों द्वारा क्रमोत्कर्षक भावोन्मेष उपस्थित करने का कौशल भी लेखक जानता है :

"देश पर आलस छा रहा है। काम करने से लोग झिझकते हैं। समय को व्यर्थ गँवाते हैं। हाथ पर हाथ रखे बैठे रहते हैं।..."

बड़े वाक्य लिखने का तो वह अभ्यासी है ही।

पं. गणेशदत्त शर्मा

पं. गणेशदत्त शर्मा (लाहौर के) बहुधा धार्मिक विषयों पर ही लिखते थे और उनका लक्ष्य आर्यसमाज तथा उसके द्वारा प्रचारित अन्य सामाजिक अथवा धार्मिक आचारों की आलोचना करना तथा सनातन धर्म की प्रतिष्ठा स्थापित करना रहा है। आपमें पांडित्य तो है ही पर अधिकांशतः वह सारा पांडित्य आर्यसमाजियों पर फबतियाँ और उन पर आक्रमण करने तथा उन्हें धिक्कारने अथवा व्यंग्य कसने में व्यय होता था–

"कहो आर्यसमाजियो! यह संपूर्ण उक्त धर्म आप लोगों में सिद्ध होते हैं?"

वस्तुतः शर्मा जी के लेख निबंध नहीं कहे जाने चाहिए। सामाजिक उत्तेजना से वे इतने आक्रांत रहते हैं कि उनमें लेखक का शुद्ध व्यक्तित्व नहीं आ पाता।

पं. बदरीनारायण चौधरी 'प्रेमघन'

पं. बदरीनारायण चौधरी 'प्रेमघन' इस युग के प्रमुख साहित्यसेवियों में से हैं। ये 'आनंद कादंबिनी' के संपादक थे। ये आलंकारिक शैली में दक्ष थे। शब्द-चयन पर इनकी विशेष दृष्टि रहती थी। इन्होंने गद्य में भी कोमलकांत पदावली का सफलतापूर्वक प्रयोग करके दिखाया है। इसमें संदेह नहीं कि यह शैली कहीं-कहीं अत्यंत कटु प्रतीत होने लगती है, कटु नहीं तो बोझिल अवश्य ही हो जाती है। इन्हें पावस से नैसर्गिक स्नेह विदित होता है। अपनी पत्रिका का नाम 'आनंद कादंबिनी' रखकर ही इन्हें संतोष नहीं हुआ, पत्रिका के स्तंभ भी उसी परंपरा में रूपक बाँधकर रखे गए जैसे 'संपादकीय सम्मति समीर', 'हास्य हरितांकुर', 'वृत्तांत बलाकावलि', 'काव्यामृतवर्षा', 'विज्ञापन वीर बहूटियाँ' । इनमें शब्दालंकार अनुप्रास की छटा भी आ गई है। पावसप्रेम इनका इतना बढ़ा था कि ये इसे ऋतुराज मानते थे। इनके 'परिपूर्ण पावस' में से ये पंक्तियाँ लीजिए :

"जैसे किसी 'देशाधीश' के प्राप्त होने से देश का रंग-ढंग बदल जाता है तद्रूप पावस के आगमन से इस सारे संसार ने भी दूसरा रंग पकड़ा, भूमि हरी भरी होकर नाना प्रकार की घासों से सुशोभित भई, मानों मारे मोद के रोमांच की अवस्था को प्राप्त भई। सुंदर हरित पत्रावलियों से भारत तरुगनों की सुहावनी

लताएँ लिपट मानों मुग्ध मयंक मुखियों को अनुरागालिंगन की विधि बतलातीं। इनसे युक्त पर्वत शृंगों के नीचे सुंदरी दरी समूह से स्वच्छ जल-प्रवाह ने मानों पारद की धारा और बिल्लौर की ढार को तुच्छ कर युगल पार्श्व की हरी भरी भूमि के जो मारे हरेपन के श्यामता की झलक दे अलक की शोभा लाई है, बीच-बीच में माँग से काढ़ मन माँग लिया और पत्थर की चट्टानों पर सुंबुल अर्थात् हंसराज की जटाओं का फैलाना वा बिखरी हुई लटों के लावण्य का लाना है।"

इस शैली में हमें गद्यकाव्यत्व तथा शब्द-चमत्कार मिलता है। लेखक प्रकृति के चित्र का अंकन करने के लिए व्यग्र है। उसके लिए यह विविध अलंकारों का प्रयोग करता है। किंतु अलंकार-प्रदर्शन तथा शब्द-चमत्कारों के आग्रह की प्रकृति ने स्वाभाविक चित्र के सौंदर्य को शिथिल कर दिया है।

इस युग के लेखकों में शब्दों के प्रति आकर्षण से जो तुकप्रियता मिलती है, वह 'प्रेमघन' में भी विद्यमान है। तुकप्रियता की परंपरा लल्लूजी लाल के समय से पूर्व से बराबर चली आ रही है। प्रेमघन जी भी इसी परंपरा में आते हैं। एक संवाद इस प्रकार दिया गया है–

"दिव्य देवी श्री महाराणी बड़हर लाख झंझट झेल और चिरकाल पर्यंत बड़े-बड़े उद्योग और मेल से दुःख के दिन सकेल अचल कोर्ट का पहाड़ ढकेल, फिर गद्दी पर बैठ गईं। ईश्वर का भी क्या खेल है कि कभी तो मनुष्य पर दुख की रेलपेल और कभी उसी पर सुख की कुलेल है।"

बदरीनारायण चौधरी के लेखों में एक और दृष्टि से विशिष्ट साहित्यिकता थी। उनके लेखों में अन्य साहित्यिक रचनाओं तथा विषयों का उल्लेख भी रहा करता था।

इस प्रकार 'प्रेमघन' जी ने हिंदी साहित्य में एक विशेष किंतु विलक्षण शैली को अपनाया। यह बात भी उल्लेखनीय है कि कुछ विद्वान इन्हें और इनके पत्र 'आनंद कादंबिनी' को आलोचनात्मक लेखों में अग्रणी मानते हैं।

पं. भीमसेन

पं. भीमसेन जी इस युग के उन लेखकों में से हैं जिनमें आर्य-समाज के आदर्शों में अत्यंत भक्ति थी, हिंदी को जिन्होंने आर्य भाषा के रूप में ग्रहण किया, और भरसक उसे आर्य (भारतीय) भाषा बनाने का यत्न किया। वे भाषा की शुद्धता

के प्रबल पोषक थे। उन्होंने एक स्थान पर लिखा है–

''जो जाति स्वतंत्र भाषा का अभिमान रखती है, उस जाति के लिए अपनी भाषा को खिचड़ी बनाने की शैली, कभी उपयुक्त नहीं हो सकती।''

भाषा की विशुद्धता का विचार आपमें इतना उग्र था कि इन्होंने प्रचलित अरबी फारसी के शब्दों को भी संस्कृत बाना पहनाने की चेष्टा की। शिकायत के लिए 'शिक्षा यत्न', दुश्मन के लिए 'दुःशमन', चश्मा के लिए 'चक्ष्मा' आदि का प्रयोग इन्होंने किया और अन्य अनेक शब्दों के लिए भी संस्कृत से मिलता-जुलता रूप गढ़ने का साहस दिखाया। जिन शब्दों का संस्कृत रूप नहीं मिला उन्हें संस्कृत से सिद्ध करके संतोष किया। उदाहरणार्थ 'साहब' शब्द का पर्याय नहीं मिला तो उसे 'अहवेनसहवर्तते इति साहब' के उल्लेख से अपना लिया।

पं. भीमसेन में उस काल की 'निज गौरव और निज भाषा' की प्रतिष्ठा की भावना हमें सर्वोपरि मिलती है। आर्य समाज ने इस भावना को विशेष जगाया था। निबंधकार की दृष्टि से निश्चय ही पंडितजी को विशेष महत्त्व का स्थान नहीं दिया जा सकता। उस समय की प्रचारक प्रवृत्ति उनकी लेखनी में अभिव्यक्त हुए बिना नहीं रह सकी, और उससे निबंध का साहित्यिक महत्त्व घट गया।

काशीनाथ खत्री

काशीनाथ खत्री इस युग के अच्छे लेखकों में गिने जाते थे। इनके सामयिक निबंध, विशेषतः समालोचनाएँ इस काल के साप्ताहिक तथा मासिक पत्रों में प्रकाशित होती रही थीं। इनके 'लैंब सटेल्स फ्राम शेक्सपियर' के हिंदी अनुवाद पर बड़ा वाद-विवाद छिड़ गया था। 'मित्र विलास' इनके पीछे पड़ गया था और पृष्ठ पर पृष्ठ उसने इनकी आलोचना में बलि किए थे।

यथार्थ में खत्रीजी को निबंध लेखक नहीं माना जा सकता। आपकी रचनाओं में निबंधता नहीं। आपने प्रायः आलोचनाएँ लिखीं। इस युग की आलोचनाएँ भी निबंध का रूप अभी तक नहीं ग्रहण कर पाई थीं।

हरिश्चंद्र उपाध्याय

ये बदरीनारायण चौधरी 'प्रेमघन' के छोटे भाई थे। इनके निबंध 'आनंद कादंबिनी' में प्रकाशित हुए हैं। इनके निबंधों का एक संग्रह 'साहित्य हृदय' के रूप में

प्रकाशित हो चुका है। इनके निबंधों में वर्णनात्मकता है और साहित्यिकता या काव्यत्व अत्यधिक है। इन पर बाणभट्ट की छाप मानी जाती है।[1]

चंद्रभूषण चातुर्वेद्य

इनके निबंध प्रायः उस काल में 'नागरी नीरद' नामक साप्ताहिक पत्र में प्रकाशित हुए हैं। प्रतीत होता है कि ये संस्कृत के पंडित थे।

राधाकृष्ण दास

ये भारतेन्दु बाबू हरिश्चंद्र के फुफेरे भाई थे। यों इनकी ख्याति नाटककार के रूप में विशेष है। पर निबंध रचना में भी इनका महत्त्वपूर्ण योगदान है। इन्होंने अनुसंधानाश्रित, गंभीर विचारपूर्ण अध्ययन की छाप से युक्त निबंध लिखे।

भारतेंदु-युग के इन नक्षत्रों से इस युग के गद्य-विकास की झलक हमें मिलती है। गद्य के और विशेषतः निबंध के विकास में इस युग के पत्रों का विशेष हाथ था। अधिकांश लेखन पत्र-पत्रिकाओं के लिए हुआ।

हिंदी गद्य-निर्माण की द्वितीय अवस्था

पं. बालकृष्ण भट्ट जी ने 'हिंदी प्रदीप' में भारतेंदु जी की एक पुस्तक की आलोचना करते हुए उनकी प्रशंसा में लिखा था–

"आखिर उस रसिक शिरोमणि की चंद्रिका है जिस चंद्र के प्रकाशन से इस नए ढंग की हिंदी ने प्रकाश पाया है।"

भारतेंदु जी ने यह घोषित किया ही था कि अब से हिंदी नए ढंग में ढली। उस समय के अन्य विद्वान् साहित्य-सेवी भी इस मत को मानते थे। पर यहाँ एक भ्रम को दूर रखने की आवश्यकता है। कुछ महानुभाव इन कथनों का अर्थ यह लगा सकते हैं कि भारतेंदु के समय से आधुनिक हिंदी का आरंभ हुआ। जैसे–इंशाअल्ला खाँ के इस कथन का कि हिंदवी छुट किसी और भाषा का पुट भी न हो, और इसी प्रकार लल्लूजी लाल के एक कथन का यह अर्थ लगाया जाता है कि उन्होंने उर्दू भाषा के शब्दों को निकालकर उनके स्थान

---

1. शिवनाथ : भारतेंदु युगीन निबंध, पृ. 95।

पर संस्कृत के शब्दों का समावेश करके नई भाषा बनाई, जबकि यथार्थता इससे बिलकुल भिन्न थी। भारतेंदु जी ने कोई नई भाषा नहीं बनाई थी; भारतेंदु-युग से पूर्व गद्य की और हिंदी की एक लंबी परंपरा हम देख चुके हैं। उन्होंने एक नए ढंग को अपना लिया था। वह नया ढंग भी उनका बनाया हुआ नहीं था, न उसे सिखाने के लिए कोई पाठशाला ही स्थापित की गई थी। भारतेंदु जी ने कोई पाठ्य पुस्तक भी नहीं बनाई थी। उनकी शैली का फिर भी बोलबाला हुआ। यथार्थतः भारतेंदु जी ने जिस शैली को अपनाया वह लोक-प्रचलित शैली थी। इस समय तक भाषा के रूप के संबंध में अनिश्चितता से इस शैली का विशेष सम्मान नहीं था। अब स्थिर मति से भारतेंदु की घोषणा के बाद यह सर्वग्राह्य हो गई। पहले राजा शिवप्रसाद सितारेहिंद ने भी इसी शैली को अपनाया था। उनका 'राजा भोज का सपना' इसी शैली का प्रमाण है। इसी शैली को भारतेंदु जी ने साहित्य के लिए ग्राह्य बनाने के लिए अपने पत्रों को माध्यम बनाया। इसी शैली को जब राजा शिवप्रसाद सितारेहिंद छोड़ने लगे तभी से उनसे संघर्ष भी होना आरंभ हुआ। भारतेंदु की शैली को शुद्ध हिंदी के नाम से विभूषित अवश्य किया गया पर इस अर्थ वाला नाम इसे दिया नहीं जा सकता। इसमें सब प्रकार के शब्द व्यवहृत हुए हैं। किसी भी शब्द से उस शब्द की जाति के कारण घृणा नहीं की गई। इसमें किसी तअस्सुब से काम नहीं लिया गया। वह एक प्रचलित और बलवती भाषा शैली थी। उसे ही उन्होंने युग की पुकार के आधार पर उसके योग्य स्थान पर लाकर बिठा दिया। राजा शिवप्रसाद का मत भिन्न था। वे जिस वर्ग में रहते थे, उस वर्ग को अधिकारी वर्ग और विशिष्ट वर्ग कहा जाएगा। उस वर्ग में राजनीतिक दृष्टि से, व्यवस्था की दृष्टि से और निजी रुचि और संस्कार की दृष्टि से भाषा संबंधी एक विशेष नफासत का भाव बद्धमूल था। जब तक साक्षरता के प्रसार का प्रश्न रहा, राजा साहब लोकभाषा के पक्ष में रहे, पर जैसे ही उसे साहित्य और उच्च क्षेत्र का माध्यम बनाने का प्रश्न उठा, वे पलायन करके योग्य वर्ग—शोषक वर्ग—के साथी हो गए। वे उसी पुरानी परिपाटी में चले गए, जो लोकभाषा को गँवारू कहकर घृणा करती थी और उसका उपहास करती थी। उस लोकभाषा वाले रूप को राजा साहब जैसे महानुभाव अधिक प्रोत्साहन कैसे देते? उस लोक रुचि के अनुकूल ढली हुई लोकभाषा को भारतेंदु जी ने ऊपर उठाया। उसकी यथास्थान प्रतिष्ठा

की। उनकी भाषा यथार्थ लोकभाषा हिंदी थी। उन्होंने कोई नई भाषा गढ़ी नहीं थी। उन्होंने यह दिशा-दर्शन किया कि सभी ने उसे स्वीकार कर लिया। इसका एक परिणाम यह हुआ कि भाषा का एक सर्वग्राह्य रूप निर्धारित हो गया। यह वस्तुतः ऐतिहासिक महत्त्व की ही बात थी। हम ऊपर देख चुके हैं कि हिंदी के अपने ही कितने ही रूप थे और वे तरलावस्था में थे, यों कई रूपों के विकल्प थे और ये परस्पर मिश्रित भी हो जाते थे। बस इसी अस्थिरता को भारतेंदु जी ने समाप्त कर दिया। उनके प्रयत्न से हिंदी का एक रूप सर्वग्राह्य हो गया। यह बड़ी भारी उपलब्धि थी। इस प्रकार निर्धारित यह रूप पूर्णतः लोकभाषा की रीढ़ पर खड़ा हुआ था, अतः संवर्द्धन एवं विकास की अनंत संभावनाओं से युक्त था। उस भाषा का सबसे अधिक स्वाभाविक रूप पंडित प्रतापनारायण मिश्र में मिलता है अथवा पंडित बालकृष्ण भट्ट में। पं. बालकष्ण भट्ट ने 'हिंदी प्रदीप' का संपादन सन् 1878 से करना आरंभ किया था। इस समय भारतेन्दु जी जीवित थे। सर सैयद अहमद खाँ और स्वामी दयानंद भी जीवित थे। ये सभी महानुभाव पं. बालकृष्ण भट्ट के साहित्य-सेवा-काल में ही इहलीला समाप्त कर गए। युग पलट गया। सन् 1900 में 'सरस्वती' का प्रकाशन हुआ। शीघ्र ही द्विवेदी-युग का प्रारंभ हुआ। पं. बालकृष्ण भट्ट का 'हिंदी प्रदीप' भारतेंदु काल और द्विवेदी काल की शृंखला के बीच की कड़ी है।

हिंदी के विकास के लक्षण

भाषा की दृष्टि से हमें स्पष्ट ही 1878 या 1879 के अंकों तथा 1906-7-8 के अंकों में बहुत अंतर प्रतीत होता है।

सितंबर, 1878 के प्रदीप में हमें प्रायः यह भाषा मिलती है–

(1) "हम लोगों का मुँह बंद करने वाला प्रेस एक्ट के मुकाबिले में जो लड़ाई लड़ी गई उसमें सुर्खरू हो फतहआबी का मुख देखना य़द्यपि हमें मयस्सर न हुआ एतने से हमें शिकस्तह दिल न होना चाहिए अनेक कार्य सिद्ध के चिह्न देख पड़ते हैं।" (पृ. 3, अंक 1)

इसी काल में ऐसे भी वाक्य मिलेंगे–

(2) "ऐसी उदार गवर्नमेंट जो अपने को प्रसिद्ध किए है कि हम न्याय का वाना बाँधे हैं वह जब अन्याय करने पर कमर कस लिया।"

इसके अध्ययन से कुछ बातें स्पष्ट प्रकट होती हैं। इस काल का लेखक विराम-चिह्नों के प्रति आग्रहशील नहीं है। उसकी रचनाओं में एक साथ ही हिंदी की दोनों शैलियों का संयोजन मिलता है। उक्त अवतरण का पूर्वार्द्ध जिस शैली में है, उसका ही परार्द्ध दूसरी शैली में है। कुछ शब्दों का उच्चारण अद्भुत है। वाक्य में व्याकरण का कोई स्थिर नियम काम में नहीं लाया गया। जहाँ मुहावरों की ओर आकर्षण है, वहाँ भाषा में ढिलाई मिलती है। जहाँ मुहावरों की ओर आकर्षण नहीं, वहाँ चुस्ती है।

अब तीस वर्ष बाद के 1908 के फरवरी अंक में से एक उद्धरण लीजिए—

''अस्तु अब यहाँ पर विचार यह है कि वह अपने मन से कोई काम न कर गुजरे जब तक सबकी राय न ले और सबों का मन न टटोल ले। दूसरे उसमें शांति और गमखोरी की बड़ी जरूरत है। जिस काम के बनने पर उसका लक्ष्य है उस पर नजर भिड़ाए रहें दल में कुछ लोग ऐसे हैं जो उसके लक्ष्य के बड़े विरोधी हैं और वे हर तरह पर उस काम को बिगाड़ना चाहते हैं। अगुआ को ऐसी-ऐसी बात कहेंगे और खार दिलाएँगे कि वह उधर से मुँह मोड़ बैठे और क्रोध में आ़य सर्वथा निरस्त हो जाय।''[1]

ऊपर के उद्धरणों से तुलना करने पर अंतर स्पष्ट हो जाता है। भाषा एक ऐसा स्थिर रूप ग्रहण करने लगी है जिसमें विशेष सुरुचि और परिमार्जन का पुट लगा देने से वह द्विवेदी काल की बन जाय। यथार्थतः इस समय से द्विवेदीकाल को आरंभ होने के लिए केवल कुछ वर्ष ही रह गए थे।

'हिंदी प्रदीप' ही वह अकेला पत्र है, जो भारतेंदु के समय से लेकर द्विवेदीकाल तक आया और जो आदि से अंत तक एक व्यक्ति की रीति-नीति, शासन तथा संपादन में चला। 1908 में यह डेढ़ वर्ष के लिए बंद हो गया था। पुनः प्रकाशन पर भट्टजी ने टिप्पणी दी थी—

''सर्वव्यापी सर्वशक्तिमान सच्चिदानंद परमात्मा को कोटिशः धन्यवाद है कि विघ्न बाहुल्य को पार कर प्रदीप दीपमालिका की दीपावली के साथ आज फिर जगमगा उठा...प्यारे पाठक। आपसे बिछुरे डेढ़ वर्ष की अपनी ऊँची नीची दशा की कहानी सुनाय हम आपके प्रेमपरिलुप्त चित्त को नहीं दुखाना चाहते।

---

1. हिंदी प्रदीप, फरवरी 1908, पृ. 8।

बस इतने से ही आप हमारे निकृष्ट जीवनयात्रा की टटोल कर सकते हैं कि देश-सेवा मातृभूमि का प्रेम बड़ी कठिन तपस्या है।"[1]

इसमें संदेह नहीं कि इसकी यह दीर्घ आयु पं. बालकृष्ण भट्ट की संपादन-कुशलता के कारण थी। साथ ही उनकी कष्टसहिष्णु और धीर प्रवृत्ति भी इसमें सहायक थी, क्योंकि ग्राहकों की नादेहंदगी का रोना 'ब्राह्मण' पत्र की भाँति 'हिंदी प्रदीप' को भी रोना पड़ता रहा। फिर भी यह पत्र खूब चला, ऐसा कि जैसा उस काल का कोई दूसरा पत्र न चला।

'हिंदी प्रदीप' की सेवा

जब हम उन कारणों पर विचार करते हैं, जिससे 'हिंदी प्रदीप' इतनी सेवा करने में सफल हो सका तो अन्य कारणों के साथ उसकी भाषा पर दृष्टि जाती है। उन्होंने अपनी भाषा को उस समय के दो वर्गों के मध्य की भाषा रखा–एक नागरिकों का विशिष्ट पढ़ा-लिखा वर्ग था; दूसरा ग्रामीण साधारण वर्ग, जिसे विशेष पढ़े-लिखे होने का गर्व नहीं था, यों पढ़ा-लिखा साधारणतः वह भी था। विशिष्ट वर्ग या तो संस्कृत का पंडित था या फारसी-उर्दू का कामिल। जैसा ऊपर दिए गए उदाहरणों से विदित होता है, उन्होंने 'हिंदी प्रदीप' में आवश्यकतानुसार दोनों वर्गों की भाषा शैलियों को अपनाया। फिर भी, इनकी तथा भारतेंदु जी की भाषा में कोई विशेष अंतर नहीं था। ये उसी हिंदी का उपयोग कर रहे थे जिसे भारतेंदु जी ने नए रूप में ढाला था और जिसका इन्हें पूरा ज्ञान था। इन्होंने एक बार नहीं, कई बार हिंदी भाषा के संबंध में टिप्पणियाँ लिखी हैं। इस समस्त चैतन्य के अतिरिक्त भी वे कभी अनुदार नहीं हुए। उनकी भाषा यथार्थतः सार्वजनीन भाषा विदित होती है, जिसमें किसी भी प्रकार के शब्दों के लिए हिचकिचाहट या संकोच नहीं। उन्होंने अप्रैल, 1882 के अंत में पश्चिमोत्तर और अवध में हिंदी की हीन दशा शीर्षक से जो टिप्पणी दी उसकी भाषा और उसके अर्थ दोनों ही दृष्टि में लाने योग्य हैं–

"इस बात को सब लोग मानते हैं कि हिंदुस्तान में मुसलमानों की अपेक्षा हिंदू कहीं ज्यादा हैं और मुसलमानों में थोड़े से शहर के रहने वाले पढ़े-लिखे

1. हिंदी प्रदीप, जिल्द 31, संख्या 1, पृ. 1-2।

को छोड़ बाकी सब मुसलमान हिंदी ही बोलते हैं वरन् दिहातों में बहुत से मुसलमान ऐसे मिलते हैं जो उर्दू फारसी एक अक्षर नहीं जानते, तो भी जनता कभी रोके रुक सकती है किसके किसके गले में डायरेक्टर साहब अँगुली देंगे कि तुम लोग अपनी मातृभाषा हिंदी न बोलो।''

लेखक भली प्रकार जानता है कि हिंदी का विरोध केवल शहर के ही पढ़े-लिखों के द्वारा है। उसकी भाषा इसीलिए गाँवों की ओर ढुलकी है और आवश्यकतानुसार उसने उर्दू-फारसी से भी शब्द लेने में कहीं संकोच नहीं किया।

इसमें कोई संदेह नहीं कि इनके समय की भाषा में बहुत परिवर्तन हो गया है। आज इनके समय के अनेक शब्द प्रयोग के बाहर हो गए हैं। मुहावरे तो जैसे भाषा से उठ ही गए हैं। इनकी भाषा की कसौटी और स्रोत साधारण जनता थी, विशेषतः ग्रामीण।

यहाँ हम कुछ ऐसे शब्द देते हैं और मुहावरे भी, जो आज काम में नहीं आते, प्रयोग से बाहर हो गए हैं–

''बाना बाँधना, छीन दीन, ऐकमत्य, यावत्, दंगेत, करमफुटी, गंजिया की गंजिया लुढ़क जाय, लेखा डेहुड़ा, बुढ़ा आना, जथा बाँधकर, पेट सुतुही सा है, महीं ('मैं ही' के लिए), खज्ज अखज्ज, छलकर्मियों, लोक लेते, गड़बड़ाकर, खपगी, शेर को भुगत, पत, कुकुरिहाव, आशय (निबंध के लिए), कचरभोग, सदुपदेश की, ककेदराजी झोंझट, एतनी, केतनी, जेतनी, हेलवाई।''

यहाँ इन कुछ थोड़े शब्दों का संकलन अनायास ही किया गया है, अन्यथा तो पूरा एक कोश छाँटा जा सकता है। ऐसे शब्दों को छाँटने की आवश्यकता भी है, पर अपना प्रकट उद्देश्य कुछ और है। इन शब्दों पर एक दृष्टि डालने से यह स्पष्ट हो जाता है कि व्याकरण की बात तो दूर, शब्दों के उच्चारण का भी कोई आदर्श नियम स्थापित नहीं हो पाया है। तभी शब्द साधारण बोल-चाल के उच्चारण के अनुकरण पर बिना माँजे लिखे गए हैं। उपर्युक्त शब्दों में से, यदि सभी नहीं तो अधिकांश ऐसे होंगे जो आज भी ग्रामीण बोलियों में प्रयोग में आते होंगे। साहित्य ने उन्हें परिमार्जन की दृष्टि से और ग्राम्यत्व दोष से बचने के लिए त्याज्य ठहरा दिया है। भारतेंदु-युग में ऐसे शतशः शब्द होंगे, जो आज भूले जा चुके हैं।

तीन शैलियाँ

'हिंदी प्रदीप' में, जैसा ऊपर कहा जा चुका है, तीन शैलियाँ शब्द-प्रयोग की दृष्टि से काम में लाई गई थीं और वे तीनों प्रायः साथ-साथ मिलती चली जाती हैं। यों, उनमें कोई नियम काम करता हुआ नहीं विदित होता, फिर भी जब वे साधारण टिप्पणियाँ लिखते होते हैं तो वे ग्राम्यत्व की ओर झुकाव के साथ साधारण हिंदी, संस्कृत, फारसी, उर्दू के शब्दों का प्रयोग करते चलते हैं। जब वे कोई विद्वत्ता की बात कहते होते हैं तो संस्कृत के शब्दों का प्रयोग बहुत हो उठता है और जब सरकारी व्यक्तियों की ओर दृष्टि डालकर कुछ लिखते हैं तो उर्दू-फारसी के शब्दों का पुट बढ़ जाता है। इससे भी विशेष नियम यह मिलता है कि जब लेखक मौज में आकर लिखता है तो शब्द की रंगीनी पर उसकी दृष्टि रहती है और वह सभी ओर से विविध रंग के शब्दों, मुहावरों, कहावतों और उद्धरणों को लेकर अपने निबंध को सजा देता है। जब गंभीर है तो संस्कृत और अंग्रेजी का पल्ला पकड़ लेता है।

'हिंदी प्रदीप' के मुखपृष्ठ पर यह सूचना रहती थी—

"विद्या, नाटक, समाचारावली, इतिहास, परिहास, साहित्य, दर्शन, राज संबंधी इत्याधि के विषय में...।"

यों यह मासिक पत्रिका विविध विषय विभूषित थी। प्रत्येक अंक में समाचार और इतिहास तो प्रायः आवश्यक से ही थे। राज संबंधी आलोचना भी अवश्य ही रहती थी। नाटक के एक-दो अंक भी रहते थे। कुछ काव्य भी रहता था। इसके अतिरिक्त कभी विज्ञान की कोई चर्चा, कभी आयुर्वेद या स्वास्थ्य विषयक, कभी धर्म या दर्शन संबंधी, कभी इतिहास आदि संबंधी निबंध रहते थे।

समाचारों के लिए एक या दो कालम रहते थे, इनमें समाचारों के साथ कभी-कभी संपादक मनोरंजक टिप्पणी भी दे देता था। उदाहरणार्थ, 'प्रयाग में दीवाली खूब मनाई जा रही है'। इस समाचार को उसने यों दिया है—

"पुलिस इंस्पेक्टर की कृपा से दीवाली यहाँ पंदरहियों के पहले से शुरू हो गई थी पर अब तो खूब गली-गली जुआ की धूम मची है, खैर लक्ष्मी तो रही न गई जो दीपमालिका कर महालक्ष्मी पूजनोत्सव हम लोग करते तो पूजनोत्साह कर लक्ष्मी की बहन दरिद्रा ही का आह्वान सही।"[1]

---

1. 'हिंदी प्रदीप', नवंबर 1978, पृ. 16।

ये समाचार कभी-कभी दूसरी पत्रिकाओं से उद्धृत करके भी दे दिए जाते थे, साथ में उस पत्रिका का उल्लेख भी रहता था। इन अन्य पत्रों में भी यही 'प्रदीप'-जैसी शैली थी। समाचार आलोचना से परिवेष्टित रहता था–

"अंग्रेजों के चरण कमल जहाँ ही पधारेंगे वहाँ ही टैक्स की धूम मच जाएगी। सइप्रेस अभी थोड़े ही दिन इन्हें लिए हुआ पर टैक्स की असंतोष ध्वनि सुन पड़ती है, टैक्स इनके जन्म का साथी है।"

हिंदी गद्य विकास में निबंध : द्विवेदी-युग के द्वार पर

हिंदी प्रदीप के पृष्ठों को उलटने से विदित हो जाता है कि उसने सदा न्याय का पक्ष ग्रहण किया है और अनेक संघर्षों में होकर वह गया है पर अपनी संतुलित लेखनी को कहीं कलंकित नहीं होने दिया है। हिंदी प्रदीप ने इस प्रकार हिंदी गद्य को भारतेंदु से लेकर द्विवेदी-युग तक पहुँचा दिया। किंतु भट्टजी के साथ हमें पं. प्रतापनारायण मिश्र को भी स्मरण रखना होगा।

पं. प्रतापनारायण मिश्र

पं. प्रतापनारायण मिश्र जी का जन्म 28 दिसंबर, 1856 ई. को उन्नाव जिले के बेजे गाँव में हुआ। इनके पिता का नाम पं. संकठाप्रसाद था। ये ज्योतिषी थे। मिश्रजी के जन्म के कुछ दिन बाद ये कानपुर चले आए। पं. प्रताप नारायण मिश्र ने किसी स्कूल में विधिवत् पढ़ाई-लिखाई नहीं की थी। स्कूली शिक्षा उनके मन को नहीं भाई। पर उनकी बंगला, उर्दू, हिंदी, संस्कृत, फारसी और अंग्रेजी में अच्छी गति थी। भारतेंदु की 'कविवचन सुधा' का अच्छा प्रभाव भी मिश्रजी पर पड़ा था। कविता-रचना तो अच्छी कर ही लेते थे, पर निबंध लेखन में भी इनकी उपलब्धि प्रशंसनीय है। भट्टजी के साथ निबंध विकास में मिश्रजी का नाम लिया जाता है। भट्टजी हिंदी प्रदीप के संपादक थे, और प्रतापनारायण जी थे 'ब्राह्मण' के संपादक। भारतेंदु-युग के गद्य और निबंध दोनों को आगे के विकास-सोपान पर ले जाने में इनका भी बड़ा हाथ था। अंग्रेजी गद्य और निबंध के लिए एडीसन और स्टील ने जो किया वही इन दोनों ने हिंदी के लिए किया। द्विवेदी-युग के द्वार पर गद्य और गद्य की एक विधा निबंध को इन दोनों ने विशेषतः पहुँचा दिया। भले ही ठीक द्विवेदी-युग में प्रवेश करने के लिए

एक देहली या दहलीज 'संधि काल' के रूप में हमें और पार करनी पड़े।

इस प्रकार निबंध अपनी लघु यात्रा करके द्विवेदी-युग के द्वार पर पहुँच गया। भारतेंदु के पश्चात् द्विवेदी जी को ही निबंधों के विकास की दृष्टि से एक युग पुरुष माना जा सकता है। फलतः द्विवेदी-युग का पूर्ण परिपाक 1914 से 1925 तक रहा।

1900-1914 संधिकाल

1900 से 1914 तक निबंध ग्रंथों का प्रकाशन मंद रहा, केवल निम्नलिखित ग्रंथों का उल्लेख मिलता है—

1900 मित्रता (सिसरो का अनुवाद)।

1909 गद्यमाला (जगन्नाथप्रसाद चतुर्वेदी)।

1912 राष्ट्र सुधार में नाटकों का भाग (गोपाललाल खत्री)।

1913 सत्य निबंधावली (स्वामी सत्यदेव)।

किंतु इस युग में हिंदी-प्रदीप कुछ काल तक चला और सरस्वती तो निरंतर रही, अतः इन पत्रों में विविध निबंधों का प्रकाशन हुआ। इनमें ही हम इस काल के निबंधों का वृत्त जान सकते हैं।

इस युग के लेखकों के नामों और इनके विषयों पर विचार करने से कई बातें अत्यंत स्पष्ट होती हैं। एक तो हमें इनमें लेखकों की तीन कोटियाँ मिलती हैं—एक कोटि उन लेखकों की है जो महावीरप्रसाद द्विवेदी युग से पूर्व के लेखक थे, ये इस युग से पूर्व की परिपाटियों को द्विवेदी-युग तक लिए आए हैं। इनमें राधाकृष्णदास, पं. राधाचरण गोस्वमी, भारतेंदु युग के हैं, पं. किशोरी लाल गोस्वामी, पं. चंद्रधर गुलेरी, चतुर्भुज औदीच्य, बाबू यशोदानंदन अखौरी, काशीप्रसाद जायसवाल, बाबू कार्तिकप्रसाद आदि लेखक प्रधानतः द्विवेदी-युग से निकट-पूर्व के युग के रहे। आगे ये या तो लिखने के कर्म से विरत हो गए, या फिर इनका साहित्यिक जगत में स्थान इतना ऊँचा नहीं रहा जितना उस समय था। दूसरी कोटि में वे लेखक हैं जो इस युग से चलकर द्विवेदी-युग के स्तंभ बने—बाबू श्यामसुंदर दास, पं. रामचंद्र शुक्ल, पं. पद्मसिंह शर्मा, कामताप्रसाद गुरु, लल्लीप्रसाद पाण्डेय, सेठ कन्हैयालाल पोद्दार, पं. लक्ष्मीधर वाजपेयी, पांडेय लोचनप्रसाद, पं. वेंकटेशनारायण तिवारी, पं. गौरीशंकर हीराचंद ओझा, पं.

श्यामबिहारी मिश्र, शुकदेव बिहारी मिश्र, पं. रामनारायण मिश्र आदि। अन्य तीसरी कोटि के वे लेखक हैं जिन्होंने कोई ऐसा योगदान नहीं दिया कि वे विशेष ध्यान देने योग्य माने जाएँ। इसे हिंदी निबंध का संधिकाल ही माना जाएगा।

हिंदी निबंध का संधिकाल

सरस्वती के प्रकाशन से निश्चय ही हिंदी में एक नया युग आया। इस युग के प्रवर्तन में द्विवेदी जी का प्रमुख हाथ था। हिंदी में उनके आने के समय से ही एक नया परिवर्तन दिखाई पड़ने लगा। सन् 1903 के प्रथम अंक में सरस्वती के नियमों में 7वाँ नियम है—'सरस्वती पत्रिका हिंदी-साहित्य में एक नई वस्तु है। इसे उड़ा लेने वाले सब जगह उपस्थित हैं।' और यह बात कोई गलत नहीं थी; सरस्वती का आकार-प्रकार, सजधज सभी हिंदी के लिए नया था। इसके साथ ही उसमें जो शक्ति या स्फूर्ति काम कर रही थी, वह भी नई थी।

उन दिनों भारत मित्र, हिंदी बंगवासी, हितवार्ता, श्री वेंकटेश्वर समाचार, बिहार बंधु, भारत जीवन, साप्ताहिक पत्र थे। हिंदोस्तान दैनिक पत्र था। छत्तीसगढ़ मित्र, सुदर्शन, ब्राह्मण तथा हिंदी प्रदीप उस काल के मासिक पत्र थे। समस्या-पूर्तियों के लिए उस काल में 'रसिक वाटिका' थी। इन सब पत्रों में भारतेंदु शैली की प्रधानता थी। भाषा और विषय दोनों की ही दृष्टियों से इनमें एक स्वच्छंदता थी। साहित्य के मूल संस्कार का इनमें प्रायः अभाव रहता था। लेखों में किसी रुचि-विशेष का परिचय नहीं मिलता था, शैलियों में सौंदर्य-कल्पना नहीं थी। व्यवस्था में सुरुचि देखने को नहीं मिलती थी। विषय सीमित थे। हिंदी प्रदीप भारतेंदु-युग का एक प्रमुख साहित्यिक पत्र था' उसके 2 सितंबर, 1878 के द्वितीय वर्ष के प्रथम अंक में विषय इस प्रकार था—

मुखपृष्ठ पर—एक बधाई का मलार, प्रेस ऐक्ट के विरोध में हम चुप न रहें; पृष्ठ 2, पुराने और सब के हाकिम; पृष्ठ 3, पश्चिमोत्तर के विद्या विभाग में अंधाधुंध; पृष्ठ 5, मलार; पृष्ठ 6, बंगाल और यहाँ के शिक्षित, प्रेरित सच मत बोलो; पृष्ठ 8, पेट फूलने और अफरन की बीमारी; पृष्ठ 9, हम लोगों में दान का क्रम; पृष्ठ 12, सभ्यता का एक नमूना; पृष्ठ 13, चतुर्थ अंक, प्रथम गर्भांक (किसी नाटक का, जिसका नाम नहीं दिया); पृष्ठ 14, संक्षिप्त समाचार स्थानिक; पृष्ठ 15, साधारण समाचार, पृष्ठ 16।

यह लेखों की सूची है। इन सबमें संपादक का उद्देश्य सामयिक तथा व्यावहारिक आवश्यकताओं तथा अपेक्षाओं पर विचार करना रहा है। जहाँ परामर्श है वहाँ आदर्श के लिए पुराना तथा अप्राण उदाहरणों का सहारा लिया गया है। विविध ज्ञानवर्द्धक नए विचारपूर्ण विषयों का प्रायः अभाव है। जो कुछ है उसमें संस्कृति और परिमार्जन की कोई एकसूत्र परंपरा नहीं मिलती। प्रायः सारा पत्र संपादक के निजी उद्योग और अध्यवसाय का परिणाम है। जो नवोन्मेष कथा संस्कृतिशून्यता इन पत्रों में दिखाई पड़ती है वह भारतेंदु-युग का एक भारी अभाव है। आगे बढ़ने और बढ़ाने का प्रोत्साहन तो है, विविधता की ओर प्रयास भी है, अपनी बात कहने की लालसा भी है, इस सब के साथ एक चुहल की भावना भी है। भारतेंदु-युग में साहित्य कर्म अभी मध्यकालीन मानसिक विलास की छाया से किंचित् आच्छन्न था। वेदना की झलक जहाँ भी थोड़ी बहुत प्रकट होती है, उसमें शाब्दिक अभिव्यक्ति है, कोई हार्दिक अभिनिवेश नहीं। दुष्काल पर 'एक सच्चा कहने वाला पाठक' दिसंबर, 1878 के हिंदी प्रदीप में लिखता है–

"मैंने निज नेत्रों से देखा है कि मथुरा में 15 के लगभग दुर्भिक्ष पीड़ित कंगले रो-रोकर और अपना पेट देखा देखा यही कहते थे कि आज हमें तीन दिन बिना अन्न के हो गया। उस समय मुझे रोमांच हो आया और अपने जी में मैंने कहा कि शिमले और नैनीताल में फेमिन् कमीशन ने बैठकर यही दुष्काल का प्रबंध किया परंतु इसमें हमारी सरकार का क्या अपराध है, यह हमीं सब लोगों का अभाग है जो ऐसे प्रबंधकर्ता हमें मिले।"

इसके अंतर में हृदय भिनिवेश नहीं, दुःख अवश्य है। भाषा में व्याकरण की उपेक्षा के साथ-साथ इनमें अनगढ़ शब्दों तथा ग्राम्य प्रयोगों का बाहुल्य है। संपादकों ने स्वयं ऐसी भाषा का प्रयोग किया है, जिसमें शब्द-चयन का कोई उन्नत उत्थान नहीं मिलता। शब्दों में संयम और मर्यादा का अभाव है। ऐसे प्रयोगों के प्राचुर्य से भाषा में चुहल आती है और भावों के साथ पूर्ण साम्य न होने के कारण गंभीरता की सार्थक अभिव्यंजना नहीं हो पाती। एक उदाहरण से इसे भी समझा जा सकता है–

"परस्पर के विरोध और फूटन का यही वाइस है जो यहाँ सैकड़ों भिन्न-भिन्न मत प्रचलित हैं आपस में ही लत्तियाँ चल रही हैं तो किसी तीसरे

के मुकाबिले में हम तुम एक हो सकेंगे!''

इस एक वाक्य में ही यह एक बात देखी जा सकती है कि लेखक गंभीर बात कहना चाहता है किंतु विरोध और फूटन, प्रचलित और लत्तियाँ जैसे विरोधी एवं अनमिल स्वभाव वाले शब्दों को जोड़कर उसने रख दिया है इस कारण भाषा में गंभीर सार्थकता नहीं आ पाई।

द्विवेदी-युग सरस्वती के साथ आरंभ हुआ और उसने हिंदी में एक वास्तविक क्रांति उपस्थित कर दी। प्रचारात्मकता भारतेंदु-युग में बहुत थी—वह युग था प्रचार का—किंतु प्रचारात्मकता द्विवेदी-युग में भी रही। एक में भाषा को ही प्रिय बनाने की बात थी, उसके अस्तित्व की उपयोगिता सिद्ध करने की बात थी, दूसरे में विषय और संपत्ति की वृद्धि और संग्रह की प्रेरणा का प्रचार था। द्विवेदी युग की प्रधान चेष्टा थी संस्कार तथा संग्रह की—भाषा का संस्कार, रुचि का परिमार्जन तथा विविध विषयों से हिंदी के भंडार को भरना।

द्विवेदी जी का सात्विक स्पर्श

द्विवेदी जी के सात्विक स्पर्श से भाषा का रूप बदलने लगा। शब्द-चयन के लिए रुचि बन गई और उनके प्रयोगों में एक नई चेतना का प्रवेश हुआ। ऐसे मुहावरे जैसे 'घूरे के लत्ता बिनें, कनातन के डौल बाँधें' अथवा ऐसे शब्द से जैसे गंवुच्चा और फुटहा अब काम में नहीं लाए जा सकते थे। काव्यों में घनिष्ठता आई। लंबे-लंबे शिथिल शब्दों से परिपूर्ण कुछ हलकापन लिए वाक्य लुप्त होने लगे। छोटे-छोटे वाक्य आए।

भाषा की शैली अथवा उसका विन्यास भावों की परंपरा पर बड़ा प्रभाव डालता है। वाक्यों की घनिष्ठता से भावों में घनिष्ठता आने लगी। व्याकरण और भाषा-सौष्ठव पर विचार होने लगा; क्या उचित है, क्या उचित नहीं है—यह विवेचन जड़ पकड़ उठा था। द्विवेदी जी ने सरस्वती के संपादक की हैसियत से लेखकों के अनेक लेखों को काटा-छाँटा था, उनकी भाषा व्यवस्थित की थी और उसी समय उन्होंने इस बात का अनुभव भी किया था कि भाषा में एक अस्थिरता है। सरस्वती के छठे भाग के ग्यारहवें अंक में उन्होंने 'भाषा और व्याकरण' शीर्षक विचारपूर्ण लेख लिखा। इस लेख से उस काल के संपादकों और लेखकों को अपनी भाषा की व्यवस्था और सुंदरता पर विचार करना पड़ा।

श्रीयुत बालमुकुंद गुप्त ने 'आत्माराम' नाम से एक लेखमाला द्विवेदी जी का मजाक बनाते हुए निकाली। द्विवेदी जी के 'अनस्थिरता' शब्द के प्रयोग की बहुत हँसी उड़ाई गई। इस प्रकार भाषा और शब्द तथा व्याकरण पर कुछ काल तक गंभीर भी और विनोदात्मक भी वाद-विवाद होता रहा। इस विवाद का परिणाम यही हुआ कि लेखकों में भाषा-चैतन्य उत्पन्न हो गया। द्विवेदी जी से पहले जो लापरवाही भाषा और शब्दों के संबंध में थी, वह धीरे-धीरे दूर होती गई। द्विवेदी जी द्वारा उस भाषा में सुघड़ता लाई गई। सुरुचि का उन्नयन हुआ और अब भाषा की एक विशेष शैली बन गई।

भाषा के संस्कार के साथ-साथ विषय-संग्रह की ओर द्विवेदी जी का विशेष ध्यान गया। 1903 में सरस्वती के अंत में प्रतिमाह वह एक व्यंग्य-चित्र दिया करते थे। उसका नाम उन्होंने 'साहित्य समाचार' रखा था। इन्हीं में से एक चित्र है 'साहित्य सभा'। इस चित्र में परिचय देते हुए नीचे इस प्रकार लिखा है–

1–इतिहास (खाली); 2–जीवनचरित (खाली); 3–पर्यटन; 4–समालोचना; 5–उपन्यास; 6–व्या (धि) करण; 7–काव्य; 8–नाटक; 9–कोश (खाली); सरस्वती सभा की ओर देख-देख रो रही है।

इस उल्लेख से यह विदित हुआ कि द्विवेदी जी ने हिंदी का विषयवार निरीक्षण किया। उन्होंने इस बात का अनुभव किया कि साहित्य की कुछ शाखाएँ तो बिलकुल खाली हैं। जो सूची ऊपर दी गई है वह किसी रूप में भी पूर्ण नहीं, किंतु उससे यही एक बात स्पष्ट प्रतीत होती है कि यह हिंदी साहित्य की अवस्था से पूर्ण अवगत होकर उसे संपन्न करना चाहते थे। यही कारण था कि जिस निबंध में वह अपने मंतव्य का अभाव देखते थे, उसे लौटा देते थे। अपने पहले वर्ष के सरस्वती के संपादन का सिंहावलोकन करते हुए द्विवेदी जी ने लिखा है–

"जो लेख हमने लौटाए वे समझ-बूझ कर लौटाए किसी और कारण से नहीं अतएव, यदि इसमें किसी को बुरा लगा तो हमको खेद है। यदि हमारी बुद्धि के अनुसार अच्छे लेख हमारे पास आवें तो हम उन्हें क्यों लौटावें? उनको हम सादर स्वीकार करें। भेजने वालों को धन्यवाद भी दें और उसके साथ-साथ यदि हो सके तो कुछ पुरस्कार भी दें।"

इससे स्पष्ट है कि बहुत से लेख आते थे और वे उनके मन्तव्यानुकूल न होते थे। इसका फल यह होता था कि उन्हें स्वयं बहुत परिश्रम करना पड़ता था। 1903 की सरस्वती में वर्ष भर में 109 शीर्षक प्रकाशित हुए थे। उनमें से 70 स्वयं संपादक जी के लिखे हुए थे। इस उद्योग का अर्थ यह नहीं था कि द्विवेदी जी को स्वयं लिखने का शौक था। अर्थ यह था कि अपने मन का सा लेखक नहीं पाते थे। जैसे-जैसे उन्हें सरस्वती की कोटि के लेखक मिलते गए, उनकी संख्या बढ़ती गई। 1903 के प्रथम अंक में 11 शीर्षक हैं और केवल एक लेख पं. गिरिजादत्त वाजपेयी का है, शेष सब संपादक के हैं। दूसरे अंक में ऐसे अन्य लेखक तीन हैं, सातवें में चार हैं, और बारहवें में सात हैं। इन संख्याओं से यह निर्विवाद आभास मिलता है कि संपादक बड़े परिश्रम से अपनी पत्रिका की कोटि बना रहा है, उसमें धीरे-धीरे विस्तार हो रहा है, और हमें यह भी अनुभव होता है कि उसमें ठोसता आ रही है। संपादक के लिखे लेखों में हमें विविधता का प्रेम दिखाई पड़ता है, कोई जीवनचरित, कोई वैज्ञानिक, कोई साहित्य सम्बन्धी, कोई परिचय, कोई आलोचना, कोई भौगोलिक, कोई ऐतिहासिक, कोई विनोद और आख्यायिका। एक नहीं, हिंदी में अनेक अज्ञात विषय सरस्वती में संपादक की लेखनी से प्रकाशित हुए। इन सबमें विविधता के साथ अध्ययन की छाप भी थी। संपादक के ये लेख उदाहरण बने और इन्होंने लोगों को विविध अध्ययन की स्फूर्ति प्रदान की, उस अध्ययन की दिशा भी संपादक ने निर्धारित की। बहुत कुछ सामग्री अंग्रेजी और बंगला से ली गई थी। लेखक होने की अभिलाषा रखने वाले व्यक्ति भी इन भाषाओं से स्फूर्ति पाने लगे। नया दृष्टिकोण, नए विचार, बाह्य क्षेत्रों से हिंदी में आने लगे। द्विवेदी जी ने ऐसे अध्ययनशील विद्वानों को बार-बार हिंदी में लिखने के लिए प्रोत्साहित किया। उनकी प्रेरणा से अनेक बी.ए.,एम.ए. तथा अन्य अनेक ऊँची योग्यता वाले व्यक्ति हिंदी क्षेत्र में आए और इससे काव्य, नाटक, इतिहास, आलोचना, उपन्यास, कहानी, गद्य-काव्य, सभी में नवोन्मेष आ गया। इसी प्रकार निबंधों में भी आया।

इस संक्षिप्त विवेचन से यह विदित होता है कि द्विवेदी जी ने अपने उदाहरण और प्रेरणा से भाषा, भाव, शैली और विषयों की दृष्टि से एक नया युग स्थापित किया जो अब धीरे-धीरे विगत काल की बात होती जा रही है। किंतु इस युग

ने हमारी भाषा और उसके साहित्य की कोटि तथा संस्कृति को एक उत्थान देकर सुबोध सात्विक उज्ज्वलता और ओज से परिपूर्ण कर दिया है। इस पर खड़े होकर अब हम दूर तक आगे, ऊपर उन्मुक्त उच्च वातावरण में साँस ले सकते हैं।

यह युग तो, जिसे द्विवेदी-युग कहते हैं, गद्य में आज तक विद्यमान है पर यथार्थ में यह युग 1914 से आरंभ हुआ माना जाना चाहिए। 1900 से 1914 तक तो द्विवेदी जी ने युग को रूप देने की चेष्टा की तथा विविध प्रतिभाओं को जुटाया। उसका यथार्थ फल 1914 से प्रकट हुआ। यूरोपीय महायुद्ध ने इस युग को और भी उत्तेजना दी। राष्ट्रवाद का जो रूप भातरेन्दु के समय में आरंभ हुआ था वह पूर्ण चेतना के साथ 1914 से ही भारतीय राजनीति और मानव में प्रविष्ट हुआ था। 1914 से ही हम हिंदी की यथार्थ समृद्धि की तीव्र गति देखते हैं। इस समय तक तो लोगों को हिंदी की ओर आकर्षित करना पड़ता था, अब हिंदी स्वयं आकर्षित करने लगी। 1900 से 1914 तक हिंदी की समृद्धि के विविध प्रयोग समाप्त हो चुके थे। अब उसका रूप सब ओर सुनिश्चित हो गया था। फलतः द्विवेदी-युग का पूर्ण परिपाक 1914 से 1925 तक रहा।

महावीर प्रसाद द्विवेदी—द्विवेदी जी को हिंदी साहित्य में युग-प्रवर्तक का स्थान प्राप्त है। हिंदी गद्य को परिमार्जित एवं व्याकरण सम्मत बनाकर प्रांजल एवं परिपुष्ट करने में आपने अमित योग दिया। यही नहीं आपने हिंदी निबंध साहित्य में प्रांजल अभिव्यक्ति, विषय वैविध्य और समालोचना का पुट देकर उसकी सीमाओं का विस्तार किया। अपनी विषयवस्तु के कारण उनके कुछ निबंध महत्त्वपूर्ण माने जाते हैं, जैसे—अद्भुत इंद्रजाल, अंधलिपि, कवियों की उर्मिला विषयक उदासीनता तथा आकाश की निराधार स्थिति आदि। द्विवेदी जी ने निबंधों के लिए मौलिक विषय चुने जिनमें अध्यात्म, विज्ञान, कला-कौशल आदि हैं। 'रसज्ञ रंजन' द्विवेदी जी का प्रतिनिधि निबंध संग्रह कहा जा सकता है। 'म्युनिसिपैलिटी के कारनामे' निबंध में उनकी व्यंग्य-शैली का रूप देखा जा सकता है। आत्मनिवेदन प्रभात, सुतापराधे जनकस्य दंड : आदि निबंधों में व्यक्तित्व-व्यंजना के तत्त्व उपलब्ध हैं।

शैली की दृष्टि से द्विवेदी जी के निबंधों में अनेकरूपता परिलक्षित होती है। द्विवेदी जी का यह उद्देश्य रहता था कि विचार सरल शैली से व्यक्त किए

जाएँ जिससे पाठक को आशय ग्रहण करने में कोई कठिनाई न हो। विचारात्मक तथा गंभीर विषयों पर लिखे गए उनके निबंध तत्सम प्रधान संश्लिष्ट पदावली से परिपूर्ण हैं। व्यावहारिक और व्यंग्यात्मक विषयों पर लिखे उनके निबंध सरल, प्रचलित तद्भव शब्दों से गुंफित रहते हैं। कभी-कभी द्विवेदी जी दृष्टांत के द्वारा अप्रस्तुत योजना का सुंदर रूप खड़ा करते हैं। जैसे–''यदि कोई भाषा अपना निज का साहित्य नहीं रखती तो वह रूपवती भिखारी की तरह कदापि आदरणीय नहीं हो सकती।'' आचार्य द्विवेदी की निबंध शैली के व्यंग्यात्मक, आलोचनात्मक और विचारात्मक तीनों रूप मिलते हैं। प्रमाण के लिए हम एक उदाहरण प्रस्तुत कर रहे हैं–

''अपस्मार और विक्षिप्तता मानसिक विकार या रोग हैं। उनका संबंध केवल मन और मस्तिष्क से है। प्रतिभा भी एक प्रकार का मनोविकार ही है। इन विकारों की परस्पर इतनी संलग्नता है कि प्रतिभा के अपस्मार और विक्षिप्तता से अलग करना और प्रत्येक का परिणाम समझ लेना बहुत कठिन है। इसीलिए प्रतिभावान पुरुषों में कभी-कभी विक्षिप्तता के कोई-कोई लक्षण मिलने पर भी मनुष्य उनकी गणना वावली में नहीं करता।''

आचार्य महावीर प्रसाद द्विवेदी ने हिंदी गद्य के स्थिरीकरण के लिए जो व्यापक आंदोलन 'सरस्वती' के माध्यम से चलाया था वह लगभग 20 वर्ष तक चलता रहा और उसके द्वारा भाषा विषय परिष्कार में पर्याप्त योग रहा। यद्यपि द्विवेदी जी की निबंध शैली में न तो सजीवता है और न प्रखरता, पर परिष्कार और परिमार्जन अवश्य है और इसी के कारण उनका नाम हिंदी के निबंध लेखकों में अपना स्थान रखता है।

गोविंद नारायण मिश्र–मिश्रजी अपनी पांडित्यपूर्ण, संस्कृतनिष्ठ, तत्सम प्रधान, समास बहुला, दीर्घ वाक्यविन्यासपूर्ण गद्य शैली के लिए प्रसिद्ध हैं तथा स्मरण किए जाते हैं। आचार्य शुक्ल जी ने मिश्रजी के गद्य विधान को 'सायास अनुप्रास में गुँथे शब्द-गुच्छों का अटाला' कहा है। मिश्र जी ने हिंदी गद्य के स्वरूप-निर्धारण में जो योगदान दिया है उसे भुलाया नहीं जा सकता है। मिश्रजी की आंडबरपूर्ण भाषा के वाक्य इतने क्लिष्ट और दुरूह हैं कि पाठक को अर्थ समझने में कठिनाई होती है। मिश्रजी के गद्य में लंबे-लंबे वाक्यों का प्रयोग बाणभट्ट की शैली का स्मरण कराता है। भाषा-सुधार के क्षेत्र में व्याकरण सम्मत

नियमों को उन्होंने स्वीकार किया है। वे विभक्तियों को शब्दों के साथ लिखने के पक्ष में थे। मिश्रजी के वाक्यों में कृत्रिमता तथा दुरूहता का पुट प्रायः सर्वत्र दृष्टिगोचर होता है। उदाहरणार्थ–

''परम वदान्य मान्यवर कवि कोविद तो सुधारविद से सब पर खुले ही खुले हाथों सुरस बरसाते हैं, परंतु सुरसिक समाज पुष्पवाटिका किसी प्रांत में पतित ऊसर समान मूसर चंद मंदमति मूर्ख अरसिकों के मन मरुस्थल पर भाग्यवश सुसंसर्ग प्रताप से निपतित उन सुधा से सरस बूँदों के भी अंतरिक्ष में ही स्वाभाविक विलीन हो जाने से बिचारे उस नवेली नवरस से भरी बरसात में भी उत्तप्त प्यासे और जैसे थे वैसे ही शुष्क नीरस पड़े धूल उड़ाते हैं।''

बालमुकुंद गुप्त–गुप्तजी पहले उर्दू में लिखा करते थे, फिर उर्दू से हिंदी गद्य की ओर प्रवृत्त हुए। गुप्तजी ने 'आत्माराम' उपनाम से जो निबंध लिखे, वे सभी विवेचना की कोटि में आते हैं, जिनमें गुणदोष विवेचन की प्रवृत्ति स्पष्ट रूप से परिलक्षित होती है। 'शिवशंभु शर्मा' उपनाम से 'शिवशंभु का चिट्ठा' नाम से लिखे गए लेख व्यंग्य के सुंदर निर्देश माने जाते हैं। इस प्रकार के निबंधों को हम व्यक्तित्व प्रधान निबंध मान सकते हैं। गुप्तजी का 'एक दुराशा' शीर्षक लेख उनकी शैली का महत्त्वपूर्ण और सुंदर उदाहरण माना जाता है, ''क्या भारत में ऐसा भी था, जब प्रजा के लोग राजा के घर जाकर होली खेलते थे और राजा प्रजा मिलकर आनंद मनाते थे। क्या इसी भारत में राजा लोग प्रजा के सहित अबीर गुलाल की झोलियाँ भरे रंग की पिचकारियाँ लिए अपने राजा के घर में होली खेलने न जाएँ तो कहाँ जाएँ। राजा दूर सात समुद्र पार है। राजा को न शिवशंभु ने देखा है और न राजा ने शिवशंभु को। खैर, राजा नहीं उसने अपना प्रतिनिधि भारत भेजा है।'' गुप्तजी के निबंधों में भावों की प्रखरता के साथ, प्रेषणीयता भी मिलती है। गुप्तजी ने 'शिवशंभु के चिट्ठों' के अतिरिक्त तत्कालीन साहित्यिक, राजनीतिक, भाषा संबंधी तथा राष्ट्रीय महत्त्व के अन्य प्रश्नों पर निर्भीकतापूर्वक लेखनी चलाई। उनकी गद्य शैली तीखी, प्रवाहपूर्ण, चुस्त, चुटीली, सजी, व्यावहारिक एवं सर्वजनग्राह्य है। गुप्तजी ने हिंदी निबंध को सजीता के साथ प्राण और गति प्रदान की। इनके निबंध 'गुप्त निबंधावली' में संगृहीत हैं।

माधव प्रसाद मिश्र–माधव प्रसाद मिश्र के निबंध 'सुदर्शन' में प्रकाशित

हुए थे। निबंधों का संग्रह 'माधव मिश्र निबंधमाला' नाम से प्रकाशित हुआ है। माधव मिश्र भारतीय हिंदू जीवन परंपरा के समर्थक थे। उनके निबंधों के मुख्य विषय हिंदू पर्व-त्यौहार तथा भ्रमण वृत्तांत हैं साथ ही मथुरा, द्वारका, अयोध्या आदि हिंदू तीर्थ स्थानों पर निबंध लिखे हैं। मिश्रजी का गद्य संस्कृतनिष्ठ होने पर भी असंयत नहीं प्रतीत होता है। माधव जी तर्कसंगत शैली में विषय की स्थापना करते थे। जर्मन विद्वान वेवर की मान्यताओं का खंडन करते हुए 'वेवर का भ्रम' निबंध मिश्रजी ने लिखा था, उसमें ओजस्विनी शैली मिलती है। मिश्र जी का बहुचर्चित निबंध है 'सब मिट्टी हो गया'। इनकी भाषा शैली में प्रवाह है–

''किसी का धन हवो जाए, मान मर्यादा भंग हो जाए, प्रभुता और क्षमता चली जाए तो कहेंगे कि सब मिट्टी हो गया। इससे जाना गया कि नष्ट होना ही मिट्टी होना है। किंतु मिट्टी को इतना बदनाम क्यों किया जाता है? अकेली मिट्टी ही दुर्नाम को क्यों धारण करती है? क्या सचमुच ही मिट्टी निकृष्ट है? हम निकृष्ट नहीं हैं। भगवति, वसुंधरे, तुम्हारा सर्वस ही नाम यथार्थ अधिक पाते हैं।''

सरदार पूर्णसिंह–पंजाबी भाषा-भाषी, रसायन शास्त्र के प्रकांड विद्वान तथा फारेस्ट कालेज के इंपीरियल कैमिस्ट सरदार पूर्णसिंह ने अधिक निबंध नहीं लिखे। सम्पूर्ण निबंधों का संकलन 'सरदार पूर्णसिंह के निबंध' शीर्षक से प्रकाशित हो गया है, जिसके निबंध नैतिक और सामाजिक विषयों से संबद्ध हैं। निबंध शैली की दृष्टि से आपके निबंध हिंदी में अप्रतिम हैं। भाषा पर पूर्ण अधिकार के साथ आपने लिखा है, भावनाओं में बल होने से आपकी शैली भावाभिव्यक्ति का आदर्श बन गई है। अलंकारों का प्रयोग आपकी शैली में प्रचुर मात्रा में मिलता है। विषय के विविध पहलुओं पर चिंतन-मनन, कल्पना आदि सभी दृष्टियों से प्रकाश डालना आवश्यक समझते हैं। विचारात्मक तथा गंभीर विषय को भी कहानी के मनोरम वातावरण में प्रस्फुटित करने की क्षमता आप में है।

'आचरण की सभ्यता', 'सच्ची वीरता', 'मजदूरी और प्रेम', 'पवित्रता और कन्यादान' आपके प्रसिद्ध निबंध हैं। 'आचरण की सभ्यता' शीर्षक निबंध आपकी विचारात्मक शैली का सर्वोत्तम उदाहरण है–''अपने जन्म-जन्मांतरों के संस्कारों से भरी हुई अंधकारमय कोठरी से निकल ज्योति और स्वच्छ वायु से परिपूर्ण

खुले देश में जब तक अपना आचरण अपने नेत्र न खोल सका हो तब तक कर्म के गूढ़ तत्त्व कैसे समझ में आ सकते हैं।''

पं. चंद्रधर शर्मा गुलेरी–गुलेरी जी पुरातत्व के मान्य विद्वान थे किंतु कहानी और निबंध के क्षेत्र में उनका स्थान अन्यतम है। संस्कृत के विद्वान होते हुए भी अपने निबंधों को व्यावहारिक एवं सरल बनाया है। विषयानुकूल भाषा को परिवर्तित करना आपको अभीष्ट था साथ ही छोटे-छोटे एवं स्पष्ट वाक्यों का प्रयोग आपके निबंधों में मिलता है। मुहावरों का भी प्रयोग मिलता है। उर्दू तथा अंग्रेजी के शब्दों का प्रयोग आपने बिना किसी संकोच के किया है। आपकी निबंध शैली प्रायः तत्सम प्रधान है। गुलेरी जी के निबंधों में कछुआ धर्म, 'मारेसि मोहि कुठाँव' बहुचर्चित निबंध है। उदाहरणार्थ–

''बकौल शेक्सपियर के जो मेरा धन छीनता है, वह कूड़ा चुराता है। पर जो मेरा नाम चुराता है वह सितम ढाता है। आर्य समाज ने मर्मस्थल पर वह मार की है कि कुछ कहा नहीं जाता। हमारी ऐसी चोटी पकड़ी है कि सर नीचा कर दिया। गैरों ने तो गाँठ का कुछ नहीं दिया पर इन्होंने तो छोटे-छोटे शब्द छीन लिए। इसी से कहता हूँ कि 'मारेसि मोहि कुठाँव' अच्छे-अच्छे पद तो यों सफाई के लिए हैं कि इस पुरानी जमी हुई दुकान का दिवाला ही निकल गया।''

बाबू श्यामसुंदर दास–बाबू श्यामसुंदर दास ने मूल रूप से आलोचना, शोध, भाषाविज्ञान, पुस्तक लेखन आदि क्षेत्रों में कार्य किया। इनके समय में भाषा की अराजकता और शब्दों का अभाव अत्यधिक खटकने वाला था। अध्यापक होने के कारण आपकी शैली में सुबोधता, सरलता और विषय प्रतिपादन की नैसर्गिक क्षमता है। शास्त्रीय विषयों के प्रतिपादन में आपकी भाषा भाराक्रांत अवश्य हो जाती है। आपने समासयुक्त क्लिष्ट पदावली का यथा-शक्ति बहिष्कार किया है। व्यर्थ का शब्दांडंबर भी आपके निबंधों में नहीं मिलता है। आपके निबंध न तो मनोरंजक होते हैं और न उनमें वैयक्तिकता ही रहती है। सूक्ष्म चिंतन या कल्पना को भी आपके निबंधों में स्थान नहीं है। आपके निबंधों की विशेषता भाषा का वैज्ञानिक रूप, प्रांजलता और परिमार्जन है। विषय का समाहार करते हुए आपने 'अंत में', 'तात्पर्य यह है', 'संक्षेप में', 'कहने का प्रयोजन यह है'; आदि विभिन्न पदों का प्रयोग किया है। बाबूजी की निबंध शैली का एक उदाहरण द्रष्टव्य है–

"अपने कर्त्तव्य पर दृढ़ बने रहिए। अपने धर्म का पालन करने में अग्रसर होते जाइए। निश्चय जानिए आपकी विजय होगी। आपके दावे सफल होंगे और अंतकाल में आपको संतोष होगा कि जगत् नियंता जगदीश्वर ने आपको जो मनुष्य-शरीर दिया था उसका उचित उपयोग करने में आप सफल हुए हैं और मातृभाषा की सेवा कर आप उससे उऋण हो सके हैं।"

पद्मसिंह शर्मा—पद्मसिंह शर्मा तुलनात्मक आलोचना के लिए प्रसिद्ध हैं, उनकी शैली प्रशंसात्मक और प्रभावपूर्ण है, साथ ही उनमें खंडन-मंडन की भी विशेष क्षमता है। उनके चुस्त और चुभते हुए वाक्य विशिष्ट शैली की सृष्टि करने वाले हैं। पद्मसिंह शर्मा संस्कृत तथा उर्दू-फारसी के अच्छे विद्वान थे। 'पद्म पराग' आपके निबंधों का संकलन है। वे आत्मचिंतन शैली से विचारों को व्यक्त करते हुए जान पड़ते हैं। स्वगत भाषण को भी उनमें रूप लक्षित होता है। शर्माजी का प्रसिद्ध निबंध है, 'मुझे मेरे मित्रों से बचाओ' उदाहरणार्थ—"मैं अपने दिल से बातें करता हुआ मकान पर आया। कैसा खुशकिस्मत आदमी है। कहता है, 'मेरा कोई नहीं है' ऐ, खुशनसीब आदमी। यहीं तो तू मुझसे बन गया। पर क्या उसका यही कहना सच भी है।"

उपर्युक्त निबंध-लेखकों के अतिरिक्त द्विवेदी-युग में गणेश शंकर विद्यार्थी, मन्नन द्विवेदी, यशोदानंदन अखौरी, केशव प्रसाद सिंह, गौरीशंकर हीराचंद ओझा, काशीनाथ जायसवाल आदि प्रमुख हैं। इस युग में रामकृष्णदास, चंडीप्रसाद हृदयेश, चतुरसेन शास्त्री और वियोगी हरि ने कुछ कवित्वमय निबंध लिखे जो गद्यगीत या गद्य काव्य के नाम से व्यवहृत हुए। इन गद्य काव्यमय निबंधों में रागात्मक, नादलय-स्वर को अत्यधिक स्थान मिलने से निबंध का स्वाभाविक रूप नष्ट होता दिखलाई पड़ता है। आत्मकथात्मक शैली में 'पेट की आत्मकहानी', 'अशरफी की आत्मकहानी', 'पैसे कही आत्मकहानी', 'कपड़े की आत्मकहानी' आदि अच्छे निबंध इस युग में लिखे गए। यशोदानंदन अखौरी का निबंध, 'इत्यादि की आत्मकहानी' इस युग का श्रेष्ठ निबंध माना जाता है। जगन्नाथ प्रसाद चतुर्वेदी के निबंध 'गद्यमाला' तथा 'निबंध निचय' में प्रकाशित हुए। 'ब की बहार, पिक्चर पूजा, अनुप्रास का अन्वेषण' उनके महत्त्वपूर्ण निबंध हैं। विश्वंभरनाथ कौशिक ने विजयानंद दुबे नाम से 'दुबेजी की चिट्ठी' रूप में अच्छे लेख लिखे थे। लक्ष्मीधर वाजपेयी ने धार्मिक और नैतिक विषयों पर निबंध लिखे। मुहावरेदार भाषा के

साथ प्रवाहपूर्ण निबंध लिखने वालों में पं. अयोध्यासिंह उपाध्याय हरिऔध, चतुर्भुज औदीच्य, माधव सप्रे आदि हैं।

इस युग में शैली की दृष्टि से वर्णनात्मक, भावात्मक, विवरणात्मक, विचारात्मक, कथात्मक, शोधपरक आदि सभी शैलियों में निबंध लिखे गए। हिंदी निबंध ने समालोचना का दायित्व इसी युग से उठाना प्रारंभ किया और अनेक अच्छे समीक्षात्मक निबंध द्विवेदी-युग में लिखे गए। आचार्य महावीर प्रसाद द्विवेदी के हिंदी कालिदास की आलोचना, विक्रमांक देव चर्चा आदि से आलोचनात्मक निबंधों की परंपरा पड़ी।

यह कहा जा सकता है कि द्विवेदी-युग में निबंध ने एक प्रकार से परिपूर्णता प्राप्त कर ली। फलतः निबंध एक शक्तिशाली विधा के रूप में स्वीकृत हुआ और उसके माध्यम से ही साहित्यालोचन परिपुष्ट हुआ तथा आलोचनात्मक निबंधों के विशेष वर्ग की अलग से पहचान शुरू हुई।

शुक्लयुगीन निबंध

आचार्य महावीर प्रसाद द्विवेदी युगीन हिंदी निबंध की परंपरा को नया रूप देने और मनोवैज्ञानिक तथा विचारात्मक और ललित निबंधों को सुदृढ़ भित्ति पर व्यवस्थित करने का श्रेय शुक्ल जी को है। निबंध के क्षेत्र में द्विवेदी-युग के बाद आचार्य रामचंद्र शुक्ल को युग-प्रवर्त्तक स्वीकार कर सकते हैं। सन् 1920 से 1940 ई. तक का समय शुक्ल-युग के नाम से अभिहित होना चाहिए।

आचार्य रामचंद्र शुक्ल पर द्विवेदीयुगीन नैतिक चेतना का प्रभाव था किंतु मूल चेतना द्विवेदीयुगीन निबंधों से भिन्न हो गई थी। शुक्लजी विचारात्मक निबंध को श्रेष्ठ मानते थे। स्वयं ने भाव और मनोविकार तथा सूक्ष्म काव्य सिद्धांतों पर निबंध लिखे। शुक्लयुगीन निबंधों में विचारात्मक, समीक्षात्मक, भावात्मक, वर्णनात्मक और विवरणात्मक शैलियों का विकास होता रहा। इसी युग में बाबू गुलाब राय, धीरेंद्र वर्मा, पदुमलाल पुन्नालाल बख्शी, सम्पूर्णानंद, प्रसाद, सत्येंद्र आदि ने उच्चकोटि के विचारात्मक निबंध लिखे।

भावात्मक क्षेत्र में वियोगी हरि, माखनलाल चतुर्वेदी, श्रीकृष्ण राय, सियाराम शरण गुप्त, महादेवी वर्मा, रघुवीर सिंह के निबंध श्रेष्ठ हैं। शुक्ल-युग तक संस्मरण और रेखाचित्रों को निबंध के अंतर्गत ही समझा जाता था तथा निबंध की पुस्तकों

में संस्मरणों को भी स्थान मिलता था। वर्णनात्मक निबंधों को इस युग में विशेष प्रोत्साहन नहीं मिला। विवरणात्मक निबंधों में कवियों तथा साहित्यकारों के परिचय संबंधी निबंध मिलते हैं। विवरण की कसौटी पर श्रीराम शर्मा के शिकार संबंधी निबंध खरे उतरे हैं। आचार्य रामचंद्र शुक्ल के व्यक्तित्व के प्रभाव के आकर्षण के कारण अधिकांश लेखकों का ध्यान विचार और समीक्षा संबंधी निबंधों की ओर गया। फिर भी हम कह सकते हैं कि भावात्मक निबंधों की सृष्टि में यह युग अन्य युगों से बहुत आगे है।

आचार्य रामचंद्र शुक्ल—शुक्ल जी मूलतः आलोचक तथा विचारक थे। इनके प्रारंभिक निबंधों में भाषा संबंधी प्रश्नों और कुछ ऐतिहासिक व्यक्तियों के संबंध में विचार व्यक्त हैं। उनके मनोवैज्ञानिक निबंध नागरी प्रचारिणी पत्रिका (सन् 1912 से 1919 ई. तक) प्रकाशित हुए थे। विषयवस्तु के प्रतिपादन की अद्‌भुत क्षमता तथा व्यक्तित्व का सम्मिश्रण, हृदय-पक्ष और बुद्धिपक्ष का संतुलन शुक्ल जी के निबंधों की विशेषता है। उन्होंने प्रतिपाद्य विषय से संबंधित आनुषंगिक विषयों की चर्चा करके विचारों के कसाव को थोड़ा हल्का कर दिया है। 'चिंतामणि' के निबंधों में प्रौढ़ चिंतन, सूक्ष्म विश्लेषण और तर्कपूर्ण विवेचन का चरम आदर्श लक्षित होता है। चिंतामणि के द्वितीय भाग के निबंध-काव्य के प्राकृतिक दृश्य, काव्य में रहस्यवाद, काव्य में अभिव्यंजनावाद निबंध न होकर आलोचनात्मक लेख हैं। प्रथम खंड में मनोविकार विषयक, साहित्य-सिद्धांत विषयक, और साहित्यालोचन विषयक निबंध हैं। शुक्ल जी ने उत्साह, श्रद्धा, भक्ति, करुणा, लज्जा, ग्लानि, लोभ, प्रीति, ईर्ष्या, भय आदि भावों अथवा मनोविकारों का स्वरूप निर्धारण किया है साथ ही तुलनात्मक विवेचन भी किया है। इनमें शुक्ल जी का विशद पांडित्य, प्रौढ़ चिंतन, सूक्ष्म विश्लेषण, व्यापक अनुभव प्रत्यक्ष परिलक्षित होता है तथा इनमें पर्यवेक्षण, विश्लेषण तथा निष्कर्ष तीनों की सुसंबद्ध शृंखला मिलती है।

शुक्ल जी गंभीर प्रकृति के मननशील व्यक्ति थे किंतु निबंधों में स्थान-स्थान पर हास्य, व्यंग्य तथा विनोद की चुटकियाँ लेकर विषय को रंजक बनाया है। शुक्ल जी ने ठगी, धूर्तता, चंदा-चयन, अर्थलोलुपता, लोभ आदि पर जितने प्रखर प्रहार किए हैं, वे निबंध के प्राण माने जा सकते हैं।

शुक्ल जी के निबंधों की भाषा प्रौढ़, परिमार्जित, तत्सम प्रधान और प्रांजल

है। वाक्य रचना गुंफित है। शुक्ल जी के निबंध 'कविता क्या है' की भाषा में अनुप्रास की बहुलता है किंतु बाद में लेखक ने स्वयं छोड़ दिया है। शुक्ल जी ने भावव्यंजक शब्दों का निर्माण किया है, अनेक शास्त्रीय शब्दों का प्रयोग किया है जिनका प्रचलन नहीं था। आपने संस्कृत काव्य शास्त्र तथा अंग्रेजी समीक्षा से अनेक शब्दों को ग्रहण किया है और रूपांतर कर उनको अपने निबंधों में स्थान दिया है।

पदुमलाल पुन्नालाल बख्शी—बख्शी जी का निबंध लेखन तो द्विवेदी-युग में ही आरंभ हो गया था किंतु उनके श्रेष्ठ निबंध शुक्ल-युग में ही लिखे गए। उनके उल्लेखनीय निबंध-संग्रह हैं—पंचपात्र, कुछ और कुछ, मकरंद बिंदु, प्रबंध पारिजात, त्रिवेणी आदि। पंचपात्र में संगृहीत निबंध—'अतीत स्मृति, उत्सव, रामलाल पंडित, श्रद्धांजलि के दो फूल' वैयक्तिक हैं जिनमें बख्शी की भावुकता, आत्मीयता तथा व्यंग्यपूर्ण प्रतिक्रिया का सुंदर समन्वय है। वैयक्तिक निबंधों में भी कहीं न कहीं उनका आलोचक रूप उभरकर आ जाता है। बख्शी जी ने विचारात्मक, समीक्षात्मक, भावात्मक तथा विवरणात्मक निबंध लिखे। कला और काव्य, आलोक और तिमिर, कल्पना और सत्य, सत्य और झूठ आदि निबंधों में उनका विचार-पक्ष झलकता है। समीक्षात्मक दृष्टि उनके 'विश्व साहित्य' ग्रंथ में मिलती है। एक पुरानी कथा, बंदर की शिक्षा को विवरणात्मक निबंध मान सकते हैं।

बख्शी जी की भाषा में गति, सजीवता और चित्रात्मकता पर्याप्त मात्रा में दिखाई पड़ती है। अंग्रेजी के शब्दों को बचाने के लिए ये भरसक प्रयत्न करते हैं। व्यावहारिक बोधगम्य भाषा में सरल मुहावरे बख्शी जी को प्रिय हैं।

माखनलाल चतुर्वेदी—निबंध के रूप में चतुर्वेदी जी की कृति 'साहित्य देवता' है। इस कृति में संकलित निबंधों में भावुकता की प्रधानता है, पर वे चिंतन से बिलकुल शून्य नहीं हैं। उनके निबंधों की सबसे बड़ी विशेषता उनकी भाषा है जिसमें कथन का बांकपन, ओज, प्रतीकात्मकता, लाक्षणिकता और प्रवाह सब कुछ का सुंदर समन्वय है। इन निबंधों को गद्य काव्य के अधिक समीप रख सकते हैं क्योंकि इनमें पाठक काव्यानंद ही अधिक प्राप्त करता है। आलोचकों की मान्यता है कि इन निबंधों में स्वामी रामतीर्थ की मस्तानी भावुकता, भावावेश और सरदार पूर्णसिंह की लाक्षणिकता, दार्शनिकता और लोकमान्य तिलक की

निर्भीकता, स्वच्छंदता और तीव्रता की छटा मिलती है। शब्द-विन्यास में उर्दू और अंग्रेजी के शब्दों को अनायास ही ग्रहण कर लेना चतुर्वेदी जी की विशेषता है। डॉ. क. म. मुंशी के शब्दों में चतुर्वेदी जी के 'साहित्य देवता' की गणना संसार की सर्वश्रेष्ठ सात कृतियों में की जा सकती है। महात्मा गाँधी के संबंध में उनका निबंध उद्धृत है—

"एक वाणी है, जो झोंपड़ियों की कराह को राजमहलों में ले जाकर टकराती है और राजमहलों के अपमानों को झोंपड़ियों के सेवा पथ में मिले प्रभु के प्रसाद की तरह ग्रहण करती है। एक वाणी है, जो गलियों में, कूचों में, झोंपड़ियों में, महलों में, पहाड़ों में, गुफाओं में, झाड़ों में, एकांतों में, विजयों में, विजयपथ की पराजयों में 'चलो-चलो' का स्वर लिए बराबर सुनाई पड़ती चली आ रही है।"

चतुर्वेदी कृत 'अमीर इरादे : गरीब इरादे' में भावुकता का प्राधान्य है।

पांडेय बेचन शर्मा उग्र—उग्रजी ने परिमाण में अधिक निबंध नहीं लिखे हैं किंतु शैली निर्माता के रूप में 'उग्र जी' का विशिष्ट स्थान है। उनके निबंध 'व्यक्तिगत' तथा 'अपनी खबर' में संकलित हैं। 'अपनी खबर' को आत्मकथात्मक शैली की पुस्तक माना जाता है, परंतु उसमें भी लेखक ने निबंध के रूप को जीवित रखा है। 'बुढ़ापा', 'गाली' आदि निबंधों में उन्होंने सामाजिक और आर्थिक विषमताओं का भावपूर्ण शैली में प्रतिपादन किया है। उनके निबंधों की भाषा अत्यंत चित्रात्मक, गतिशील और नाटकीय तीव्रता से युक्त है। वे अपने पाठकों से बिना किसी औपचारिकता के बात करते हुए आगे बढ़ते हैं, पर उनके निबंधों में वह शालीनता, माधुर्य और आभिजात्य नहीं है जो बाबू गुलाबराय अथवा शिवपूजन सहाय के निबंधों में है। उनके निबंधों में उर्दू, फारसी, अंग्रेजी तथा संस्कृत आदि भाषाओं के शब्द इस प्रकार चले आते हैं जैसे उनको रखने के लिए लेखक ने कोई प्रयास न किया हो। उग्र जी के निबंधों का प्राणतत्त्व है अटूट धाराप्रवाह। विरामचिह्नों के प्रयोग में आपने अंग्रेजी के नियमों का पालन किया है। उपमान का प्रयोग उग्र जी ने बहुतायत से किया है। उनके 'बुढ़ापा' शीर्षक निबंध को शैली का प्रतिनिधि रूप मानकर स्वीकार किया जाता है।

राहुल सांकृत्यायन—सांकृत्यायन जी के साहित्य और पुरातत्व पर दो निबंध-संग्रह हैं। 'यात्रा निबंधावली, यात्रा के पन्ने, बचपन की स्मृतियाँ, मेरी

जीवन यात्रा और तुम्हारी क्षय' उनके निबंध-संग्रह हैं। कुछ अन्य निबंध-संकलन हैं—किनर देश, लंका और रूस आदि का वर्णन। इस प्रकार राहुल जी ने वर्णनात्मक, विचारात्मक तथा विवरणात्मक निबंध लिखे हैं। व्यक्तिगत निबंध के अंतर्गत बचपन की स्मृतियाँ हैं। 'तुम्हारी क्षय' संग्रह उनकी प्रखर और विध्वंसक मनोवृत्ति का परिचायक है।

राहुल जी संस्कृत के अतिरिक्त अनेक भाषाओं के प्रकांड विद्वान थे। उन्होंने अपनी लेखनी में उर्दू-फारसी के शब्दों का बहिष्कार नहीं किया है। सांकृत्यायन जी की मान्यता थी कि हिंदी की समृद्धि के लिए प्रचलित शब्दों का प्रयोग उचित है। कथात्मक शैली में निबंधों में अन्विति एवं सूत्रमयता बनाए रखना उनकी विशेषता है। एक उदाहरण द्रष्टव्य है—

"जोंकें, जो अपनी परवरिश के लिए धरती पर महान मेहनत का सहारा नहीं लेतीं, वे दूसरे के अर्जित खून पर गुजर करती हैं। मानुषी जोंकें पाशविक जोंकों से ज्यादा भयंकर होती हैं।"

सियाराम शरण गुप्त—गुप्त जी स्वभाव से कवि तथा विचारक थे। 'झूठ-सच' इनका निबंध-संग्रह है जिसके निबंध गंभीर चिंतन, आत्मगत अनुभूतियों के चित्रण, साहित्यिक शैली, कथात्मक रोचकता से परिपूर्ण हैं। सियाराम शरण गुप्त गाँधीवादी विचारधारा के लेखक हैं। नैतिक मूल्यों के प्रति उनमें विकट आस्था है। अहिंसा तथा प्रेम को उन्होंने शाश्वत् मूल्य स्वीकार किया है। गुप्त जी ने विचारात्मक तथा भावात्मक निबंध लिखे। कुछ वर्णनात्मक निबंध भी लिखे थे। गुप्त जी ने भाषा का आडंबर स्वीकार नहीं किया। सीधी, सरल, प्रवाहपूर्ण शैली में विचारों को व्यक्त करना ही इनका उद्देश्य रहा है। कुछ निबंधों में तो अद्‌भुत ढंग से व्यंग्य द्वारा आधुनिक यांत्रिक जीवन पर प्रहार किए हैं। 'घोड़ा शाही' निबंध हिंदी में अपने ढंग का एकमात्र निबंध है।

बाबू गुलाबराय—शुक्ल-युग के सशक्त निबंध लेखकों में बाबू गुलाबराय की गणना की जाती है। बाबूजी के अनेक निबंध-संग्रह प्रकाशित हुए हैं—प्रबंध प्रभाकर, फिर निराश क्यों, मेरी असफलताएँ, मेरे निबंध, कुछ उथले, कुछ गहरे, ढलुआ क्लब। बाबूजी ने निबंधों का प्रतिपादन शैली तथा विषय-वस्तु की दृष्टि से किया है। उनके व्यक्तिपरक निबंधों की छटा विचारपरक अथवा समीक्षात्मक निबंधों में नहीं मिलती है। 'ढलुआ क्लब, फिर निराश क्यों, मेरी असफलताएँ'

संकलनों में व्यक्तिपरक निबंध हैं। इनमें बाबूजी ने अपनी गंभीर आलोचकीय मुद्रा को त्यागकर अनौपचारिक बातचीत की शैली में अपने व्यक्तिगत जीवन को प्रस्तुत किया है। इनमें 'विषय' की प्रधानता की अपेक्षा लेखक का व्यक्तित्व है। रस और मनोविज्ञान, साधारणीकरण, साहित्य की मूल प्रेरणाएँ, मनोविश्लेषण और आलोचना आदि निबंधों में बाबूजी का शास्त्र ज्ञान परिलक्षित होता है। व्यावहारिक समीक्षा पर भी बाबूजी के अनेक निबंध उपलब्ध हैं। 'मेरे निबंध' तथा 'कुछ उथले कुछ गहरे' संग्रहों के निबंध राजनीति, समाज, मनोविज्ञान, विज्ञान, भाषा और साहित्य से संबंधित हैं। बाबू गुलाबराय की भाषा सरल, स्वच्छ, स्पष्ट और भावव्यंजक है।

डॉ. सत्येंद्र—लोकसाहित्य के गवेषक सत्येंद्र ने हिंदी साहित्य में प्रवेश निबंध के माध्यम से द्विवेदी-युग में किया। समसामयिक कवियों पर तथा लेखकों पर समीक्षा लिखकर अपना स्थान बनाया। इन्होंने आलोचनात्मक, विश्लेषणात्मक तथा विचारात्मक कोटि के निबंध लिखे हैं। इनके निबंध-संग्रह हैं—साहित्य की झाँकी, निबंध रत्नाकर, हिंदी का मान मंदिर, कला, कल्पना और साहित्य, समीक्षात्मक निबंध आदि। आपने विवेचनात्मक दृष्टि एवं मौलिक दृष्टि के साथ निबंधों में वैज्ञानिक विश्लेषण पद्धति अपनाई है। निबंधों में तीक्ष्ण तथा सूक्ष्म विश्लेषण का विकास निरंतर होता गया है। उनके निबंधों में अनुसंधानात्मक और वैज्ञानिक सूझबूझ का पुट मिलता है। डॉ. सत्येंद्र की भाषा सरल, सुगम्य, शुद्ध, परिमार्जित एवं प्रवाहमयी है। उसमें हिंदी की तत्सम शब्दावली के साथ तद्भव, उर्दू और व्यावहारिक शब्दावली का प्रयोग कम मिलता है। सामान्य रूप से इनकी भाषा में अन्य भाषाओं की शब्दावली की मात्रा प्रचुर नहीं है। आपकी शैली विवेचनात्मक, शास्त्रीय एवं व्याख्यात्मक है। विश्लेषणात्मक शैली में वैज्ञानिक दृष्टिकोण उनकी ऐसी विशिष्टता है जिसका परिचय परवर्ती निबंधकारों में भी उपलब्ध होता है।

रघुवीर सिंह—रघुवीर सिंह ने ऐतिहासिक प्रसंगों को आधार बनाकर कुछ अच्छे भावात्मक निबंधों की रचना की। मुगलकालीन इतिहास की घटनाओं और इमारतों पर उन्होंने अनेक ललित निबंध लिखे हैं। इनके निबंध हिंदी में अप्रतिम हैं। सप्तद्वीप, जीवन कल और जीवन धूलि शीर्षक इनके निबंध-संग्रहों में अन्य विधाओं का दर्शन होता है किंतु 'शेष स्मृतियाँ' इनके भावात्मक निबंधों का

श्रेष्ठ संकलन है। 'बिखरे चित्र' में कल्पना की उड़ान के साथ भावुकता भी है। 'सप्तद्वीप' रघुवीर सिंह का प्रथम निबंध-संग्रह है। इसमें समीक्षा, विवरण तथा वर्णन हैं। रघुवीर सिंह के भावात्मक शैली में लिखे हुए ताजमहल, फतेहपुर सीकरी, एक स्वप्न की शेष स्मृति आदि महत्त्वपूर्ण निबंध हैं। इनकी भाषा में चित्रात्मकता, सांकेतिकता है और अर्थ-संपन्नता पूर्णरूपेण परिलक्षित होती है।

डॉ. धीरेंद्र वर्मा–डॉ. वर्मा ने हिंदी भाषा और साहित्य की विविध समस्याओं पर गंभीरतापूर्वक लिखा है। विचार और भाव को स्पष्ट रीति से सरल भाषा में प्रस्तुत करना वर्मा जी की विशेषता है। 'विचारधारा' एक महत्त्वपूर्ण निबंध-संग्रह है जिसके निबंधों को हम खोज, हिंदी प्रचार, हिंदी साहित्य, समाज तथा राजनीति, आलोचना तथा मिश्रित वर्गों में वर्गीकृत कर सकते हैं। वर्मा जी ने अपने निबंधों में सुसंबद्धता तथा अन्विति पर बहुत ध्यान रखा है।

राय कृष्णदास–राय कृष्णदास गद्य काव्य लेखक के साथ निबंधकार भी हैं जिनके निबंध उच्चकोटि की पत्र-पत्रिकाओं में प्रकाशित हुए हैं। निबंधों का विषय-क्षेत्र व्यापक है। कला, साहित्य, चिंतन, गवेषणा, संस्मरणों से संबंधित निबंधों में विविधता के दर्शन होते हैं। 'राम के वन गमन का भूगोल' महत्त्वपूर्ण निबंध है। राय कृष्णदास की भाषा तत्सम प्रधान, वाक्य सुगठित और शैली प्रवाहमयी है। भावात्मक निबंधों में आपने छोटे-छोटे वाक्यों का प्रयोग किया है। आपके निबंध 'धीरे' में जीवनानुभव के आधार पर विचारों की अभिव्यक्ति मिलती है।

वियोगी हरि–हरि जी का हिंदी साहित्य में ब्रजभाषा के कवि के रूप में तथा गद्य काव्य लेखक के रूप में प्रमुख स्थान है। गद्य काव्यात्मक संग्रह प्रकाशित हुए हैं, उनमें भी निबंध के पर्याप्त तत्त्व मिलते हैं, परंतु 'अंतर्नाद' तथा 'तरंगिणी' के अनेक लेख शुद्ध निबंध माने जा सकते हैं। भाव-प्रवाह में बह जाना तथा भावावेश में वर्णन करते जाना वियोगी हरि जी की विशेषता है। भाषा की दृष्टि से वियोगी हरि तत्सम रूप को स्वीकार करते हैं किंतु इसे जड़ता के साथ पकड़े रहने के पक्ष में नहीं हैं। उनके निबंधों का क्षेत्र वैष्णव भावना, आस्तिक भाव और मानव-प्रेम है।

निराला–निराला जी का मूल्यांकन कवि रूप में ही हुआ है। निराला ने पत्र-पत्रिकाओं में लेख के रूप में निबंध लिखना आरंभ किया था। इनके आठ

निबंध-संग्रह प्रकाशित हो चुके हैं जिनमें विषय और शैली का वैविध्य द्रष्टव्य है। निराला ने विचारात्मक, भावात्मक तथा वर्णनात्मक निबंध लिखे। प्रबंध पूर्णिमा, चाबुक, चयन, प्रबंध प्रतिभा आदि के निबंधों में शैली की दृष्टि से ऐक्य नहीं है। तत्सम प्रधान शैली के साथ उर्दू प्रधान पद रचना देखने को मिलती हैं। निराला ने कथ्य पर अधिक ध्यान दिया है। उनके निबंधों में कहीं-कहीं व्यंग्य शैली के दर्शन होते हैं तो कहीं समीक्षा की शास्त्रीय परंपरा परिलक्षित होती है। 'मतवाला' में प्रकाशित निबंध व्यंग्य-विनोदपूर्ण है, इसी प्रकार 'शून्य और शक्ति', 'रूप और नारी' निबंध भी महत्त्वपूर्ण हैं। निराला के अनेक निबंधों में वक्तृत्व शैली तथा काव्यात्मक शैली परिलक्षित होती है। उदाहरणार्थ–

"जनेऊ के समय के दंडधर ब्राह्मण बालक का दंड कहाँ चला गया? नहीं रखने की इच्छा तो वह स्वांग क्यों? यह भारतीयता और शालीनता समाज के सर्वोच्च कृत्य का एक विकसित रूप है। इसी तरह की बातें हैं, जहाँ स्वभावतः मन विद्रोह कर बैठता है।"

प्रसाद–प्रसाद जी के 'काव्य कला तथा अन्य निबंध' संग्रह में आठ निबंध हैं जिनमें शास्त्रीय, सैद्धांतिक तथा काव्य के वादों पर विचार व्यक्त किए हैं। संग्रह के निबंधों को हम समीक्षापरक विचारात्मक निबंध मान सकते हैं। विचारों तथा सिद्धांतों की गूढ़ता इनके निबंधों में परिलक्षित होती है। इन निबंधों में दर्शन, शास्त्र, काव्य, इतिहास, संस्कृति, परंपरा आदि का संपूर्ण परिप्रेक्ष्य लक्षित होता है। प्रत्येक नाटक की भूमिका में भी निबंध है।

प्रसाद जी की पदावली तत्सम प्रधान है किंतु वाक्य-रचना क्लिष्ट और गूढ़ाशयपूर्ण है। संस्कृत साहित्य से उद्धृत उदाहरणों से सभी निबंध आच्छादित हैं। अर्थ समझने के लिए पाठक को संदर्भ का पता होना जरूरी है। एक उदाहरण द्रष्टव्य है–

"मनोभावों या चित्तवृत्तियों का और उनके सब स्वरूपों का नाट्यरसों में आगमानुकूल व्याख्या से समन्वय हो गया था। अहम् की सब भावों में, सब अनुभूतियों में पूर्णता मान ली गई थी। वह बात पिछले काल के रस-विवेचकों के द्वारा विशृंखल हो गई। हाँ, इतना हुआ कि सिद्धांत-रूप से ध्वनि, रीति, वक्रोक्ति और अलंकार आदि सब मतों पर रस की सत्ता स्थापित हो गई। वास्तव में भारतीय दर्शन और साहित्य दोनों का समन्वय रस में हुआ था और यह साहित्यिक

रस दार्शनिक रहस्यवाद से अनुप्राणित है।"

सुमित्रानंदन पंत—पंत जी का गद्य लेखन और कवि जीवन एक साथ प्रारंभ हुआ मान सकते हैं। 'पल्लव' की भूमिका का गद्य हिंदी निबंध की दृष्टि से महत्त्वपूर्ण है। पंत जी की गद्य कविता के समान अलंकृत होते हुए भी विचारों की स्पष्टता मिलती है। 'गद्य पथ' के निबंध पंत जी ने अपनी काव्य कृतियों की भूमिका के रूप में लिखे थे। पंत जी के निबंधों में वैयक्तिक तत्त्व न होने पर भी कवि के व्यक्तित्व का प्रभाव परिलक्षित होता है। निबंध साहित्य परिमाण में कम है किंतु फिर भी गद्यात्मक रचना में पंत जी ने अपना स्थान बना लिया है।

महादेवी वर्मा—महादेवी वर्मा ने निबंध क्षेत्र के विस्तार के अनुरूप सामाजिक, साहित्यिक, संस्मरणात्मक तथा विचारात्मक कोटि के निबंध लिखे हैं जो 'शृंखला की कड़ियाँ, अतीत के चलचित्र, स्मृति की रेखाएँ तथा साहित्यकार की आस्था तथा अन्य निबंध' में संकलित हैं। इनके अतिरिक्त 'पथ के साथी' और 'स्मारिका' में भी संकलित हैं। अधिकांश विद्वानों में महादेवी के रेखाचित्रों की विधा के संबंध में मतैक्य नहीं है—इन्हें निबंध, संस्मरण और कहानी में से किसी एक विधा को मानते हैं। 'शृंखला की कड़ियाँ' में 18 निबंध हैं जो नारी-जीवन के सामाजिक पक्ष को उद्घाटित करते हैं। अतीत के चलचित्र तथा स्मृति की रेखाएँ संस्मरणात्मक पद्धति के निबंध हैं। काव्य पुस्तकों की भूमिकाएँ 'महादेवी का विवेचनात्मक गद्य' में संकलित हैं। ये विचारात्मक निबंध हैं जिनमें हिंदी गद्य का तेज, बल, प्राण और प्रवाह स्पष्ट दिखाई पड़ता है। तत्सम शब्दावली इनके निबंधों में सर्वत्र व्याप्त है किंतु शब्द-चयन इनकी पैठ का सूचक है।

इन निबंधकारों के अतिरिक्त रामकृष्ण शुक्ल शिलीमुख, शांतिप्रिय द्विवेदी, शिवपूजन सहाय, डॉ. सम्पूर्णानंद आदि प्रमुख निबंधकार हैं। शांतिप्रिय द्विवेदी के संचारिणी, युग और साहित्य, सामयिकी, धरातल, प्रतिष्ठान, साकल्य, आधान, वृन्त और विकास, साहित्यिकी, कवि और काव्य आदि प्रमुख तथा महत्त्वपूर्ण निबंध-संकलन हैं। द्विवेदी जी ने समीक्षात्मक निबंधों के अतिरिक्त साहित्येतर विषयों पर भी निर्बंध निबंध लिखे। उनके समीक्षात्मक निबंधों में सूक्ष्म पकड़ और अंतर्दृष्टि दिखाई पड़ती है। भावुकता और संवेदना के कारण विषय का आत्मीयतापूर्ण प्रतिपादन और भाषा की रागात्मकता उनके निबंधों की सहज विशेषताएँ हैं।

आचार्य शिवपूजन सहाय 'भाषा के जादूगर' के रूप में प्रसिद्ध हैं। 'कुछ' में संकलित निबंधों में उन्होंने तुच्छ से तुच्छ विषय को अपनी रोचक रचना प्रणाली से मोहक बना दिया है। आत्माभिव्यंजना, शिष्ट हास्य, मार्मिक व्यंग्य और अनौपचारिक किंतु परिष्कृत परिमार्जित शैली के कारण शिवपूजन सहाय का हिंदी निबंध साहित्य में विशेष तथा महत्त्वपूर्ण स्थान है। यद्यपि उनके निबंधों की संख्या अधिक नहीं है।

रामकृष्ण शुक्ल शिलीमुख ने प्रेमचंद और प्रसाद की कृतियों की समीक्षा के लिए निबंध लिखकर अपना निबंधकार जीवन का आरंभ किया। प्रसाद तथा प्रेमचंद शिलीमुख के विचारों से प्रभावित हुए तथा उन्होंने अपनी रचना में परिमार्जन करना स्वीकार किया था। शिलीमुखी, कला और सौंदर्य तथा निबंध-प्रबंध में शिलीमुख के निबंध संकलित हैं। इन्होंने भारतीय संस्कृति, हिंदू धर्म, भाषा, कला, समाज और साहित्य के विविध पक्षों पर अपनी लेखनी चलाई। 'समालोचक नामा' निबंध आपका महत्त्वपूर्ण तथा श्रेष्ठ निबंध है। शिलीमुख जी ने भाषा में तत्सम प्रधान शब्दों का प्रयोग स्वीकार किया है साथ ही अंग्रेजी के शब्दों को उन्होंने बहिष्कृत नहीं किया है।

शुक्ल-युग में उपर्युक्त निबंधकारों के अतिरिक्त संस्मरणात्मक लेख लिखने वालों में पं. बनारसीदास चतुर्वेदी का महत्त्वपूर्ण स्थान है। पं. श्रीराम शर्मा ने शिकार से संबंधित अनेक निबंध लिखे। पं. हरिशंकर शर्मा तथा बेढब बनारसी ने हास्य-व्यंग्य संबंधी लेख लिखकर अपना महत्त्वपूर्ण स्थान बनाया। साहित्यिक निबंधकारों में डॉ. पीतांबर दत्त बड़थ्वाल तथा सद्गुरुशरण अवस्थी का नामोल्लेख करना भी समीचीन है।

शुक्ल-युग के निबंधों में अपने कलेवर के अनुरूप शैली, विषयवस्तु, भाषा, प्रसाधन आदि प्रचुर मात्रा में मिलता है। विचारों की सूक्ष्मता के अनुकूल शब्द-निर्माण काम इस युग की महत्त्वपूर्ण देन है। भाषा में परिमार्जन तथा प्रौढ़ता इस युग में स्पष्ट परिलक्षित होती है। शुक्ल जी ने भाषा की शक्ति को पहचान कर उसे गरिमा से मंडित किया।

आचार्य रामचंद्र शुक्ल ने समालोचक होने के कारण विषय-प्रधान निबंध अधिक लिखे। शुक्ल जी के निबंधों में भी व्यक्तित्व की छाप स्पष्ट परिलक्षित होती है इसलिए अनेक आलोचक भाव और मनोविकार से संबंधित निबंधों को

व्यक्ति-प्रधान निबंध मानते हैं। शुद्ध व्यक्ति-प्रधान शैली में निबंध लेखक बाबू गुलाबराय हैं। हिंदी निबंध के इतिहास में शुक्ल-युग को निबंध का स्वर्ण युग मान सकते हैं।

वर्तमान युग

आचार्य रामचंद्र शुक्ल की निबंध शैली का प्रभाव उनके समसामयिक तथा परवर्ती निबंधकारों पर पड़ा। आचार्य रामचंद्र शुक्ल ने वैचारिक निबंधों को उत्कर्ष की चरम ऊँचाई पर पहुँचा दिया था। प्रमुख रूप से मनोविकार से संबंधित निबंधों को। शुक्ल जी के अनेक विद्यार्थी, जिनमें आचार्य नंददुलारे वाजपेयी, आचार्य विश्वनाथ प्रसाद मिश्र तथा डॉ. पीतांबर दत्त बड़थ्वाल प्रमुख हैं, प्रतिभाशाली निबंध लेखक हुए। इस काल में साहित्यिक और समीक्षात्मक निबंध लेखक हैं जिनमें शांतिप्रिय द्विवेदी, आचार्य हजारीप्रसाद द्विवेदी, डॉ. नगेंद्र, डॉ. सत्येंद्र, डॉ. वासुदेव शरण अग्रवाल, आचार्य विनय मोहन शर्मा प्रमुख हैं। स्वतंत्र चिंतन पद्धति के निबंधकार हैं जैनेंद्र, सच्चिदानंद वात्स्यायन, दिनकर, देवराज उपाध्याय, जिन्होंने मौलिक विचारों से निबंध को पुष्ट किया। प्रगतिवादी दृष्टि से साहित्य का अनुशीलन करने वाले प्रमुख विचारक यशपाल, रामविलास शर्मा, प्रकाशचंद्र गुप्त, शिवदान सिंह चौहान, नामवर सिंह आदि हैं। व्यक्तिपरक श्रेष्ठ निबंधकारों में नई पीढ़ी के लेखक हैं डॉ. विद्यानिवास मिश्र, शिवप्रसाद सिंह, कुबेरनाथ राय आदि। आलोचनात्मक निबंध लेखकों में सत्येंद्र, देवराज उपाध्याय, विजयेंद्र स्नातक, इंद्रनाथ मदान, देवेंद्र नाथ शर्मा, बच्चन सिंह, भगीरथ मिश्र, रघुवंश, कन्हैयालाल सहल, राजेंद्र कुमार, शशि शेखर तिवारी, एन. रामन नायर, एम.के. जार्ज प्रमुख हैं।

इस युग में निबंध की सीमा विस्तृत हुई, साहित्यिक समालोचना को निबंध की आत्मीयता से संयुक्त किया गया। व्यक्तिपरक निबंधों के अतिरिक्त मनोविज्ञान और मनोविश्लेषण के आधार पर निबंध में भारतीय तथा काव्य चिंतन व्यापक परिवेश में स्वीकार किया गया। कुछ लेखकों ने राजनीति और समाजशास्त्र को साहित्य के साथ संबद्ध करके सफल निबंध लिखे।

आचार्य हजारीप्रसाद द्विवेदी—द्विवेदी जी ने हिंदी साहित्य में इतिहास लेखक के रूप में प्रवेश किया था, उन्होंने इतिहास की परंपरा और चेतना के मूल उत्स

का संधान किया। 'बाणभट्ट की आत्मकथा' ने जहाँ द्विवेदी को शैली-निर्माता बनाया वहीं मौलिक चिंतन पूर्ण निबंध उनकी प्रसिद्धि के अन्यतम कारण हैं। द्विवेदी जी ने साहित्य, संस्कृति और भाषा की समस्याओं पर अनेक श्रेष्ठ निबंध लिखे, जो अशोक के फूल, विचार और वितर्क, कल्पलता, कुटज तथा मध्यकालीन धर्म साधना में संगृहीत हैं। उनके ललित निबंधों में सांस्कृतिक विरासत मिलती है, साथ ही जीवन-बोध और नई सामाजिक समस्याओं के प्रति राह पाने की ललक भी है। द्विवेदी जी अपनी ऐतिहासिक दृष्टि को नवीन प्रकार से समंजित करते दिखलाई पड़ते हैं। विद्वत्ता तथा सहृदयता का समन्वित रूप उनके निबंधों में मिलता है, वह सामान्यतः विरल है। इतिहास, पुराण, साहित्य आदि से गंभीर से गंभीर तथ्यों को लेकर उन्हें समसामयिकता से जोड़ देते हैं। चिंतन-मनन की प्रचुर सामग्री के साथ पुरातत्व का रिक्थ तथा विविध सूचनाओं का भंडार भी उनके निबंधों में रहता है। ललित निबंधों के अतिरिक्त द्विवेदी जी ने विचारपरक, शोधपरक और समीक्षात्मक निबंध भी लिखे हैं। शोधपरक निबंधों में विद्वत्ता की काफी छाप है। सांस्कृतिक तथा समीक्षात्मक निबंधों में द्विवेदी जी विषय की पृष्ठभूमि को स्पर्श किए बिना नहीं चलते।

निबंधों में विषयानुसार शैली का प्रयोग मिलता है, इस प्रकार की शैली के लेखन में द्विवेदी जी सिद्धहस्त हैं। संस्कृत के तत्सम शब्दों के साथ ठेठ ग्रामीण जीवन के शब्दों का प्रयोग इनकी शिल्प की विशेषता है। भावावेश, भावुकता, भावात्मकता, व्यंग्यात्मकता और वक्रतात्मकता आदि विभिन्न शैलियों पर द्विवेदी जी का असाधारण अधिकार है, अतः किसी एक शैली से बँधे रहना वे पसंद नहीं करते हैं। द्विवेदी जी के परवर्ती निबंधों में जीवनोन्मुखता अधिक निखर उठी है। 'कुटज' से एक उदाहरण प्रस्तुत है–

"कुटज क्या केवल जी रहा है? वह दूसरों के द्वार पर भीख माँगने नहीं जाता–अपनी उन्नति के लिए अफसरों का जूता नहीं चाटता–आत्मोन्नति के हेतु नीलम नहीं धारण करता–दाँत नहीं निपोरता–जीता है और शान से जीता है। कहाँ से मिली है अकुतयोभयावृत्ति, अपराजित स्वभाव, अविचल जीवन-दृष्टि।"

नंददुलारे वाजपेयी–नंददुलारे वाजपेयी ने समीक्षा के माध्यम से साहित्यिक जगत् में प्रवेश किया। उन्होंने निबंध को अपनी अभिव्यक्ति का माध्यम बनाकर भारतीय काव्यशास्त्र की मान्यताओं के आलोक में कवि और कृतियों का मूल्यांकन

किया जो 'जयशंकर प्रसाद', 'आधुनिक साहित्य' तथा 'नया साहित्य : नए प्रश्न' में संगृहीत हैं। मानव चेतना और संवेदना को आधार बनाकर काव्यकृतियों को परखा तथा सौंदर्य-बोध के सूक्ष्म पक्ष पर टिके। इन निबंधों में उनकी सूक्ष्म पकड़, संतुलित दृष्टि, गत्यात्मकता और रचनात्मकता का परिचय मिलता है। वाजपेयी जी की प्रांजल, प्रवाहपूर्ण और सशक्त भाषा की छटा सर्वत्र देखी जा सकती है। विचारात्मक एवं समीक्षात्मक कसौटी पर वाजपेयी जी के निबंध खरे उतरते हैं। उनमें आलोचक का धर्म ही नहीं निबंध का वर्चस्व भी मिलता है। समसामयिक साहित्यिक आंदोलनों तथा विचार सरणियों के साथ वे ऐसे प्रश्नों की खोज करते थे जो वाद-मुक्त होते हुए मानवीय गत्यात्मकता से संबद्ध थे। वैयक्तिकता, व्यंग्य-विनोद आदि की झाँकी भी उनके निबंधों में देखी जा सकती है। रत्नाकर, अज्ञेय आदि से संबंधित वाजपेयी जी के निबंधों में व्यंग्य एक जगह अपना अर्थ देकर समाप्त नहीं होता वरन् निबंध की अर्थवत्ता को नई सांकेतिकता प्रदान करता है।

डॉ. नगेंद्र—शुक्लोत्तर युग में सबसे अधिक समर्थ समालोचकों में डॉ. नगेंद्र की गणना की जाती है। निबंध के क्षेत्र में अब तक इनके विचार और अनुभूति, विचार और विवेचन, विचार विश्लेषण, अनुसंधान और आलोचना, कामायनी के अध्ययन की समस्याएँ, काव्य बिंब आदि निबंध-संग्रह प्रकाशित हो चुके हैं जिनको 'आस्था के चरण' में हम एक स्थान पर पाते हैं।

विषय तथा शैली की दृष्टि से नगेंद्र जी के निबंधों में वैविध्य है। विचारात्मक निबंधों की कोटि में साहित्यिक, समीक्षात्मक, सैद्धांतिक, गवेषणात्मक निबंध रख सकते हैं। नगेंद्र जी ने स्वप्न शैली, आत्मकथा शैली, संवाद शैली, संस्मरण शैली, तुलनात्मक तथा पत्रात्मक शैली का प्रयोग अपने निबंधों में किया है। विषय प्रतिपादन में अनुभूति को विशेष स्थान प्रदान करते हैं। एक विषय को अनेक दृष्टियों से देखने का प्रयास करते हैं। आलोचनात्मक निबंधों में उनका विचार-पक्ष अनुभूति से संश्लिष्ट होता है। सिद्धांत विवेचन से संबंधित निबंधों में गंभीर वातावरण सर्वत्र परिलक्षित होता है।

डॉ. नगेंद्र ने अधिकतर गंभीर और चिंतनपरक निबंधों का लेखन किया है। शैली में नवीनता लाने के लिए कुछ नवीन प्रयोग भी किए हैं। मार्मिक एवं मनोरंजन शैली में कुछ संस्मरणात्मक निबंध लिखे हैं।

जैनेंद्र कुमार–जैनेंद्र कुमार मूलतः विचारक हैं। कहानी और उपन्यास में इनकी जो गद्य शैली विकसित हुई है, उसको निबंध में पूरा निखार मिला। जैनेंद्र की दार्शनिकता बहुत कुछ उनकी स्वयं की है। इसी निजीपन के कारण उनके निबंधों के अध्ययन करने पर ऊब पैदा नहीं होती है। जैनेंद्र जी के निबंध-संग्रह–'जड़ की बात, साहित्य का श्रेय और प्रेय, सोच-विचार, मंथन, ये और वे, इतस्ततः, प्रस्तुत प्रश्न परिप्रेक्ष्य, जैनेंद्र के विचार, समय और हम' अधिक प्रसिद्ध हैं। इन संग्रहों के अध्ययन से यह स्पष्ट हो जाता है कि उनके विचारों की विस्तृत सीमा है; धर्म, राजनीति, संस्कृति, साहित्य, सेक्स, काम, प्रेम, विवाह आदि विषयों पर विचार व्यक्त किए हैं।

गाँधीवादी विचारधारा के होने के कारण वे सत्य, अहिंसा, आत्मसमर्पण और हृदय-परिवर्तन में विश्वास करते हैं। विषय-चयन, भाषा, भाव और अभिव्यंजना सभी में जैनेंद्र की मौलिकता है। जैनेंद्र हिंदी के चिंतनशील श्रेष्ठ निबंधकार हैं।

रामवृक्ष बेनीपुरी–बेनीपुरी जी के निबंध संस्मरणात्मक तथा भावात्मक कोटि के हैं। शैली की विशेषता के कारण हिंदी के निबंधकारों में इनका उल्लेख करना समीचीन है। इनके निबंध 'गेहूँ और गुलाब' तथा 'वंदे वाणी विनायकौ' में संगृहीत हैं। गेहूँ भूख का प्रतीक है और गुलाब कला और संस्कृति का। मानवीय जीवन में भूख का जितना अधिक मूल्य है, उतना ही महत्त्व कला और संस्कृति का है। जेल-जीवन के संस्मरण के रूप में लिखे हुए उनके निबंध 'जंजीरें और दीवारें' में संगृहीत हैं।

भाषा और अभिव्यंजना में बेनीपुरी जी का व्यक्तित्व सुरक्षित है। उर्दू-फारसी के शब्दों के साथ अनगढ़ भोजपुरी भी यदि बीच-बीच में आ जाए तो लेखक उसे सहर्ष स्वीकार करता है। बेनीपुरी जी की भाषा में या तो आवेगमयता है या प्रशांति, उसमें जटिलता कहीं भी नहीं परिलक्षित होती है।

रामधारी सिंह 'दिनकर'–दिनकर जी ने कविता के साथ गद्य को भी अपनी अभिव्यक्ति का माध्यम बनाया। अधिकांश निबंधों में उनका विचारपक्ष ही अधिक उभरकर आया है। उनके निबंध-संग्रह हैं–अर्ध नारीश्वर, मिट्टी की ओर, रेती के फूल, हमारी सांस्कृतिक एकता, प्रसाद, पंत और मैथिलीशरण, राष्ट्रभाषा और राट्रीय साहित्य। दिनकर जी के निबंधों में मानवीय आस्था का प्रतिफलन हुआ है जिसका मूल आधार या तो सांस्कृतिक है अथवा मनोविज्ञान है। आपकी

भाषा में ओज, तेज, रवानगी और जिंदादिली है। अरबी-फारसी, अंग्रेजी के शब्द बेखटके उनके निबंधों में मिलते हैं। 'रेती के फूल' में इनका व्यक्ति-पक्ष परिलक्षित होता है। अपने निबंधों में दिनकर विवेचक-विश्लेषक हैं, फिर भी भावुकता से दूर नहीं गए हैं। प्रसाद, पंत और मैथिलीशरण की रचनाओं पर विचार करते समय उनका कवि-हृदय तटस्थ नहीं रह सका है।

वासुदेव शरण अग्रवाल—वासुदेव शरण अग्रवाल ने 'पृथिवी पुत्र' तथा 'कला और संस्कृति' के निबंधों में भारतीय संस्कृति के विविध आयामों को विद्वत्तापूर्ण ढंग से उद्घाटित किया है। सांस्कृतिक विषयों पर लिखते समय डॉ. अग्रवाल का दृष्टिकोण परंपरावादी न होकर तर्कसम्मत वैज्ञानिक पद्धति का आश्रय लेकर चलता है। प्राचीन कला तथा संस्कृति की व्याख्या करते समय अग्रवाल जी की भाषा में वैदिक शब्दों का प्रयोग बड़ी सुष्ठु शैली से पाया जाता है। आर्ष शब्दों का प्रयोग करने की क्षमता आप में है। वर्णनात्मक निबंधों में डॉ. अग्रवाल ने व्यक्ति के माध्यम से कला की आत्मा में पैठने का भरसक प्रयत्न किया है। निबंधों की भाषा तत्सम, सरल और प्रवाहपूर्ण होती है।

अज्ञेय—सच्चिदानंद हीरानंद वात्स्यायन 'अज्ञेय' ने 'कुट्टि चाटन' नाम से भी निबंध लिखे। उनके निबंध-संग्रह हैं—सबरंग, त्रिशंकु, आत्मनेपद, भवंती, अंतरा, लिखि कागद कोरे, जोग लिखी, आळवाल, संवत्सर, हिंदी साहित्य : एक आधुनिक परिदृश्य प्रमुख हैं। 'अरे यायावर रहेगा याद' में नवीन शैली में यात्रा-विवरण प्रस्तुत किया है। 'आत्मनेपद' के निबंध वैयक्तिक संदर्भों में लिखे जाकर भी निर्वैयक्तिक आधुनिक संदर्भों की सृष्टि करते हैं। निजीपन उनकी विशेषता है। 'हिंदी साहित्य : एक आधुनिक परिदृश्य' के अधिकांश निबंधों की भाषा में संश्लिष्टता आ गई है। निबंध को व्यंजक बनाने के लिए उर्दू-अंग्रेजी के शब्द भी अज्ञेय जी ने प्रयुक्त किए हैं। अधिकांश में तत्सम शब्दावली का प्रयोग मिलता है।

इलाचंद्र जोशी—जोशी जी ने पाश्चात्य मनोविश्लेषण शास्त्र को दृष्टि में रखकर निबंधों का लेखन किया है। जोशी जी ने साहित्यिक निबंध भी लिखे हैं परंतु व्यक्तिपरक निबंध इनके नहीं मिलते हैं। इनके निबंध-संग्रह हैं—साहित्य सर्जना, विवेचना, साहित्य संतरण, विश्लेषण और साहित्य चिंतन। इनमें मनोविश्लेषण की प्रमुखता है। भाषा तत्सम प्रधान है, फिर भी उर्दू, अंग्रेजी के शब्दों का प्रयोग

भी मिलता है।

डॉ. देवराज उपाध्याय—डॉ. उपाध्याय के अनेक निबंध-संकलन हैं—विचार के प्रवाह, साहित्य तथा साहित्यकार, कथा के तत्त्व और साहित्य का मनोवैज्ञानिक अध्ययन। उनके निबंध अत्यधिक आलोचनात्मक हैं, जिनका संबंध समसामयिक कथा, उपन्यास तथा काव्य से है। कविता, आलोचना, कहानी आदि साहित्यिक विधाओं पर विचारपूर्ण निबंध लिखे हैं। इस प्रकार के निबंधों में सिद्धांत का प्रतिपादन शास्त्र के आधार पर नहीं किया है बल्कि स्वानुभूत ज्ञान के आधार पर किया है। निबंधों में आंग्ल साहित्य के विचारकों के मतों को स्थान-स्थान पर उद्धृत किया है, जिससे उपाध्याय जी के अध्ययन का सच्चा परिचय मिलता है। इनकी भाषा प्रांजल है तथा उर्दू के शब्दों का बड़ी सावधानी के साथ प्रयोग किया है।

डॉ. रामविलास शर्मा—मार्क्सवादी विचारधारा के पोषक होने के कारण डॉ. शर्मा प्रगति को उसी रूप से देखते हैं। इनके निबंध-संग्रहों में प्रमुख हैं—प्रगति और परंपरा, साहित्य और संस्कृति, प्रगतिशील साहित्य की समस्याएँ, प्रेमचंद, भारतेंदु-युग, अस्तित्ववाद और नई कविता आदि। भारतेंदु, प्रेमचंद और निराला विषयक डॉ. शर्मा के निबंध एकपक्षीय हो गए हैं।

शिवदान सिंह चौहान—शिवदान सिंह चौहान ने निबंध के क्षेत्र में सबसे पहले प्रगतिशील एवं प्रगतिवादी विचारधारा का सूत्रपात किया था। मार्क्सवादी विचारधारा के कारण निबंधों में एकपक्षता मिलती है। विवेचन विश्लेषण में तर्क-पद्धति को त्यागा नहीं है। साहित्यानुशीलन, प्रगतिवाद और हिंदी साहित्य के अस्सी वर्ष इनकी प्रसिद्ध गद्य कृतियाँ हैं। चौहान अपने प्रतिपाद्य विषय को चिंतनपूर्ण विचारसरणि के द्वारा प्रस्तुत करते हैं।

डॉ. विद्यानिवास मिश्र—भारतेंदु-युग में व्यक्तिनिष्ठ निबंधों की एक अनोखी परंपरा प्रारंभ हुई थी, जिसमें सजीवता के साथ विषय-चयन की नवीनता और वर्णन-शैली की रोचकता रहती थी। आचार्य हजारीप्रसाद द्विवेदी ने उसे नवीन रूप और परिवेश में पुनरुज्जीवित किया। विद्यानिवास मिश्र ने आचार्य हजारीप्रसाद द्विवेदी की परंपरा को भोजपुरी लोक संस्कृति और साहित्य की मिठास से सिक्त कर हिंदी ललित निबंध को एक नया क्षितिज प्रदान किया। मिश्र जी के निबंध-संग्रह हैं--छितवन की छाँह, कदम की फूली डाल, तुम चंदन हम पानी, आँगन का पंछी बनजारा मन, मैंने सिल पहुँचाई, बसंत आ गया पर कोई उत्कंठा

नहीं, मेरे राम का मुकुट भीग रहा है, ठेले पर हिमालय, कहनी-अनकहनी, पश्यन्ती, कँटीले तारों के आर-पार, परंपरा कोई बंधन नहीं, आदि।

मिश्र जी स्वयं को 'भ्रमरानंद' कहते हैं और इस छद्मनाम से भी खूब लिखा है। उनके निबंधों में पर्याप्त प्रसंग गर्भत्व हैं, दूसरी ओर लोक जीवन की सरसता और लोक संस्कृति की तरलता अंतर्वर्तिनी धारा के रूप में प्रवत्यमान है। 'छितवन की छाँह' के सर्वथा मौलिक व्यक्तिनिष्ठ किंतु भारतीय जीवन की अजस्र परंपरा से युक्त निबंधों में मिश्र जी ने जिस शैली का प्रयोग किया है, वह सांस्कृतिक आकलन की सर्वथा मौलिक पद्धति है। 'तुम चंदन हम पानी' के निबंध भी कला और संस्कृति के विविध रूपों को उद्घाटित करते हुए हमारे चिंतन-क्षेत्र का विस्तार करने में सहायक होते हैं। मिश्र जी के निबंधों में बनजारा मन की भटकन और उन्मुक्तता, छितवन की छाँह की शीतलता, सदा आनंद रहे यहि द्वारे की भावना और 'इन टूटे हुए दियों से काम चलाओ' का संकल्प देखा जा सकता है।

संस्कृत तथा भाषा विज्ञान के प्रकांड विद्वान के रूप में प्रतिष्ठित मिश्र जी के निबंधों में लालित्य के अतिरिक्त विचार-समृद्धि भी है। मिश्र जी ने ललित निवंधों के अतिरिक्त समीक्षात्मक, विचारात्मक और संस्मरणात्मक निबंधों को भी लिखा है। उनके निबंधों में ललित शैली के अतिरिक्त, सूत्र शैली, व्यंग्य शैली, विश्लेषणात्मक शैली, गूढ़ विचार ग्रंथित विचारात्मक शैली और कवित्वपूर्ण भावात्मक शैली के उत्कृष्ट उदाहरण मिल जाएँगे। मिश्र जी के निबंधों की भाषा तत्सम होने पर भी उसकी जीवंत शक्ति को अक्षुण्ण रखा गया है।

कुबेरनाथ राय—कुबेरनाथ राय नई पीढ़ी के प्रतिष्ठित निबंधकार हैं। डॉ. विद्यानिवास मिश्र की तरह कुबेरनाथ राय भी हजारीप्रसाद द्विवेदी संस्थान के निबंधकार माने जाते हैं। दोनों में यह अंतर माना जाता है कि मिश्र जी द्विवेदी जी के प्रभाव से मुक्त नहीं हैं जबकि कुबेरनाथ राय उनसे मुक्त होकर नवीन भंगिमा अपनाने के लिए निरंतर प्रयत्नशील हैं। इनके निबंध-संग्रह—प्रिया नीलकंठी, रस आखेटक, गंध मादन, विषाद योग प्रकाशित हो चुके हैं। इनके निबंधों में सांस्कृतिक संदर्भों से फूटते हुए जीवन के आधुनिक आयामों तथा उनमें से झाँकते जीवन को देखा जा सकता है। 'रस आखेटक' के निबंधकार ने रस की परिभाषा को नवीन आयाम में व्याख्यायित करने का प्रयास किया है। 'विषाद योग' की

दिशा पूर्व निबंध-संग्रहों से कुछ भिन्न है। कुबेरनाथ राय के शब्दों में "युग बोध की दृष्टि से इसमें अधिक प्रामाणिकता है। यदि अन्य संकलनों का आस्वादन श्रीमद्भागवत की जाति का है तो इस संकलन की स्वानुभूति महाभारत की समगोत्रीय है।" इस निबंध-संग्रह में पिछले दशक की तीन प्रतिनिधि चिंताधाराएँ—अस्तित्ववाद, युवा-आक्रोश, समाजवाद—रसमय शैली में अभिव्यक्त हुई हैं। विषय प्रतिपादन की दृष्टि से इनके अनेक निबंधों में प्रताप नारायण मिश्र अथवा बालकृष्ण भट्ट के निबंधों की सी शैली परिलक्षित होती है।

हमने पिछले पृष्ठों में जिन निबंधकारों का वर्णन किया है, उनके अतिरिक्त भी इस युग में अनेक निबंधकार हैं जिन्होंने अनेक श्रेष्ठ निबंध लिखे हैं और लिख रहे हैं। ठाकुर प्रसाद सिंह के निबंधों में कड़वे तीखे भोग सामाजिक समस्याओं से संदर्भित हैं। हास्य-व्यंग्य के क्षेत्र में बेढब बनारसी ने परोक्ष रूप से राजनीति और समाज की विसंगतियों पर गहरा व्यंग्य किया है। हरिशंकर परसाई, केशवचंद्र वर्मा, लक्ष्मीकांत वर्मा, भीमसेन त्यागी, रवींद्रनाथ त्यागी, शरद जोशी, नरेंद्र कोहली आदि ने प्रचुर मात्रा में व्यंग्यात्मक निबंध लिखे हैं।

हरिभाऊ उपाध्याय के निबंध दार्शनिकता तथा आस्तिक भावना से संबद्ध विषयों पर राजनीतिक महापुरुषों के वर्णन से संबंधित हैं। पं. बनारसीदास चतुर्वेदी, कन्हैयालाल मिश्र प्रभाकर, प्रभाकर माचवे आदि ने अनेक संस्मरणात्मक निबंध लिखे। विजयेंद्र स्नातक के समीक्षात्मक निबंध तथा चिंतन के क्षण विचारपूर्ण मौलिक निबंध हैं। इंद्रनाथ मदान ने तथा डॉ. रघुवंश ने आधुनिक साहित्य के विविध पक्षों पर अच्छे निबंध प्रस्तुत किए हैं। समीक्षात्मक, भाषावैज्ञानिक निबंध लेखकों में डॉ. कैलाशचंद्र भाटिया, डॉ. देवीशंकर द्विवेदी, डॉ. चंद्रभान रावत, डॉ. शशि शेखर तिवारी, डॉ. रवींद्रनाथ श्रीवास्तव प्रभृति हैं।

निबंध लेखन के क्षेत्र में अनेक विद्वान निबंधकार हैं, जिनकी गणना करना असंभव-सा प्रतीत होता है। फिर भी कुछ नामोल्लेख करना समीचीन समझते हैं—डॉ. राम खेलावन पांडेय, रामदरश मिश्र, गोपाल राय, गंगा प्रसाद पांडेय, डॉ. रघुवंश, श्यामनंदन किशोर, विश्वंभर मानव, रामरतन भटनागर, कन्हैयालाल सहल, शिवप्रसाद सिंह आदि प्रमुख हैं।

साहित्य जनसमूह के हृदय का विकास है

•

बालकृष्ण भट्ट

प्रत्येक देश का साहित्य उस देश के मनुष्यों के हृदय का आदर्श रूप है। जो जाति जिस समय जिस भाव से परिपूर्ण या परिप्लुत रहती है वे सब उसके भाव उस समय के साहित्य की समालोचना से अच्छी तरह प्रगट हो सकते हैं। मनुष्य का मन जब शोक-संकुल, क्रोध से उद्दीप्त, या किसी प्रकार की चिंता से दोचित्ता रहता है तब उसकी मुखच्छवि तमसाच्छन्न, उदासीन और मलिन रहती है; उस समय उसके कंठ से जो ध्वनि निकलती है वह भी या तो फुटही ढोल समान बेसुरी, बेताल, बेलय या करुणापूर्ण, गद्‌गद तथा विकृत-स्वर-संयुक्त होती है। वही जब चित्त आनंद की लहरी से उद्वेलित हो नृत्य करता है और सुख की परंपरा में मग्न रहता है उस समय मुख विकसित कमल-सा प्रफुल्लित-नेत्र मानों हँसता-सा, और अंग-अंग चुस्ती और चालाकी से फिरहरी की तरह फरका करते हैं; कंठ-ध्वनि भी तब बसंत-मदमत्त कोकिला के कंठ-रव से भी अधिक मीठी और सोहावनी मन को भाती है। मनुष्य के संबंध में इस अनुल्लंघनीय प्राकृतिक नियम का अनुसरण प्रत्येक देश का साहित्य भी करता है, जिसमें कभी को क्रोधपूर्ण भयंकर गर्जन, कभी को प्रेम का उच्छ्‌वास, कभी को शोक और परितापजनित हृदय-विदारी करुणा-निस्वन, कभी को वीरता गर्व से बाहुबल के दर्प में भरा हुआ सिंहनाद, कभी को भक्ति के उन्मेष से चित्त की द्रवता का परिणाम अश्रुपात आदि अनेक प्रकार के प्राकृतिक भावों का उद्‌गार देखा जाता है। इसलिए साहित्य यदि जन-समूह (Nation) के चित्त को चित्रपट कहा जाए

तो संगत है। किसी देश का इतिहास पढ़ने से केवल बाहरी हाल हम उस देश का जान सकते हैं पर साहित्य के अनुशीलन से कौम के सब समय-समय के आभ्यन्तरिक भाव हमें परिस्फुट हो सकते हैं।

हमारे पुराने आर्यों का साहित्य वेद है। उस समय आर्यों की शैशवावस्था थी, बालकों के समान जिनका भाव, भोलापन, उदार भाव, निष्कपट व्यवहार, वेद के साहित्य को एक विलक्षण तथा पवित्र माधुर्य प्रदान करते हैं। वेद जिन महापुरुषों के हृदय का विकास था वे लोग मनु और याज्ञवल्क्य के समान समाज के आभ्यन्तरिक भेद, वर्ण-विवेक आदि के झगड़ों में पड़ समाज की उन्नति या अवनति की तरह-तरह की चिंता में नहीं पड़े थे; कणाद या कपिल के समान अपने-अपने शास्त्र के मूलभूत बीजसूत्रों को आगे कर प्राकृतिक पदार्थों के तत्त्व की छान में दिन-रात नहीं डूबे रहते थे; न कालिदास, भवभूति, श्रीहर्ष आदि कवियों के संपद्राय के अनुसार वे लोग कामिनी के विभ्रम-विलास और लावण्य-लीला-लहरी में गोते मार-मार प्रमत्त हुए थे। प्रातःकाल उदयोन्मुख सूर्य की प्रतिभा देख उनके सीधे-सादे चित्त ने बिना कुछ विशेष छानबीन किए इसे अज्ञात और अजेय शक्ति समझ लिया। इसके द्वारा वे अनेक प्रकार का लाभ देख कानन-स्थित-विहंग-कूजन समान कलकल रव से प्रकृति की प्रभात वंदना का साम गाने लगे; जल-भार-नत श्यामला मेघमाला का नवीन सौंदर्य देख पुलकित गात्र हो कृतज्ञता-सूचक उपहार की भाँति स्तोत्र का पाठ करने लगे; वायु जब प्रबल वेग से बहने लगी तो उसे भी एक ईश्वरीय शक्ति समझ उसको शांत करने को वायु कीं स्तुति करने लगे इत्यादि। वे ही सब ऋक् और साम की पावन ऋचाएँ हो गईं। उस समय अब के समान राजनीतिक अत्याचार कुछ न था इसी से उनका साहित्य राजनीति की कुटिल उक्ति युक्ति से मलिन नहीं हुआ था। नए आए हुए आर्यों की नूतन ग्रथित समाज के संस्थापन में सब तरह की अपूर्णता थी सही पर सबका निर्वाह अच्छी तरह होता जाता था; किसी को किसी कारण से किसी प्रकार का अस्वास्थ्य न था; आपस में एक-दूसरे के साथ अब का सा बनावट का कुटिल बर्ताव न था। इसलिए उस समय के उनके साहित्य वेद में भी कृत्रिम भक्ति, कृत्रिम सौहार्द, कपट वृत्ति, बनावट और चुनाचुनी ने स्थान नहीं पाया। उन आर्यों का धर्म अब के समान गला घोंटने वाला न था। सब के साथ सब की खान-पान द्वारा सहानुभूति रहती थी।

उनके बीच धार्मिक मनुष्य अब के धर्मध्वजियों के समान दांभिक बन महाव्याधि सदृश लोगों के लिए गलग्रह न थे। सिधाई, भोलापन और उदार-भाव उनके साहित्य के एक-एक अक्षर से टपक रहा है। एक बार महात्मा ईसा एक सुकुमारमति बालक को अपने गोद में बैठाकर अपने शिष्यों की ओर इशारा करके बोले कि जो कोई छोटे बालकों के समान भोला न बने उसका स्वर्ग के राज्य में कुछ अधिकार नहीं है। हम भी कहते हैं जो सुकुमार-चित्त वेद-भाषी इन आर्यों की तरह पद-पद में ईश्वर का भय रख, प्राकृतिक पदार्थों के सौंदर्य पर मोहित हो, बालकों के समान सरलमति न हो उसका स्वर्ग के राज्य में प्रवेश करना अति दुष्कर है।

इन्हीं प्राकृतिक पदार्थों का अनुशीलन करते-करते इन आर्यों को ईश्वर के विषय में जो-जो भाव उदय हुए वे ही सब एक नए प्रकार का साहित्य उपनिषद के नाम से कहलाए। जब इन आर्यों की समाज अधिक बढ़ी और लोगों की रीति-नीति और बर्ताव में विभिन्नता होती गई तब सबों को एकता के सूत्र में बद्ध रखने के लिए और अपने-अपने गुण कर्म से लोग चल-विचल हो सामाजिक नियमों को जिसमें किसी प्रकार की हानि न पहुँचाएँ इसलिए स्मृतियों के साहित्य का जन्म हुआ। मनु, अत्रि, हारीत, याज्ञवल्क्य आदि ने अपने-अपने नाम की संहिता बना विविध प्रकार के राजनीतिक, सामाजिक और धर्म-संबंधी विषयों का सूत्रपात किया। इन्हीं के समकालीन गौतम, कणाद, कपिल, जैमिनि, पतंजलि आदि हुए जिन्होंने अपने-अपने सोचने का परिणाम रूप दर्शन शास्त्रों की बुनियाद डाली। यहाँ तक जो साहित्य हुए यद्यपि वेद की भाषा का अनुकरण उनमें होता गया परंतु नित्य-नित्य उनकी भाषा अधिक-अधिक सरल, कोमल और परिष्कृत होती गई; तथापि इनकी गणना वैदिक भाषा में ही की जाती है। इन स्मृतियों और आर्य ग्रंथों की भाषा को हम वैदिक और आधुनिक संस्कृत के बीच की भाषा कह सकते हैं। अब से संस्कृत के दो खंड होते चले जो वेद तथा लोक के नाम से कहे जाते हैं। पाणिनि के सूत्रों में, जो संस्कृत पाठियों के लिए कामधेनु का काम दे रहे हैं और जिनसे वैदिक और लौकिक सब प्रयोग सिद्ध होते हैं, लोक और वेद की निरख अच्छी तरह की गई है। और इसी वेद और लोक के अलग-अलग भेद से साबित होता है कि संस्कृत किसी समय प्रचलित भाषा थी जो लोगों के बोल-चाल के बर्ताव में लाई जाती थी।

वेद के उपरांत रामायण और महाभारत साहित्य के बड़े-बड़े अंग समझे गए। रामायण के समय भारतीय सभ्यता का प्रेमोच्छ्वास-परिप्लावित नूतन यौवन था; किंतु महाभारत के समय भारतीय सभ्यता क्षतिग्रस्त हो वार्द्धक्य भाव को पहुँच गई थी। रामायण के प्रधान पुरुष रघुकुलावतंस श्री रामचंद्र थे और भारत के प्रधान पुरुष बुद्धि की तीक्ष्णता के रूप, कूट-युद्ध विशारद, भगवान् वासुदेव श्रीकृष्ण या उनके हाथ की कठपुतली युधिष्ठिर थे। रामायण के समय से भारत के समय में लोगों के हृद्गत भाव में कितना अंतर हो गया था कि रामायण में दो प्रतिद्वंद्वी भाई इस बात के लिए विवाद कर रहे थे कि यह समस्त राज्य और राज्य-सिंहासन हमारा नहीं है यह सब तुम्हारे हाथ में रहे, अंत में रामचंद्र ने भरत को विवाद में पराभूत कर समस्त साम्राज्य उनके हस्तगत कर आप आनंद निर्भर-चित्त हो सस्त्रीक बनवासी हुए। वही महाभारत में दो दायाद भाई इस बात के लिए कलह करने पर सन्नद्ध हुए कि जितने में सुई का अग्रभाग ढँक जाए इतनी पृथ्वी भी बिना युद्ध के हम न देंगे "सूच्यग्रं नैव दास्यामि बिना युद्धेन केशव"। परिणाम में एक भाई दूसरे पर जयलाभ कर तथा जंघा में गदाघात और मस्तक पर पदाघात से उसे बध कर भाई के राज्य सिंहासन पर आरूढ़ हो सुख में फूल अनेक तरह के यज्ञ और दान में प्रवृत्त हुआ। रामायण और महाभारत के आचार्य क्रम से कविकुलगुरु वाल्मीकि और व्यास थे। पृथ्वी के और-और देशों में इनके समान या इनसे बढ़कर कवि नहीं हुए ऐसा नहीं है। यूनान देश में होमर, रूम देश में वरजिल, इटली में डेंटी, इंग्लैंड में चासर और मिलटन अपनी-अपनी असाधारण प्रतिभा से मनुष्य जाति का गौरव बढ़ाने में कुछ कम न थे। परंतु विचित्र कल्पना और प्रकृति के यथार्थ अनुकरण में चिरंतन वृद्ध वाल्मीकि के समान होमर तथा मिल्टन किसी अंश में नहीं बढ़ने पाए, जिनकी कविता के प्रधान नायक श्री रामचंद्र आर्य जाति के प्राण, दया के अमृतसागर, गांभीर्य और पौरुष दर्प की मानों सजीव प्रतिकृति थे। वे प्रीति और समभाव से महानीच जाति चांडाल तक को गले से लगाते थे। उन्होंने लंकेश्वर से प्रबल प्रतिद्वंद्वी शत्रु को भी कभी तृण के बराबर भी नहीं समझा। स्वर्णमंडित सिंहासन और तपोवन में पर्णकुटी उन्हें एक-सी सुखकारी हुई। उनके स्मितपूर्वाभिभाषित्व और उनकी बोलचाल की मुग्धमाधुरी पर मोहित हो दंडकारण्य की असभ्य-जाति ने भी अपने को उनका दास माना। अहा! धन्य श्री रामचंद्र का अलौकिक

माहात्म्य, धन्य वाल्मीकि की कल्पना-सरसी जिसमें ऐसे-ऐसे स्वर्णकमल प्रस्फुटित हुए।

काल के परिवर्तन की कैसी महिमा है जो अपने साथ ही साथ मानुषी प्रकृति के परिवर्तन पर भी बहुत कुछ असर पैदा कर देता है। वाल्मीकि ने जिन-जिन बातों को अवगुण समझ अपनी कल्पना के प्रधान नायक रामचंद्र में बरकाया था वे ही सब व्यास के समय में गुण हो गईं, जिनकी कविता का मुख्य लक्ष्य यही था कि अपना मान, अपना गौरव, अपना प्रभुत्व जहाँ तक हो सके न जाने पावे। भारत के हर एक प्रसंग का तोड़ अंत में इसी बात पर है। शत्रु-संहार और निज कार्य-साधन निमित्त व्यास ने महाभारत में जो-जो उपदेश दिए हैं और राजनीति की काट-ब्योंत जैसी-जैसी दिखाई है उसे सुन बिस्मार्क सरीखे इस समय के राजनीति के मर्म में कुशल राजपुरुषों की अकिल भी चरने चली जाती होगी। इससे निश्चय होता है कि प्रभुत्व और स्वार्थ-साधन तथा प्रवंचना परवश भारतवर्ष उस समय कहाँ तक उदार भाव, समवेदना आदि उत्तम गुणों से विमुख हो गया था। युधिष्ठिर धर्म के अवतार और सत्यवादी प्रसिद्ध हैं, पर उनकी सत्यवादिता निज कार्य-साधन के समय सब खुल गई। 'अश्वत्थामा हतः नरो वा कुंजरो वा' इत्यादि कितने उदाहरण इस बात के हैं विस्तारभय से नहीं लिखते।

महाभारत के उपरांत भारत और का और ही हो गया। इसकी दशा के परिवर्तन के साथ ही साथ इसके साहित्य में भी बड़ा परिवर्तन हो गया। उपरांत बौद्धों का ज़ोर हुआ। ये सब वेद और ब्राह्मणों के बड़े विरोधी थे। वेद की भाषा संस्कृत थी इसलिए इन्होंने संस्कृत को बिगाड़ प्राकृत भाषा जारी की। तब से संस्कृत सर्वसाधारण के बोलचाल की भाषा न रही। फिर भी संस्कृत-भाषी उस समय बहुत से लोग थे, जिन्होंने इस नई भाषा को प्राकृत नाम दिया जिसके अर्थ ही यह हैं कि प्राकृत अर्थात् नीचों की भाषा। अतएव संस्कृत नाटकों में नीच पात्र की भाषा प्राकृत और उत्तम पात्र ब्राह्मण या राजा आदि की भाषा संस्कृत रखी गई है। कुछ काल उपरांत यह भाषा भी बहुत उन्नति को पहुँची। शौरसेनी, महाराष्ट्री, मागधी, अर्धमागधी, पैशाची आदि इसके अनेक भेद हैं इसमें भी बहुत से साहित्य के ग्रंथ बने। गुणाढ्य कवि का आर्यावद्ध लक्षश्लोक का ग्रंथ बृहत्कथा प्राकृत ही में है। सिवा इसके शालिवाहन-सप्तशती आदि कई एक उत्तम प्राकृत के ग्रंथ और भी मिलते हैं। नंद और चंद्रगुप्त के समय इस भाषा

की बड़ी उन्नति की गई। जैनियों के सब ग्रंथ प्राकृत ही में हैं; उनके स्तोत्र पाठ आदि भी सब इसी में हैं। इससे मालूम होता है कि प्राकृत किसी समय वेद की भाषा के समान पवित्र समझी गई थी।

संस्कृत यद्यपि बोलचाल की भाषा इस समय न रह गई थी, पर हर एक विषय के ग्रंथ इसमें एक से एक बढ़-चढ़कर बनते गए। और साहित्य की तो यहाँ तक तरक्की हुई कि कालिदास आदि कवियों की उक्तियुक्ति से मुकाबिले वेद के भद्दा और रूखा साहित्य अत्यंत फीका मालूम होने लगा। कालिदास की एक-एक उपमा पर और भवभूति, भारवि, श्रीहर्ष, बाण की एक-एक छटा पर वेद का उमदा से उमदा सूक्त, जिनमें हमारे पुराने आर्यों ने मरपच साहित्य की बड़ी भारी कारीगरी दिखलाई है, न्यौछावर हैं। संस्कृत के साहित्य के लिए विक्रमादित्य का समय 'अगस्टन पीरियड' कहलाता है अर्थात् उस समय संस्कृत, जहाँ तक उसके लिए परिष्कृत होना संभव था, अपनी पूर्ण सीमा तक पहुँच गई थी। यद्यपि भारवि, माघ, मयूर प्रभृति कई एक उत्तम कवि धाराधिपति भोजराज के समय तक और उनके उपरांत भी जगन्नाथ पंडितराज तक बराबर होते ही गए किंतु संस्कृत कि परिष्कृत होने की सामग्री उस समय तक पूरी हो चुकी थी। भोज का समय तो यहाँ तक कविता की उन्नति का था कि एक-एक श्लोक के लिए असंख्य इनाम राजा भोज कवियों को देते थे। वेद का साहित्य उस समय यहाँ तक दब गया था कि छांदस मूर्ख की एक पदवी रक्खी गई थी। केवल पाठ-मात्र वेद जानने वाले छांदस कहलाते थे और वे अब तक भी निरे मूर्ख होते आए हैं।

बौद्धों के उच्छेद के उपरांत एक ज़माना पुराण के साहित्य का भी हिंदुस्तान में हुआ। उस समय बहुत से पुराण, उप-पुराण और संहिताएँ दो ही चार सौ वर्ष के हेर-फेर में रची गईं। अब हम लोगों में जो धर्म-शिक्षा, समाज-शिक्षा और रीति-नीति प्रचलित है वह सब शुद्ध वैदिक एक भी नहीं है। थोड़े से ऐसे लोग हैं जो अपने को स्मार्त मानते हैं, उनमें तो अलबत्ता अधिकांश वेदोक्त कर्म का यत्किंचित् प्रचार पाया जाता है। सो भी केवल नाममात्र को, पुराण उस में भी बीच-बीच आ घुसा है। हमारी विद्यमान छिन्न-भिन्न दशा, जिसके कारण हज़ार-हज़ार चेष्टा करने पर भी जातीयता हमारे में आती ही नहीं, सब पुराण ही की कृपा है। जब तक शुद्ध वैदिक साहित्य हम लोगों में प्रचलित

था तब तक जातीयता के दृढ़ नियमों में ज़रा भी अंतर नहीं होने पाया था। पुराणों के साहित्य के प्रचार से एक बड़ा लाभ भी हुआ कि वेद के समय की बहुत-सी घिनौनी रीतियों और रस्मों को, जिनके नाम लेने से भी हम घिना उठते हैं और उन सब महाघोर हिंसाओं को, जिनके सबब से अपने अहिंसा धर्म के प्रचार करने में बौद्धों को सुविधा हुई थी, पुराणकर्त्ताओं ने उठाकर शुद्ध सात्विकी धर्म को विशेष स्थापित किया। अनेक मतमतांतरों का प्रचार भी पुराणों ही की करतूत है। पुराण वाले तो पंचायतन पूजन ही तक से संतोष करके रह गए। तंत्रों ने बड़ा संहार किया। उन्होंने अनेक क्षुद्र देवता भैरों, काली, डाकिनी, शाकिनी, भूत, प्रेत तक के पूजन को फैला दिया। मद्य-मांस के प्रचार को, जिसे बौद्धों ने तमोगुणी और मलिन समझ उठा दिया था, तांत्रिकों ने फिर बहाल किया। पर बलवीर्य की पुष्टता से, जो मांसाहार का प्रधान लाभ था, ये लोग फिर भी वंचित ही रहे। निःसंदेह तांत्रिकों की कृपा न होती तो हिंदुस्तान ऐसा जल्द न डूबता। वेद के अधिकारी शुद्ध ब्राह्मण के लिए तांत्रिक दीक्षा या तंत्र-मंत्र अति निषिद्ध हैं। ब्राह्मण तंत्र के पठन-पाठन से बहुत जल्द पतित हो सकता है यह जो किसी स्मृतिकार का मत है हमें भी कुछ-कुछ सयुक्तिक मालूम होता है। बहुत से पुराण तन्त्रों के बाद बने। उनमें भी तांत्रिकों का सिद्धांत पुष्ट किया गया है।

हम ऊपर लिख आए हैं कि हिंदू जाति में कौमियत के छिन्न-भिन्न होने का सूत्रपात पुराणों के द्वारा हुआ और तंत्रों ने उसे बहुत ही बहुत पुष्ट किया। शैव, शाक्त, वैष्णव, जैन, बौद्ध इत्यादि अनेक जुदे-जुदे फिरके हो गए जिनमें इतना दृढ़ विरोध कायम हुआ कि एक-दूसरे के मुँह देखने के रवादार न हुए तब परस्पर का एका और सहानुभूति कहाँ रही। जब समस्त हिंदू जाति की एक वैदिक संप्रदाय न रही तो वही मसल चरितार्थ हुई कि "एक नारि जब दो से फँसी जैसे सत्तर वैसे अस्सी"। हमारी एक हिन्दू जाति के असंख्य टुकड़े होते-होते यहाँ तक खंड हुए कि अब तक नए-नए धर्म और मत-प्रवर्त्तक होते ही जाते हैं। ये टुकड़े जितना वैष्णवों में अधिक हैं उतना शैव-शाक्तों में नहीं और आपस में एक दूसरे के साथ मेल और खान-पान जितना कम इनमें है उतना औरों में नहीं। राम के उपासक कृष्ण के उपासक से लड़ते हैं, कृष्ण के उपासक रामोपासकों से इत्तिफाक नहीं रखते। कृष्णोपासकों में भी सत्यानासिन

अनन्यता ऐसी आड़े आई है कि यह इनके आपस ही में बड़ा खटपट लगाए रहती है।

प्राकृत के उपरांत हमारे देश के साहित्य के दो नमूने और मिलते हैं : एक पद्मावत, और दूसरा पृथ्वीराज रायसा। पद्मावत की कविता में तो किसी कदर कुछ थोड़ा-सा रस है भी पर पृथ्वीराज रायसा में तारीफ के लायक कौन-सी बात है यह हमारी समझ में बिलकुल नहीं आती। प्राकृत से उतरते-उतरते हमारी विद्यमान हिंदी इस शकल में कैसे आई, इस बात का पता अलबत्ता रायसा से लगता है। मतमतांतर के साथ ही साथ हमारी भाषा भी गुजराती, मरहठी, बंगाली इत्यादि के भेद से प्रत्येक प्रांत की जुदी-जुदी भाषा हो गई। इन एकदेशी भाषाओं में बंगाली सबसे अधिक कोमल, मधुर और सरस है। मरहठी महाकठोर और कर्णकटु, तथा पंजाबी निहायत भद्दी, कठोर और रूखापन में उर्दू की छोटी बहन है। अब अपनी हिंदी की ओर आइये। इसमें संदेह नहीं विस्तार में हिंदी अपनी बहिनों में सबसे बड़ी है। ब्रजभाषा, बुंदेलखंडी, बैसवारे की तथा भोजपुरी इत्यादि इसके कई एक अवांतर भेद हैं। ब्रजभाषा में यद्यपि कुछ मिठास है पर यह इतनी जनानी बोली है कि इसमें सिवाय श्रृंगार के दूसरा रस आ ही नहीं सकता। जिस बोली को कवियों ने अपने लिए चुन रक्खा है वह बुंदेलखंड की बोली है। इसमें सब प्रकार के काव्य और सब रस समा सकते हैं। अपनी-अपनी पसंद निराली होती है 'भिन्नरुचिर्हि लोकः'। हमें बैसवारे की मर्दानी बोली सबसे अधिक भली मालूम होती है। दूसरी भाषाएँ जैसे मरहठी, गुजराती, बंगला की अपेक्षा कविता के अंश में हिंदी का साहित्य बहुत चढ़ा हुआ है तथा संस्कृत से कुछ ही न्यून है। किंतु गद्य-रचना 'प्रोज़' हिंदी का बहुत ही कम और पोच है। सिवाय एक प्रेमसागर-सी दरिद्र रचना के इसभें और कुछ हई नहीं जिसे हम इसके साहित्य के भंडार में शामिल करते। दूसरे उर्दू इसकी ऐसी रेढ़ मारे हुए है कि शुद्ध हिंदी तुलसी, सूर इत्यादि कवियों की पद्य-रचना के अतिरिक्त और कहीं मिलती ही नहीं। प्रसंग प्राप्त अब हमें यहाँ उर्दू के साहित्य की समालोचना का भी अवसर प्राप्त हुआ है किंतु यह विषय अत्यंत ऊब पैदा करने वाला हो गया इससे इसे यहीं समाप्त करते हैं। उर्दू की समालोचना फिर कभी करेंगे।

साहित्य का उद्देश्य (प्रगतिशीलता)

•

प्रेमचंद

'प्रगतिशील लेखक-संघ', यह नाम ही मेरे विचार से गलत है। साहित्यकार या कलाकार स्वभावतः प्रगतिशील होता है; अगर यह उसका स्वभाव न होता, तो शायद वह साहित्यकार ही न होता। उसे अपने अंदर भी एक कमी महसूस होती है और बाहर भी। इसी कमी को पूरा करने के लिए उसकी आत्मा बेचैन रहती है। अपनी कल्पना में वह व्यक्ति और समाज को सुख और स्वच्छंदता की जिस अवस्था में देखना चाहता है, वह उसे दिखाई नहीं देती। इसलिए, वर्तमान मानसिक और सामाजिक अवस्थाओं से उसका दिल कुढ़ता रहता है। वह इन अप्रिय अवस्थाओं का अंत कर देना चाहता है, जिससे दुनिया में जीने और मरने के लिए इससे अधिक अच्छा स्थान हो जाए। यही वेदना और यही भाव उसके हृदय और मस्तिष्क को सक्रिय बनाए रखता है। उसका दर्द से भरा हृदय इसे सहन नहीं कर सकता कि एक समुदाय क्यों सामाजिक नियमों और रूढ़ियों के बंधन में पड़कर कष्ट भोगता रहे? क्यों न ऐसे सामान इकट्ठे किए जाएँ कि वह गुलामी और गरीबी से छुटकारा पा जाए? वह इस वेदना को जितनी बेचैनी के साथ अनुभव करता है उतना ही उसकी रचना में जोर और सचाई पैदा होती है। अपनी अनुभूतियों को वह जिस क्रमानुपात में व्यक्त करता है, वही उसकी कलाकुशलता का रहस्य है; पर शायद इस विशेषता पर जोर देने की जरूरत इसलिए पड़ी कि प्रगति या उन्नति से प्रत्येक लेखक या ग्रंथकार एक ही अर्थ नहीं ग्रहण करता। जिन अवस्थाओं को एक समुदाय उन्नति

समझ सकता है, दूसरा समुदाय असंदिग्ध अवनति मान सकता है; इसलिए साहित्यकार अपनी कला को किसी उद्देश्य के अधीन नहीं करना चाहता। उसके विचारों में कला केवल मनोभावों के व्यक्तीकरण का नाम है, चाहे उन भावों से व्यक्ति या समाज पर कैसा ही असर क्यों न पड़े।

उन्नति से हमारा तात्पर्य उस स्थिति से है, जिससे हममें दृढ़ता और कर्म-शक्ति उत्पन्न हो, जिससे हमें अपनी दुःखावस्था की अनुभूति हो, हम देखें कि किन अंतर्बाह्य कारणों से हम इस निर्जीवता और ह्रास की अवस्था को पहुँच गए, और उन्हें दूर करने की कोशिश करें।

हमारे लिए कविता के वे भाव निरर्थक हैं, जिनसे संसार की नश्वरता का आधिपत्य हमारे हृदय पर और दृढ़ हो जाए, जिनसे हमारे हृदयों में नैराश्य छा जाए। वे प्रेम-कहानियाँ, जिनसें हमारे मासिक-पत्रों के पृष्ठ भरे रहते हैं, हमारे लिए अर्थहीन हैं, अगर वे हममें हरकत और गरमी नहीं पैदा करतीं। अगर हमने दो नवयुवकों की प्रेम-कहानी कह डाली, पर उससे हमारे सौंदर्य प्रेम पर कोई असर न पड़ा और पड़ा भी तो केवल इतना ही कि हम उनकी विरहव्यथा पर रोएँ, तो इससे हममें कौन-सी मानसिक या रुचि-संबंधी गति पैदा हुई? इन बातों से किसी जमाने में हमें भावावेश हो जाता रहा हो; पर आज के लिए वे बेकार हैं। इस भावोत्तेजक कला का अब जमाना नहीं रहा, अब तो हमें उस कला की आवश्यकता है, जिसमें कर्म का संदेश हो। अब तो हजरते इकबाल के साथ हम भी कहते हैं—

रम्ज़े हयात जोई जुज़दर तपिश नयाबी,
दरकुलजुम आरमोदन नंगस्त आबे जूरा।
ब आशियाँ न नशीनम ज़े लज्ज़ते परवाज,
गहे बशाखे गुलम गहे बरलबे जूयम।

(अर्थात्, अगर तुझे जीवन के रहस्य की खोज है, तो वह तुझे संघर्ष के सिवा और कहीं नहीं मिलने का—सागर में जाकर विश्राम करना नदी के लिए लज्जा की बात है। आनंद पाने के लिए मैं घोंसले में कभी बैठता नहीं—कभी फूलों की टहनियों पर, तो कभी नदी-तट पर होता हूँ।)

अतः हमारे पंथ में अहंवाद अथवा अपने व्यक्तिगत दृष्टिकोण को प्रधानता देना वह वस्तु है, जो हमें जड़ता, पतन और लापरवाही की ओर ले जाती है

और ऐसी कला हमारे लिए न व्यक्ति-रूप में उपयोगी है और न समुदाय-रूप में।

मुझे यह कहने में हिचक नहीं कि मैं और चीजों की तरह कला को भी उपयोगिता की तुला पर तौलता हूँ। निस्संदेह कला का उद्देश्य सौंदर्य-सृष्टि की पुष्टि करना है और वह हमारे आध्यात्मिक आनंद की कुंजी है, पर ऐसा कोई रुचिगत मानसिक तथा आध्यात्मिक आनंद नहीं, जो अपनी उपयोगिता का पहलू न रखता हो। आनंद स्वतः एक उपयोगिता-युक्त वस्तु है और उपयोगिता की दृष्टि से एक ही वस्तु से हमें सुख भी होता है, और दुःख भी। आसमान पर छाई लालिमा निस्संदेह बड़ा सुंदर दृश्य है; परंतु आषाढ़ में अगर आकाश पर वैसी लालिमा छा जाए, तो वह हमें प्रसन्नता देने वाली नहीं हो सकती। उस समय तो हम आसमान पर काली-काली घटाएँ देखकर ही आनंदित होते हैं। फूलों को देखकर हमें इसलिए आनंद होता है कि उनसे फलों की आशा होती है, प्रकृति से अपने जीवन का सुर मिलाकर रहने में हमें इसीलिए आध्यात्मिक सुख मिलता है कि उससे हमारा जीवन विकसित और पुष्ट होता है। प्रकृति का विधान वृद्धि और विकास है, और जिन भावों, अनुभूतियों और विचारों से हमें आनंद मिलता है, वे इसी वृद्धि और विकास के सहायक हैं। कलाकार अपनी कला से सौंदर्य की सृष्टि करके परिस्थिति को विकास के उपयोगी बनाता है।

परंतु सौंदर्य भी और पदार्थों की तरह स्वरूपस्थ और निरपेक्ष नहीं, उसकी स्थिति भी सापेक्ष है। एक रईस के लिए जो वस्तु सुख का साधन है, वही दूसरे के लिए दुःख का कारण हो सकती है। एक रईस अपने सुरभित सुरम्य उद्यान में बैठकर जब चिड़ियों का कल-गान सुनता है, तो उसे स्वर्गीय सुख की प्राप्ति होती है; परंतु एक दूसरा सज्ञान मनुष्य वैभव की इस सामग्री को घृणिततम वस्तु समझता है।

बंधुत्व और समता, सभ्यता तथा प्रेम सामाजिक जीवन के आरंभ से ही, आदर्शवादियों का सुनहला स्वप्न रहे हैं। धर्म-प्रवर्तकों ने धार्मिक, नैतिक और आध्यात्मिक बंधनों से इस स्वप्न को सचाई बनाने का सतत किंतु निष्फल यत्न किया है। महात्मा बुद्ध, हजरत ईसा, हजरत मुहम्मद आदि सभी पैगंबरों और धर्मप्रवर्तकों ने नीति की नींव पर इस समता की इमारत खड़ी करनी चाही पर किसी को सफलता न मिली और छोटे-बड़े का भेद जिस निष्ठुर रूप में प्रकट

हो रहा है, शायद कभी न हुआ था।

'आजमाए को आजमाना मूर्खता है', इस कहावत के अनुसार यदि हम अब भी धर्म और नीति का दामन पकड़कर समानता के ऊँचे लक्ष्य पर पहुँचना चाहें, तो विफलता ही मिलेगी। क्या हम इस सपने को उत्तेजित मस्तिष्क की सृष्टि समझकर भूल जाएँ? तब तो मनुष्य की उन्नति और पूर्णता के लिए कोई आदर्श ही बाकी न रह जाएगा। इससे कहीं अच्छा है कि मनुष्य का अस्तित्व ही मिट जाए। जिस आदर्श को हमने सभ्यता के आरंभ से पाला है, जिसके लिए मनुष्य ने, ईश्वर जाने कितनी कुरबानियाँ की हैं; जिसकी परिणति के लिए धर्मों का आविर्भाव हुआ, मानव-समाज का इतिहास जिस आदर्श की प्राप्ति का इतिहास है, उसे सर्वमान्य समझकर, एक अमिट सचाई समझकर, हमें उन्नति के मैदान में कदम रखना है। हमें एक ऐसे नए संघटन को सर्वांगपूर्ण बनाना है, जहाँ समानता केवल नैतिक बंधनों पर आश्रित न रह कर अधिक ठोस रूप प्राप्त कर ले, हमारे साहित्य को उसी आदर्श को अपने सामने रखना है।

हमें सुदंरता की कसौटी बदलनी होगी। अभी तक यह कसौटी अमीरी और विलासिता के ढंग की थी। हमारा कलाकार अमीरों का पल्ला पकड़े रहना चाहता था, उन्हीं की कद्रदानी पर उसका अस्तित्व अवलंबित था और उन्हीं के सुख-दुख, आशा-निराशा, प्रतियोगिता और प्रतिद्वंद्विता की व्याख्या कला का उद्देश्य था। उसकी निगाह अंतःपुर और बंगलों की ओर उठती थी। झोंपड़े और खँडहर उसके ध्यान के अधिकारी न थे। उन्हें वह मनुष्यता की परिधि के बाहर समझता था। कभी इनकी चर्चा करता भी था, तो इनका मज़ाक उड़ाने के लिए। ग्रामवासी की देहाती वेष-भूषा और तौर-तरीके पर हँसने के लिए, उसका शीन-काफ दुरुस्त न होना या मुहाविरों का गलत उपयोग उसके व्यंग्य विद्रूप की स्थायी सामग्री थी। वह भी मनुष्य है, उसके भी हृदय है, और उसमें भी आकांक्षाएँ हैं—यह कला की कल्पना के बाहर की बात थी।

कला नाम था और अब भी है, संकुचित रूप-पूजा का, शब्द-योजना का, भाव-निबंध का। उसके लिए कोई आदर्श नहीं है, जीवन का कोई ऊँचा उद्देश्य नहीं है—भक्ति, वैराग्य, अध्यात्म और दुनिया से किनाराकशी उसकी सबसे ऊँची कल्पनाएँ हैं। हमारे उस कलाकार के विचार से जीवन का चरम लक्ष्य यही है। उसकी दृष्टि अभी इतनी व्यापक नहीं कि जीवन-संग्राम में सौंदर्य का परमोत्कर्ष

देखे। उपवास और नग्नता में भी सौंदर्य का अस्तित्व संभव है, इसे कदाचित् वह स्वीकार नहीं करता। उसके लिए सौंदर्य सुंदर स्त्री है—उस बच्चोंवाली गरीब रूप-रहित स्त्री में नहीं, जो बच्चे को खेत की मेंड़ पर सुलाए पसीना बहा रही है; उसने निश्चय कर लिया है कि रंगे होठों, कपोलों और भौंहों में निस्संदेह सुंदरता का वास है—उसके उलझे हुए बालों, पपड़ियाँ पड़े हुए होठों और कुम्हलाए हुए गालों में सौंदर्य का प्रवेश कहाँ?

पर यह संकीर्ण दृष्टि का दोष है। अगर उसकी सौंदर्य देखने वाली दृष्टि में विस्तृति आ जाए तो वह देखेगा कि रंगे होठों और कपोलों की आड़ में अगर रूपगर्व और निष्ठुरता छिपी है, तो इन मुरझाए हुए होठों और कुम्हलाए हुए गालों के आँसुओं में त्याग, श्रद्धा और कष्टसहिष्णुता है। हाँ, उसमें नफासत नहीं, दिखावा नहीं, सुकुमारता नहीं।

हमारी कला यौवन के प्रेम में पागल है और यहीं नहीं जानती कि जवानी छाती पर हाथ रखकर कविता पढ़ने, नायिका की निष्ठुरता का रोना रोने या उसके रूप-गर्व और चोंचलों पर सिर धुनने में नहीं है। जवानी नाम है आदर्शवाद का, हिम्मत का, कठिनाई से मिलने की इच्छा का, आत्म-त्याग का। उसे तो इकबाल के साथ कहना होगा—

अज़ दस्ते जुनूने मन जिब्रील ज़बूँ सैदे,
यज़दाँबकमन्द आवर ऐ हिम्मते मरदाना।

(अर्थात् मेरे उन्मत्त हाथों के लिए जिब्रील एक घटिया शिकार है। ऐ हिम्मते मरदाना, क्यों न अपनी कमंद में तू खुदा को ही फाँस लाए?)

अथवा

चूँ मौज साज़े वजूदम ज़े सैल बेपरवास्त,
गुमाँ मबर कि दरीं बहर साहिले जोयम।

(अर्थात् तरंग की भाँति मेरे जीवन की तरी भी प्रवाह की ओर से बेपरवाह है, यह न सोचो कि इस समुद्र में मैं किनारा ढूँढ़ रहा हूँ।)

और यह अवस्था उस समय पैदा होगी, जब हमारा सौंदर्य व्यापक हो जाएगा, जब सारी सृष्टि उसकी परिधि में आ जाएगी। वह किसी विशेष श्रेणी तक ही सीमित न होगा, उसकी उड़ान के लिए केवल बाग की चहारदीवारी न होगी, किंतु वह वायु-मंडल होगा जो सारे भू-मंडल को घेरे हुए है। तब कुरुचि

हमारे लिए सह्य न होगी, तब हम उसकी जड़ खोदनें के लिए कमर कसकर तैयार हो जाएँगे। हम जब ऐसी व्यवस्था को सहन न कर सकेंगे कि हजारों आदमी कुछ अत्याचारियों की गुलामी करें, तभी हम केवल कागज के पृष्ठों पर सृष्टि करके ही संतुष्ट न हो जाएँगे, किंतु उस विधान की सृष्टि करेंगे, जो सौंदर्य, सुरुचि, आत्म-सम्मान और मनुष्यता का विरोधी न हो।

साहित्यकार का लक्ष्य केवल महफिल सजाना और मनोरंजन का सामान जुटाना नहीं है—उसका दरजा इतना न गिराइए। वह देश-भक्ति और राजनीति के पीछे चलने वाली सचाई भी नहीं, बल्कि उनके आगे मशाल दिखाती हुई चलने वाली सचाई है।

हमें अकसर यह शिकायत होती है कि साहित्यकारों के लिए समाज में कोई स्थान नहीं—अर्थात् भारत के साहित्यकारों के लिए। सभ्य देशों में तो साहित्यकार समाज का सम्मानित सदस्य है, और बड़े-बड़े अमीर और मंत्रि-मंडल के सदस्य उससे मिलने में अपना गौरव समझते हैं, परंतु हिंदुस्तान तो अभी मध्य-युग की अवस्था में पड़ा हुआ है। यदि साहित्य ने अमीरों के याचक बनने को जीवन का सहारा बना लिया हो, और उन आंदोलनों, हलचलों और क्रांतियों से बेखबर हो जो समाज में हो रही हैं—अपनी ही दुनिया बनाकर उसमें रोता और हँसता हो, तो इस दुनिया में उसके लिए जगह न होने में कोई अन्याय नहीं है। जब साहित्यकार बनने के लिए अनुकूल रुचि के सिवा और कोई कैद नहीं रही—जैसे महात्मा बनने के लिए किसी प्रकार की शिक्षा की आवश्यकता नहीं—आध्यात्मिक उच्चता ही काफी है, तो महात्मा लोग दर-दर फिरने लगे, उसी तरह साहित्यकार भी लाखों निकल आए।

इसमें शक नहीं कि साहित्यकार पैदा होता है, बनाया नहीं जाता; पर यदि हम शिक्षा और जिज्ञासा से प्रकृति की इस देन को बढ़ा सकें, तो निश्चय ही हम साहित्य की अधिक सेवा कर सकेंगे। अरस्तू ने और दूसरे विद्वानों ने भी साहित्यकार बनने वालों के लिए कड़ी शर्तें लगाई हैं; और उनकी मानसिक, नैतिक, आध्यात्मिक और भागवत सभ्यता तथा शिक्षा के लिए सिद्धांत और विधियाँ निश्चित कर दी गई हैं; मगर आज तो हिंदी में साहित्यकार के लिए प्रवृत्तिमात्र अलम् समझी जाती है, और किसी प्रकार की तैयारी की उसके लिए आवश्यकता नहीं। वह राजनीति, समाज-शास्त्र या मनोविज्ञान से सर्वथा अपरिचित

हो, फिर भी वह साहित्यकार है।

साहित्यकार के सामने आजकल जो आदर्श रखा गया है, उसके अनुसार वे सभी विद्याएँ उसके विशेष अंग बन गई हैं और साहित्य की प्रवृत्ति अहंवाद या व्यक्तिवाद तक परिमित नहीं रही, बल्कि वह मनोविज्ञान और सामाजिक होता जाता है। अब वह व्यक्ति को समाज से अलग नहीं देखता, किंतु उसे समाज के एक अंग-रूप में देखता है। इसलिए नहीं कि वह समाज पर हुकूमत करे, उसे अपने स्वार्थ-साधन का औजार बनाए—मानों उसमें और समाज में सनातन शत्रुता है, बल्कि इसलिए कि समाज के अस्तित्व के साथ उसका अस्तित्व कायम है और समाज से अलग होकर उसका मूल्य शून्य के बराबर हो जाता है।

हममें से जिन्हें सर्वोत्तम शिक्षा और सर्वोत्तम मानसिक शक्तियाँ मिली हैं उन पर समाज के प्रति उतनी ही जिम्मेदारी भी है। हम उस मानसिक पूँजीपति को पूजा के योग्य समझेंगे, जो समाज के पैसे से ऊँची शिक्षा प्राप्त कर उसे स्वार्थ-साधन में लगाता है! समाज से निजी लाभ उठाना ऐसा काम है, जिसे कोई साहित्यकार कभी पसंद न करेगा। उस मानसिक पूँजीपति का कर्तव्य है कि वह समाज के लाभ को अपने निज लाभ से अधिक ध्यान देने योग्य समझे—अपनी विद्या और योग्यता से समाज को अधिक-से-अधिक लाभ पहुँचाने की कोशिश करे। वह साहित्य के किसी भी विभाग में प्रवेश क्यों न करे—उसे उस विभाग से विशेषतः और सब विभागों से सामान्यतः परिचय हो।

अगर हम अंतर्राष्ट्रीय साहित्यकार-सम्मेलनों की रिपोर्ट पढ़ें, तो हम देखेंगे कि ऐसा कोई शास्त्रीय, सामाजिक, ऐतिहासिक और मनोवैज्ञानिक प्रश्न नहीं है, जिस पर उनमें विचार-विनिमय न होता हो। इसके विरुद्ध, हम अपनी ज्ञान-सीमा को देखते हैं तो हमें अपने अज्ञान पर लज्जा आती है। हमने समझ रखा है कि साहित्य-रचना के लिए आशुबुद्धि और तेज कलम काफी है, पर यही विचार हमारी साहित्यिक अवनति का कारण है। हमें अपने साहित्य का मानदंड ऊँचा करना होगा जिसमें वह समाज की अधिक मूल्यवान् सेवा कर सके, जिसमें समाज में उसे वह पद मिले जिसका वह अधिकारी है, जिसमें वह जीवन के प्रत्येक विभाग की आलोचना-विवेचना कर सके और हम दूसरी भाषाओं तथा साहित्यों का जूठा खाकर ही संतोष न करें, किंतु खुद भी उस पूँजी को बढ़ाएँ।

हमें अपनी रुचि और प्रवृत्ति के अनुकूल विषय चुन लेने चाहिए और विषय पर पूर्ण अधिकार प्राप्त करना चाहिए। हम जिस आर्थिक अवस्था में जिंदगी बिता रहे हैं, उसमें यह काम कठिन अवश्य है, पर हमारा आदर्श ऊँचा रहना चाहिए। हम पहाड़ की चोटी तक न पहुँच सकेंगे, तो कमर तक तो पहुँच ही जाएँगे, जो जमीन पर पड़े रहने से कहीं अच्छा है। अगर हमारा अन्तर प्रेम की ज्योति से प्रकाशित हो और सेवा का आदर्श हमारे सामने हो, तो ऐसी कोई कठिनाई नहीं जिस पर हम विजय न प्राप्त कर सकें।

जिन्हें धन-वैभव प्यारा है, साहित्य-मंदिर में उनके लिए स्थान नहीं है। यहाँ तो उन उपासकों की आवश्यकता है, जिन्होंने सेवा को ही अपने जीवन की सार्थकता मान लिया हो, जिनके दिल में दर्द की तड़प हो और मुहब्बत का जोश हो। अपनी इज्जत तो अपने हाथ है। अगर हम सच्चे दिल से समाज की सेवा करेंगे तो मान, प्रतिष्ठा और प्रसिद्धि सभी हमारे पाँव चूमेंगी। फिर मान-प्रतिष्ठा की चिंता हमें क्यों सताए? और उसके न मिलने से हम निराश क्यों हों? सेवा में जो आध्यात्मिक आनंद है, वही हमारा पुरस्कार है—हमें समाज पर अपना बड़प्पन जताने, उस पर रौब जमाने की हवस क्यों हो? दूसरों से ज्यादा आराम के साथ रहने की इच्छा भी हमें क्यों सताए? हम अमीरों की श्रेणी में अपनी गिनती क्यों कराएँ? हम तो समाज के झंडा लेकर चलने वाले सिपाही हैं और सारी जिंदगी के साथ ऊँची निगाह हमारे जीवन का लक्ष्य है। जो आदमी सच्चा कलाकार है, वह स्वार्थमय जीवन का प्रेमी नहीं हो सकता। उसे अपनी मनस्तुष्टि के लिए दिखावे की आवश्यकता नहीं—उससे तो घृणा होती है। वह तो इकबाल के साथ कहता है—

मर्दुम आज़ादम आगूना रायूरम कि मरा,
मीतवाँ कुश्तव येक जामे ज़ुलाले दीगराँ।

(अर्थात् मैं आजाद हूँ और इतना हयादार हूँ कि मुझे दूसरों के निथरे हुए पानी के एक प्याले से मारा जा सकता है।)

हमारी परिषद् ने कुछ इसी प्रकार के सिद्धांतों के साथ कर्म-क्षेत्र में प्रवेश किया है। साहित्य का शराब-कबाब और राग-रंग का मुखापेक्षी बना रहना उसे पसंद नहीं। वह उसे उद्योग और कर्म का संदेश-वाहक बनाने का दावेदार है।

उसे भाषा से बहस नहीं। आदर्श व्यापक होने से भाषा अपने-आप सरल हो जाती है। भाव-सौंदर्य बनाव-सिंगार से बेपरवाई ही दिखा सकता है। जो साहित्यकार अमीरों का मुँह जोहने वाला है, वह रईसी रचना-शैली स्वीकार करता है; जो जन-साधारण का है, वह जन-साधारण की भाषा में लिखता है। हमारा उद्देश्य देश में ऐसा वायु-मंडल उत्पन्न कर देना है, जिसमें अभीष्ट प्रकार का साहित्य उत्पन्न हो सके, और पनप सके। हम चाहते हैं कि साहित्य-केंद्रों में हमारी परिषदें स्थापित हों और वहाँ साहित्य की रचनात्मक प्रवृत्तियों पर नियमपूर्वक चर्चा हो, नियम पढ़े जाएँ, बहस हो, आलोचना-प्रत्यालोचना हो। तभी वह वायु-मंडल तैयार होगा। तभी साहित्य में नए युग का आविर्भाव होगा।

हम हरएक सूबे में, हरएक जबान में, ऐसी परिषदें स्थापित करना चाहते हैं, जिसमें हरएक भाषा में अपना संदेश पहुँचा सकें। यह समझना भूल होगी कि यह हमारी कोई नई कल्पना है। नहीं, देश के साहित्य-सेवियों के हृदयों में सामुदायिक भावनाएँ विद्यमान हैं। भारत को हरएक भाषा में इस विचार के बीज प्रकृति और परिस्थिति ने पहले से बो रखे हैं, जगह-जगह उसके अँखुए भी निकलने लगे हैं। उसको सींचना एवं उसके लक्ष्य को पुष्ट करना हमारा उद्देश्य है।

हम साहित्यकारों में कर्मशक्ति का अभाव है। यह एक कड़वी सचाई है, पर हम उसकी ओर से आँखें नहीं बंद कर सकते। अभी तक हमने साहित्य का जो आदर्श अपने सामने रखा था, उसके लिए कर्म की आवश्यकता न थी। कर्मा-भाव ही उसका गुण था, क्योंकि अकसर कर्म अपने साथ पक्षपात और संकीर्णता को भी लाता है। अगर कोई आदमी धार्मिक होकर अपनी धार्मिकता पर गर्व करे, तो इससे कहीं अच्छा है कि वह धार्मिक न होकर 'खाओ-पिओ मौज करो' का कायल हो। ऐसा स्वच्छंदाचारी तो ईश्वर की दया का अधिकारी हो भी सकता है पर धार्मिकता का अभिमान रखने वाले के लिए इसकी संभावना नहीं।

जो हो, जब तक साहित्य का काम केवल मन-बहलाव का सामान जुटाना, केवल लोरियाँ गा-गाकर सुलाना, केवल आँसू बहाकर जी हल्का करना था, तब तक इसके लिए कर्म की आवश्यकता न थी। वह एक दीवाना था जिसका गम

दूसरे खाते थे; मगर हम साहित्य को केवल मनोरंजन और विलासिता की वस्तु नहीं समझते। हमारी कसौटी पर वही साहित्य खरा उतरेगा, जिसमें उच्च चिंतन हो, स्वाधीनता का भाव हो, सौंदर्य का सार हो, सृजन की आत्मा हो, जीवन की सचाइयों का प्रकाश हो—जो हममें गति, संघर्ष और बेचैनी पैदा करे, सुलाए नहीं, क्योंकि अब और ज्यादा सोना मृत्यु का लक्षण है।

कविता क्या है?

रामचंद्र शुक्ल

मनुष्य अपने भावों, विचारों और व्यापारों के लिए दूसरों के भावों, विचारों और व्यापारों के साथ कहीं मिलाता और कहीं लड़ाता हुआ अंत तक चला चलता है और इसी को जीना कहता है। जिस अनंत-रूपात्मक क्षेत्र में यह व्यवसाय चलता रहता है उसका नाम है जगत्। जब तक कोई अपनी पृथक् सत्ता की भावना को ऊपर किए इस क्षेत्र के नाना रूपों और व्यापारों को अपने योगक्षेम, हानि-लाभ, सुख-दुःख आदि से संबद्ध करके देखता रहता है तब तक उसका हृदय एक प्रकार से बद्ध रहता है। इन रूपों और व्यापारों के सामने जब कभी वह अपनी पृथक् सत्ता की धारणा से छूटकर—अपने आपको बिलकुल भूलकर—विशुद्ध अनुभूति मात्र रह जाता है, तब वह मुक्त-हृदय हो जाता है। जिस प्रकार आत्मा की मुक्तावस्था ज्ञानदशा कहलाती है, उसी प्रकार हृदय की यह मुक्तावस्था रसदशा कहलाती है। हृदय की इसी मुक्ति की साधना के लिए मनुष्य की वाणी जो शब्द-विधान करती आई है, उसे कविता कहते हैं। इस साधना को हम भावयोग कहते हैं और कर्मयोग और ज्ञानयोग का समकक्ष मानते हैं।

कविता ही मनुष्य के हृदय को स्वार्थ-संबंधों के संकुचित मंडल से ऊपर उठाकर लोक-सामान्य भाव-भूमि पर ले जाती है, जहाँ जगत् की नाना गतियों के मार्मिक स्वरूप का साक्षात्कार और शुद्ध अनुभूतियों का संचार होता है, इस भूमि पर पहुँचे हुए मनुष्य को कुछ काल के लिए अपना पता नहीं रहता। वह अपनी सत्ता को लोक-सत्ता में लीन किए रहता है। उसकी अनुभूति सबकी

अनुभूति होती है या हो सकती है। इस अनुभूति-योग के अभ्यास के हमारे मनोविकार का परिष्कार तथा शेष सृष्टि के साथ हमारे रागात्मक संबंध की रक्षा और निर्वाह होता है। जिस प्रकार जगत् अनेक रूपात्मक है उसी प्रकार हमारा हृदय भी अनेक भावात्मक है। इस अनेक भावों का व्यायाम और परिष्कार तभी समझा जा सकता है जबकि इन सबका प्रकृत सामंजस्य जगत् के भिन्न-भिन्न रूपों, व्यापारों या तथ्यों के साथ हो जाए। इन्हीं भावों के सूत्र से मनुष्य जाति जगत् के साथ तादात्म्य का अनुभव चिरकाल से करती चली आई है। जिन रूपों और व्यापारों से मनुष्य आदिम युगों से ही परिचित है, जिन रूपों और व्यापारों को सामने पाकर वह नरजीवन के आरंभ से ही लुब्ध और क्षुब्ध होता आ रहा है, उनका हमारे भावों के साथ मूल या सीधा संबंध है। अतः काव्य के प्रयोजन के लिए हम उन्हें मूल रूप और मूल व्यापार कह सकते हैं। इस विशाल विश्व के प्रत्यक्ष से अप्रत्यक्ष और गूढ़ से गूढ़ तथ्यों को भावों के विषय या आलंबन बनाने के लिए इन्हीं मूल रूपों में और व्यापारों में परिणत करना पड़ता है। जब तक वे इन मूल मार्मिक रूपों में नहीं लाए जाते तब तक उन पर काव्य दृष्टि नहीं पड़ती।

वन, पर्वत, नदी, नाले, निर्झर, कछार, पटपर, चट्टान, वृक्ष, लता, झाड़, फूस, शाखा, पशु, पक्षी, आकाश, मेघ, नक्षत्र, समुद्र इत्यादि ऐसे ही चिरसहचर रूप हैं। खेत, ढुरी, हल, झोंपड़े, चौपाए इत्यादि भी कुछ कम पुराने नहीं हैं। इसी प्रकार पानी का बहना, सूखे पत्तों का झड़ना, बिजली का चमकना, घटा का घिरना, नदी का उमड़ना, मेह का बरसना, कुहरे का छाना, डर से भागना, लोभ से लपकना, छीनना, झपटना, नदी या दलदल से बाँह पकड़कर निकालना, हाथ से खिलाना, आग में झोंकना, गला काटना ऐसे व्यापारों का भी मनुष्य-जाति के भावों के साथ अत्यंत प्राचीन साहचर्य्य है। ऐसे आदि रूपों और व्यापारों में वंशानुगत वासना की दीर्घ-परंपरा से प्रभाव के, भावों के उद्बोधन की गहरी शक्ति संचित है; अतः इनके द्वारा जैसा रस-परिपाक संभव है वैसा कल-कारखाने, गोदाम, स्टेशन, एंजिन, हवाई जहाज ऐसी वस्तुओं तथा अनाथालय के लिए चेक काटना, सर्वस्वहरण के लिए जाली दस्तावेज बनाना, मोटर की चरखी घुमाना या एंजिन में कोयला झोंकना आदि व्यापारों द्वारा नहीं।

सभ्यता के आवरण और कविता

सभ्यता की वृद्धि के साथ-साथ ज्यों-ज्यों मनुष्यों के व्यापार बहुरूपी और जटिल होते गए त्यों-त्यों उसके मूल रूप बहुत कुछ आच्छन्न होते गए। भावों के आदिम और सीधे लक्ष्यों के अतिरिक्त और-और लक्ष्यों की स्थापना होती गई; वासनाजन्य मूल व्यापारों के सिवा बुद्धि द्वारा निश्चित व्यापारों का विधान बढ़ता गया। इस प्रकार बहुत से ऐसे व्यापारों से मनुष्य घिरता गया जिनके साथ उसके भावों का सीधा लगाव नहीं। जैसे आदि में भय का लक्ष्य अपने शरीर और अपनी संतति ही की रक्षा तक था, पर पीछे गाय, बैल, अन्न आदि की रक्षा आवश्यक हुई, यहाँ तक कि होते-होते धन, मान, अधिकार, प्रभुत्व इत्यादि अनेक बातों की रक्षा की चिंता ने घर किया और रक्षा के उपाय भी वासनाजन्य प्रवृत्ति से भिन्न प्रकार के होने लगे। इसी प्रकार क्रोध, घृणा, लोभ अन्य भावों के विषय भी अपने मूल रूपों से भिन्न रूप धारण करने लगे। कुछ भावों के विषय तो अमूर्त्त तक होने लगे, जैसे कि लालसा। ऐसे भावों को ही बौद्धदर्शन में 'अरूपराग' कहते हैं।

भावों के विषयों और उनके द्वारा प्रेरित व्यापारों में जटिलता आने पर भी उनका संबंध मूल विषयों और मूल व्यापारों से भीतर-भीतर बना है और बराबर बना रहेगा। किसी का कुटिल भाई उसे संपत्ति से एकदम वंचित रखने के लिए वकीलों की सलाह से एक नया दस्तावेज तैयार करता है। इसकी खबर पाकर वह क्रोध से नाच उठता है। प्रत्यक्ष व्यावहारिक दृष्टि से तो उसके क्रोध का विषय है वह दस्तावेज या कागज का टुकड़ा। पर उस कागज़ के टुकड़े के भीतर वह देखता है कि उसे और उसकी संतति को अन्न-वस्त्र न मिलेगा। उसके क्रोध का प्रकृत विषय न तो वह कागज़ का टुकड़ा है और न उस पर लिखे हुए काले-काले अक्षर। ये तो सभ्यता के आवरण मात्र हैं। अतः उसके क्रोध में और कुत्ते के क्रोध में जिसके सामने का भोजन कोई दूसरा कुत्ता छीन रहा है; काव्य-दृष्टि से कोई भेद नहीं है—भेद है केवल विषय के थोड़ा रूप बदलकर आने का। इसी रूप बदलने का नाम है सभ्यता। इस रूप बदलने से होता यह है कि क्रोध आदि को भी अपना रूप बदलना पड़ता है, वह भी कुछ सभ्यता के साथ अच्छे कपड़े-लत्ते पहनकर समाज में आता है जिससे मार-पीट,

छीन-खसोट आदि भद्दे समझे जाने वाले व्यापारों का कुछ निवारण होता है।

पर यह प्रच्छन्न रूप वैसा मर्मस्पर्शी नहीं हो सकता। इसी से प्रच्छन्नता का उद्‌घाटन कवि-कर्म का एक मुख्य अंग है। ज्यों-ज्यों सभ्यता बढ़ती जाएगी त्यों-त्यों कवियों के लिए यह काम बढ़ता जाएगा। मनुष्य के हृदय की वृत्तियों से सीधा संबंध रखने वाले रूपों और व्यापारों को प्रत्यक्ष करने के लिए उसे बहुत से पर्दों को हटाना पड़ेगा। इससे यह स्पष्ट है कि ज्यों-ज्यों हमारी वृत्तियों पर सभ्यता के नए-नए आवरण चढ़ते जाएँगे, त्यों-त्यों एक ओर तो कविता की आवश्यकता बढ़ती जाएगी, दूसरी ओर कवि-कर्म कठिन होता जाएगा। ऊपर जिस क्रुद्ध व्यक्ति का उदाहरण दिया गया है, वह यदि क्रोध से छुट्टी पाकर अपने भाई के मन में दया का संचार करना चाहेगा तो क्षोभ के साथ उससे कहेगा, "भाई! तुम यह सब इसलिए न कर रहे हो कि पक्की हवेली में बैठकर हलवा-पूरी खाओ और मैं बैठा सूखे चने चबाऊँ; तुम्हारे लड़के दोपहर को भी दुशाले ओढ़कर निकलें और मेरे बच्चे रात को भी ठंड से काँपते रहें।" यह हुआ प्राकृत रूप का प्रत्यक्षीकरण। इसमें सभ्यता के बहुत से आवरणों को हटाकर वे मूल गोचर रूप से सामने रखे गए हैं जिनसे हमारे भावों का सीधा लगाव है और जो इस कारण भावों को उत्तेजित करने में अधिक समर्थ हैं। कोई बात जब इस रूप में आएगी तभी उसे काव्य के उपयुक्त रूप प्राप्त होगा। "तुमने हमें नुकसान पहुँचाने के लिए जाली दस्तावेज बनाया" इस वाक्य में रसात्मकता नहीं। इसी बात को ध्यान में रखकर ध्वनिकार ने कहा है—"नहिं कवेरितिवृत्तमात्रनिर्वहिणात्मपदलाभः।"

देश की वर्तमान दशा के वर्णन में यदि हम केवल इस प्रकार के वाक्य कहते जाएँ कि "हम मूर्ख, बलहीन और आलसी हो गए हैं, हमारा धन विदेश चला जाता है, रुपए का डेढ़ पाव घी बिकता है; स्त्री-शिक्षा का अभाव है" तो ये छंदोबद्ध होकर भी काव्य पद के अधिकारी न होंगे। सारांश यह है कि काव्य के लिए अनेक स्थलों पर हमें भावों के विषयों के मूल और आदिम रूपों तक जाना होगा जो मूर्त्त और गोचर होंगे। जब तक भावों से सीधा और पुराना लगाव रखने वाले मूर्त्त और गोचर रूप न मिलेंगे तब तक काव्य का वास्तविक ढाँचा खड़ा न हो सकेगा। भावों के अमूर्त विषयों की तह में भी मूर्त्त और गोचर रूप छिपे मिलेंगे, जैसे, यशोलिप्सा में कुछ-दूर भीतर चलकर उस आनंद के उपभोग

की प्रवृत्ति छिपी हुई पाई जाएगी जो अपनी तारीफ कान में पड़ने से हुआ करता था।

काव्य में अर्थग्रहण मात्र से काम नहीं चलता; बिंबग्रहण अपेक्षित होता है। यह बिंबग्रहण निर्दिष्ट, गोचर और मूर्त्त विषय का ही हो सकता है। 'रुपए का डेढ़ पाव घी मिलता है' इस कथन से कल्पना में यदि कोई बिंब या मूर्ति उपस्थित होगी तो वह तराजू लिए बनिए की होगी जिससे हमारे करुण भाव का कोई लगाव न होगा। बहुत कम लोगों को घी खाने को मिलता है, अधिकतर लोग रूखी-सूखी खाकर रहते हैं, इस तथ्य तक हम अर्थग्रहण परंपरा द्वारा इस चक्कर के साथ पहुँचते हैं—एक रुपए का बहुत कम घी मिलता है, इससे रुपए वाले ही घी खा सकते हैं, पर रुपए वाले बहुत कम हैं, इससे अधिकांश जनता घी नहीं खा सकती, रूखी-सूखी खाकर रहती है।

कविता और सृष्टि-प्रसार

हृदय पर नित्य प्रभाव रखने वाले रूपों और व्यापारों को भावना के सामने लाकर कविता बाह्य प्रकृति के साथ मनुष्य की अंतःप्रकृति का सामंजस्य घटित करती हुई उसकी भावात्मक सत्ता के प्रकार का प्रसार करती है। यदि अपने भावों को समेट कर मनुष्य अपने हृदय को शेष सृष्टि से किनारे कर ले या स्वार्थ की पशुवृत्ति में ही लिप्त रखे तो उसकी मनुष्यता कहाँ रहेगी? यदि वह लहलहाते हुए खेतों और जंगलों, हरी घास के बीच घूम-घूमकर बहते हुए नालों, काली चट्टानों पर चाँदी की तरह ढलते हुए झरनों, मंजरियों से लदी हुई अमराइयों और पटपर के बीच खड़ी झाड़ियों को देख क्षणभर लीन न हुआ, यदि कलरव करते हुए पक्षियों के आनंदोत्सव में उसने योग न दिया, यदि खिले हुए फूलों को देख वह न खिला, यदि सुंदर रूप सामने पाकर अपनी भीतरी कुरूपता का उसने विसर्जन न किया, यदि दीन-दुखी का आर्त्तनाद सुन वह न पसीजा, यदि अनाथों और अबलाओं पर अत्याचार होते देख क्रोध से न तिलमिलाया, यदि किसी बेढब और विनोदपूर्ण दृश्य या उक्ति पर न हँसा तो उसके जीवन में रह क्या गया? इस विश्वकाव्य की रसधारा में जो थोड़ी देर के लिए निमग्न न हुआ उसके जीवन को मरुस्थल की यात्रा ही समझना चाहिए।

काव्यदृष्टि कहीं तो 1. नरक्षेत्र के भीतर रहती है 2. कहीं मनुष्येतर बाह्य

सृष्टि के और 3. कहीं समस्त चराचर के।

1. पहले नरक्षेत्र को लेते हैं। संसार में अधिकार कविता इसी क्षेत्र के भीतर हुई है। नरत्व की बाह्य प्रकृति और अंतःप्रकृति के नाना संबंधों और पारस्परिक विधानों का संकलन या उद्‌भावना ही काव्यों में—मुक्तक हों या प्रबंध—अधिकतर पाई जाती है।

प्राचीन महाकाव्यों और खंडकाव्यों के मार्ग में यद्यपि शेष दो क्षेत्र भी बीच-बीच में पड़ जाते हैं पर मुख्य यात्रा नरक्षेत्र के भीतर ही होती है। वाल्मीकि रामायण में यद्यपि बीच-बीच में ऐसे विशद वर्णन कुछ मिलते हैं, जिनमें कवि की मुग्ध दृष्टि प्रधानतः मनुष्येतर बाह्य प्रकृति के रूप जाल में फँसी पाई जाती है, पर उसका प्रधान विषय लोकचरित ही है। और प्रबंध-काव्यों के संबंध में भी यही बात कही जा सकती है। रहे मुक्तक या फुटकर पद्य, वे भी अधिकतर मनुष्य ही की भीतरी-बाहरी वृत्तियों से संबंध रखते हैं। साहित्य-शास्त्र की रस निरूपण-पद्धति में आलंबनों के बीच बाह्य प्रकृति को स्थान ही नहीं मिला है। यह उद्दीपन मात्र मानी गई है। शृंगार के उद्दीप्त रूप में जो प्राकृतिक दृश्य लाए जाते हैं, उनके प्रति रतिभाव नहीं होता, नायक या नायिका के प्रति होता है। वे दूसरे के प्रति उत्पन्न प्रीति को उद्दीप्त करने वाले होते हैं, स्वयं प्रीति के पात्र या आलंबन नहीं होते। संयोग में वे सुख बढ़ाते हैं और वियोग में काटने दौड़ते हैं। जिस भावोद्रेक और जिस ब्योरे के साथ नायक या नायिका के रूप का वर्णन किया जाता है, उस भावोद्रेक और उस ब्योरे के साथ उनका नहीं। कहीं-कहीं तो उनके नाम गिनाकर ही काम चला लिया जाता है।

मनुष्यों के रूप, व्यवहार या मनोवृत्तियों के सादृश्य, साधर्म्य की दृष्टि से जो प्राकृतिक वस्तु-व्यापार आदि लाए जाते हैं उनका स्थान भी गौण ही समझना चाहिए। वे नर-संबंधी भावना को ही तीव्र करने के लिए रखे जाते हैं।

2. मनुष्येतर बाह्य प्रकृति का आलंबन के रूप में ग्रहण हमारे यहाँ संस्कृत के प्राचीन प्रबंध-काव्यों के बीच-बीच में ही पाया जाता है। वहाँ प्रकृति का ग्रहण आलंबन के रूप में हुआ है, इसका पता वर्णन की प्रणाली से लग जाता है। पहले कह आए हैं कि किसी वर्णन में आई हुई वस्तुओं का मन में ग्रहण दो प्रकार का हो सकता है—बिंबग्रहण और अर्थग्रहण। किसी ने कहा 'कमल'! अब इस 'कमल' पद का ग्रहण कोई इस प्रकार भी कर सकता है कि ललाई

लिए हुए सफेद पंखड़ियों और झुके हुए नाल आदि के सहित एक फूल की मूर्ति मन में थोड़ी देर के लिए आ जाए या कुछ देर बनी रहे; और इस प्रकार भी कर सकता है कि कोई चित्र उपस्थित न हों; केवल पद का अर्थ मात्र समझकर काम चला लिया जाए। काव्य के दृश्य-चित्रण में पहले प्रकार का संकेत ग्रहण अपेक्षित होता है और व्यवहार तथा शास्त्र चर्चा में दूसरे प्रकार का। बिंबग्रहण वहीं होता है जहाँ कवि अपने सूक्ष्म निरीक्षण द्वारा वस्तुओं के अंग-प्रत्यंग, वर्ण, आकृति तथा उनके आस-पास की परिस्थिति का परस्पर संश्लिष्ट विवरण देता है। बिना अनुराग के ऐसे सूक्ष्म ब्योरों पर न दृष्टि जा ही सकती है, न रम ही सकती है। अतः जहाँ ऐसा पूर्ण और संश्लिष्ट चित्रण मिले, वहाँ समझना चाहिए कि कवि ने बाह्य प्रकृति को आलंबन के रूप में ग्रहण किया है। उदाहरण के लिए वाल्मीकि का यह हेमंत वर्णन लीजिए–

अवश्याय-निपातेन किञ्चित्प्रक्लिन्नशाद्वला।
वनानां शोभते भूमिर्निविष्टतरुणातपा॥
स्पृशंतु विपुलं शीतमुदकं द्विरदः सुखम्।
अत्यन्ततृषितो वन्यः प्रतिसंहरते करम्॥
अवश्याय-तमोनद्धा नीहार-तमसावृताः।
प्रसुप्ता इव लक्ष्यन्ते विपुष्पा वनराजयः॥
वाष्पसंछन्नसलिला रुतविज्ञेयसारसाः।
हिमार्द्र बालकैस्तीरैः सरितो भान्ति साम्प्रतम्॥
जरा-जर्जरितैः पद्मैः शीर्णकेशरकर्णिकैः।
नालशेषैर्हिमध्वस्तैर्न भान्ति कमलाकरः॥

(वन की भूमि जिसकी हरी-हरी घास ओस गिरने से कुछ-कुछ नीली हो गई है, तरुण धूप के पड़ने से कैसी शोभा दे रही है। अत्यंत प्यासा जंगली हाथी बहुत शीतल जल के स्पर्श से अपनी सूँड सिकोड़ लेता है। बिना फूल के वन-समूह कुहरे के अंधकार में सोए से जान पड़ते हैं। नदियाँ, जिनका जल कुहरे से ढँका हुआ है और जिनमें सारस पक्षियों का पता केवल उनके शब्द से लगता है, हिम से आई बालू के तटों से ही पहचानी जाती हैं। कमल, जिनके पत्ते जीर्ण होकर झड़ गए हैं, जिनकी केसर-कणिकाएँ टूट-फूटकर छितरा गई हैं, पाले से ध्वस्त होकर नाल मात्र खड़े हैं।)

मनुष्येतर बाह्य प्रकृति का इसी रूप में ग्रहण कुमारसंभव के आरंभ तथा रघुवंश के बीच-बीच में मिलता है। नाटक यद्यपि मनुष्य ही की भीतरी-बाहरी प्रवृत्तियों के प्रदर्शन के लिए लिखे जाते हैं और भवभूति अपने मार्मिक और तीव्र अंतर्वृत्तिय विधान के लिए ही प्रसिद्ध हैं, पर उनके 'उत्तर रामचरित' में कहीं-कहीं बाह्य प्रकृति के ही बहुत ही सांग और संश्लिष्ट खंड-चित्र पाए जाते हैं। पर मनुष्येतर बाह्य प्रकृति को जो प्रधानता मेघदूत में मिली है, वह संस्कृत के और किसी काव्य में नहीं। 'पूर्वमेघ' तो यहाँ से वहाँ तक प्रकृति की ही एक मनोहर झाँकी या भारत भूमि के स्वरूप का ही मधुर ध्यान है। जो इस स्वरूप के ध्यान में अपने को भूलकर कभी-कभी मग्न हुआ करता है वह घूम-घूमकर वक्तृता दे या न दे, चंदा इकट्ठा करे या न करे, देशवासियों की आमदनी का औसत निकाले या न निकाले, सच्चा देश-प्रेमी है। मेघदूत न कल्पना की क्रीड़ा है; न कला की विचित्रता। वह है प्राचीन भारत के सबसे भावुक हृदय की अपनी प्यारी भूमि की रूप-माधुरी पर सीधी-सादी प्रेम-दृष्टि।

अनंत रूपों में प्रकृति हमारे सामने आती है—कहीं मधुर, सुसज्जित या सुंदर रूप में, कहीं रूखे बेडौल या कर्कश रूप में, कहीं भव्य, विशाल या विचित्र रूप में, कहीं उग्र, कराल या भयंकर रूप में। सच्चे कवि का हृदय उसके इन सब रूपों में लीन होता है, क्योंकि उसके अनुराग का कारण अपना खास सुख-भोग नहीं, बल्कि चिरसाहचर्य द्वारा प्रतिष्ठित वासना है। जो केवल प्रफुल्ल-प्रसून प्रसार के सौरभ-संचार, मकरंद-लोलुप, मधुप-गुंजार, कोकिल-कूजित निकुंज और शीतल सुख-स्पर्श समीर इत्यादि की चर्चा किया करते हैं; वे विषयी या भोगलिप्सु हैं। इसी प्रकार जो केवल मुक्ताभास हिमबिंदु मंडित मरकताभ शाद्वल-जल, अत्यंत विशाल गिरिशिखर से गिरते हुए जलप्रपात के गंभीर गर्त्त से उठी हुई सीकर-नीहारिका के बीच विविधवर्णस्फुरण की विशालता, भव्यता और विचित्रता में ही अपने हृदय के लिए कुछ पाते हैं, वे तमाशबीन हैं, सच्चे भावुक या सहृदय नहीं। प्रकृति के साधारण-असाधारण सब प्रकार के रूपों में रमाने वाले वर्णन हमें वाल्मीकि, कालिदास, भवभूति आदि संस्कृत के प्राचीन कवियों में मिलते हैं। पिछले खेवे के कवियों में मुक्तक-रचना में तो अधिकतर प्राकृतिक वस्तुओं का अलग-अलग उल्लेख मात्र उद्दीपन की दृष्टि से किया गया है। प्रबंध रचना में जो थोड़ा-बहुत संश्लिष्ट चित्रण किया है वह प्रकृति की विशेष रूप-विभूति को

लेकर ही। अँग्रेजी के पिछले कवियों में वर्ड्सवर्थ की दृष्टि सामान्य में चिरपरिचित, सीधे-सादे प्रशांत और मधुर दृश्यों की ओर रहती थी, पर शेली की असाधारण भव्य और विशाल की ओर।

साहचर्य-संभूत रस के प्रभाव से सामान्य सीधे-सादे चिरपरिचित दृश्यों में कितने माधुर्य्य की अनुभूति होती है! पुराने कवि कालिदास ने वर्षा के प्रथम जल से सिक्त तुरंत की जोती हुई धरती तथा उसके पास बिखरी हुई भोली चितवन वाली ग्रामवनिताओं में साफ-सुथरे ग्रामचैत्यों और कथा-कोविद ग्रामवृद्धों में इसी प्रकार का माधुर्य्य का अनुभव किया था। आज भी इसका अनुभव लोग करते हैं। बाल्य या कौमार अवस्था में जिस पेड़ के नीचे हम अपनी मंडली के साथ बैठा करते थे; चिड़चिड़ी बुढ़िया की जिस झोंपड़ी के पास से होकर हम आते-जाते थे, उसकी मधुर स्मृति हमारी भावना को बराबर लीन किया करती है। बुड्ढी की झोंपड़ी में न कोई चमक-दमक थी, न कला-कौशल का वैचित्र्य। मिट्टी की दीवारों पर फूस का छप्पर पड़ा था, नींव के किनारे चढ़ी हुई मिट्टी पर सत्यानाशी के नीलाभ हरित कँटीले, कटावदार पौधे खड़े थे जिनके पीले फूलों के गोल संपुटों के बीच लाल-लाल बिंदियाँ झलकती थीं।

सारांश यह कि केवल असाधारणत्व की रुचि सच्ची सहृदयता की पहिचान नहीं है। शोभा और सौंदर्य की भावना के साथ जिनमें मनुष्य-जाति के उस समय के पुराने सहचरों की वंश-परंपरागत स्मृति वासना के रूप में बनी हुई है, जब वह प्रकृति के खुले क्षेत्र में विचरती थी, वे ही पूरे सहृदय भावुक कहे जा सकते हैं। वन्य और ग्रामीण दोनों प्रकार के जीवन प्राचीन हैं; दोनों पेड़-पौधों, पशु-पक्षियों, नदी-नालों और पर्वत-मैदानों के बीच व्यतीत होते हैं, अतः प्रकृति के अधिक रूपों के साथ संबंध रखते हैं। हम पेड़-पौधों और पशु-पक्षियों से संबंध तोड़कर बड़े-बड़े नगरों में आ बसे; पर उनके बिना रहा नहीं जाता। हम उन्हें हर वक्त पास न रखकर एक घेरे में बंद करते हैं और कभी-कभी मन बहलाने के लिए उनके पास चले जाते हैं। हमारा साथ उनसे भी छोड़ते नहीं बनता। कबूतर हमारे घर के छज्जों के नीचे सुख से सोते हैं, गौरे हमारे घर के भीतर आ बैठते हैं; बिल्ली अपना हिस्सा या तो म्यावँ म्यावँ करते माँगती है या चोरी से ले जाती है, कुत्ते घर की रखवाली करते हैं, और वासुदेवजी कभी-कभी दीवार फोड़कर निकल पड़ते हैं। बरसात के दिनों में जब सुर्खी-चूने

की कड़ाई की परवा न कर हरी-हरी घास पुरानी छत पर निकलने लगती है, तब हमें उसके प्रेम का अनुभव होता है। वह मानों हमें ढूँढ़ती हुई आती है और कहती है कि "तुम हमसे क्यों दूर-दूर भागे फिरते हो?"

जो केवल अपने विलास या शरीर-सुख की सामग्री ही प्रकृति में ढूँढ़ा करते हैं उनमें उस रागात्मक 'सत्व' की कमी है जो व्यक्त सत्ता मात्र के साथ एकता की अनुभूति में लीन करके हृदय के व्यापकत्व का आभास देता है। संपूर्ण सत्ताएँ एक ही परम सत्ता और संपूर्ण भाव एक ही परम भाव के अंतर्भूत हैं। अतः बुद्धि की क्रिया से हमारा ज्ञान जिस अद्वैत भूमि पर पहुँचता है उसी भूमि तक हमारा भावात्मक हृदय भी इस सत्त्व-रस के प्रभाव से पहुँचता है। इस प्रकार अंत में जाकर दोनों पक्षों की वृत्तियों का समन्वय हो जाता है। समन्वय के बिना मनुष्यत्व की साधना पूरी नहीं हो सकती।

मार्मिक तथ्य

मनुष्येतर प्रकृति के बीच के रूप-व्यापार कुछ भीतरी भावों या तथ्यों की भी व्यंजना करते हैं। पशु-पक्षियों के सुख, हर्ष-विषाद, राग-द्वेष, तोष-क्षोभ, कृपा-क्रोध इत्यादि भावों की व्यंजना जो उनकी आकृति, चेष्टा, शब्द आदि से होती है, वह तो प्रायः बहुत प्रत्यक्ष होती है। कवियों को उन पर अपने भावों का आरोप करने की आवश्यकता प्रायः नहीं होती। तथ्यों का आरोप या संभावना अलबत वे कभी-कभी किया करते हैं। पर इस प्रकार का आरोप कभी-कभी कथन को, 'काव्य' के क्षेत्र से घसीटकर 'सूक्ति' या 'सुभाषित' के क्षेत्र में डाल देता है। जैसे, कौवे सबेरा होते ही क्यों चिल्लाने लगते हैं? वे समझते हैं कि सूर्य अंधकार का नाश करता बढ़ा आ रहा है, कहीं धोखे में हमारा भी नाश न कर दे। यह सूक्ति मात्र है, काव्य नहीं। जहाँ तथ्य केवल आरोपित या संभावित रहते हैं वहाँ वे अलंकार रूप में ही रहते हैं। पर जिन तथ्यों का आभास हमें पशु-पक्षियों के रूप, व्यापार या परिस्थिति में ही मिलता है वे हमारे भावों के विषय वास्तव में हो सकते हैं। मनुष्य सारी पृथ्वी छेंकता चला जा रहा है। जंगल कट-कटकर खेत, गाँव और नगर बनते चले जा रहे हैं। पशु-पक्षियों का भाग छिनता चला जा रहा है। उनके सब ठिकानों पर हमारा निष्ठुर अधिकार होता चला जा रहा है। वे कहाँ जाएँ? कुछ तो हमारी गुलामी करते हैं। कुछ हमारी बस्ती के भीतर

या आस-पास रहते हैं और छीन-झपटकर अपना हक ले जाते हैं। हम उनके साथ बराबर ऐसा ही व्यवहार करते हैं, मानों उन्हें जीने का अधिकार नहीं है। इन तथ्यों का सच्चा आभास हमें उनकी परिस्थिति से मिलता है। अतः उनमें से किसी की चेष्टा-विशेष में इन तथ्यों की मार्मिक व्यंजना की प्रतीति काव्यानुभूति के अंतर्गत होगी। यदि कोई बंदर हमारे सामने से कोई खाने-पीने की चीज़ उठा ले जाए और किसी पेड़ के ऊपर बैठा-बैठा हमें घुड़की दे, तो काव्य दृष्टि से हमें ऐसा मालूम हो सकता है कि–

देते हैं घुड़की यह अर्थ-ओज-भरी हरि
"जीने का हमारा अधिकार क्या न गया रह?
पर प्रतिषेध के प्रसार बीच तेरे नर!
क्रीड़ामय जीवन-उपाय है हमारा यह।
दानी जो हमारे रहे, वे भी दास तेरे हुए,
उनकी उदारता भी सकता नहीं तू सह।
फूली फली उमंग उपकार की तू
छेंकता है जाता, हम जाएँ कहाँ, तू ही कह!"

पेड़-पौधे, लता-गुल्म आदि भी इस प्रकार कुछ भावों या तथ्यों की व्यंजना करते हैं जो कभी-कभी कुछ गूढ़ होती है। सामान्य दृष्टि भी वर्षा की झड़ी के पीछे उनके हर्ष और उल्लास को, ग्रीष्म के प्रचण्ड आतप में उनकी शिथिलता और म्लानता को, शिशिर के कठोर शासन में उनकी दीनता को, मधुकाल में उनके रसोन्माद, उमंग और हास को, प्रबल बात के झकोरों में उनकी विकलता को; प्रकाश के प्रति उनकी ललक को देख सकती है। इसी प्रकार भावुकों के समक्ष अपनी रूपचेष्टा आदि द्वारा कुछ मार्मिक तथ्यों की भी व्यंजना करते हैं। हमारे यहाँ के पुराने अन्योक्तिकारों ने कहीं-कहीं इस व्यंजना की ओर ध्यान दिया है। कहीं-कहीं का मतलब यह है कि बहुत जगह उन्होंने अपनी भावना का आरोप किया है, उनकी रूपचेष्टा या परिस्थिति से तथ्य-चयन नहीं। पर उनकी विशेष-विशेष परिस्थितियों की ओर भावुकता से ध्यान देने पर बहुत से मार्मिक तथ्य सामने आते हैं। कोसों तक फैले, कड़ी धूप में तपते मैदान के बीच एक अकेला वट-वृक्ष दूर तक छाया फैलाए खड़ा है। हवा के झोंकों से उनकी टहनियाँ और पत्ते हिल-हिलकर मानों बुला रहे हैं। हम धूप से व्याकुल

होकर उसकी ओर बढ़ते हैं। देखते हैं, उसकी जड़ के पास एक गाय बैठी आँख मूँदे जुगाली कर रही है। हम लोग भी उसी के पास आराम से जा बैठते हैं। इतने में एक कुत्ता जीभ बाहर निकाले हाँफता हुआ उस छाया के नीचे आता है और हममें से कोई उठकर, उसे छड़ी लेकर भगाने लगता है। इस परिस्थिति को देख हममें से कोई भावुक पुरुष उस पेड़ को इस प्रकार संबोधन करे तो कर सकता है–

काया की न छाया यह केवल तुम्हारी, द्रुम।
अंतस् के मर्म का प्रकाश यह छाया है।
भरी है इसी में वह स्वर्ग-स्वप्न-धरा अभी,
जिसमें न पूरा-पूरा नर बह पाया है।
शांतिसार शीतल प्रसार यह छाया धन्य!
प्रीति सा पसारे इसे कैसी हरी काया है।
हे नर! तू प्यारा इस तरु का स्वरूप देख,
देख फिर घोर रूप तूने जो कमाया है॥

ऊपर नरक्षेत्र और मनुष्येतर सजीव सृष्टि के क्षेत्र का उल्लेख हुआ है। काव्यदृष्टि कभी तो इन पर अलग-अलग रहती है कभी समष्टि-रूप में समस्त जीवन-क्षेत्र पर। कहने की आवश्यकता नहीं कि विच्छिन्न दृष्टि की अपेक्षा समष्टि-दृष्टि में अधिक व्यापकता और गंभीरता रहती है। काव्य का अनुशीलन करनेवाले मात्र जानते हैं कि काव्यदृष्टि सजीव सृष्टि तक ही बद्ध नहीं रहती। वह प्रकृति के उस भाग की ओर भी जाती है जो निर्जीव या जड़ कहलाता है। भूमि, पर्वत, चट्टान, नाले, टीले, मैदान, समुद्र, आकाश, मेघ, नक्षत्र इत्यादि की रूप-गति आदि से भी हम सौंदर्य, माधुर्य, भीषणता, भव्यता, विचित्रता, उदासी, उदारता, संपन्नता इत्यादि की भावना प्राप्त करते हैं। कड़कड़ाती धूप के पीछे उमड़ी हुई घटा की श्यामल स्निग्धता और शीतलता का अनुभव मनुष्य क्या पशु-पक्षी, पेड़-पौधे तक करते हैं। अपने इधर-उधर हरी-भरी लहलहाती प्रफुल्लता का विधान करती हुई नदी की अविराम जीवन-धारा में हम द्रवीभूत औदार्य का दर्शन करते हैं। पर्वत की ऊँची चोटियों में विशालता और भव्यता का, वात-विलोड़ित जल-प्रसार में क्षोभ और आकुलता का, विकीर्णघन-खंड-मंडित, रश्मि-रंजित सांध्य-दिगंचल में चमत्कारपूर्ण सौंदर्य का, ताप से तिलमिलाती धरा

पर धूल झोंकते हुए अंधड़ के प्रचंड झोंकों में उग्रता और उच्छृंखलता का बिजली की कँपाने वाली कड़क और ज्वालामुखी के ज्वलंत स्फोट में भीषणता का, आभास मिलता है। ये सब विश्वरूपी महाकाव्य की भावनाएँ या कल्पनाएँ हैं। स्वार्थ-भूमि से परे पहुँचे हुए सच्चे अनुभूति-योगी या कवि इसके द्रष्टा मात्र होते हैं।

जड़ जगत् के भीतर पाए जानेवाले रूप, व्यापार या परिस्थितियाँ अपने मार्मिक तथ्यों की भी व्यंजना करती हैं। जीवन में तथ्यों के साथ उनके साम्य का बहुत अच्छा मार्मिक उद्घाटन कहीं-कहीं हमारे यहाँ के अन्योक्तिकारों ने किया है। जैसे, इधर नरक्षेत्र के बीच देखते हैं तो सुख-समृद्धि और संपन्नता की दशा में दिन-रात घेरे रहनेवाले, स्तुति का खासा कोलाहल खड़ा करने वाले, विपत्ति और दुर्दिन में पास नहीं फटकते; उधर जड़ जगत् के भीतर देखते हैं तो भरे हुए सरोवर के किनारे जो पक्षी बराबर कलरव करते रहते हैं, वे उसके सूखने पर अपना-अपना रास्ता लेते हैं :

कोलाहल सुनि खगन के सरवर! जनि अनुरागि।
ये सब स्वारथ के सखा, दुर्दिन दैहैं त्यागि॥
दुर्दिन दैहैं त्यागि, तोय तेरो जब जैहै।
दूरहि तें तजि आस, पास कोऊ नहिं ऐहै॥

इसी प्रकार सूक्ष्म और मार्मिक दृष्टिवालों को और गूढ़ व्यंजना भी मिल सकती है। अपने इधर-उधर हरियाली और प्रफुल्लता का विधान करने के लिए यह आवश्यक है कि नदी कुछ काल तक एक बँधी हुई मर्यादा के भीतर बहती रहे। वर्षा की उमड़ी हुई उच्छृंखलता में पोषित हरियाली और प्रफुल्लता का ध्वंस सामने आता है पर यह उच्छृंखलता और ध्वंस अल्पकालिक होता है और इसके द्वारा आगे के लिए पोषण की नई शक्ति का संचय होता है उच्छृंखलता नदी की स्थायी वृत्ति नहीं है। नदी के इस स्वरूप के भीतर सूक्ष्म मार्मिक दृष्टि लोकगति के स्वरूप का साक्षात्कार करती है। लोकजीवन की धारा जब एक बँधे मार्ग पर कुछ काल तक अबाध गति से चलने पाती है तभी सभ्यता के किसी रूप का पूर्ण विकास और उसके भीतर सुख-शांति की प्रतिष्ठा होती है। जब जीवन-प्रवाह क्षीण और शाक्त पड़ने लगता है और गहरी विषमता आने लगती है तब नई शक्ति का प्रवाह फूट पड़ता है जिसमें वेग की उच्छृंखलता के सामने बहुत कुछ ध्वंस भी होता है। पर यह उच्छृंखलता वेग जीवन का या जगत्

का नित्य स्वरूप नहीं है।

3. पहले कहा जा चुका है कि नरक्षेत्र के भीतर बद्ध रहनेवाली काव्यदृष्टि की अपेक्षा संपूर्ण जीवन-क्षेत्र और समस्त चराचर के क्षेत्र से मार्मिक तथ्यों का चयन करनेवाली दृष्टि उत्तरोत्तर अधिक व्यापक और गंभीर कही जाएगी। जब कभी हमारी भावना का प्रसार इतना विस्तीर्ण और व्यापक होता है कि हम अनंत व्यक्ति सत्ता के भीतर नरसत्ता के स्थान का अनुभव करते हैं तब हमारी पार्थक्य-बुद्धि का परिहार हो जाता है। उस समय हमारा हृदय ऐसी उच्च भूमि पर पहुंचा रहता है जहाँ उसकी वृत्ति प्रशांत और गंभीर हो जाती है, उसकी अनुभूति का विषय ही कुछ बदल जाता है।

तथ्य चाहे नरक्षेत्र के ही हों, चाहे अधिक व्यापक क्षेत्र के हों, कुछ प्रत्यक्ष होते हैं और कुछ गूढ़। जो तथ्य हमारे किसी भाव को उत्पन्न करे उसे उस भाव का आलंबन कहना चाहिए। ऐसे रसात्मक तथ्य आरंभ में ज्ञानेंद्रियाँ उपस्थित करती हैं। फिर ज्ञानेंद्रियों द्वारा प्राप्त सामग्री से भावना या कल्पना उनकी योजना करती है। अतः यह कहा जा सकता है कि ज्ञान ही भावों में संचार के लिए मार्ग खोलता है। ज्ञान-प्रसार के भीतर ही भाव-प्रसार होता है। आरंभ में मनुष्य की चेतन सत्ता अधिकतर इंद्रियज ज्ञान की समष्टि के रूप में ही रही। फिर ज्यों-ज्यों अन्तःकरण का विकास होता गया और सभ्यता बढ़ती गई त्यों-त्यों मनुष्य का ज्ञान बुद्धि-व्यवसायात्मक होता गया। अब मनुष्य का ज्ञान क्षेत्र बुद्धि-व्यवसायात्मक या विचारात्मक होकर बहुत ही विस्तृत हो गया है। अतः उसके विस्तार के साथ हमें अपने हृदय का विस्तार भी बढ़ाना पड़ेगा। विचारों की क्रिया से, वैज्ञानिक विवेचन और अनुसंधान द्वारा उद्घाटित परिस्थितियों और तथ्यों के मर्मस्पर्शी पक्ष का मूर्त और सजीव चित्रण भी—उसका इस रूप में प्रत्यक्षीकरण भी कि वह हमारे किसी भाव का आलंबन हो सके—कवियों का काम और उच्च काव्य का एक लक्षण होगा। कहने की आवश्यकता नहीं कि इन तथ्यों और परिस्थितियों के मार्मिक रूप न जाने कितनी बातों की तह में छिपे होंगे।

काव्य और व्यवहार

भावों या मनोविकारों के विवेचन में हम कह चुके हैं कि मनुष्य को कर्म में

प्रवृत्त करनेवाली मूल वृत्ति भावात्मिका है। केवल तर्क-बुद्धि या विवेचना के बल से हम किसी कार्य में प्रवृत्त नहीं होते। जहाँ जटिल बुद्धि-व्यापार के अंदर किसी कर्म का अनुष्ठान देखा जाता है वहाँ भी तह में कोई भाव या वासना छिपी रहती है। चाणक्य जिस समय अपनी नीति की सफलता के लिए किसी निष्ठुर व्यापार में प्रवृत्त दिखाई पड़ता है उस समय वह दया, करुणा आदि सब मनोविकारों या भावों से परे दिखाई पड़ता है। पर थोड़ा अंतर्दृष्टि गड़ाकर देखने से कौटिल्य को नचाने वाली डोर का छोर भी अंतःकरण के रागात्मक खंड की ओर मिलेगा। प्रतिज्ञा-पूर्ति की आनंद भावना और नंदवंश के प्रति क्रोध या बैर की वासना बारी-बारी से उस डोर को हिलाती हुई मिलेंगी। अर्वाचीन राष्ट्रनीति के गुरु-घंटाल जिस समय अपनी किसी गहरी चाल से किसी देश की निरपराध जनता का सर्वनाश करते हैं, उस समय वे दया आदि दुर्बलताओं से निर्लिप्त, केवल बुद्धि के कठपुतले दिखाई पड़ते हैं। पर उनके भीतर यदि छानबीन की जाए तो कभी अपने देशवासियों के सुख की उत्कंठा, कभी अन्य जाति के प्रति घोर विद्वेष, कभी अपनी जातीय श्रेष्ठता का नया या पुराना घमंड, इशारे करता हुआ मिलेगा।

बात यह है कि केवल इस बात को जानकर ही हम किसी काम को करने या न करने के लिए तैयार नहीं होते कि वह काम अच्छा है या बुरा, लाभदायक है या हानिकारक! जब उसकी या उसके परिणाम की कोई ऐसी बात हमारी भावना में आती है जो आह्लाद, क्रोध, करुणा, भय, उत्कंठा आदि का संचार कर देती है, तभी हम उस काम को करने या न करने के लिए उद्यत होते हैं। शुद्ध-ज्ञान या विवेक में कर्म की उत्तेजना नहीं होती। कर्म-प्रवृत्ति के लिए मन में कुछ वेग का आना आवश्यक है। यदि किसी जन-समुदाय के बीच कहा जाए कि अमुक देश तुम्हारा इतना रुपया प्रतिवर्ष उठा ले जाता है तो संभव है कि उस पर कुछ प्रभाव न पड़े। पर यदि दारिद्र और अकाल का भीषण और करुण दृश्य दिखाया जाए, पेट की ज्वाला से जले हुए कंगाल कल्पना के सम्मुख रखे जाएँ और भूख से तड़पते हुए बालक के पास बैठी हुई माता का आर्त्त-क्रंदन सुनाया जाए तो बहुत से लोग क्रोध और करुणा से व्याकुल हो उठेंगे और इस दशा को दूर करने का यदि उपाय नहीं तो संकल्प अवश्य करेंगे। पहले ढंग की बात कहना राजनीतिज्ञ या अर्थशास्त्री का काम है और पिछले प्रकार का दृश्य भावना में लाना कवि का। अतः यह धारणा कि काव्य व्यवहार

का बाधक है, उसके अनुशीलन से अकर्मण्यता आती है, ठीक नहीं। कविता तो भाव प्रसार द्वारा कर्मण्य के लिए कर्मक्षेत्र का और विस्तार कर देती है।

उक्त धारणा का आधार यदि कुछ हो सकता है तो यही कि जो भावुक या सहृदय होते हैं अथवा काव्य के अनुशीलन से जिनके भाव-प्रसार का क्षेत्र विस्तृत हो जाता है, उनकी वृत्तियाँ उतनी स्वार्थबद्ध नहीं रह सकतीं। कभी-कभी वे दूसरों का जी दुखाने के डर से; आत्मगौरव या कुलगौरव या जाति गौरव के ध्यान से; अथवा जीवन के किसी पक्ष की उत्कर्ष-भावना में मग्न होकर अपने लाभ के कर्म में अतत्पर या उससे विरत देखे जाते हैं। अतः अर्थागम से हृष्ट, 'स्वकार्यं साधयेत्' के अनुयायी काशी के ज्योतिषी और कर्मकांडी, कानपुर के बनिए और दलाल, कचहरियों के अमले और मुख्तार ऐसों को कार्य-भ्रंशकारी, मूर्ख, निरे निठल्ले या खब्त-उल हवास समझ सकते हैं। जिनकी भावना किसी बात के मार्मिक पक्ष का चित्रानुभव करने में तत्पर रहती है, जिनके भाव चराचर के बीच किसी को भी आलंबनोपयुक्त रूप या दशा में पाते ही उसकी ओर दौड़ पड़ते हैं, वे सदा अपने लाभ के ध्यान से या स्वार्थ बुद्धि द्वारा ही परिचालित नहीं होते। उसकी यही विशेषता अर्थपरायणों को—अपने काम से काम रखनेवालों को—एक त्रुटि-सी जान पड़ती है। कवि और भावुक हाथ-पैर न हिलाते हों, यह बात नहीं है। पर अर्थियों के निकट उनकी बहुत-सी क्रियाओं का कोई अर्थ नहीं होता।

मनुष्यता की उच्च भूमि

मनुष्य की चेष्टाओं और कर्मकलाप से भावों का मूल संबंध निरूपित हो चुका है और यह भी दिखाया जा चुका है कि कविता इन भावों या मनोविकारों के क्षेत्र को विस्तृत करती हुई इनका प्रसार करती है। पशुत्व से मनुष्यत्व में जिस प्रकार अधिक ज्ञान-प्रसार की विशेषता है उसी प्रकार अधिक भाव-प्रसार की भी। पशुओं के प्रेम की पहुँच प्रायः अपने जोड़े, बच्चों या खिलाने-पिलाने वालों तक ही होती है। इसी प्रकार उनका क्रोध भी अपने सतानेवालों तक ही जाता है, स्ववर्ग या पशुमात्र को सतानेवालों तक नहीं पहुँचता। पर मनुष्य में ज्ञान-प्रसार के साथ भाव-प्रसार भी क्रमशः बढ़ता गया है। अपने परिजनों, अपने संबंधियों, अपने पड़ोसियों, अपने देशवासियों क्या मनुष्य मात्र और प्राणिमात्र तक से प्रेम

करने भर को जगह उसके हृदय में बन गई है। मनुष्य की त्योरी मनुष्य को ही सतानेवाले पर नहीं चढ़ती, गाय-बैल और कुत्ते-बिल्ली को सतानेवाले पर भी चढ़ती है। पशु की वेदना देखकर भी उनके नेत्र सजल होते हैं। बंदर को शायद बँदरिया के मुँह में ही सौंदर्य दिखाई पड़ता होगा; पर मनुष्य पशु-पक्षी, फूल-पत्ते और रेत-पत्थर में भी सौंदर्य पाकर मुग्ध होता है। इस हृदय-प्रसार का स्मारक स्तंभ काव्य है जिसकी उत्तेजना से हमारे जीवन में एक नया जीवन आ जाता है। हम सृष्टि के सौंदर्य को देखकर रसमग्न होने लगते हैं, कोई निष्ठुर कार्य हमें असह्य होने लगता है, हमें जान पड़ता है कि हमारा जीवन कई गुना बढ़कर सारे संसार में व्याप्त हो गया है।

कवि-वाणी के प्रसार से हम संसार के सुख-दुःख, आनंद-क्लेश आदि का शुद्ध स्वार्थमुक्त रूप में अनुभव करते हैं। इस प्रकार के अनुभव के अभ्यास से हृदय का बंधन खुलता है और मनुष्यता की उच्च भूमि की प्राप्ति होती है। किसी अर्थपिशाच कृपण को देखिए, जिसने केवल अर्थलोभ के वशीभूत होकर क्रोध, दया, श्रद्धा, भक्ति, आत्माभिमान आदि भावों को एकदम दबा दिया है और संसार के मार्मिक पक्ष से मुँह मोड़ लिया है। न सृष्टि के किसी रूपमाधुर्य को देख वह पैसों का हिसाब-किताब भूल कभी मुग्ध होता है, न किसी दीन-दुखिया को देख कभी करुणा से द्रवीभूत होता है; न कोई अपमान सूचक बात सुन र क्रुद्ध या क्षुब्ध होता है। यदि उससे किसी लोमहर्षण अत्याचार की बात कही जाए तो वह मनुष्य धर्मानुसार क्रोध या घृणा प्रकट करने के स्थान पर रुखाई के साथ कहेगा कि "जाने दो, हमसे क्या मतलब; चलो अपना काम देखें।" यह महा भयानक मानसिक रोग है। इससे मनुष्य आधा मर जाता है। इसी प्रकार किसी महाक्रूर पुलिस कर्मचारी को जाकर देखिए जिसका हृदय पत्थर के समान जड़ और कठोर हो गया है, जिसे दूसरे के दुःख और क्लेश की भावना स्वप्न में भी नहीं होती है। ऐसों को सामने पाकर स्वभावतः यह मन में आता है कि क्या इनकी भी कोई दवा है? इनकी दवा कविता है।

कविता ही हृदय को प्रकृत दशा में लाती है और जगत् के बीच क्रमशः उसका अधिकाधिक प्रसार करती हुई उसे मनुष्यत्व की उच्च भूमि पर ले जाती है। भावयोग की सबसे उच्च कक्षा पर पहुँचे हुए मनुष्य का जगत् के साथ पूर्ण तादात्म्य हो जाता है, उसकी अलग भावसत्ता नहीं रह जाती, उसका हृदय

विश्व-हृदय हो जाता है। उसकी अश्रुधारा में जगत् की अश्रुधारा का, उसके हास-विलास में जगत् के आनंद-नृत्य का, उसके गर्जन-तर्जन में जगत् के गर्जन-तर्जन का आभास मिलता है।

भावना या कल्पना

इस निबंध के आरंभ में ही हम काव्यानुशीलन को भावयोग कह आए हैं और उसे कर्मयोग और ज्ञानयोग के समकक्ष बता आए हैं। यहाँ पर अब यह कहने की आवश्यकता प्रतीत होती है कि 'उपासना' भावयोग का ही एक अंग है। पुराने धार्मिक लोग उपासना का अर्थ 'ध्यान' ही लिया करते हैं। जो वस्तु हमसे अलग है, हमसे दूर प्रतीत होती है, उसकी मूर्ति मन में लाकर उसके सामीप्य का अनुभव करना ही उपासना है। साहित्य वाले इसी को 'भावना' कहते हैं और आजकल के लोग 'कल्पना'। जिस प्रकार भक्ति के लिए उपासना या ध्यान की आवश्यकता होती है, उसी प्रकार और भावों के प्रवर्त्तन के लिए भी भावना या कल्पना अपेक्षित होती है। जिनकी भावना या कल्पना शिथिल या अशक्त होती है, किसी कविता या सरस उक्ति को पढ़-सुनकर उनके हृदय में मार्मिकता होते हुए भी वैसे अनुभूति नहीं होती। बात यह है कि उनके अंतःकरण में चटपट वह सजीव और स्पष्ट मूर्ति-विधान नहीं होता जो भावों को परिचालित कर देता है। कुछ कवि किसी बात के सारे मार्मिक अंगों का पूरे ब्योरे के साथ चित्रण कर देते हैं, पाठक या श्रोता की कल्पना के लिए बहुत कम काम छोड़ते हैं और कुछ कवि कुछ मार्मिक खंड रखते हैं जिन्हें पाठक की तत्पर कल्पना आप से आप पूर्ण करती है।

कल्पना दो प्रकार की होती है—विधायक और ग्राहक। कवि में विधायक कल्पना अपेक्षित होती है और श्रोता या पाठक में अधिकतर ग्राहक। अधिकतर कहने का अभिप्राय यह है जहाँ कवि पूर्ण चित्रण नहीं करता वहाँ पाठक या श्रोता को भी अपनी ओर से कुछ मूर्ति-विधान करना पड़ता है। यूरोपीय साहित्य-मीमांसा में कल्पना को बहुत प्रधानता दी गई है। है भी यह काव्य का अनिवार्य साधन, पर है साधन ही, साध्य नहीं, जैसा कि उपर्युक्त विवेचन से स्पष्ट है। किसी प्रसंग के अंतर्गत कैसा ही विचित्र मूर्ति-विधान हो, पर यदि उसमें उपयुक्त भावसंचार की क्षमता नहीं है तो वह काव्य के अंतर्गत न होगा।

मनोरंजन

प्रायः सुनने में आता है कि कविता का उद्देश्य मनोरंजन है। पर जैसा कि हम पहले कह आए हैं, कविता का अंतिम लक्ष्य जगत् के मार्मिक पक्षों का प्रत्यक्षीकरण करके उनके साथ मनुष्य-हृदय का सामंजस्य-स्थापन है। इतने गंभीर उद्देश्य के स्थान पर केवल मनोरंजन का हलका उद्देश्य सामने रखकर जो कविता का पठन-पाठन या विचार करते हैं, वे रास्ते ही में रह जानेवाले पथिक के समान हैं। कविता पढ़ते समय मनोरंजन अवश्य होता है, पर उसके उपरांत कुछ 'और' भी होता है और वही 'और' सब कुछ है। मनोरंजन वह शक्ति है जिससे कविता अपना प्रभाव जमाने के लिए मनुष्य की चित्तवृत्ति को स्थिर किए रहती है, इधर-उधर जाने नहीं देती। अच्छी से अच्छी बात को भी कभी-कभी जो केवल कान से सुन भर लेते हैं, उनकी ओर उनका मनोयोग नहीं होता। केवल यही कहकर कि 'परोपकार करो', 'दूसरों पर दया करो', 'चोरी करना महापाप है', हमें यह आशा कदापि न करनी चाहिए कि कोई अपकारी उपकारी, कोई क्रूर दयावान् या कोई चोर साधु हो जाएगा। क्योंकि ऐसे वाक्यों के अर्थ की पहुँच हृदय तक होती ही नहीं, वह ऊपर ही ऊपर रह जाता है। ऐसे वाक्यों द्वारा सूचित व्यापारों का मानव-जीवन के बीच कोई मार्मिक चित्र सामने न पाकर हृदय उनकी अनुभूति की ओर प्रवृत्त ही नहीं होता।

पर कविता अपनी मनोरंजन-शक्ति द्वारा पढ़ने या सुननेवाले का चित्त रमाए रहती है, जीवन-पट पर उक्त कर्मों की सुंदरता या विरूपता अंकित करके हृदय के मर्मस्थलों का स्पर्श करती है। मनुष्य के कुछ कर्मों में जिस प्रकार दिव्य सौंदर्य और माधुर्य होता है, उसी प्रकार कुछ कर्मों में भीषण कुरूपता और भद्दापन होता है। इसी सौंदर्य या कुरूपता का प्रभाव मनुष्य के हृदय पर पड़ता है और इस सौंदर्य या कुरूपता का सम्यक् प्रत्यक्षीकरण कविता ही कर सकती है।

कविता की इसी रमानेवाली शक्ति को देखकर जगन्नाथ पंडितराज ने रमणीयता का पल्ला पकड़ा और उसे काव्य का साध्य स्थिर किया तथा यूरोपीय समीक्षकों ने 'आनंद' को काव्य का परम लक्ष्य ठहराया। इस प्रकार मार्ग को ही अंतिम गंतव्य स्थल मान लेने के कारण बड़ा गड़बड़झाला हुआ। मनोरंजन

या आनंद तो बहुत-सी बातों में हुआ करता है। किस्सा-कहानी सुनने में भी तो पूरा मनोरंजन होता है, लोग रात-रात भर सुनते रह जाते हैं। पर क्या कहानी सुनना और कविता सुनना एक ही बात है? हम रसात्मक कथाओं या आख्यानों की बात नहीं कहते हैं; केवल घटना वैचित्र्यपूर्ण कहानियों की बात कहते हैं। कविता और कहानी का अंतर स्पष्ट है। कविता सुनने वाला किसी भाव में मग्न रहता है और कभी-कभी बार-बार एक ही पद्य सुनना चाहता है। पर कहानी सुननेवाला आगे की घटना के लिए आकुल रहता है। कविता सुनने वाला कहता है, "ज़रा फिर तो कहिए।" कहानी सुनने वाला कहता है, "हाँ! तब क्या हुआ!"

मन को अनुरंजित करना, उसे सुख या आनंद पहुँचाना ही यदि कविता का अंतिम लक्ष्य माना जाए तो कविता भी केवल विलास की एक सामग्री हुई। परंतु क्या कोई कह सकता है कि वाल्मीकि ऐसे मुनि और तुलसीदास ऐसे भक्त ने केवल इतना ही समझकर श्रम किया कि लोगों को समय काटने का एक अच्छा सहारा मिल जाएगा? क्या इससे गंभीर कोई उद्देश्य उनका न था? खेद के साथ कहना पड़ता है कि बहुत दिनों से बहुत से लोग कवि को विलास की सामग्री समझते आ रहे हैं। हिंदी के रीतिकाल के कविता तो मानों राजाओं-महाराजाओं की कामवासना उत्तेजित करने के लिए ही रखे जाते थे। एक प्रकार के कविराज तो रईसों के मुँह में मकरध्वज रस झोंकते थे, दूसरे प्रकार के कविराज कान में मकरध्वज रस की पिचकारी देते थे, पीछे से तो ग्रीष्मोपचार आदि के नुसखे भी कवि लोग तैयार करने लगे। गर्मी के मौसम के लिए एक कवि जी व्यवस्था करते हैं—

सीतल गुलाबजल भरि चहबच्चन में
डारि कै कमलदल न्हायबे को धँसिए।
कालिदास अंग-अंग अगर अतर संग
केसर उसीर नीर धनसार धँसिए।
जेठ में गोविंद लाल चंदन से चहलन
भरि-भरि गोकुल के महलन बसिए।

इसी प्रकार शिशिर के मसाले सुनिए—

गुलगुली गिलमें, गलीचा हैं, गुमीजन हैं,
चिक हैं, चिराकै हैं, चिरागन की माला हैं।

कहै पदमाकर है गजक गजा हू सजी,
सज्जा हैं, सुरा हैं, सुराही है सुप्याला हैं।
शिशिर के पाला को न व्यापत कसाला तिन्हें,
जिनके अधीन एते उदित मसाला हैं।

सौंदर्य

सौंदर्य बाहर की कोई वस्तु नहीं है, मन के भीतर की वस्तु है। यूरोपीय कला-समीक्षा की यह एक बड़ी ऊँची उड़ान या बड़ी दूर की कौड़ी समझी गई है। पर वास्तव में यह भाषा के गड़बड़झाले के सिवा और कुछ नहीं है। जैसे वीरकर्म से पृथक् वीरत्व कोई पदार्थ नहीं वैसे ही सुंदर से पृथक् सौंदर्य कोई पदार्थ नहीं। कुछ रूप-रंग की वस्तुएँ ऐसी होती हैं जो हमारे मन में आते ही थोड़ी देर के लिए हमारी सत्ता पर ऐसा अधिकार कर लेती हैं कि उसका ज्ञान ही हवा हो जाता है और हम उन वस्तुओं की भावना के रूप में ही परिणत हो जाते हैं। हमारी अंतस्सत्ता की यही तदाकार-परिणति सौंदर्य की अनुभूति है। इसके विपरीत कुछ रूप-रंग की वस्तुएँ ऐसी होती हैं जिनकी प्रतीति या जिनकी भावना हमारे मन में कुछ देर टिकने ही नहीं पाती और एक मानसिक आपत्ति-सी जान पड़ती है। जिस वस्तु के प्रत्यक्ष ज्ञान या भावना से तदाकार परिणति जितनी ही अधिक होगी, उतनी ही वह वस्तु हमारे लिए सुंदर कही जाएगी। इस विवेचन से स्पष्ट है कि भीतर-बाहर का भेद व्यर्थ है। जो भीतर है वही बाहर है।

यही बाहर हँसता-खेलता, रोता-गाता, खिलता-मुरझाता जगत् भीतर भी है जिसे हम मन कहते हैं। जिस प्रकार यह जगत् रूपमय और गतिमय है उसी प्रकार मन भी। मन भी रूप-गति का संघात ही है। रूप मन और इंद्रियों द्वारा संघटित है या मन और इंद्रियाँ रूपों-द्वारा, इससे यहाँ प्रयोजन नहीं। हमें तो केवल यही कहना है कि हमें अपने मन का और अपनी सत्ता का बोध रूपात्मक ही होता है।

किसी वस्तु के प्रत्यक्ष ज्ञान या भावना से हमारी अपनी सत्ता के बोध का जितनी ही अधिक तिरोभाव और हमारे मन की उस वस्तु के रूप में जितनी ही पूर्ण परिणति होगी उतनी ही बढ़ी हुई हमारी सौंदर्य की अनुभूति कही जाएगी।

जिस प्रकार की रूपरेखा या वर्णविन्यास से किसी की तदाकार परिणति होती है, उसी प्रकार की रूपरेखा या वर्णविन्यास उसके लिए सुंदर है। मनुष्यता की सामान्य भूमि पर पहुँची हुई संसार की सब सभ्य जातियों में सौंदर्य के सामान्य आदर्श प्रतिष्ठित हैं। भेद अधिकतर अनुभूति की मात्रा में पाया जाता है। न सुंदर को कोई एकबारगी कुरूप कहता है और न बिलकुल कुरूप को सुंदर। जैसा कि कहा जा चुका है, सौंदर्य का दर्शन मनुष्य मनुष्य ही में नहीं करता है प्रत्युत पल्लव-गुंफित पुष्पहास में, पक्षियों के पक्षजाल में, सिंदूराभ सांध्य दिगंचल के हिरण्य-मेखला-मंडित घन-खंड में, तुषारावृत तुंग-गिरि-शिखर में, चंद्रकिरण से झलझलाते निर्झर में और न जाने कितनी वस्तुओं में वह सौंदर्य की झलक पाता है।

जिस सौंदर्य की भावना में मग्न होकर मनुष्य पृथक् अपनी सत्ता की प्रतीति का विसर्जन करता है वह अवश्य एक दिव्य विभूति है। भक्त लोग अपनी उपासना या ध्यान में इसी विभूति का अवलंबन करते हैं। तुलसी और सूर ऐसे सगुणोपासक भक्त राम और कृष्ण की सौंदर्य-भावना में मग्न होकर ऐसी मंगल-दशा का अनुभव कर गए हैं जिसके सामने कैवल्य या मुक्ति की कामना का कहीं पता नहीं लगता।

कविता केवल वस्तुओं के ही रंग-रूप में सौंदर्य की छटा नहीं दिखाती, प्रत्युत कर्म और मनोवृत्ति के भी अत्यंत मार्मिक दृश्य सामने रखती है। वह जिस प्रकार विकसित कमल, रमणी के मुखमंडल आदि का सौंदर्य मन में लाती है उसी प्रकार उदारता, वीरता, त्याग, दया, प्रेमोत्कर्ष इत्यादि कर्मों और मनोवृत्तियों का सौंदर्य भी मन में जमाती है। जिस प्रकार वह शव को नोचते हुए कुत्तों और शृगालों के बीभत्स व्यापार की झलक दिखाती है उसी प्रकार क्रूरों की हिंसावृत्ति और दुष्टों की ईर्ष्या आदि की कुरूपता से भी क्षुब्ध करती है। इस कुरूपता का अवस्थान सौंदर्य की पूर्ण और स्पष्ट अभिव्यक्ति के लिए ही समझना चाहिए। जिन मनोवृत्तियों का अधिकतर बुरा रूप हम संसार में देखा करते हैं उनका भी रूप सुंदर कविता ढूँढ़कर दिखाती है। दशवदन-निधनकारी राम के क्रोध के सौंदर्य पर कौन मोहित न होगा?

जो कविता रमणी के रूपमाधुर्य्य से हमें तृप्त करती है वही उसकी अंतर्वृत्ति की सुंदरता का आभास देकर हमें मुग्ध करती है। जिस बंकिम की लेखनी ने

गढ़ पर बैठी हुई राजकुमारी तिलोत्तमा के अंग-प्रत्यंग की सुषमा को अंकित किया है उसी ने नवाब-नंदिनी आयशा के अंतस् की अपूर्व सात्त्विकी ज्योति की झलक दिखाकर पाठकों को चमत्कृत किया है। जिस प्रकार बाह्य प्रकृति के बीच वन, पर्वत, नदी, निर्झर आदि की रूप-विभूति से हम सौंदर्य-मग्न होते हैं, उसी प्रकार अंतःप्रकृति में दया दाक्षिण्य, श्रद्धा, भक्ति आदि वृत्तियों की स्निग्ध शीतल आभा में सौंदर्य लहराता हुआ पाते हैं। यदि कहीं बाह्य और अभ्यंतर दोनों सौंदर्य का योग दिखाई पड़े तो फिर क्या कहना है। यदि किसी अत्यंत सुंदर पुरुष की धीरता, वीरता, सत्यप्रियता आदि अथवा किसी अत्यंत रूपवती स्त्री की सुशीलता, कोमलता और प्रेम-परायणता आदि भी सामने रख दी जाएँ तो सौंदर्य की भावना सर्वांगपूर्ण हो सकती है।

सुंदर और कुरूप—काव्य में बस ये ही दो पक्ष हैं। भला-बुरा, शुभ-अशुभ, पाप-पुण्य, मंगल-अमंगल, अनुपयोगी-उपयोगी—ये सब शब्द काव्यक्षेत्र के बाहर के हैं। ये नीति, धर्म, व्यवहार, अर्थशास्त्र आदि के शब्द हैं। शुद्ध काव्यक्षेत्र में न कोई बात भली कही जाती है न बुरी, न शुभ न अशुभ, न उपयोगी न अनुपयोगी। सब बातें केवल दो रूपों में दिखाई जाती हैं—सुंदर और असुंदर। जिसे धार्मिक शुभ या मंगल कहता है, कवि उसके सौंदर्य-पक्ष पर आप ही मुग्ध रहता है और दूसरों को भी मुग्ध करता है। जिसे धर्मज्ञ अपनी दृष्टि के अनुसार शुभ या मंगल समझता है, उसी को कवि अपनी दृष्टि के अनुसार सुंदर कहता है। दृष्टिभेद अवश्य है। धार्मिक की दृष्टि जीव के कल्याण, परलोक में सुख, भवबंधन से मोक्ष आदि की ओर रहती है। पर कवि की दृष्टि इन सब बातों की ओर नहीं रहती। वह इधर.देखता है जिधर सौंदर्य दिखाई पड़ता है। इतनी-सी बात ध्यान में रखने से ऐसे-ऐसे झमेलों में पड़ने की आवश्यकता बहुत कुछ दूर हो जाती है कि "कला में सत्-असत्, धर्माधर्म का विचार होना चाहिए या नहीं", "कवि को उपदेशक बनना चाहिए या नहीं।"

कवि की दृष्टि तो सौंदर्य की ओर जाती है चाहे वह जहाँ हो—वस्तुओं के रूप-रंग में अथवा मनुष्यों के मन, वचन और कर्म में। उत्कर्ष साधन के लिए, प्रभाव की वृद्धि के लिए, कवि लोग कई प्रकार के सौंदर्यों का मेल भी किया करते हैं। राम की रूपमाधुरी और रावण की विकरालता भीतर का प्रतिबिंब-सी जान पड़ती है। मनुष्य के भीतरी-बाहरी सौंदर्य के साथ चारों ओर

की प्रकृति के सौंदर्य को भी मिला देने से वर्ण का प्रभाव कभी-कभी बहुत बढ़ जाता है। चित्रकूट ऐसे रम्य स्थान में राम और भरत ऐसे रूपवानों की रम्य अंतःप्रकृति की छटा का क्या कहना है!

चमत्कारवाद

काव्य के संबंध में 'चमत्कार' अनूठापन आदि शब्द बहुत दिनों से लाए जाते हैं। चमत्कार मनोरंजन की सामग्री है, इसमें संदेह नहीं। इसमें जो लोग मनोरंजन को ही काव्य लक्ष्य समझते हैं, वे यदि कविता में चमत्कार ही ढूँढ़ा करें तो कोई आश्चर्य की बात नहीं। पर जो लोग इससे ऊँचा और गंभीर लक्ष्य समझते हैं वे चमत्कार मात्र को काव्य नहीं मान सकते। चमत्कार से हमारा अभिप्राय यहाँ प्रस्तुत वस्तु के अद्‌भुतत्व या वैलक्षण्य से नहीं जो अद्‌भुत रस के आलंबन में होता है। 'चमत्कार' से हमारा तात्पर्य उक्ति के चमत्कार से है। जिसके अंतर्गत वर्णविन्यास की विशेषता (जैसे, अनुप्रास में), शब्दों की क्रीड़ा (जैसे श्लेष, यमक आदि में), वाक्य की वक्रता या वचनभंगी (जैसे, काव्यार्थापत्ति, परिसंख्या, विरोधाभास, असंगति इत्यादि में) तथा अप्रस्तुत वस्तुओं का अद्‌भुतत्व अथवा प्रस्तुत वस्तुओं के साथ उनके सादृश्य संबंध की अनहोनी या दूरारूढ़ कल्पना (जैसे, उत्प्रेक्षा, अतिशयोक्ति आदि में) इत्यादि बातें आती हैं।

चमत्कार का प्रयोग भावुक कवि भी करते हैं, पर किसी भाव की अनुभूति को तीव्र करने के लिए। जिस रूप या जिस मात्रा में भाव की स्थिति है उसी रूप और उसी मात्रा में उसकी व्यंजना के लिए प्रायः कवियों को व्यंजना का कुछ असामान्य ढंग पकड़ना पड़ता है। बातचीत में भी देखा जाता है कि कभी-कभी हम किसी को मूर्ख न कहकर 'बैल' कह देते हैं। इसका मतलब यही है कि उसकी मूर्खता की जितनी गहरी भावना मन में है वह 'मूर्ख' शब्द से नहीं व्यक्त होती। इसी बात को देखकर कुछ लोगों ने यह निश्चय किया कि यही चमत्कार या उक्तिवैचित्र्य ही काव्य का नित्य लक्षण है। इस निश्चय के अनुसार कोई वाक्य, चाहे वह कितना ही मर्मस्पर्शी हो, यदि उक्तिवैचित्र्यशून्य है तो काव्य के अंतर्गत न होगा और कोई वाक्य जिसमें किसी भाव या कर्म-विचार की व्यंजना कुछ भी न हो पर उक्तिवैचित्र्य हो, वह खासा काव्य कहा जाएगा। उदाहरण के लिए पद्‌माकर का यह सीधा-सादा वाक्य लीजिए–

"नैन नचाय कही मुसुकाय 'लला फिर आइयो खेलन होरी'।"

अथवा मंडन का यह सवैया लीजिए–

अलि! हौं तो गई जमुना-जल को,
सो कहा कहौं, बीर! विपत्ति परी।
घहराय कै कारी घटा उनई,
इतनेई में गागर सीस धरी॥
रपट्यो पग, घाट चढ्यो न गयो,
कवि मंडन ह्वैक विहाल गिरी।
चिरजीवहु नन्द को बारो अरी,
गहि बाँह गरीब ने ठाढ़ी करी॥

इस प्रकार ठाकुर की यह अत्यंत स्वाभाविक वितर्क-व्यंजना देखिए–

वा निरमोहिन रूप की रासि जऊ उर हेतु न ठानति ह्वै है।
बारहि बार विलोकि घरी घरी सूरति तो पहचानति ह्वै है।
ठाकुर या मन को परतीति है, जो पै सनेह न मानति ह्वै है।
आवत हैं नित मेरे लिए, इतनो तो विशेष कै जानति ह्वै है।

मंडन ने प्रेम-गोपन के जो वचन कहलाए हैं, वे ऐसे ही हैं जैसे जल्दी में स्वभावतः मुँह से निकल पड़ते हैं। उनमें विदग्धता की अपेक्षा स्वाभाविकता कहीं अधिक झलक रही है। ठाकुर के सवैया में भी अपने प्रेम का परिचय देने के लिए आतुर नए प्रेमी के चित्त के वितर्क की बड़े सीधे-सादे शब्दों में, बिना किसी वैचित्र्य या लोकोत्तर चमत्कार के, व्यंजना की गई है। क्या कोई सहृदय वैचित्र्य के अभाव के कारण कह सकता है कि इनमें काव्यत्व नहीं है?

अब इनके सामने उन केवल चमत्कारवाली उक्तियों का विचार कीजिए जिसमें कहीं कोई कवि किसी राजा की कीर्ति की धवलता चारों ओर फैलती देख यह आशंका प्रकट करता है कि कहीं मेरी स्त्री के बाल भी सफेद न हो जाएँ अथवा प्रभात होने पर कौवों में काँव-काँव का कारण यह भय बताता है कि कालिमा या अंधकार का नाश करने में प्रवृत्त सूर्य कहीं उन्हें काला देख उनका भी नाश न कर दे। भोज-प्रबंध तथा और-और सुभाषित-संग्रहों में इस प्रकार की उक्तियाँ भरी पड़ी हैं। केशव की रामचंद्रिका में पचीसों ऐसे पद्य हैं जिनमें अलंकारों की भद्दी भरती के चमत्कार के सिवा हृदय को स्पर्श करनेवाली

या किसी भावना में मग्न करनेवाली कोई बात न मिलेगी। उदाहरण के लिए पताका और पंचवटी के वर्णन लीजिए।

पताका

अति सुंदर अति साधु। थिर न रहित पल आधु।
परम तपोमय मानि। दंडिधारिणी जानि॥

पंचवटी

बेर भयानक सी अति लगै। अक समूह जहाँ जगमगै॥
पांडव की प्रतिमा मन लेखौ। अर्जुन भीम महामति देखौ॥
हे सुभगा सम दीपति पूरी। सिंदुर औ तिलकावलि रूरी॥
राजति है यह ज्यों कुलकन्या। धाय विराजति है संग धन्या॥

क्या कोई भावुक इन उक्तियों को शुद्ध काव्य कह सकता है? क्या ये उसके मर्म का स्पर्श कर सकती हैं?

ऊपर दिए अवतरणों में हम स्पष्ट देखते हैं कि किसी उक्ति की तह में उसके प्रवर्त्तक के रूप में यदि कोई भाव या मार्मिक अंतर्वृत्ति छिपी है तो चाहे वैचित्र्य हो या न हो, काव्य की सरसता बराबर पाई जाएगी। पर यदि कोरा वैचित्र्य या चमत्कार ही चमत्कार है तो थोड़ी देर के लिए कुछ कुतूहल या मन-बहलाव चाहे हो जाए पर काव्य को लीन करने वाली सरसता न पाई जाएगी। केवल कुतूहल तो बालवृत्ति है। कविता सुनना और तमाशा देखना एक ही बात नहीं है। यदि सब प्रकार की कविता में केवल आश्चर्य या कुतूहल का ही संचार मानें तब तो अलग-अलग स्थायी भावों की रसरूप में अनुभूति और भिन्न-भिन्न भावों के आश्रयों के साथ तादात्म्य का कहीं प्रयोजन ही नहीं रह जाता।

यह बात ठीक है कि हृदय पर जो प्रभाव पड़ता है, उसके धर्म का जो स्पर्श होता है, वह उक्ति ही द्वारा। पर उक्ति के लिए यह आवश्यक नहीं कि वह सदा विचित्र, अद्‌भुत या लोकोत्तर हो—ऐसी हो जो सुनने में नहीं आया करती या जिसमें बड़ी दूर की सूझ होती है। ऐसी उक्ति जिसे सुनते ही मन किसी भाव या मार्मिक भावना (जैसे प्रस्तुत वस्तु का सौंदर्य आदि) में लीन न होकर एकबारगी कथन के अनूठे ढंग, वर्ण-विन्यास या पद-प्रयोग की विशेषता, दूर की सूझ, कवि की चातुरी या निपुणता इत्यादि का विचार करने लगे, वह

काव्य नहीं, सूक्ति है। बहुत से लोग काव्य और सूक्ति को एक ही समझा करते हैं पर इन दोनों का भेद सदा ध्यान में रहना चाहिए। जो उक्ति हृदय में कोई भाव जागरित कर दे या उसे प्रस्तुत वस्तु या तथ्य की मार्मिक भावना में लीन कर दे, वह तो है काव्य। जो उक्ति केवल कथन के ढंग के अनूठेपन; रचना वैचित्र्य, चमत्कार, कवि के श्रम या निपुणता के विचार में ही प्रवृत्त करे, वह है सूक्ति।

यदि किसी उक्ति में रसात्मकता और चमत्कार दोनों हों तो प्रधानता का विचार करके सूक्ति या काव्य का निर्णय हो सकता है। जहाँ उक्ति में अनूठापन अधिक मात्रा में होने पर भी उसकी तह में रहनेवाला भाव आच्छन्न नहीं हो जाता, वहाँ भी काव्य ही माना जाएगा। जैसे देव का यह सवैया लीजिए–

साँसन में ही समीर गयो अरु आँसुन ही सब नीर गयो ढरि।
तेज गयो गुन लै अपनी अरु भूमि गई तन की तनुता करि॥
देव जियै मिलिबेई की आस कै, आसहु पास अकास रह्यौ भरि॥
जा दिन तें मुखि फेरि हरै हँसि हेरि हियो जो लिए हरि जू हरि॥

सवैये का अर्थ यह है कि वियोग में उस नायिका के शरीर को संघटित करने वाले पंचभूत धीरे-धीरे निकलते जा रहे हैं। वायु दीर्घ निःश्वासों के द्वारा निकल गई, जलतत्त्व सारा आँसुओं ही आँसुओं में ढल गया, तेज भी न रह गया–शरीर की सारी दीप्ति या कांति जाती रही, पार्थिव तत्त्व के निकल जाने से शरीर भी क्षीण हो गया; अब तो उसके चारों ओर आकाश ही आकाश रह गया है–चारों ओर शून्य दिखाई पड़ रहा है। जिस दिन से श्रीकृष्ण ने उसकी ओर मुँह फेर कर ताका है और मंद-मंद हँसकर उसके मन को हर लिया है, उसी दिन से उसकी यह दशा है।

इस वर्णन में देवजी ने विरह की भिन्न-भिन्न दशाओं में चार भूतों को निकलने की बड़ी सटीक उद्भावना की है। आकाश का अस्तित्व भी बड़ी निपुणता से चरितार्थ किया है। यमक, अनुप्रास आदि भी है। सारांश यह कि उनकी उक्ति में एक पूरी सावयव कल्पना है, मजमून की पूरी बंदिश है, पूरा चमत्कार या अनूठापन है। पर इस चमत्कार के बीच में भी विरह वेदना स्पष्ट झलक रही है, उसकी चकाचौंध में अदृश्य नहीं हो गई है। इसी प्रकार मतिराम के इस

सवैये की पिछली दो पंक्तियों में वर्षा के रूपक का जो व्यंग्य-चमत्कार है वह भाव-सबलता के साथ अनूठे ढंग से गुम्फित है—

दोऊ अनन्द सौं आँगन माँझ।
बिराजैं असाढ़ की साँझ सुहाई।
प्यारी के बूझत और तिया को।
अचानक नाम लियो रसिकाई॥
आई उनै मुँह में हँसी।
कोहि तिया पुनि चाप सी भौंह चढ़ाई॥
आँखिन ते गिरे आँसू के बूँद।
सुहास गयो उड़ि हंस की नाई॥

इसके विरुद्ध बिहारी को उन उक्तियों में विरहिणी के शरीर के पास ले जाते ले जाते शीशी का गुलाबजल सूख जाता है, उसके विरह-ताप की लपट के मारे माघ के महीने में भी पड़ोसियों का रहना कठिन हो जाता है, कृशता के कारण विरहिणी साँस खींचने के साथ दो-चार हाथ पीछे और साँस छोड़ने के दो-चार हाथ आगे उड़ जाती है, अत्युक्ति का एक बड़ा तमाशा ही खड़ा किया गया है। कहाँ यह सब मज़ाक, कहाँ विरह वेदना!

यह कहा जा चुका है कि उमड़ते हुए भाव की प्रेरणा से अकसर कथन के ढंग में कुछ वक्रता आ जाती है। ऐसी वक्रता काव्य की प्रक्रिया के भीतर रहती है। उसका अनूठापन भाव-विधान के बाहर की वस्तु नहीं। उदाहरण के लिए दासजी की ये दशासूचक उक्तियाँ लीजिए—

अब तौ बिहारी के वे बानक गए री,
तेरी तनदुति-केसर को नैन कसमीर भो।
श्रौन तुव बानी स्वांति-बूँदन के चातक भो,
साँसन को भरिबो द्रुपदजा को चीर भो॥
हिय को हरष मरु धरनि को नीर भो,
री! जियरो मनोभव-शरन को तुनीर भो।
एरी! बेगि करिकै मिलापु थिर थापु,
न तौ आपु अब चहत अतनु को सरीर भो॥

ऐसी ही भाव-प्रेरित वक्रता द्विजदेव की इस मनोहर उक्ति में है—

तू जो कही, सखि! लोनो सरूप,
सो मो अँखियान को लोनी गई लगि।

प्रेम के स्फुरण की विलक्षण अनुभूति नायिका को हो रही है—कभी आँसू आते हैं, कभी अपनी दशा पर अचरज होता है, कभी हल्की-सी हँसी भी आ जाती है कि अच्छी बला मैंने मोल ली। इसी बीच अपनी अंतरंग सखी को सामने पाकर किंचित् विनोद-चातुरी की भी प्रवृत्ति होती है। ऐसी जटिल अन्तर्वृत्ति द्वारा प्रेरित उक्ति में विचित्रता आ ही जाती है। ऐसी चित्तवृत्तियों के अवसर घड़ी-घड़ी नहीं आया करते। सूरदासजी का 'भ्रमरगीत' ऐसी भाव-प्रेरित वक्र उक्तियों से भरा पड़ा है।

उक्ति की वहीं तक की वचनभंगी या वक्रता के संबंध में हमसे कुंतकजी का 'वक्रोक्तिः काव्यजीवितम्' मानते बनता है, जहाँ तक कि वह भावानुमोदित हो या किसी मार्मिक अंतर्वृत्ति से संबद्ध हो; उसके आगे नहीं। कुंतकजी की वक्रता बहुत व्यापक है जिसके अंतर्गत वे वाक्य-वैचित्र्य की वक्रता और वस्तुवैचित्र्य की वक्रता दोनों लेते हैं। सालंकृत वक्रता के चमत्कार ही में वे काव्यत्व मानते हैं। यूरोप में भी आजकल क्रोसे के प्रभाव से एक प्रकार का वक्रोक्तिवाद जोर पर है। विलायती वक्रोक्तिवाद लक्षण-प्रधान है। लाक्षणिक चपलता और प्रगल्भता में ही; उक्ति के काव्य अनूठे स्वरूप में ही, बहुत से लोग वहाँ कविता मानने लगे हैं। उक्ति ही होती है, यह तो सिद्ध बात है। हमारे यहाँ भी व्यंजक वाक्य ही काव्य माना जाता है। अब प्रश्न यह है कि कैसी उक्ति, किस प्रकार की व्यंजना करनेवाला वाक्य? वक्रोक्तिवादी कहेंगे कि ऐसी उक्ति जिसमें कुछ वैचित्र्य या चमत्कार हो, व्यंजना चाहे जिसकी हो, या किसी ठीक-ठीक बात की न भी हो पर जैसा कि हम कह चुके हैं, मनोरंजन मात्र काव्य का उद्देश्य न माननेवाले इस बात का समर्थन करने में असमर्थ होंगे। वे किसी लक्षण में उसका प्रयोजन अवश्य ढूँढ़ेंगे।

कविता की भाषा

कविता में कही गई बात चित्र-रूप में हमारे सामने आनी चाहिए, यह हम पहले कह आए हैं। अतः उसमें गोचर-रूपों का विधान अधिक होता है। वह प्रायः ऐसे रूपों और व्यापारों को ही लेती है जो स्वाभाविक होते हैं और संसार में

सबसे अधिक मनुष्यों को सबसे अधिक दिखाई पड़ते हैं।

अगोचर बातों या भावनाओं को भी, जहाँ तक हो सकता है, कविता स्थल गोचर रूप में रखने का प्रयास करती है। इस मूर्ति-विधान के लिए वह भाषा की लक्षण-शक्ति से काम लेती है। जैसे, "समय बीता जाता है" कहने की अपेक्षा "समय भागा जाता है" कहना वह अधिक पसन्द करेगी। किसी काम से हाथ खींचना, किसी का रुपया खा जाना, कोई बात पी जाना, दिन ढलना या डूबना, मन मारना, मन छूना, शोभा बरसना, उदासी टपकना इत्यादि ऐसी ही कवि-समय-सिद्ध उक्तियाँ हैं जो बोलचाल में रूढ़ि होकर आ गई हैं। लक्षण-द्वारा स्पष्ट और सजीव आकार-प्रदान का विधान प्रायः सब देशों के कवि-कर्म में पाया जाता है। कुछ उदाहरण देखिए–

(क) **धन्य भूमि वनपंथ पहारा। जहँ जहँ नाथ पाँव तुम धारा।**–तुलसी

(ख) **मनहु उमगि अँग अँग छबि छलकै।**–तुलसी

(ग) **चूनरि चारु चुई सी परै।**

(घ) **बनन में बागन में बगरो बसंत है।**–पद्माकर

(ङ) **वृंदावन-बागन पै बसंत बरसो परै।**–पद्माकर

(च) **हौं तो श्यामरंग में चोराय,**
चित्त चोराचोरी बोरत तो बोरयो पै निचोरत वनै नहीं।–पद्माकर

(छ) **एहो नन्दलाल ऐसी व्याकुल परी है बाल,**
हाल ही चलौ तो चलौ, जोरे, जुरि जाएगी।
कहै पद्माकर नहीं तौ ये झकोरे लगे,
ओरे लौं अचाका बिनु घोरे घुरि जाएगी।
तौ ही लगि चैन जौलौं चेतिहै न चंद्रमुखी,
चेतैगी कहूँ तौ चाँदनी में चुरि जाएगी।

इन उदाहरणों से स्पष्ट है कि वस्तु या तथ्य के पूर्ण प्रत्यक्षीकरण तथा भाव या मार्मिक अंतर्वृत्ति के अनुरूप व्यंजना के लिए लक्षण का बहुत कुछ सहारा कवि को लेना पड़ता है।

भावना को मूर्त्त रूप में रखने की आवश्यकता के कारण कविता की भाषा में दूसरी विशेषता यह रहती है कि उसमें जाति-संकेत वाले शब्दों की अपेक्षा

विशेष-रूप-व्यापार सूचक शब्द अधिक रहते हैं। बहुत से ऐसे शब्द होते हैं जिनसे किसी एक का नहीं बल्कि बहुत से रूपों या व्यापारों का एक साथ चलता-सा अर्थग्रहण हो जाता है। ऐसे शब्दों को हम जाति-संकेत कह सकते हैं। ये मूर्ति विधान के प्रयोजन के नहीं होते। किसी ने कहा "वहाँ बड़ा अत्याचार हो रहा है।" इस अत्याचार शब्द के अंतर्गत मारना-पीटना, डाँटना-डपटना, लूटना-पाटना इत्यादि बहुत से व्यापार हो सकते हैं, अतः 'अत्याचार' शब्द के सुनने से उन सब व्यापारों की एक मिली-जुली अस्पष्ट भावना थोड़ी देर के लिए मन में आ जाती है; कुछ विशेष व्यापारों का स्पष्ट चित्र या मूर्त्तरूप नहीं खड़ा होता। इससे ऐसे शब्द कविता के उतने काम के नहीं। ये तत्त्व-निरूपण, शास्त्रीय विचार आदि में ही अधिक उपयोगी होते हैं। भिन्न-भिन्न शास्त्रों में बहुत से शब्द तो विलक्षण ही अर्थ देते हैं और पारिभाषिक कहलाते हैं। शास्त्र मीमांसिक या तत्त्व-निरूपक को किसी सामान्य तथ्य या तत्त्व तक पहुँचने की जल्दी रहती है, इससे वह किसी सामान्य धर्म के अंतर्गत आनेवाली बहुत-सी बातों को एक मानकर अपना काम चलाता है; प्रत्येक का अलग-अलग दृश्य देखने-दिखाने में नहीं उलझता।

पर कविता कुछ वस्तुओं और व्यापारों को मन के भीतर मूर्त्त रूप में लाना और प्रभाव उत्पन्न करने के लिए कुछ देर रखना चाहती है। अतः उक्त प्रकार के व्यापक अर्थ-संकेतों से ही उसका काम नहीं चल सकता। इससे जहाँ उसे किसी स्थिति का वर्णन करना रहता है, वहाँ वह उसके अंतर्गत सबसे अधिक मर्मस्पर्शिनी कुछ विशेष वस्तुओं या व्यवहारों को लेकर उनका चित्र खड़ा करने का आयोजन करती है। यदि कहीं किसी के घोर अत्याचार का वर्णन करना होगा तो वह कुछ निरपराध व्यक्तियों के वध, भीषण यंत्रणा, स्त्री-बच्चों पर निष्ठुर प्रहार आदि क्षोभकारी दृश्य सामने रखेगी। "वहाँ घोर अत्याचार हो रहा है" इस वाक्य द्वारा वह कोई प्रभाव नहीं उत्पन्न कर सकती। अत्याचार शब्द के अंतर्गत न जाने कितने व्यापार आ सकते हैं, अतः उसे सुनकर या पढ़कर संभव है कि भावना में एक भी व्यापार स्पष्ट रूप से न आए या आए भी तो ऐसा जिसमें मर्म को क्षुब्ध करने की शक्ति न हो।

उपर्युक्त विचार से ही किसी व्यवहार या शास्त्र के पारिभाषिक शब्द भी

काव्य में लाए जाने योग्य नहीं माने जाते। हमारे यहाँ के आचार्यों ने पारिभाषिक शब्दों के प्रयोग में 'अप्रतीतत्व' दोष माना है। पर दोष स्पष्ट होते हुए भी चमत्कार के प्रेमी कब मान सकते हैं? संस्कृत के अनेक कवियों ने वेदांत, आयुर्वेद, न्याय के पारिभाषिक शब्दों को लेकर बड़े-बड़े चमत्कार खड़े किए हैं वा अपनी बहुज्ञता दिखाई है। हिंदी के किसी मुकदमेबाज कवित्त कहने वाले ने 'प्रेम फौजदारी' नाम की एक छोटी-सी पुस्तक में शृंगार रस की बातें अदालती कार्रवाइयों पर घटाकर लिखी हैं। 'एक तरफा डिगरी' 'तनकीह' ऐसे-ऐसे शब्द चारों ओर अपनी बहार दिखा रहे हैं, जिन्हें सुनकर कुछ अशिक्षित या भद्दी रुचिवाले वाह-वाह भी कर देते हैं।

शास्त्र के भीतर निरूपित तथ्य को भी जब कोई कवि अपनी रचना के भीतर लेता है, तब वह पारिभाषिक तथा अधिक व्याप्तिवाले जाति-संकेत शब्दों को हटाकर उस तथ्य को व्यंजित करने वाले कुछ विशेष मार्मिक रूपों और व्यापारों का चित्रण करता है। कवि गोचर और मूर्त्त रूपों द्वारा ही अपनी बात कहता है। उदाहरण के लिए गोस्वामी तुलसीदास जी के ये वचन लीजिए–

जेहि निसि सकल जीव सूतहिं तब कृपापात्र जन जागै।

इसमें माया में पड़े हुए जीव की अज्ञान दशा का काव्य-पद्धति पर कथन है। और देखिए। प्राणी आयु भर क्लेश-निवारण और सुख-प्राप्ति का प्रयास करता रह जाता है और कभी वास्तविक सुख-शांति प्राप्त नहीं करता; इस बात को गोस्वामी जी यों सामने रखते हैं–

डासत ही गई बीति निसा सब,
कबहुँ न नाथ! नींद भर सोयो।

भविष्य का ज्ञान अत्यंत अद्‌भुत और रहस्यमय है। जिसके कारण प्राणी आनेवाली विपत्ति की कुछ भी भावना न करके अपनी दशा में मग्न रहता है। इस बात को गोस्वामीजी ने 'चरै हरित तृन बलिपशु' इस चित्र द्वारा व्यक्त किया है। अँगरेज कवि पोप ने भी भविष्य के अज्ञान का यही मार्मिक चित्र लिया है, यद्यपि उसने इस अज्ञान को ईश्वर का बड़ा भारी अनुग्रह कहा है–

उस बलिपशु को देख आज जिसका तू, रे नर!
अपने रँग में रक्त बहाएगा वेदी पर।
होता उसको ज्ञान कहीं तेरा है जैसा,

क्रीड़ा करता कभी उछलता फिरता ऐसा?
अंतकाल तक हरा-हरा चारा चभलाता॥
हनन हेतु उस उठे हाथ को चाटे जाता।
आगम का अज्ञान ईश का परम अनुग्रह॥[1]

बातचीत में भी जब किसी को अपने कथन द्वारा कोई मार्मिक प्रभाव उत्पन्न करना होता है, तब वह इसी पद्धति का अवलंबन करता है। यदि अपनी पत्नी पर अत्याचार करने वाले किसी व्यक्ति को उसे समझाना है तो वह कहेगा "कि तुमने इसका हाथ पकड़ा है।" यह न कहेगा कि "तुमने इसके साथ विवाह किया है।" विवाह शब्द के अंतर्गत न जाने कितने विधि-विधान हैं जो सबके सब एकबारगी मन में आ भी नहीं सकते और उतने व्यंजक या मर्मस्पर्शी भी नहीं होते। अतः कहने वाला उनमें से जो सबसे अधिक व्यंजक और स्वाभाविक व्यापार 'हाथ पकड़ना' है, जिससे सहारा देने का चित्र सामने आता है, उसे भावना में लाता है।

तीसरी विशेषता कविता की भाषा में वर्ण-विन्यास की है। "शुष्को वृक्षस्तिष्ठत्यग्रे" और "नीरस तरुरिह विलसति पुरतः" का भेद हमारी पण्डितमण्डली में बहुत दिनों से प्रसिद्ध चला आता है। काव्य एक बहुत ही व्यापक कला है। जिस प्रकार मूर्त विधान के लिए कविता चित्र-विद्या की प्रणाली का अनुसरण करती है उसी प्रकार नाद-सौष्ठव के लिए वह संगीत का कुछ-कुछ सहारा लेती है। श्रुति-कटु मानकर कुछ वर्णों का त्याग, वृत्तिविधान, लय, अन्त्यानुप्रास आदि नाद-सौंदर्य-साधन के लिए ही हैं। नाद-सौष्ठव के निमित्त निरूपित वर्ण-विशिष्टता को हिन्दी के हमारे कुछ पुराने कवि इतनी दूर तक घसीट ले गए कि उनकी बहुत-सी रचना बेडौल और भावशून्य हो गईं। उसमें अनुप्रास की लंबी लड़ी—वर्ण-विशेष की निरंतर आवृत्ति—के सिवा और किसी बात पर ध्यान नहीं जाता। जो बात भाव या रस की धारा का मन के भीतर अधिक प्रसार करने

---

1. The lamb thy riot dooms to bleed today,
Had he the reason, would he skip and play?
Pleased to the last he crops the flow'ry, food,
And licks the hand Just raised to shed his blood,
The blindness to the future kindly given.

—Essay on Man.

के लिए थी, वह अलग चमत्कार या तमाशा खड़ा करने के लिए काम में लाई गई।

नाद-सौंदर्य से कविता की आयु बढ़ती है। तालपत्र, भोजपत्र, कागज आदि का आश्रय छूट जाने पर भी वह बहुत दिनों तक लोगों की जिह्वा पर नाचती रहती है। बहुत-सी उक्तियों को लोग, उनके अर्थ की रमणीयता इत्यादि की ओर ध्यान ले जाने का कष्ट उठाए बिना ही, प्रसन्नचित्त रहने पर गुनगुनाया करते हैं। अतः नाद-सौंदर्य का योग भी कविता का पूर्ण स्वरूप खड़ा करने के लिए कुछ न कुछ आवश्यक होता है। इसे हम बिलकुल हटा नहीं सकते। जो अन्त्यानुप्रास को फालतू समझते हैं, वे छंद को पकड़े रहते हैं, जो छंद को भी फालतू समझते हैं, वे लय में ही लीन होने का प्रयास करते हैं। संस्कृत से संबंध रखने वाली भाषाओं में नाद-सौंदर्य के समावेश के लिए बहुत अवकाश रहता है। अतः अँगरेजी आदि अन्य भाषाओं की देखा-देखी, जिनमें इनके लिए कम जगह है, अपनी कविता को हम इस विशेषता से वंचित कैसे कर सकते हैं?

हमारी काव्यभाषा में एक चौथी विशेषता भी है जो संस्कृत से ही आई है। वह यह है कि कहीं-कहीं व्यक्तियों के नामों के स्थान पर उनके रूप-गुण या कार्य बोधक शब्दों का व्यवहार किया जाता है। ऊपर से देखने में तो पद्य के नपे हुए चरणों में शब्द खपाने के लिए ही ऐसा किया जाता है, पर थोड़ा विचार करने पर इसमें गुरुतर उद्देश्य प्रकट होता है। सच पूछिए तो यह बात कृत्रिमता बचाने के लिए की जाती है। मनुष्यों के नाम यथार्थ में कृत्रिम संकेत हैं जिनसे कविता की पूर्ण परिपोषकता नहीं होती। अतएव कवि मनुष्यों के नामों के स्थान पर कभी-कभी उनके ऐसे रूप, गुण या व्यापार की ओर इशारा करता है जो स्वाभाविक और अर्थगर्भित होने के कारण सुनने वाले की भावना के निर्माण में योग देते हैं। गिरिधर, मुरारि, त्रिपुरारि, दीनबंधु, चक्रपाणि, मुरलीधर, सव्यसाची इत्यादि शब्द ऐसे ही हैं।

ऐसे शब्दों को चुनते समय इस बात का ध्यान रखना चाहिए कि वे प्रकरण-विरुद्ध या अवसर के प्रतिकूल न हों। जैसे, यदि कोई मनुष्य किसी दुर्धर्ष अत्याचारी के हाथ से छुटकारा पाना चाहता हो तो उसके लिए "हे गोपिकारमण! हे वृंदावनबिहारी!" आदि कहकर कृष्ण को पुकारने की अपेक्षा "हे मुरारि! हे कंसनिकंदन!" आदि संबोधनों से पुकाराना अधिक उपयुक्त है; क्योंकि श्रीकृष्ण

के द्वारा कंस आदि दुष्टों का मारा जाना देखकर उसे उनसे अपनी रक्षा की आशा होती है, न कि उनका वृंदावन में गोपियों के साथ विहार करना देखकर। इसी तरह किसी आपत्ति से उद्धार पाने के लिए कृष्ण को 'मुरलीधर' कहकर पुकारने की अपेक्षा 'गिरधर' कहना अधिक अर्थसंगत है।

अलंकार

कविता में भाषा की सब शक्तियों से काम लेना पड़ता है। वस्तु या व्यापार की भावना चटकीली करने और भाव को अधिक उत्कर्ष पर पहुँचाने के लिए कभी किसी वस्तु का आकार या गुण बहुत बढ़ाकर दिखाना पड़ता है; कभी उसके रूप-रंग या गुण की भावना को उसी प्रकार के और रूप-रंग मिलाकर तीव्र करने के लिए समान रूप और धर्मशाली और-और वस्तुओं को सामने लाकर रखना पड़ता है। कभी-कभी बात को भी घुमा-फिराकर कहना पड़ता है। इस तरह के भिन्न-भिन्न विधान और कथन के ढंग अलंकार कहलाते हैं। इनके सहारे से कविता अपना प्रभाव बहुत कुछ बढ़ाती है। कहीं-कहीं तो इनके बिना काम ही नहीं चल सकता। पर साथ ही यह भी स्पष्ट है कि ये साधन हैं; साध्य नहीं। साध्य को भुलाकर इन्हीं को साध्य मान लेने से वह कविता ही नहीं रह जाती। पुरानी कविता में कहीं-कहीं इस बात के उदाहरण मिल जाते हैं।

अलंकार चाहे अप्रस्तुत वस्तु-योजना के रूप में हों (जैसे, उपमा, रूपक, उत्प्रेक्षा इत्यादि में) चाहे वाक्य-वक्रता के रूप में (जैसे, अप्रस्तुत-प्रशंसा परिसंख्या, व्याज-स्तुति, विरोध इत्यादि में); चाहे वर्ण-विन्यास के रूप में (जैसे, अनुप्रास में) लाए जाते हैं, वे प्रस्तुत भाव या भावना के उत्कर्ष-साधन के लिए ही मुख के वर्णन में जो कमल, चंद्र आदि सामने रखे जाते हैं वह इसीलिए जिनमें इनकी वर्ण रुचिरता, कोमलता, दीप्ति इत्यादि के योग से सौंदर्य की भावना और बढ़े। सादृश्य या साधर्म्य दिखाना उपमा, उत्प्रेक्षा इत्यादि का प्रकृत लक्ष्य नहीं है। इस बात को भूलकर कवि-परंपरा में बहुत से ऐसे उपमान चला दिए गए हैं जो प्रस्तुत भावना में सहायता पहुँचाने के स्थान पर बाधा डालते हैं। जैसे, नायिका का अंग-वर्णन सौंदर्य की भावना प्रतिष्ठित करने के लिए ही किया जाता है। ऐसे वर्णन में यदि कटि का प्रसंग आने पर भिड़ या सिंह की कमर सामने कर दी जाएगी तो सौंदर्य की भावना में क्या वृद्धि होगी? प्रभात के सूर्यबिंब के

संबंध में इस कथन से कि "है शोणित-कलित कपाल यह किल कापालिक काल को" अथवा शिखर की तरह उठे हुए मेघखंड के ऊपर उदित होते हुए चंद्रबिंब के संबंध में इस उक्ति से कि "मनहुँ क्रमेलक-पीठि पै धर्‌यो गोल घंटा लसत", दूर की सूझ चाहे प्रकट हो, पर प्रस्तुत सौंदर्य की भावना की कुछ भी पुष्टि नहीं होती।

पर जो लोग चमत्कार ही को काव्य का स्वरूप मानते हैं, वे अलंकार को काव्य का सर्वस्व कहा ही चाहें। चंद्रालोककार तो कहते हैं कि–

अंगीकरोति यः काव्यं शब्दार्थावनलंकृती।
असौ न मन्यते कस्मादनुष्णमनलं कृती॥

भरत मुनि ने रस की प्रधानता की ओर ही संकेत किया था; पर भामह, उद्‌भट आदि प्राचीन आचार्यों ने वैचित्र्य का पल्ला पकड़ अलंकार को प्रधानता दी। इनमें बहुतेरे अचार्यों ने अलंकार शब्द का प्रयोग व्यापक अर्थ में–रस, रीति, गुण आदि काव्य में प्रयुक्त होनेवाली सारी सामग्री के अर्थ में–किया है। पर ज्यों-ज्यों शास्त्रीय विचार गंभीर और सूक्ष्म होता गया त्यों-त्यों साध्य और साधनों को विविक्त करके काव्य के नित्य स्वरूप या मर्म-शरीर का अलग निकालने का प्रयास बढ़ता गया। रुद्रट और मम्मट के समय से ही काव्य को प्रकृत स्वरूप उभरते-उभरते विश्वनाथ महापात्र के साहित्य-दर्पण में साफ ऊपर आ गया।

प्राचीन गड़बड़झाला मिटे बहुत दिन हो गए। वर्ण्य-वस्तु और वर्णन-प्रणाली बहुत दिनों से एक-दूसरे से अलग कर दी गई है। प्रस्तुत-अप्रस्तुत के भेद ने बहुत-सी बातों के विचार और निर्णय के सीधे रास्ते खोल दिए हैं। अब यह स्पष्ट हो गया है कि अलंकार प्रस्तुत वर्ण्य-वस्तु नहीं; बल्कि वर्णन की भिन्न-भिन्न प्रणालियाँ हैं, कहने के खास-खास ढंग हैं। पर प्राचीन अव्यवस्था के स्मारक-स्वरूप कुछ अलंकार ऐसे चले आ रहे हैं, जो वर्ण्य-वस्तु का निर्देश करते हैं, और अलंकार नहीं कहे जा सकते–जैसे स्वभावोक्ति, उदात्त, अत्युक्ति। स्वभावोक्ति अलंकार को लेकर कुछ अलंकार प्रेमी कह बैठते हैं कि प्रकृति का वर्णन भी तो स्वभावोक्ति अलंकार ही है। पर स्वभावोक्ति उस कोटि में आ ही नहीं सकती। अलंकार वर्णन करने की प्रणाली है। चाहे जिस वस्तु या तथ्य के कथन को हम किसी अलंकार-प्रणाली के अंतर्गत ला सकते हैं। किसी वस्तु-विशेष से किसी अलंकार-प्रणाली का संबंध नहीं हो सकता। किसी तथ्य तक वह परिमित नहीं रह सकती।

वस्तु-निर्देश अलंकार का काम नहीं, रस-व्यवस्था का विषय है। किन-किन वस्तुओं, चेष्टाओं, या व्यापारों का वर्णन किन-किन रस के विभावों और अनुभावों के अंतर्गत आएगा, इसकी सूचना रसनिरूपण के अंतर्गत ही हो सकती है।

अलंकारों के भीतर स्वभावोक्ति का ठीक-ठीक क्षण-निरूपण हो भी नहीं सका है। काव्यप्रकाश की कारिका में यह लक्षण दिया गया है–

स्वभावोक्तिस्तु डिम्भादेः स्वक्रिया रूप-वर्णनम्

अर्थात्–"जिसमें बालकादिकों की निज की क्रिया का रूप का वर्णन हो वह स्वभावोक्ति है।" प्रथम तो बालकादिक पद की व्याप्ति कहाँ तक है, यही स्पष्ट नहीं। अतः यही समझा जा सकता है कि सृष्टि की वस्तुओं के रूप और व्यापार का वर्णन स्वभावोक्ति है। खैर, बालक की रूपचेष्टा को लेकर ही स्वभावोक्ति की अलंकारता पर विचार कीजिए। वात्सल्य में बालक के रूप आदि का वर्णन आलंबन विभाव के अंतर्गत और उसकी चेष्टाओं का वर्णन उद्दीपन विभाव के अंतर्गत होगा। प्रस्तुत वस्तु की रूप-क्रिया आदि के वर्णन को रस-क्षेत्र से घसीटकर अलंकार-क्षेत्र में हम कभी नहीं ले जा सकते। मम्मट ही के ढंग के और आचार्यों के लक्षण भी हैं। अलंकार-सर्वस्वकार राजानक रुय्यक कहते हैं–

सूम वस्तु-स्वभाव यथावद्वर्णनं स्वभावोक्तः।

आचार्य दंडी ने अवस्था की योजना करके यह लक्षण लिखा है–

नानावस्थं पदार्थानां रूपं साक्षाद्विवृण्वती।
स्वभावोक्तिश्च जानिश्चेत्याद्या सालंकृतिर्यथा॥

बात यह है कि स्वभावोक्ति अलंकारों के भीतर आ ही नहीं सकती। वक्रोक्तिवादी कुन्तक ने भी इसे अलंकार नहीं माना है।

जिस प्रकार एक कुरूप स्त्री अलंकार लादकर सुंदर नहीं हो सकती, उसी प्रकार प्रस्तुत या तथ्य की रमणीयता के अभाव में अलंकारों का ढेर काव्य का सजीव स्वरूप नहीं खड़ा कर सकता। केशवदास के पचीसों पद्य ऐसे रखे जा सकते हैं जिनमें यहाँ से वहाँ तक उपमाएँ और उत्प्रेक्षाएँ भरी हैं, शब्दसाम्य के बड़े खेल-तमाशे जुटाए गए हैं, पर उनके द्वारा कोई मार्मिक अनुभूति नहीं उत्पन्न होती। इन्हें कोई सहृदय या भावुक काव्य न कहेगा। आचार्यों ने भी अलंकारों को 'काव्य शोभाकर', 'शोभातिशायी' आदि ही कहा है। महाराज भोज

भी अलंकार को 'अलमर्थमलंकर्त्तुः' ही कहते हैं। पहले से सुंदर अर्थ को ही अलंकार शोभित कर सकता है। सुदर अर्थ की शोभा बढ़ाने में जो अलंकार प्रयुक्त नहीं वे काव्यालंकार नहीं। वे ऐसे ही हैं जैसे शरीर पर से उतारकर किसी अलग कोने में रखा हुआ गहनों का ढेर। किसी भाव या मार्मिक भावना से असंपृक्त अलंकार चमत्कार या तमाशे हैं। चमत्कार विवेचन पहले हो चुका है।

अलंकार हैं क्या! सूक्ष्म दृष्टिवालों ने काव्यों के सुंदर-सुंदर स्थल चुने और उनकी रमणीयता के कारणों की खोज करने लगे। वर्णन शैली या कथन की पद्धति में ऐसे लोगों को जो-जो विशेषताएँ मालूम होती गईं, उनका वे नामकरण करते गए। जैसे, 'विकल्प' अलंकार का निरूपण पहले-पहल राजानक रुय्यक ने किया। कौन कह सकता है कि काव्यों में जितने रमणीय स्थल हैं, सब ढूँढ़ डाले गए, वर्णन की जितनी सुंदर प्रणालियाँ हो सकती हैं, सब निरूपित हो गईं अथवा जो-जो स्थल रमणीय लगे, उनकी रमणीयता का कारण वर्णन प्रणाली थी। आदिकाव्य रामायण से लेकर इधर तक के काव्यों में न जाने कितनी विचित्र प्रणालियाँ भरी पड़ी हैं, जो न निर्दिष्ट की गई हैं और न जिनके कुछ नाम रखे गए हैं।

कविता पर अत्याचार

कविता पर अत्याचार भी बहुत कुछ हुआ है। लोभियों, स्वार्थियों और खुशामदियों ने उसका गला दबाकर कहीं अपात्रों की—आसमान पर चढ़ाने वाली—स्तुति कराई है, कहीं द्रव्य न देने वालों की निराधार निन्दा। ऐसी तुच्छ वृत्तिवालों का अपवित्र हृदय है। कविता के निवास के योग्य नहीं। कविता देवी के मंदिर ऊँचे खुले, विस्तृत और पुनीत हृदय हैं। सच्चे कवि राजाओं की सवारी, ऐश्वर्य की सामग्री में ही सौंदर्य नहीं ढूँढ़ा करते। वे फूस के झोंपड़ों, धूल-मिट्टी में सने किसानों, बच्चों के मुँह में चारा डालते हुए पक्षियों, दौड़ते हुए कुत्तों और चोरी करती हुई बिल्लियों में कभी-कभी सौंदर्य का दर्शन करते हैं जिसकी छाया भी महलों और दरबारों तक नहीं पहुँच सकती। श्रीमानों के शुभागमन पर पद्य बनाना, बात-बात में उनको बधाई देना, कवि का काम नहीं। जिनके रूप या कर्म-कलाप जगत् और जीवन के बीच में उसे सुंदर लगते हैं, उन्हीं के वर्णन में वह 'स्वांतः सुखाय' प्रवृत्त होता है।

कविता की आवश्यकता

मनुष्य के लिए कविता इतनी प्रयोजनीय वस्तु है कि संसार की सभ्य-असभ्य सभी जातियों में, किसी न किसी रूप में, पाई जाती है। चाहे इतिहास न हो, विज्ञान न हो, दर्शन न हो, पर कविता का प्रचार अवश्य रहेगा। बात यह है कि मनुष्य अपने ही व्यापारों का ऐसा सघन और जटिल मंडल बाँधता चला आ रहा है जिसके भीतर बँधा-बँधा वह शेष सृष्टि के साथ अपने हृदय का संबंध भूला-सा रहता है। इस परिस्थिति में मनुष्य को अपनी मनुष्यता खोने का डर बराबर रहता है। इसी से अंतःप्रकृति में मनुष्यता को समय-समय पर जगाते रहने के लिए कविता मनुष्य जाति के साथ लगी चली आ रही है और चली चलेगी। जानवरों को इसकी जरूरत नहीं।

नवीन यथार्थवाद

नंददुलारे वाजपेयी

उन्नीसवीं शताब्दी में विशेषकर फ्रांस के कलाकारों ने रोमेंटिसिज्म की कल्पनाशीलता के विरुद्ध यथार्थ और वास्तविक की पुकार उठाई और कथा-साहित्य के अंतर्गत यथार्थवाद, यथातथ्यवाद और प्रकृतिवाद का प्रवेश कराया। इन निर्माताओं का कथन था कि विक्टर ह्यूगो जैसा कल्पनावादी लेखक मिट्टी की भीत पर मूल्यवान चित्र बनाने का-सा मूढ़ प्रयत्न कर रहा है। चित्र कितने ही सुंदर हों, परंतु जब भित्ति ही कमजोर और अस्थायी है तब उन चित्रों का मूल्य ही क्या! आदर्शवादियों के लिए उनका प्रसिद्ध वाक्य था "They are riding on horseback over vacuum" अर्थात् 'वे शून्य में घोड़े दौड़ा रहे हैं।'

परंतु यथार्थवाद और प्रकृतिवाद के नाम पर जिस नवीनवाद या साहित्यशैली का विकास हुआ, उसमें भी क्रमशः जीवन के स्वस्थ उपकरणों का अभाव दिखाई पड़ने लगा। सत्य और यथार्थ के नाम पर जो रचनाएँ प्रस्तुत की गईं, उनमें प्रायः विकृत और असंतुलित चरित्रों की जीवन-गाथा रहा करती थी। इस पर आदर्शवादियों ने उनके संबंध में कहा—"They promised to give us a world, instead they gave us a hospital" (उन्होंने हमें नया संसार देने को कहा था, पर हमें उनसे मिला एक नया अस्पताल)। इस अस्वास्थ्यकर वातावरण में ऐसे पाठकों की ही अभिरुचि हो सकती थी जो स्वयं अस्वस्थ प्रकृति के हों। इस प्रकार आदर्शवाद और यथार्थवाद की विरोधी साहित्य-धाराओं में एक द्वंद्व चल रहा था और चलता रहा है।

वर्तमान समय में विभिन्न वादों के अंतर्गत जिस साहित्य की सृष्टि हो रही है, उस सबको यथार्थवादी साहित्य का ही अंग कहा जाता है। वर्तमान युग में मार्क्स और लेनिन आदि के साहित्य-संबंधी और समाज-संबंधी विचार यथार्थवादी विचार कहलाते हैं। मार्क्सवाद को वैज्ञानिक-भौतिक-यथार्थवाद भी कहा जाता है और मार्क्सवादी साहित्यिक इस बात का आग्रह करते हैं कि उनके साहित्य का संबंध कल्पना और आदर्श से नहीं है, ठोस और व्यावहारिक सत्य से है। उनका सिद्धांत है कि काव्य और साहित्य वास्तव में वर्गसंघर्ष के ऐतिहासिक विकास-क्रम में आए हुए विभिन्न युगों के अधिकारी वर्ग की प्रवृत्तियों के परिचायक हैं; उन्हीं की संस्कृति के प्रतिबिंब हैं। ऐसी अवस्था में साहित्य का संबंध ऐतिहासिक विकास से है, जो एक यथार्थ वस्तु है। कल्पना और आदर्श का कितना ही योग साहित्य को वर्ग-संघर्ष की भूमिका से अलग नहीं रख सकता। अतएव साहित्य के समीक्षक और विचारक ही नहीं, साहित्य के विधायक और स्रष्टा भी मार्क्सवाद की प्रेरणा से यथार्थवादी जीवन-दृष्टि और यथार्थवादी रचना-शैली को ही अपना रहे हैं।

मार्क्सवाद के भौतिक सिद्धांत के नितांत विरोधी और विपरीत शिविर में रहनेवाले अंतश्चेतनावादी लेखक और कवि भी अपने को यथार्थवादी कहते हैं! उनका यथार्थवाद अन्तश्चेतना का यथार्थवाद है। इस मत के अनुगामी भी यही कहते हैं कि काव्य हमारी अन्तश्चेतना में पड़े हुए संस्कारों और प्रभावों का यथार्थ उन्मेष है। अंतश्चेतना की यथार्थता ही साहित्य में प्रतिबिंबित होती है। मार्क्सवाद जहाँ सामाजिक विकास को आधार बनाकर चलता है, अंतश्चेतनावाद व्यक्ति के अंतर्मुखी यथार्थ को साहित्य का प्रेरक ठहराता है। दोनों धाराओं में दार्शनिक और विचार-संबंधी विरोध होते हुए भी दोनों यथार्थवाद का आधार लिए हुए हैं!

इस युग के प्रमुख आदर्शवादी लेखक टाल्सटाय हैं, जिन्होंने अपनी पिछली कृतियों में खृष्टीय धर्म के प्रेम और अहिंसा-सिद्धांत को प्रतिफलित करने की चेष्टा की है। टाल्सटाय के संपूर्ण साहित्य में मानव की महत्ता और उसके भविष्य-उत्कर्ष के संबंध में अडिग आस्था प्रकट हुई है, परंतु इस युग के अधिकांश लेखक विज्ञान, मनोविज्ञान, अर्थनीति आदि आधारों को लेकर यथार्थवादी साहित्य का सृजन कर रहे हैं।

आज का साहित्य अपने को यथार्थवादी कहता है। भाषा के क्षेत्र में यथार्थवादी लोक-प्रचलित भाषा को अपनाते हैं और शब्दों का बड़ा मार्मिक और सूक्ष्म अर्थप्रकाशक चयन करते हैं। आदर्शवादियों की भाषा और शब्दों के प्रयोग में भावुकता एवं नाद-सौंदर्य अधिक रहता है, परंतु अर्थ का सूक्ष्म चुनाव यथार्थवादी अधिक करते हैं। शैली की दृष्टि से यथार्थवाद मनोरंजक, विनोदात्मक, बौद्धिक और तार्किक शैलियों को अपनाकर चलता है और आदर्शवाद कल्पना-प्रधान और भावुकतापूर्ण शैलियों को अपनाता है। आदर्शवादी की रचनाओं में व्यंग्य या कर्कशता नहीं होती, वह प्रायः आशावादी होता है, जबकि यथार्थवादी अनावश्यक आशा को भावावेश-मात्र मानता है। इस तरह दोनों दृष्टिकोणों में अंतर है। अपने स्वस्थ रूप में दोनों वादों के अंतर्गत साहित्य की अच्छी सृष्टि हुई है। साहित्य के ऐतिहासिक विकास में दोनों ने अपना-अपना हाथ बँटाया है। एक वाद ने दूसरे वाद की अति को रोकने का उपयोगी प्रयत्न भी किया है।

आज के ये अंतश्चेतनावादी साहित्य की सामाजिक उपयोगिता पर विश्वास नहीं करते, उनका यथार्थ एकदम वैयक्तिक है। उनका कहना है कि कवि सामाजिक प्रतिबंधों के विरुद्ध अपनी दमित वृत्तियों का प्रकाशन करता है। वह उन प्रतीकों और उपमानों का प्रयोग करता है जो उसकी दमित चेतना द्वारा आविर्भूत होते हैं। इन यथार्थवादियों की दृष्टि में कविता कल्पना और भावना का व्यापार नहीं है, न उसका संबंध किसी सामाजिक स्थिति या आदर्श से है। वह तो कवि की चोट खाई हुई आत्मचेतना का उद्‌गार है।

अंतश्चेतना-वादियों का कहना है कि कविता हमारे मन पर पड़े हुए सामाजिक प्रतिबंधों और तज्जन्य विकारों की प्रतिक्रिया है। उसमें किसी आदर्श की स्थिति नहीं होती। आज का लेखक रस या आनंद के संचार का कोई लक्ष्य नहीं रखता। कविता कला नहीं है, वह तो व्यक्ति के अंतरंग संघर्ष का विस्फोट है। पाठकों के लिए काव्य-भेंट उपस्थित करने का उसमें कोई लक्ष्य नहीं रहता। वे कहते हैं कि साहित्य अंतश्चेतना का स्वाभाविक उन्मेष है, उसे कला के रूप में सामाजिक सुख या लालित्य की वस्तु बनाने के लिए आज का कलाकार बाध्य नहीं है।

इन अंतश्चेतना-वादियों ने साहित्य की परिभाषा ही बदल दी है। वे साहित्य

को रसात्मक या सामाजिक आह्लाद की वस्तु न मानकर उसे निरा वैयक्तिक और अंतर्मुखी पदार्थ मानते हैं। उसमें कवि की अंतस्तल-व्यापिनी चेतना का सत्य प्रकाशित होता है। यह चेतना जिन काव्य-प्रतीकों की सृष्टि द्वारा आत्म-प्रकाशन करती है, वे काव्य में पाए जाने वाले सामान्य उपमान-उपमेयों से भिन्न होते हैं। वे अलंकार नहीं हैं, वह तो कवि के मानस से अनिवार्य रूप से उठा हुआ ज्वार है जिसकी वास्तविकता और आशय को परखने के लिए मानसशास्त्र (मनोविश्लेषण) का ज्ञान आवश्यक है। इस प्रकार कविता न केवल एक वैयक्तिक वस्तु होती है, उसका यथार्थ स्वरूप केवल कुछ मानस-विशेषज्ञ ही समझ सकते हैं। स्पष्ट है कि यह नवीनतम यथार्थवाद काव्य की सार्वजनीनता का तिरस्कार कर उसे कुछ विशेषज्ञों की ही वस्तु बना देता है।

इसके विरुद्ध समाजवादी यथार्थवाद, जो वर्ग-संघर्ष की भूमि पर काव्य की ऐतिहासिक प्रगति का आकलन करता है, काव्य-सत्य को एक पृथक् वस्तु मानता है और कवि की कल्पना को उस सत्य का एक आवरण (भले ही वह रोचक आवरण हो) ठहराता है। वैज्ञानिक भौतिकवाद के अनुसार समाज के विकासक्रम में जिन-जिन समयों में वर्ग-संघर्ष की जो स्थिति रही है, उसी स्थिति की प्रतिक्रिया उस समय की कविता रही है। इससे बाहर कोई कवि या रचनाकार जा ही नहीं सकता। अधिक-से-अधिक वह अपनी कल्पना के प्रयोग द्वारा किसी सद्भिलाषा या आदर्श को व्यक्त कर ले, पर उसके काव्य की मौलिक भूमि उस युग के वर्ग-संघर्ष की गतिविधि से ही आबद्ध होगी। यह भी यथार्थवादी दृष्टिकोण है, परंतु ऊपर कहे हुए अंतश्चेतनावादी यथार्थ से यह नितांत भिन्न है। जब कि अंतश्चेतनावादी अपने उन मनोमय और अंतर्मुख प्रतीकात्मक उद्गारों को ही काव्य का श्रेष्ठ और एकमात्र स्वरूप कहकर उद्घोषित करते हैं, इन समाजवादी यथार्थवादियों की दृष्टि में यह वैयक्तिक कविता वर्ग-संघर्ष के क्रम में आए हुए सत्ताधारी वर्ग की अत्यंत ह्रासोन्मुख स्थिति की परिचायक है। यह कविता इतनी वैयक्तिक और आदर्शहीन तथा लक्ष्यहीन है—यह ऐसे रुग्ण व्यक्तियों की सृष्टि है—कि इसे स्वस्थ काव्य मानना ही एक बड़ा भ्रम है। वास्तव में ऐसी रचनाएँ प्रतीकात्मक और दुर्बोध होती हैं तथा सर्वसामान्य के किसी काम नहीं आतीं। उनका महत्त्व इतना ही है कि वे एक युग-विशेष की ऐतिहासिक स्थिति और तथ्य की साक्षी हो जाती हैं। इससे अधिक उनका कोई मूल्य नहीं है।

एक ही युग में चलनेवाले यथार्थवाद के इन दो परस्पर विरोधी मंतव्यों को सामने रखकर देखने पर यह स्पष्ट हुए बिना नहीं रहता कि यथार्थवाद के अंतर्गत नितांत भिन्न जीवन-दृष्टियों का प्रवेश हो गया है और काव्य के मूल्य और मान के संबंध में भी यथार्थवादियों में कहीं कोई समता या एकात्मता नहीं रह गई है। इसी के साथ यदि हम यथार्थवाद के नाम पर चलनेवाली आज की प्रयोगवादी और प्रकृतिवादी कविताओं को भी अपने विवेचन में ले लें (जो केवल नई सूझों, शैली-प्रसाधनों और इंद्रियार्थों तक सीमित हैं) तब तो काव्य-संबंधी आज की अराजक स्थिति का पूरा प्रत्यय मिल जाएगा। हिंदी साहित्य में भी ये प्रयोग चल रहे हैं, जिनमें कहीं तो मनोविश्लेषण की किसी पाठ्य पुस्तक से लिया गया कोई मँजा-मँजाया काव्य-प्रतीक रखा मिलता है, और कहीं किसी मार्क्सवादी वक्तव्य का परिचायक कोई अधूरा या पूरा वाक्यांश जुड़ा दिखाई देता है। इस 'यथार्थवादी' कविता में वास्तविकता थोड़ी और प्रदर्शन अधिक है।

यथार्थवादी व्याख्याएँ

मार्क्स का सिद्धांत साहित्य में जिस प्रकार प्रयुक्त हो रहा है, उसे प्रायः साहित्यिक प्रगतिवाद के नाम से पुकारते हैं। यह तो स्पष्ट है कि मार्क्स का यह सिद्धांत सामाजिक जीवन से संबंध रखता है, कला-विवेचन से नहीं। किंतु वर्ग-संघर्ष के आधार पर उसने जिस समाजतंत्र का निरूपण किया, वह भविष्य का इतना सुंदर स्वप्न था कि संभवतः पूर्वकाल की सारी सामाजिक और सांस्कृतिक योजनाएँ उसके सामने फीकी जान पड़ीं! जब तक संसार में यह वर्ग-रहित समाज स्थापित नहीं हो जाता, और जब तक उसके साथ अनिवार्य रूप से आने वाली पुरुष और नारी की पूर्ण आर्थिक और वैयक्तिक स्वतंत्रता प्रतिष्ठित नहीं हो जाती, तब तक सच्चे सांस्कृतिक उत्थान का युग कभी आया या आ सकता है, यह अपने हृदय से कोई भी प्रगतिवादी नहीं मानता। प्राचीन साहित्य और धर्म आदि को वे इसी दृष्टि से देखें, तो इसमें आश्चर्य ही क्या! उनकी निगाह में वर्गवादी युग की सारी सृष्टि ही मूलतः दूषित है। इस भयानक एकांगी दृष्टि से देखने पर अब तक के साहित्य में कुछ भी सुंदर नहीं दीख पड़ता। जिनकी कुछ कलात्मक अभिरुचि है, वे यदि प्राचीन काव्य में कहीं कुछ सौंदर्य देखते भी हैं, तो उन्हें

हठात् उस समाज की याद आ जाती है जो वर्गवादी समाज था! वे विवश होकर उसकी ओर से मुँह फेर लेते हैं; अथवा ऐसी नुक्ताचीनी करते हैं जिसे सच्ची काव्य-समीक्षा में कोई स्थान नहीं मिलना चाहिए। सच्चे अर्थ में यही लोग प्रगतिवादी हैं और इनकी सारी सांस्कृतिक आशाएँ भविष्य में अटकी हुई हैं! इसलिए ये एक विवादग्रस्त जीवन-सिद्धांत को काव्य-कसौटी बना लेने की अक्षम्य गलती करते हैं। काव्य का क्षेत्र भावों और मानव के चिर दिन की अनुभूतियों और कल्पनाओं का क्षेत्र है और बाह्य जगत् के आर्थिक या सैद्धांतिक विभेदों के रहते हुए भी मनुष्य मनुष्य है, उसके आदर्श और उसकी मानवीयता सभी सभ्य युगों में एक-सी ही ऊँची रह सकती है; और साहित्य में वे ही आदर्श और वही मानव-स्वभाव प्रतिफलित हुआ करता है, यह मानने को आज का प्रगतिवादी तैयार नहीं। मार्क्स से भी अधिक ये मार्क्स के प्रगतिवादी अनुयायी कला के प्रति ऐसी भ्रांत धारणाएँ बनाए हुए हैं। यदि ये जान-बूझकर प्रचारात्मक नहीं हैं, तो मार्क्सवादियों का यह काव्यकला-विरोधी सिद्धांत और धारणा आश्चर्यजनक ही कही जाएगी। मैं यह नहीं कहता कि सभी प्रगतिवादियों की यही धारणा है, पर प्रायः इस तरह के विचार आए दिन देखने-सुनने में आते हैं।

मार्क्सवादी सामाजिक-आर्थिक सिद्धांत का जब काव्य अथवा साहित्य में प्रयोग किया जाता है, तब उसकी स्थिति बहुत कुछ असंगत और असाध्य-सी हो जाती है। अत्यंत स्थूल रूप में मार्क्सवादी पक्ष यह है कि साहित्य और कलाएँ या तो वर्गहीन समाज की सृष्टि हैं, या वे वर्गवादी समाज की सृष्टि हैं। समाजवाद की प्रतिष्ठा के पूर्व का संपूर्ण साहित्य वर्गवादी या पूँजीवादी साहित्य है, अतएव वह मूलतः दूषित है। केवल वह साहित्य श्रेष्ठ और स्वागत-योग्य है जिस पर पूँजीवादी समाज-व्यवस्था की छाया नहीं पड़ी। मार्क्सवादी साहित्य की यह उपपत्ति सभी दृष्टियों से थोथी और सारहीन सिद्ध होती है। पहली आपत्ति तो यही है कि इसमें साहित्यिक वस्तु के विवेचन का रंचमात्र भी प्रयास नहीं है। केवल समाजवादी साहित्य और पूँजीवादी साहित्य के दो कठघरे बनाकर मानव समाज की संपूर्ण भावात्मक और सांस्कृतिक संपत्ति को एक या दूसरे में बंद कर दिया गया है। पहला कठघरा दूषित और अपवित्र है, दूसरा कठघरा पूज्य और पवित्र! मानव के सामूहिक और सांस्कृतिक विकास के साथ इस प्रकार का खिलवाड़

नहीं किया जा सकता! वाल्मीकि, व्यास, होमर, दांते, मिल्टन, शेक्सपियर, कालिदास, भवभूति, सूर, तुलसी आदि मानव-संस्कृति के महान् उन्नायकों की महती जीवन-कल्पना, मानव-स्वभाव-दर्शन और अनुभूतियों की अवहेलना नहीं की जा सकती। यह कहना व्यर्थ है कि ये पूँजीवादी युग के कवि थे। रहे हों ये किसी युग के कवि, पर देखना यह है कि मानव-चरित्र और मानव-भावना का कितना व्यापक, समुन्नत और प्रभावशाली निर्देश इन महाकवियों ने किया है। जो सिद्धांत इन्हें पूँजीवादी युग का कवि कहकर टालता है, वह स्वतः अपनी असाहित्यिकता का इज़हार करता है और अपनी अयोग्यता का प्रमाण देता है।

कुछ मार्क्सवादी साहित्य-विवेचक इतने असाहित्यिक न होने के कारण अपने सिद्धांत का प्रयोग एक दूसरे रूप में करते हैं। वे कवि, कलाकार अथवा साहित्यिक की व्यक्तिगत स्थिति और मनोभावना का आधार लेकर यह देखना चाहते हैं कि कौन-सा कवि आर्थिक दृष्टि से संपन्न था, उच्च वर्ग का था और कौन-सा कवि विपन्न और दरिद्र था। जो कवि दरिद्र और निम्नवर्ग का रहा हो, वही प्रगतिशील और समुन्नत कवि माना जाएगा। यह कसौटी भी अनोखी है। इसमें यह पहले-से ही मान लिया जाता है कि गरीब लेखक ही क्रांतिकारी हो सकता है। यह निर्णय मानव-स्वभाव और चरित्र की कितनी भोंडी और निस्सार रूपरेखा प्रस्तुत करता है, यह समझने की बात है! कोई संपन्न और उच्चकुलशील कवि समाज के दीन-दुःखी अंग के प्रति अपनी कल्पना दौड़ा ही नहीं सकता—न उनके प्रति मानसिक सहानुभूति रख सकता है। दूसरी बात यह है कि क्रांतिकारी और प्रगतिशील होने के लिए दरिद्रता और समाज के नैतिक और सांस्कृतिक आदर्शों के प्रति अनास्था और विद्रोह अनिवार्य गुण हैं! और जिनमें ये गुण हैं वे ही सच्चे और श्रेष्ठ साहित्यकार हैं, चाहे उनकी रचनाएँ कितनी ही साधारण या सामान्य क्यों न हों।

इन दोनों प्रवादों की मूलभूत असाहित्यिकता इतनी स्पष्ट है कि इनका समर्थन करने के लिए मार्क्सवादियों में भी अधिक उत्साह नहीं दिखाई पड़ता। इनके बदले वे एक तीसरे सिद्धांत की आड़ लेने लगे हैं। वर्गवाद के आधार पर सामाजिक विकास का विवरण देते हुए वे युग-विशेष की वर्गीय स्थिति का निरूपण करते हैं और उसी स्थिति-विशेष की भूमिका पर उस युग-विशेष के कवियों और साहित्यिकों की कृतियों का मूल्य निर्धारण करना चाहते हैं। उनकी

दृष्टि में समय-विशेष की वर्गीय स्थिति ही वास्तविकता है, और उस वास्तविकता की नींव पर ही उस युग की कलाकृतियों और साहित्यिक सृष्टियों का भवन बना करता है। वर्ग-संघर्ष के ऐतिहासिक विकास-क्रम में वे किसी कवि को ले लेते हैं और उसके काव्य का विवेचन करते हुए यह दिखाने का प्रयत्न करते हैं कि वर्ग-संघर्ष की तत्कालीन स्थिति की ही उपज उस कवि की कविता है। किसी युग-विशेष की एक नपी-तुली वर्गीय-स्थिति का निरूपण करना स्वतः एक संदिग्ध कार्य है, फिर उस नपी-तुली स्थिति के अंतर्गत किसी कवि की भावना, कल्पना और उसकी काव्य-शक्ति की नाप-जोख करना कितना विवादास्पद कार्य होगा, यह आसानी से समझा जा सकता है। इस कठिनाई को समझकर और इसकी मूलवर्तिनी त्रुटियों की जानकारी रखने के कारण ये मार्क्सवादी साहित्य-समीक्षक इस संबंध में कई प्रकार के हथकंडे काम में लाते हैं। वे कहते तो यह हैं कि युग-विशेष की वर्ग-संघर्ष संबंधी स्थिति की वास्तविक भूमि पर ही उस युग के कवि का कल्पना-भवन खड़ा होता है, पर अनुशीलन करते हुए वे पहले कवि की साहित्यिक विशेषताओं को ज्यों-का-त्यों मान लेते हैं और तब उन विशेषताओं का उस तथाकथित युग-स्थिति से कार्य-कारण संबंध स्थापित करने का प्रयास करते हैं। स्पष्ट ही यह एक उल्टा और तर्कहीन क्रम है। प्रायः इस प्रकार के समीक्षक किसी कवि-विशेष के संबंध में स्थापित साहित्यिक मान्यताओं को—उसके साहित्यिक उत्कर्ष को—मानकर आगे बढ़ते हैं, जिससे उनके सिद्धांत पर लोगों की आस्था बनी रहे। पर यह उपक्रम भी कितना छिछला और सारहीन है! यह तो काव्य-संबंधी साहित्यिक मानदंड को प्रकारांतर से स्वीकार करने का 'मार्क्सवादी तरीका' ही हो जाता है! समय-विशेष की वर्ग-स्थिति को 'सत्य' मानकर उस समय के काव्य को उस 'सत्य' के आसपास बना हुआ कल्पना-जाल मानना और फिर उन दोनों के अनिवार्य संबंध को सिद्ध करने के लिए उक्त काव्य की मनमानी व्याख्या करना और साथ ही साहित्य-क्षेत्र में फैली हुई उस कवि के संबंध की साहित्यिक मान्यताओं को अपनाते रहना, ये सब स्पष्टतः मार्क्सवादी साहित्य-निर्देश की ऐसी खामियाँ हैं जिन्हें समझने के लिए थोड़ी-सी समझदारी भी पर्याप्त है।

यही कारण है कि मार्क्सवाद की यह साहित्यिक मान्यता अब तक प्रौढ़ और परिपुष्ट रूप में साहित्यिक समाज के सम्मुख नहीं रखी जा सकी। उस

आधार को लेकर चलनेवाले समीक्षकों में परस्पर इतनी अधिक मतभिन्नता रहती है—किसी भी कवि की वर्गभावना या वर्गीय प्रतिक्रिया का आकलन करने में इतने भिन्न मत हुआ करते हैं—कि केवल इस बात से ही इस सिद्धांत का कच्चापन स्पष्ट हो जाता है। दूसरी बात यह है कि यह सिद्धांत अपने पैरों पर खड़ा होने में असमर्थ है और बिना साहित्यिक विवेचकों के निर्णय का पीछा पकड़े यह चल ही नहीं पाता। कल्पना की भूमि में रमनेवाले स्वतंत्र कवियों और साहित्यिकों को वर्गवाद की खूँटी में बाँधने का प्रयत्न करना बुद्धिमानी की बात नहीं है। इसीलिए इस सिद्धांत के हिमायतियों को पग-पग पर दूसरे मतों के साथ समझौता करना पड़ता है, जिससे उनकी स्थिति सदैव अस्पष्ट और अनिर्णीत बनी रहती है।

वर्गवाद के इस सामाजिक या वर्गीय सत्य से नितांत भिन्न और उसकी प्रतिक्रिया में फ्रायड तथा अन्य मनोविश्लेषण-वेत्ताओं का एक नया मत भी चल पड़ा है, जिसके आधार पर साहित्यिक समीक्षा-संबंधी नई चर्चा होने लगी है। मार्क्सवादी वर्ग-सत्य या सामूहिक सत्य के स्थान पर ये मनोविश्लेषक व्यक्ति की निजी चेतना को—चेतना क्यों अंतश्चेतना को—उसके व्यक्तित्व का चरम सत्य मानते हैं और काव्य साहित्य में उस अंतश्चेतना की अभिव्यक्ति को ही प्रमुख तत्त्व ठहराते हैं। व्यक्ति की चेतना या अंतश्चेतना के निर्माण में सामाजिक अथवा सामूहिक स्थितियाँ योग देती हैं, परंतु कवि की अंतश्चेतना ही अंततः वह स्वतंत्र और मौलिक सत्ता है जो उसके काव्य-निर्माण के लिए उत्तरदायी है। इस प्रकार हम देखते हैं कि जहाँ एक ओर मार्क्सवादी सामाजिक स्थिति (वह भी वर्गीय स्थिति) को सत्य मानकर कवि-कल्पना को उसकी छाया या प्रतिबिंब मानते हैं, वहाँ दूसरी ओर मनोविश्लेषणवादी सामाजिक गतिविधि या स्थिति से काव्य का संबंध न मानकर व्यक्ति की ऐकांतिक अंतश्चेतना को काव्य का प्रेरक और विधायक ठहराते हैं। स्पष्ट है कि दोनों मत अपने मूल दृष्टिकोण में एक-दूसरे के विपरीत और विरोधी हैं।

अंतश्चेतनावादी मत यह है कि काव्य की सत्ता अत्यंत ऐकांतिक और मनोमयी है। व्यक्ति की चेतना पर पड़ने वाले सामाजिक प्रभाव और संस्कार काव्य के लिए उपादेय नहीं होते—सामाजिक परिस्थितियाँ, समस्याएँ और प्रश्न तो काव्य के लिए और भी दूरवर्ती वस्तुएँ हैं। काव्य और कलाओं की उद्‌भावना

कवि के अंतरंग व्यक्तित्व या अंतश्चेतना से होती है—ठीक वैसे ही जैसे स्वप्नों का सृजन व्यक्ति की जागरूक चेतना नहीं करती, उसकी अंतर्वर्ती सत्ता उन स्वप्नों की सृष्टि करती है। काव्य भी एक स्वप्न ही है। कल्पना-व्यापार भी स्वप्न-प्रक्रिया ही है। जिस प्रकार स्वप्न में अनेक प्रतीक और मूर्तस्वरूप अंतश्चेतना की सृष्टि बनकर विचरण करते हैं, उसी प्रकार काव्य की कल्पनाएँ और प्रतीक-विधान की अंतश्चेतना की ही उपज होते हैं। यदि उनका निर्माण कवि की अंतर्वर्ती चेतना नहीं करती, तो वे कल्पनाएँ और अप्रस्तुत मूर्तविधान सच्चे काव्य के उपादान न होकर कृत्रिम कविता की सृष्टि करेंगे। इस प्रकार मनोविश्लेषणवादी साहित्यिक मत अंतश्चेतना के द्वारा उद्भूत प्रतीकों और कल्पना-रूपों को ही वास्तविक काव्य का आधार मानता है।

हमारी चिरदिन से चली आती हुई साहित्यिक धारणा और साहित्यिक विधियों के अनुसार ये दोनों ही मार्क्सवादी और अंतश्चेतनावादी दृष्टिकोण और मत एकांगी हैं। अधिक से अधिक ये साहित्य की दो धाराओं का—उद्देश्यप्रधान सामाजिक धारा और व्यक्तिमूलक ऐकांतिक धारा—के प्रेरणा सूत्रों का आभास देते हैं। परंतु ये साहित्य के प्रशस्त उद्भावना और विकास-भूमि का परिचय नहीं देते और साहित्यिक वैशिष्ट्य के आधारों का आकलन नहीं करते। मार्क्सवादी मत को मान लेने पर कवि-कल्पना और काव्य की प्रसार सीमा वर्ग-संघर्ष की स्थिति-विशेष से ही संबद्ध और उसी से परिचालित माननी पड़ेगी और दूसरी ओर मनोविश्लेषक मत के अनुसार काव्य को केवल स्वप्न का स्वरूप मानना पड़ेगा। ये दोनों मत परस्पर-विरोधी तो हैं ही, स्पष्टतः अतिवादी भी हैं कुछ विशेष प्रकार के काव्य ही इन निर्देशों की सीमा में आ सकेंगे। अधिकांश काव्य—और श्रेष्ठ काव्य—इन प्रतिबंधों और निर्देशों से बाहर ही रह जाएगा। आज तक जिसे हम सांस्कृतिक और भावात्मक दृष्टियों से श्रेष्ठ काव्य मानते आए हैं, उसमें सामाजिक और वैयक्तिक दोनों ही दृष्टियों का समाहार होता रहा है—और फिर भी वह सामाजिक और वैयक्तिक सीमाओं से परे मानव की संपूर्ण अंतर्बाह्य सत्ता से संबद्ध और उसकी उच्चतम भाव-भूमिका की पूर्ति और समाधान करने वाला सिद्ध हुआ है। साहित्य और कला के इस व्यापक और क्रमागत स्वरूप को हम किसी नवीन मतवाद के आग्रह से छोड़ नहीं देंगे। परंतु इन दोनों मतों का उपयोग और इनकी सहायता अपनी काव्य-धारणाओं के निर्माण

में अवश्य लेना चाहेंगे। हमें यह भी समझ लेना चाहिए कि ये दोनों ही काव्य-वाद साहित्य के प्रेरणासूत्रों और उनके स्वरूप को ही इंगित करते हैं, वे काव्य और कलाओं के वैशिष्ट्य और उनकी तुलनात्मक विशेषताओं का निरूपण नहीं करते। उसके लिए तो हमें अपने साहित्यिक मानदंडों और परंपराओं का ही आश्रित रहना पड़ेगा। नए मतों और सिद्धांतों की चकाचौंध में पड़कर हम साहित्य की परंपरा में गृहीत विवेचन-पद्धति और साहित्य की मूल्यांकन संबंधी साहित्यिक विधियों को छोड़ दें, यह उचित नहीं है। नए मत और सिद्धांत साहित्य-समीक्षा को किस सीमा तक और किस विशेष दिशा में नया प्रकाश प्रदान करते हैं, यह बिना समझे, इन नए वादों को साहित्य-समीक्षा का एकमात्र आधार और उपादान मान लेना ऐसा भ्रामक निर्णय है जिसे किसी भी सभ्यताभिमानी देश की साहित्यिक परंपरा स्वीकार नहीं कर सकती।

नई साहित्यिक समस्या

आज का 'यथार्थवाद' एक नई ही साहित्यिक समस्या को जन्म दे रहा है, जिसकी ओर हमारी दृष्टि बिना गए नहीं रहती। वह समस्या यह है कि साहित्य किसी भी प्रकार के भले या बुरे प्रभाव की सृष्टि कर सकता है, या उसे सदैव अच्छे प्रभाव की सृष्टि ही करनी है। एक तीसरा विकल्प यह है कि साहित्य के लिए किसी भी प्रकार का भला या बुरा प्रभाव डालना आवश्यक नहीं न यह उसका उद्देश्य होता है, वह केवल समाज या जीवन के किसी मार्मिक स्वरूप या स्थिति-विशेष की जानकारी-मात्र करा देता है।

इस नए यथार्थवाद के जन्म लेने के पहले हमारे साहित्य के सम्मुख केवल दूसरा लक्ष्य था—सद्भावना या रस की सृष्टि का। वह मार्ग उत्साह और प्रगति का था। परन्तु आज हमारे सम्मुख साहित्य की पहली और तीसरी स्थितियाँ भी उत्पन्न हो गई हैं। साहित्य में भले प्रभाव की ही नहीं, बुरे मानसिक प्रभाव की सृष्टि भी होने लगी है। यहाँ बुरे प्रभाव से मेरा मतलब किसी नग्न चित्र या अश्लीलता से ही नहीं है, मेरा मतलब आज के साहित्य में फैलनेवाली निराशा और निष्क्रियता के प्रभाव से भी है। यह आवश्यक नहीं कि सामाजिक दुःख या करुणा का चित्रण सदैव निराशा ही फैलाए। पुराने साहित्य में शोक और करुणा के चित्रण मिलते हैं, पर वे चित्रण आह्लादक होते हैं और करुण रस

की सृष्टि द्वारा उदार संवेदना उत्पन्न करते हैं। पर हमारा आज का यह 'वादी' साहित्य वैसी कोई संवेदना उत्पन्न नहीं करता। वह समाज के लक्ष्यहीन स्वरूपों को अंकित कर लक्ष्यहीनता की सृष्टि करता है।

इसी के साथ नए साहित्य का वह तीसरा मार्ग भी चलने लगा है जो साहित्य को विज्ञान की श्रेणी में रखने का हिमायती है। इसका कहना है कि सत्य का उद्घाटन विज्ञान का लक्ष्य है और साहित्य का भी। आज वैज्ञानिक दृष्टि से ही साहित्य का निर्माण होता है और होना चाहिए। आज का पाठक भी साहित्य से जानकारी और केवल जानकारी की अपेक्षा रखता है। वह कल्पना, भावना और आदर्श नहीं चाहता, चाहता है वास्तविक और वैज्ञानिक सत्य। परंतु सवाल तो यह है कि वह अपने इस ठोस वैज्ञानिक 'सत्य' के लिए साहित्य के पास आता ही क्यों? स्पष्ट है कि वैज्ञानिक सत्य ही उसके लिए पर्याप्त नहीं, वह कुछ और भी चाहता है, और वह कुछ और उसे साहित्य में ही मिलता है या मिल सकता है। वह कुछ और क्या है, इसे वह नहीं समझता या समझना चाहता!

यह 'कुछ और' ही साहित्य का सब कुछ है और मानव-जीवन को भी बहुत कुछ है। हम किसी साहित्यिक रचना के पास इसलिए नहीं जाते कि उससे निराशा और लक्ष्यहीनता लेकर लौटें। न हम उस रचना की उन बारीकियों से ही संतुष्ट होते हैं जिनके द्वारा उस निराशा-मूलक प्रभाव की सृष्टि होती है। कोई भला-चंगा आदमी न तो बीमारी मोल लेना चाहेगा और न बीमारी बुलाने की कला जानने की ही चेष्टा करेगा। बीमार आदमी भी बीमारी से प्रेम नहीं रखता, फिर स्वस्थ समाज क्यों रक्खेगा? साहित्य केवल वैज्ञानिक जानकारी नहीं है क्योंकि यह जानकारी स्वतः अपने में एक अधूरी वस्तु है। कोरा वैज्ञानिक बहुत कुछ जानता है, पर उस जानकारी को क्या वह सदैव जीवन में बरत पाता है—जीवन का अंग बना पाता है? स्पष्ट ही यह विज्ञान या वैज्ञानिक जानकारी का अधूरापन और असमर्थता है जिसकी पूर्ति साहित्य द्वारा होती है। साहित्य केवल मतवाद के प्रचार का साधन भी नहीं बना करता, और न प्रत्यक्ष और प्रतिदिन बदलने वाले किसी 'राष्ट्रीय कार्यक्रम' का संगी ही बन सकता है। यह 'वालेंटियरी वृत्ति' उसे शोभा नहीं देती। उसका लक्ष्य और स्वरूप आज की इन सब 'यथार्थवादी' सीमाओं को पार करने पर ही दिखाई देगा। समाज और जीवन

के रचानात्मक पक्षों और अनुभूतियों को लेकर ही श्रेष्ठ साहित्य की सृष्टि हो सकती है—और वह भी ऐसे व्यक्तियों द्वारा जो स्वतः रचनात्मक लक्ष्य रखते हों और साथ ही जिन्हें विज्ञान की नहीं, जीवन की जानकारी हो—जीवन के प्रति ज्वलंत आस्था हो। क्या हमारे 'यथार्थवादी' मित्र इन साहित्यिक तथ्यों से इनकार कर सकते हैं? यदि नहीं, तो उन्हें अपने 'यथार्थवाद' की अधूरी और अधकचरी धारणाओं को दूर करना होगा।

यहीं यह महत्त्वपूर्ण प्रश्न उपस्थित होता है कि क्या हमारे समाज में ऐसी परिस्थितियाँ हैं जो स्वस्थ और प्रगतिशील साहित्य के निर्माण के उपयुक्त ही न रह गई हों? क्या हमारी जमीन इतनी अनुर्वर हो गई है कि इसमें अच्छी फसल पैदा करने की शक्ति ही नहीं रही? कोई भी इतिहासवेत्ता या समाजशास्त्री इस प्रश्न का उत्तर स्पष्ट नकार में ही देगा, और सच बात तो यह है कि इस प्रश्न का उठना ही हमारी राष्ट्रीय गैरजिम्मेदारी का सबूत है जिसके कारण की तलाश हमें करनी चाहिए और आत्म-निरीक्षण द्वारा अपना घर सँभालना चाहिए। कुछ लोग यह कहने लगे हैं कि भारतीय समाज में मध्यवर्ग की उपयोगिता समाप्त हो चुकी है, और आज उसके अस्तित्व का कोई मूल्य या महत्त्व नहीं है। इसीलिए हमारा नया साहित्य जो मध्यवर्गीय लेखकों की कलम से लिखा जा रहा है, आज इस अधोगति पर पहुँच रहा है। इस आरोप के किसी पहलू को स्वीकार करने को हम तैयार नहीं हैं! पहले तो भारतीय समाज को वर्गों में विभाजित करने की पद्धति ही गलत और निराधार है जबकि हमारा राष्ट्र पूर्ण मानव-साम्य और प्रजातंत्रात्मक नीति की घोषणा कर चुका है, और उसे ही बरतने का लक्ष्य रखता है। यदि थोड़ी देर के लिए यह मान भी लें कि भारतीय समाज में कोई मध्यवर्ग भी है, तो प्रश्न यह होता है कि क्या वह मध्यवर्ग अपना स्वतंत्र अस्तित्व और स्वतंत्र चेतना रखता है? यदि नहीं तो इस मध्यवर्ग की सामाजिक उपयोगिता के समाप्त होने का अर्थ क्या है? इसका तो अर्थ तब यही हुआ कि भारतीय राष्ट्र की ही जीवन-चेतना समाप्त हो गई है, जो एक निरी निरर्थक बात है। यदि हम यह भी मान लें कि हमारे राष्ट्र में मध्यवर्ग की कोई स्वतंत्र सत्ता और स्थिति है, जो हमारी राष्ट्रीय स्थिति और सत्ता में अपनी अलग सत्ता रखती है, तो ऐसे मध्यवर्ग का अस्तित्व ही राष्ट्रीय स्थिति के लिए घातक हो जाता है, और उसे हमारे राष्ट्र में कोई स्थान

नहीं मिल सकता। फिर प्रश्न यह भी है कि हिन्दी के लेखक किसी वर्ग-विशेष के ही लेखक हैं; इसका प्रमाण क्या है? जिस राष्ट्रीय जागृति का दीपक लेकर हिंदी साहित्य नए युग के आरंभ से आज तक चलता आया, क्या वह दीपक किसी वर्ग-विशेष के हाथ में था, या वह पूरी राष्ट्रीय चेतना का ही दीपक था? जिस दीपक को हमारे राष्ट्रीय साहित्यिकों ने अपने रक्त और पसीने से सँजोया, क्या वह आज किसी वर्ग की संपत्ति समझा जाता है? हमारी समझ में वह दिन हिंदी साहित्य के लिए बहुत दुर्भाग्य का होगा जब हम अपनी साहित्यिक और सांस्कृतिक दुर्बलताओं को 'वर्गों' की आड़ में छिपाना चाहेंगे! हिंदी साहित्य सदैव जन-समाज का साहित्य बन कर ही अपनी समृद्धि करता आया है, और अपने इन्हीं गुणों के कारण आज हिंदी भाषा राष्ट्रीय प्रतिनिधित्व करना चाहती है। आज जब वह राष्ट्रभाषा के पद पर समासीन हो चुकी है और जब हमारे साहित्य पर राष्ट्रीय साहित्य कहलाने की महान जिम्मेदारी आ गई है, तब वर्गों, फिर्कों या संप्रदायों में विभक्त कर हिंदी साहित्य को परखने की पद्धति हमारे लिए अत्यंत आत्मघातक होगी। हमारे लेखक यदि राष्ट्रीय साहित्य की जिम्मेदारियों को नहीं समझते, तो वे किसी भी वर्ग के हों—अथवा किसी भी वर्ग के न हों—तत्काल हमारी साहित्यिक परंपरा से अलग कर दिए जाने चाहिए। हमारे राष्ट्र को और उसके राष्ट्रीय साहित्य को ऐसे लोगों की आवश्यकता नहीं है जो किसी भी रूप में हमारी राष्ट्रीय शक्ति और संघटन का विनाश करने पर तुले हुए हों!

हमें इस विषय पर अपनी बात कुछ आवेश में इसलिए कहनी पड़ी है कि हिंदी में इस समय, मुख्यतः विदेशी प्रभावों से, विभेदक प्रवृत्तियाँ बढ़ रही हैं—सामूहिकता और एकता घट रही है। नए युग का हिंदी साहित्य जिस सौम्य और सुदृढ़ राष्ट्रीय शक्ति के निर्माण और विकास में लगा रहा, उसका कुछ आभास हम इसी वक्तव्य में ऊपर दे चुके हैं। आज यदि विघटनकारी शक्तियाँ हमारे साहित्य में आती हैं, तो उन्हें सहन करना और उन्हें प्रश्रय देना हमारी कमजोरी होगी और अपने पूर्वज साहित्यिकों के प्रति अन्याय और अपराध होगा। पिछले पचास वर्षों से हिंदी साहित्य की जो मर्यादा बन चुकी है, उसे हम किसी भी स्थिति में टूटने न देंगे।

पश्चिमी अनुकरण

विचारों के क्षेत्र में साहित्य-निर्माण संबंधी जो चर्चा पश्चिम में हो रही है, वह सब की सब हमारे लिए हितकर नहीं है। हमें वहाँ भी चुनाव करना होगा। और पश्चिम की नई साहित्यिक कृतियाँ और प्रगतियाँ भी हमारे लिए नमूने का काम नहीं दे सकतीं। इसका सीधा और एकमात्र कारण यह है कि पश्चिमी राष्ट्र विकास के प्रफुल्ल दिवस देख चुके हैं, उनका साहित्य भी पूर्ण समृद्धि पर पहुँच चुकने के बाद आज नए-नए प्रयोगों और रचना-प्रणालियों के चक्कर में पड़ रहा है। इतने से उसकी शताब्दियों से चली आती हुई सांस्कृतिक गरिमा को कोई चोट नहीं लगती, बल्कि ये नई साहित्यिक चेष्टाएँ उसे शोभा भी दे सकती हैं। हमारी नवीन राष्ट्रीय चेतना और संस्कृति अभी अपनी निर्माणावस्था में है; इसे नए प्रतिभा-जल से निरंतर सींचते रहना और संपूर्ण राष्ट्रीय एकाग्रता और अध्यवसाय से इसकी रक्षा और संवर्धन करना हमारे लिए आवश्यक है।

पश्चिमी समीक्षा के क्षेत्र में फैली हुई परस्पर असंबद्ध और विरोधिनी पद्धतियों को देखकर हम सहम उठते हैं और सहसा समझ नहीं पाते कि साहित्य के क्षेत्र में इतनी 'वैज्ञानिक' विभीषिका क्यों उत्पन्न हो गई है और उसका कब और कैसे समाधान होगा। विज्ञान भी खंडशः होकर क्या परस्पर-विरोधी धारणाओं की सृष्टि कर सकता है? ज्ञान तो अखंड माना गया है, फिर विज्ञान के नाम पर यह वितंडावाद क्यों किया जाता है? जान पड़ता है कि यह पश्चिम के सभ्यता-शिखर पर पहुँचे हुए समाज के ज्ञानातिरेक की उपज है! इसे बुद्धि का अजीर्ण कहने को भी जी होता है। किसी स्वस्थ और विकासोन्मुख समाज के लिए बुद्धि का इतना विराट परिचालन न तो संभव है, न आवश्यक या उपयोगी ही। इसलिए पश्चिम के अस्ताचलगामी सूर्य से प्रकाश लाने की साधना हमें छोड़ ही देनी चाहिए!

कितना आश्चर्य है कि साहित्य के सरल विकास-क्रम को समझने के लिए कितने अनोखे और परस्पर विरोधी 'तत्त्वज्ञानों' का उद्‌भव और प्रयोग किया जा रहा है! रचयिता के वैयक्तिक मनोविज्ञान को लेकर फ्रायड, जुंग और एडलर के मत काफी प्रचलित हो गए हैं। वे साहित्य का आधार अंतश्चेतना को बताते हैं। अंतश्चेतना की विधि-व्यवस्था के संबंध में इन लोगों में भी मतैक्य नहीं

है। और नए-नए संशोधन होते जा रहे हैं। इनकी अंतश्चेतना-पद्धति ने साहित्य को क्या दिया, यह तो ज्ञात नहीं; पर एक नए प्रकार की साहित्यिक धारणा अवश्य चल पड़ी है जिसका आशय यह है कि साहित्य की सृष्टि अकसर भले आदमी नहीं करते, कुछ विशेष प्रकार के स्वप्नद्रष्टा ही किया करते हैं—और इस पद्धति के अनुसार साहित्य की श्रेष्ठतम रचनाएँ वे हैं जिनमें स्वप्नप्रतीक ही काव्य-प्रतीक के रूप में परिणत हो जाते हैं। जिस प्रकार स्वप्न में देखे गए दृश्यों के अर्थ और भाव समझना किसी 'वैज्ञानिक' का ही काम है, वैसे ही इन काव्य प्रतीकों का अर्थ और भाव समझना साधारण व्यक्ति के वश की बात नहीं। दूसरे शब्दों में साहित्य अपनी सार्वजनिकता को खोकर कुछ 'मानस-मनीषियों' के लिए अनुसंधान का विषय बन जाता है। यदि यह स्वप्न-ज्ञान पश्चिम से न आया होता, तो हम कदाचित् इसे सातवाँ अचंभा समझते, पर चूँकि यह ज्ञान-विदग्ध राष्ट्रों की उत्पत्ति है, अतएव हम इसे बड़ी लगन से जानते-सुनते और अपनाया करते हैं!

और दूसरी ओर हमें एक दूसरा तत्त्वज्ञान मिल रहा है जिसके अनुसार यह पहला तत्त्वज्ञान अत्यंत विकृत सामाजिक स्थितियों का परिणाम बताया जाता है—ऐसे राष्ट्रों की संपत्ति जिनके सम्मुख कोई रचनात्मक कार्य नहीं है। स्वप्न-सिद्धांत के स्रष्टा भी स्वतः जागते हुए सोते बताए गए हैं। पता नहीं सोता कौन है और जागता कौन? इस दूसरे मत को उपस्थित करने वाले (मार्क्सवादी) भी आपस में कुछ कम मतभेद नहीं रखते। उनके यहाँ भी काफी चख-चख चला करती है। संक्षेप में यह नया मतवाद आज इस स्थिति पर आ गया है कि वह साहित्य की अपनी मान्यताओं और मूल्यों पर किसी प्रकार की आपत्ति या संशोधन नहीं करता। बस वह अपने उसूलों को उनके आस-पास गुँथा हुआ देखना चाहता है। वाल्मीकि बड़े कवि थे और शेक्सपियर बड़े नाटककार थे, यह मार्क्सवादी बड़े चाव से स्वीकार करते हैं। पर इसके बदले वे चाहते हैं कि हम वाल्मीकि और शेक्सपियर को वर्ग-संघर्ष के इतिहास की किसी ऐसी स्थिति की उपज मान लें, जो उनके (मार्क्सवादियों के) तत्त्वज्ञान के अनुरूप पड़ती है। कोई भी साहित्यिक इसके उत्तर में यही कहेगा 'ठीक है, हमें कोई आपत्ति नहीं; जब तक तुम्हें हमारे साहित्यिक मूल्य मान्य हैं, इससे हमारा बनता कुछ नहीं तो बिगड़ता भी कुछ नहीं।'

ऊपरी दृष्टि से यह बात ठीक मालूम देगी, पर इससे दो बातें बिगड़ती हैं। एक तो यह कि प्रत्येक साहित्यिक यह मानने को बाध्य हो जाता है कि 1—वर्ग-संघर्ष समाज का नियम है और 2—वर्ग-संघर्ष की किसी एक घड़ी में ही वाल्मीकि और शेक्सपियर उत्पन्न हो सकते थे, अन्य में नहीं। ये मान्यताएँ साहित्यिक दृष्टि से भले ही भली या बुरी न हों, पर ये साहित्यिक विवेचन में कठिनाई उत्पन्न कर सकती हैं।

मुझे तो वह समय भी दूर नहीं दिखाई देता जब फ्रायड और उनके मनोविश्लेषणवादी साथी भी यह स्वीकार करने लगेंगे कि उन्हें भी, मार्क्सवादियों की ही भाँति, साहित्यिक मूल्यों को स्वीकार करने में कोई आपत्ति नहीं है; बस उनका मनोविश्लेषण-मत साहित्यिक लोग स्वीकार कर लें। सारांश यह कि ये आपस में झगड़ने और मतभेद रखने वाले मत अंत में इस बात पर समझौता कर रहे हैं कि हम साहित्यिक मूल्यों में दस्तंदाजी न कर अपने-अपने 'विज्ञान' का प्रचार करते रहें।

ये विज्ञान अपनी-अपनी जगह काम करें, साहित्य की निर्माण-प्रक्रिया को समझाने की चेष्टा करें, पर साहित्य की गतिविधि को अपने मतवाद का शिकार न बनाएँ, उसे स्वतंत्र रूप से फूलने-फलने का अवसर दें। इन मतवादों के साथ ही साहित्य के ऊपर जो राजनीतिक शक्तियाँ और दबाव काम कर रहे हैं उनका भी आज के सभ्य संसार से दूर हो जाना अत्यावश्यक है।

भारतीय संस्कृति

गुलाब राय

'संस्कृति' शब्द का संबंध संस्कार से है जिसका अर्थ है संशोधन करना, उत्तम बनाना, परिष्कार करना। अंगरेजी शब्द 'कल्चर' में वही धातु है जो 'एग्रीकल्चर' में है। इसका भी अर्थ 'पैदा करना, सुधारना' है। संस्कार व्यक्ति के भी होते हैं और जाति के भी। जातीय संस्कारों को ही संस्कृति कहते हैं। संस्कृति एक समूहवाचक शब्द है। जलवायु के अनुकूल रहन-सहन की विधियाँ और विचार-परंपराएँ जाति के लोगों में दृढ़मूल्य हो जाने से जाति के संस्कार बन जाते हैं। इनको प्रत्येक व्यक्ति अपनी निजी प्रकृति के अनुकूल न्यूनाधिक मात्रा में पैतृक संपत्ति के रूप में प्राप्त करता है। ये संस्कार व्यक्ति के घरेलू जीवन तथा सामाजिक जीवन में परिलक्षित होते हैं। मनुष्य अकेला रहकर भी इनसे छुटकारा नहीं पा सकता। ये संस्कार दूसरे देश में निवास करने अथवा दूसरे देशवासियों के संपर्क में आने से कुछ परिवर्तित भी हो सकते हैं और कभी-कभी दब भी जाते हैं; किंतु अनुकूल वातावरण प्राप्त करने पर फिर उभर आते हैं।

संस्कृति का बाह्य पक्ष भी होता है और आंतरिक भी। उसका बाह्य पक्ष आंतरिक का प्रतिबिंब नहीं तो उससे संबंधित अवश्य रहता है। हमारे बाह्य आचार हमारे विचारों और मनोवृत्तियों के परिचायक होते हैं। संस्कृति एक देश-विशेष की उपज होती है, उसका संबंध देश के भौतिक वातावरण और उसमें पालित पोषित एवं परिवर्द्धित विचारों से होता है।

भाषा संस्कृति का कुछ बाहरी अंग-सा है, फिर भी वह हमारी जातीय

मनोवृत्ति की परिचायिका होती है। 'कुशल' शब्द को ही लीजिए; वह हमारी उस संस्कृति की ओर संकेत करता है जिसमें कि पूजा-विधान की संपन्नता के लिए कुश लाना एक दैनिक कार्य बना हुआ था। जो कुश ला सकता था वह तंदुरुस्त भी और होशियार भी समझा जाता था। 'प्रवीण' का संबंध वीणा से है—प्रकर्षः वीणायां प्रवीणः। हमारी भाषा में 'गो' से संबंधित शब्दों का बाहुल्य है; जैसे गौधूलि-वेला (जिसमें विवाह जैसे शुभ कार्य संपन्न होते हैं), गोष्ठी, गवेषणा (गाय की चाह या खोज के अर्थ-विस्तार द्वारा गवेषण का अर्थ 'खोज' हो गया), गवाक्ष (गौ की आँख—खिड़कियों का आकार शायद पहले गोल होता होगा), गुरसी (अँगीठी गोरसी से बनी है जिसमें गौ का दूध औटाया जाता था), गोपुच्छ (नाटक को गौ की पूंछ के समान बताया गया है—अंत में आकर मूल कथा ही रह जाती है और उसका फैलाव बंद हो जाता है), गोमुखी (जिसके भीतर माला फेरी जाती है और जिससे जल गिरता है उसे भी कहते हैं), गोपन (छिपाना—यह शब्द भी गौ से संबंध रखता है; जो वस्तु पाली जाती है, सुरक्षित रखी जाती है, वह छिपाकर भी रखी जाती है) आदि। यह बाहुल्य हमारे समाज में गौ की प्रधानता का द्योतक है।

भारत गरम देश है। यहाँ हृदय को शीतल करना मुहावरा है, किंतु आंग्ल देश ठण्डा है, वहाँ की परिस्थिति के अनुकूल warm reception और cold treatment आदि मुहावरे हैं। breaking the ice मौन भंग करने के अर्थ में आता है। Ice ठंडेपन का प्रतीक है और मौन ठंडेपन का ही द्योतक है। अँग्रेजी का प्रयोग 'killing two birds with one stone' वहाँ की हिंसात्मक प्रवृत्ति का परिचायक है। हमारे यहाँ इसका अनुवाद हुआ है 'एक ढेले में दो पंछी', किंतु उसमें वह मधुरता नहीं जो 'एक पंथ दो काज' में है। उसके कहते ही हमको "गोरस बेचन हरि मिलन, एक पंथ दो काज" बात याद आ जाती है।

हमारी रहन-सहन, पोशाक आदि सभी बातें जातीय परिस्थिति, देश के वातावरण और देश की भावनाओं से संबंधित हैं। जमीन पर बैठना, हाथ से खाना, नहाकर खाना, लंबे-ढीले कपड़े पहनना, बेसिले कपड़ों को अधिक शुद्ध मानना, ये सब चीजें देश की आवश्यकताओं और आदर्शों के अनुकूल हैं। गरम देश में पृथ्वी का स्पर्श बुरा नहीं लगता। इसीलिए यहाँ जूतों का इतना मान नहीं है जितना कि विलायत में। यहाँ हाथ से खाने का चलन इसलिए हुआ

कि यहाँ हर समय हाथ धोए जा सकते हैं। अन्न को भी देवता माना जाता है, उससे सीधा संपर्क अधिक सुखद और स्वाभाविक समझा जाता है। यहाँ नहाने के लिए जल की कमी नहीं और नहाने की आवश्यकता भी अधिक होती है, इसलिए नहाना धर्म का अंग हो गया है।

इस देश में शरीर को अधिक महत्त्व नहीं दिया जाता है। इसीलिए लंबे कपड़ों को, जो शरीर को उभार में न लावें और उसे पूर्णतया ढक लें, अधिक महत्त्व दिया जाता है। बेसिले कपड़े जैसे धोती आदि नित्य सहज में धोए जा सकते हैं। उनमें सीवन का भी किसी प्रकार का मैल नहीं रह सकता है, इसीलिए वे अधिक पवित्र माने जाते हैं। हमारे यहाँ नंगे सर की अपेक्षा सर ढकना अधिक सांस्कृतिक समझा जाता है। ऐसा सभी पूर्वी देशों में है। यहूदियों के प्रार्थना-भवनों में भी नंगे सर नहीं बैठते। बाल भी शरीर के अंग होने के कारण ढके जाने की अपेक्षा रखते हैं।

इसी प्रकार देश के वातावरण और रुचि के अनुकूल ही मांगल्य वस्तुओं का विधान किया जाता है। फूलों में हमारे यहाँ कमल को सबसे अधिक महत्त्व दिया जाता है। इसका संबंध जल और सूर्य दोनों से है। वह जल में रहता है और सूर्य को देखकर प्रसन्न होता है। जल और सूर्य देश की महती आवश्यकताओं में से हैं, इसका दोनों से संबंध है। कमल ही सब प्रकार के शारीरिक सौंदर्य का उपमान बनता है—चरण-कमल, नेत्र-कमल, मुख-कमल आदि कमल की महत्ता के द्योतक हैं। "नव कंज लोचन कंज मुख कर कंज पद कंजारुणम्" इस छंद में सभी अंग कमल बन गए हैं।

आम्र (रसाल), कदली, दूर्वादल, नारियल, श्रीफल (शरीफा) आदि को मांगल्य कार्यों में प्रमुख स्थान दिया जाता है। आम यहाँ की विशेष मेवा है। इसमें रस भरा रहता है और इसका बौर बसंत का अग्रदूत है। हमारे यहाँ अश्वत्थ (पीपल) को भी विशेष महत्ता दी गई है। श्रीमद्भगवद्गीता में भगवान् की विभूतियों में अश्वत्थ को भी माना गया है—'अश्वत्थः सर्व वृक्षाणां'। भारतीय संस्कृति में जिन-जिन वस्तुओं को महत्ता दी गई है वे सब श्रीमद्भगवद्गीता में भगवान् की विभूतियों के रूप में आ गई हैं। भगवान् बुद्ध को भी अश्वत्थ वृक्ष के ही नीचे बुद्धत्व प्राप्त हुआ था। स्थावर वस्तुओं में हिमालय को, सरिताओं में गंगा को, पक्षियों में गरुड़ को तथा ऋतुओं में बसंत ऋतु को महत्ता दी गई

है। स्त्रीलिंग चीजों में कीर्ति, वाणी, स्मृति, बुद्धि और धृति (धैर्य) को महत्ता दी गई है। यह भी हमारी जातीय मनोवृत्ति का परिचायक है।

यह तो रहे संस्कृति के बाह्य अंग। संस्कृति के आंतरिक अंगों पर भारत में विशेष बल दिया गया है। धर्मग्रंथों में अच्छे मनुष्यों के जो लक्षण बतलाए गए हैं, मनुस्मृति में जो धृति, क्षमा, दम, अस्तेय, शौच, इन्द्रिय-निग्रह, धी, विद्या, सत्य और अक्रोध धर्म के दस लक्षण बतलाए गए हैं वे सब भारतीयों की मानसिक और आध्यात्मिक संस्कृति के अंग हैं। श्रीमद्भगवद्गीता में दैवी संपदावालों के लक्षण दिए गए हैं जिनमें 'अभय' को सबसे पहला स्थान दिया गया है। स्थितप्रज्ञ के लक्षण (दूसरा अध्याय), सात्विक चीजों के लक्षण (सत्रहवाँ अध्याय) आदि सब भारतीय संस्कृति के अनुकूल सभ्य और शिष्ट पुरुष के लक्षण हैं। इसलिए सभी महाकाव्य ऐसे लक्षणों से भरे पड़े हैं। 'रघुवंश' में रघुकुल के राजाओं के जो गुण बतलाए गए हैं, वे न केवल भारत के सांस्कृतिक आदर्शों के परिचायक हैं, बल्कि उनसे अतीत का भव्य चित्र हमारे सम्मुख आ जाता है। देखिए—

"दूसरों को दान देने के लिए ही जो संपन्न बनते थे (उनका धन दानाय था), सत्य के लिए ही मितभाषी बने हुए थे (मिथ्याभिमान के कारण वे कम बातचीत नहीं करते थे), जो यश के लिए विजय प्राप्त करते थे (धन-राज्य छीनने के लिए नहीं) (यश को अपने यहाँ अधिक महत्त्व दिया गया है। हमारे पूर्वज यश के लिए संसार की समस्त संपदा और वैभव त्यागने को सदैव तत्पर रहते थे। अर्जुन से भी श्रीकृष्ण ने अंतिम अपील यही की थी—'यशोलभस्व'), संतान के लिए (कामोपभोग के लिए नहीं, वरन् पितृ-ऋण चुकाने और समाज को अच्छे नागरिक देने के अर्थ) जो गृहस्थ बनते थे, बाल्यावस्था में जो विद्याध्ययन करते थे, यौवन में विषय-भोग करनेवाले, वृद्धावस्था में मुनिवृत्ति को धारण करने वाले और योग द्वारा शरीर को त्यागने वाले (आजकल तो रोगेणांते तनुत्यजाम् की बात हो गई है) ऐसे रघुवंशियों के कुल का मैं (कालिदास) वर्णन करता हूँ यद्यपि मेरे पास वाणी का वैभव अधिक नहीं है।"

इससे पता चलता है कि प्राचीन भारत में त्याग, सत्य, यश, आश्रम-विभाग और सामाजिक कल्याण की ओर अधिक ध्यान दिया जाता था। संक्षेप में भारतीय संस्कृति के मुख्य-मुख्य अंग इस प्रकार बतालाए जा सकते हैं—

(1) **आध्यात्मिकता**—इसके अंतर्गत नश्वर शरीर का तिरस्कार, परलोक,

सत्य, अहिंसा, तप आदि आध्यात्मिक मूल्यों को अधिक महत्त्व देना, आवागमन की भावना, ईश्वरीय न्याय में विश्वास आदि बातें हैं। हमारे यहाँ की संस्कृति तपोवन-संस्कृति रही है जिसमें विस्तार ही विस्तार था—'प्रथम सामरव तव तपोवने प्रथम प्रभात तव गगने'। विस्तार के वातावरण में आत्मा का संकुचित रूप नहीं रह सकता था इसी के अनुकूल आत्मा का सर्वव्यापक विस्तार माना गया है। इसीलिए हमारे यहाँ सर्वभूत हित पर अधिक महत्त्व दिया है—'आत्मवत् सर्वभूतेषु यः पश्यति स पश्यति'।

कीरी और कुंजर में एक ही आत्मा का विस्तार देखा जाता है। इसी से गाँधीजी की सर्वोदय की भावना को बल मिला। हमारे यहाँ के मनीषी 'सर्वे भवन्तु सुखिनः सर्वे सन्तु निरामयाः' का पाठ पढ़ते थे।

नश्वर शरीर के तिरस्कार की भावना हमारे यहाँ के लोगों को बड़े-बड़े बलिदानों के लिए तैयार कर सकी। शिवि, दधीच, मोरध्वज इसके ज्वलंत उदाहरण हैं। महाराज दिलीप ने गुरु की प्रसन्नता के लिए नंदिनी नाम की गौ को चराने का व्रत धारण किया था। उसकी सिंह से रक्षा करने के लिए वे अपने प्राणों का भी उत्सर्ग करने को तैयार हो जाते हैं। वे सिंह से कहते हैं कि यदि तुम मुझ पर दया ही करना चाहते हो तो मेरे यश-शरीर पर दया करो; पंचभूतों से बने हुए नाशवान शरीर के पिण्डों पर मुझ जैसे लोगों की आस्था नहीं होती।

हमारे यहाँ का मार्ग साधना का मार्ग रहा है और तप, त्याग और संयम को महत्ता दी गई है। क्या बौद्ध, क्या जैन और क्या वैष्णव, सभी लोग इन गुणों की सराहना करते हैं।

हमारे यहाँ की आध्यात्मिकता मन और बुद्धि से परे जाती है। वह आत्मा का साक्षात् अनुभव करना चाहती है। यही भारतीय और पाश्चात्य दर्शनों का अंतर है। हमारे दर्शन का अर्थ आत्मा का दर्शन ही है, पाश्चात्य देशों में वह बुद्धि-विलास के रूप में रहा है।

(2) **समन्वय बुद्धि**—आत्मा की एकता के आधार पर हमारे यहाँ अनेकता में एकता देखी गई है।

इसीसे मिलती-जुलती समन्वय-भावना है। हमारे विचारकों ने सभी वस्तुओं में सत्य के दर्शन किए हैं। उनका धर्म अविरोधी धर्म रहा है।

इसीलिए हमारे यहाँ धर्म-परिवर्तन को विशेष महत्त्व नहीं दिया गया है।

फिर भी संस्कृतियों का आदान-प्रदान हुआ है। तुलसीदास जी जैसे महात्मा ने, जो भारतीय संस्कृति के प्रतिनिधि कहे जा सकते हैं, समन्वय बुद्धि से ही काम लिया था। उन्होंने शैव और वैष्णवों का, ज्ञान और भक्ति का तथा अद्वैत और विशिष्टाद्वैत का समन्वय किया था। आधुनिक कवियों में प्रसाद जी ने अपनी 'कामायनी' में ज्ञान, इच्छा और क्रिया का समन्वय किया है। मानव-कल्याण में ज्ञान, इच्छा, क्रिया का पार्थक्य ही बाधक होता है।

ज्ञान दूर कुछ, क्रिया भिन्न है, इच्छा पूरी क्यों हो मन की।
एक दूसरे से न मिल सके, यह विडंबना है जीवन की॥

(3) **वर्णाश्रम विभाग**—हमारी संस्कृति में कार्य-विभाजन को बड़ा महत्त्व दिया गया है। समाज को भी चार भागों में बाँटा है और मानव-जीवन को भी। सामाजिक विभाजन बढ़ते-बढ़ते संकुचित और अपरिवर्तनीय बन गया। अपरिवर्तनीय बनने में भी इतनी हानि न थी यदि सबका महत्त्व सिद्धांत और व्यवहार दोनों में एक-सा मान लिया गया होता। कुछ लोगों ने श्रेष्ठता का एकाधिकार कर लिया और 'पण्डितः समदर्शिनः' की बात भूल गए। हमारे सभी प्रचारकों और सुधारकों ने इसके विरुद्ध आवाज उठाई और उन सब में जोरदार आवाज रही भगवान् गौतम बुद्ध, संत कबीर और महात्मा गाँधी की। पुरुष सूक्त ने तो चारों वर्णों को एक ही विराट् शरीर का अंग माना था—'ब्राह्मणोऽस्य मुखमासीत् बाहू राजन्यः कृतः'। शूद्र भगवान् के चरणों से निकले। इसी आधार पर कविवर मैथिलीशरण जी गुप्त ने उन्हें सुरसरि का सहोदर कहा है। एक ही शरीर के विभिन्न अंगों में कोई ऊँचा-नीचा नहीं होता। सामाजिक संगठन का हमारे यहाँ बहुत ऊँचा आदर्श रखा गया था। वैदिक ऋषियों की तो यही भावना थी, लेकिन हम उसको भुला बैठे।

(4) **अहिंसा, करुणा, मैत्री और विनय**—इन चार गुणों को इसलिए ही रखा गया हैं कि इनके मूल में अहिंसा की भावना है और करुणा, मैत्री तथा विनय अहिंसा व्रत के पालन में सहायक होते हैं। हिंसा केवल वध करने में ही नहीं होती है वरन् किसी का उचित भाग ले लेने और दूसरे का जी दुखाने में भी। इसीलिए हमारे यहाँ 'सत्यं ब्रूयात्' के साथ 'प्रियं ब्रूयात्' का पाठ पढ़ाया गया है। करुणा प्रायः छोटों के प्रति होती है, मैत्री बराबर वालों के प्रति और विनय बड़ों के प्रति, किंतु हमको सभी के प्रति शिष्टता का व्यवहार करना चाहिए।

विनय शील का एक अंग है, उसको बड़ा आवश्यक माना गया है। भगवान् कृष्ण ने ब्राह्मण के विशेषणों में विद्या के साथ विनय भी लगाया—'विद्याविनयसंपन्ने ब्राह्मणे'। विनय भारतीय संस्कृति की एक विशेषता है। असांस्कृतिक लोग ही उद्धत होते हैं।

(5) **प्रकृति-प्रेम**—भारतवर्ष पर प्रकृति की विशेष कृपा रही है। यहाँ सभी ऋतुएँ अपने समय पर आती हैं और पर्याप्त काल तक ठहरती हैं। ऋतुएँ अपने अनुकूल फल-फूलों का सृजन करती हैं। धूप और वर्षा के समान अधिकार के कारण यह भूमि शस्यश्यामला हो जाती है। यहाँ का नगाधिराज हिमालय कवियों को सदा से प्रेरणा देता आ रहा है और यहाँ की नदियाँ मोक्षदायिनी समझी जाती रही हैं। यहाँ कृत्रिम धूप और रोशनी की आवश्यकता नहीं पड़ती। भारतीय मनीषी जंगल में रहना पसन्द करते थे। प्रकृति-प्रेम के ही कारण यहाँ के लोग पत्तों में खाना पसंद करते हैं। वृक्षों में पानी देना एक धार्मिक कार्य समझते हैं। सूर्य और चंद्र दर्शन नित्य और नैमित्तिक कार्यों में शुभ माना जाता है। यहाँ के पशु-पक्षी, लता-गुल्म और वृक्ष तपोवनों के जीवन का एक अंग बन गए थे, तभी तो शकुंतला के पतिगृह जाते समय उसके जाने की उन सबों से आज्ञा चाहते हैं—

> **पीछे पीवत नीर जो पहले तुमको प्याय।**
> **फूल-पात तोरति नहीं गहने हू के चाय॥**
> **जब तुअ फूलन के दिवस आवत हैं सुखदान।**
> **फूली अंग समाति नहिं उत्सव करत महान॥**
> **सो यह जाति शकुंतला आज पिया के गेह।**
> **आज्ञा देहु पयान की तुम सब सहित सनेह॥**

हमारी संस्कृति इतने में ही संकुचित नहीं है। पारिवारिकता पर हमारी संस्कृति में विशेष बल दिया गया है। भारतीय संस्कृति में शोक की अपेक्षा आनंद को अधिक महत्त्व दिया गया है। इसलिए हमारे यहाँ शोकान्त नाटकों का निषेध है। भारत में आतिथ्य को विशेष महत्त्व प्रदान किया गया है। अतिथि को भी देवता माना गया है—'अतिथि देवोभव'।

हमारी संस्कृति के मूल अंगों पर प्रकाश डाला जा चुका है। भारत में विभिन्न जातियों के पारस्परिक संपर्क में आने से संस्कृति की समस्या कुछ जटिल

हो गई। पुराने जमाने में द्रविड़ और आर्य संस्कृति का समन्वय बहुत उत्तम रीति से हो गया था। इस समय मुस्लिम और अंग्रेजी संस्कृतियों का और मेल हुआ है। हम इन संस्कृतियों से अछूते नहीं रह सकते हैं। इन संस्कृतियों में से हम कितना लें और कितना छोड़ें, यह हमारे सामने बड़ी समस्या है। अपनी भारतीय संस्कृति को तिलांजलि देकर इनको अपनाना आत्महत्या होगी। भारतीय संस्कृति की समन्वयशीलता यहाँ भी अपेक्षित है किंतु समन्वय में अपना न खो बैठना चाहिए। दूसरी संस्कृतियों के जो अंग हमारी संस्कृति में अविरोध रूप से अपनाए जा सकें उनके द्वारा अपनी संस्कृति को सम्पन्न बनाना आपत्तिजनक नहीं। अपनी संस्कृति चाहे अच्छी हो या बुरी, चाहे दूसरों की संस्कृति से मेल खाती हो या न खाती हो, उससे लज्जित होने की कोई बात नहीं।

दूसरों की संस्कृतियों में सब बातें बुरी ही नहीं हैं। हमारी संस्कृति में धार्मिक कृत्यों में एकांत-साधना पर अधिक बल दिया गया है, यद्यपि सामूहिक प्रार्थना का अभाव नहीं है। मुसलमानी और अंग्रेजी सभ्यता में सामूहिक प्रार्थना को अधिक आश्रय दिया गया, यद्यपि एकांत-साधना का वहाँ भी अभाव नहीं। हमारे कीर्तन आदि तथा महात्मा गाँधी द्वारा परिचालित प्रार्थना-सभाएँ धर्म में एकत्व की सामाजिक भावना को उत्पन्न करती आई हैं। हमारे यहाँ सामाजिकता की अपेक्षा पारिवारिकता को महत्त्व दिया गया है। पारिवारिकता को खोकर सामाजिकता को ग्रहण करना तो मूर्खता होगी किंतु पारिवारिकता के साथ-साथ सामाजिकता बढ़ाना श्रेयस्कर होगा। भाषा और पोशाक में अपनत्व खोना जातीय व्यक्तित्व को तिलांजलि देना होगा। हमें अपनी सम्मिलित परिवार की प्रथा को इतना न बढ़ा देना चाहिए कि व्यक्ति का व्यक्तित्व ही न रह जाए और न व्यक्तित्व को इतना महत्त्व देना चाहिए कि गुरुजनों का आदर-भाव भी न रहे और पारिवारिक एकता पर कुठाराघात हो। कपड़े और जूतों की सभ्यता और कम से कम कपड़ा पहनने और नंगे पैर रहने की सभ्यता में भी समन्वय की आवश्यकता है। अंग्रेजी सभ्यता में जूतों का विशेष महत्त्व है, किंतु उसे अपने यहाँ के चौका और पूजागृहों की सीमा पर आक्रमण न करना चाहिए। अंग्रेजी सभ्यता चीनी और काँच के बर्तनों की सभ्यता है। हमारी सभ्यता मिट्टी और पीतल के बर्तनों की है। हमारी सभ्यता स्वास्थ्य विज्ञान के नियमों के अधिक अनुकूल है। यदि हम कुल्हड़ों के कूड़े का अच्छा बंदोबस्त कर सकें तो उससे

अच्छी कोई चीज नहीं है। आलस्य को वैज्ञानिकता पर विजय न पाना चाहिए। अंग्रेजी संस्कृति से भी सफाई और समय की पाबंदी की बहुत-सी बातें सीखी जा सकती हैं, किंतु अपनी संस्कृति के मूल अंगों पर ध्यान रखते हुए समन्वय-बुद्धि से काम लेना चाहिए। समन्वय द्वारा ही संस्कृति क्रमशः उन्नति करती रही है और आज भी हमें उसे समन्वयशील बनाना है।

हिंदी की प्रयोगवादी कविता

डॉ. नगेंद्र

यों तो प्रत्येक युग की ही कविता प्रयोगवादी होती है, क्योंकि वह वस्तु और शैली दोनों में अपनी पूर्ववत् कविता से भिन्न प्रयोग करके ही अपने आविर्भाव को घोषणा करती है। परंतु इन दिनों यह विशेषण आधुनिक कविता की एक प्रवृत्ति-विशेष के लिए प्रायः रूढ़-सा ही हो गया है। इस शताब्दी के तीसरे दशक के अंत में हिंदी के कवियों में छायावाद के भाव-तत्त्व और रूप-आकार दोनों के प्रति एक प्रकार का असंतोष-सा उत्पन्न हो गया था और धीरे-धीरे यह धारणा दृढ़ होती जा रही थी कि छायावाद की वायवी भाववस्तु और उसी के अनुरूप अत्यंत बारीक तथा सीमित काव्य-सामग्री एवं शैली-शिल्प आधुनिक जीवन की अभिव्यक्ति करने में सफल नहीं हो सकते। निसर्गतः उसके विरुद्ध प्रतिक्रिया हुई—भाव-वस्तु में छायावाद की तरल-अमूर्त अनुभूतियों के स्थान पर एक ओर व्यावहारिक सामाजिक जीवन की मूर्त अनुभूतियों की माँग हुई—दूसरी ओर सुनिश्चित बौद्धिक धारणाओं का जोर बढ़ा और शैली-शिल्प में छायावाद की वायवी और अत्यंत सूक्ष्म-कोमल काव्य-सामग्री के स्थान पर विस्तृत जीवन की मूर्त-सघन और नानारूपिणी काव्य-सामग्री को आग्रह के साथ ग्रहण किया गया। आरंभ में इस प्रतिक्रिया का एक समवेत रूप ही दिखाई देता था। कुछ ही वर्षों में इन कवियों के दो वर्ग पृथक् हो गए—एक वर्ग सचेत होकर निश्चित सामाजिक-राजनीतिक प्रयोजन से साम्यवादी जीवनदर्शन की अभिव्यक्ति को अपना परम कवि-कर्तव्य मानकर रचना करने लगा। दूसरे वर्ग ने सामाजिक-

जनीतिक जीवन के प्रति जागरूक रहते हुए भी अपना साहित्यिक व्यक्तित्व बनाए रखा। उसने किसी राजनीतिक वाद की दासता स्वीकार नहीं की, वरन् काव्य की वस्तु और शैली-शिल्प को नवीन प्रयोगों द्वारा आज के अनेक रूप, अस्थिर चिर-प्रयोगशील जीवन के उपयुक्त बनाने की ओर अधिक ध्यान दिया। पहले वर्ग को हिंदी में प्रगतिवादी और दूसरे को प्रयोगवादी नाम दिया गया। कहने की आवश्यकता नहीं कि इन दोनों का पार्थक्य सर्वथा स्थिर और सीमा-रेखाएँ एकांत दृढ़ नहीं हैं। साहित्यिक वर्ग-विभाजन में यह कभी संभव ही नहीं होता—; अनेक प्रगतिवादी शैली-शिल्प के प्रयोगों के प्रति अत्यंत जागरूक हैं, उधर अनेक प्रगतिवादियों की भाव-भूमिका पर एकांततः साम्यवाद का प्रभाव है, अंतर केवल प्राथमिक उद्देश्य का है—पहला वर्ग जहाँ सामाजिक चेतना की जागृति को अपना प्राथमिक उद्देश्य मानता है दूसरा अर्थात् प्रयोगवादी वर्ग वहाँ वस्तु और शैली दोनों में ही चिर-प्रयोग शीलता को प्राथमिकता देता है।

प्रयोगवादी कविता का मूल तत्त्व स्वभावतः ही काव्य-विषयक प्रयोग अथवा अन्वेषण है। "दावा केवल यही है कि ये सातों अन्वेषी हैं। काव्य के प्रति एक अन्वेषी दृष्टिकोण उन्हें समानता के सूत्र में बाँधता है। बल्कि उनके तो एकत्र होने का कारण ही यह है कि वे किसी एक स्कूल के नहीं हैं, किसी मंजिल पर पहुँचे हुए नहीं हैं। अभी राही हैं, राहों के अन्वेषी।" (अज्ञेय, तार-सप्तक की भूमिका) इस वर्ग के कवियों का विश्वास है कि जीवन की ही तरह काव्य भी एक चिरगतिशील सत्य है जिसकी वास्तविक साधना शोध, अन्वेषण एवं प्रयोग है। अतएव वस्तु और शैली दोनों के क्षेत्र में ये काव्य के पूर्ववर्ती उपादानों को संदेह से देखते हैं और नवीन उपकरणों को आग्रहपूर्वक ग्रहण करते हैं। जीवन और काव्य दोनों में ही एतादृशत्व के ये घोर विरोधी हैं। यह इनको सर्वथा अमान्य है कि किसी भी समय ऐसी अवस्था आ सकती है जबकि जीवन का संपूर्ण सत्य प्राप्त हो सकता है—और फिर उसकी पुनरावृत्ति शेष रह जाती है। यही बात काव्य पर भी लागू होती है। काव्य का परम तत्त्व प्रत्येक युग के लिए सदैव प्राप्य ही रह सकता है—अपने पूर्ववर्ती युग के प्राप्य पर कोई भी युग जीवित नहीं रह सकता।

प्रयोगवादी कविता का जन्म छायावाद के विरुद्ध प्रतिक्रिया के रूप में हुआ है। अंग्रेजी साहित्य में भी प्रयोगवादी कविताओं में रोमानी-प्रकृति के विरुद्ध

विद्रोह का एक तीखा स्वर मिलता है, परंतु वह व्यावहारिक की अपेक्षा सैद्धांतिक अधिक है। हिंदी में यह प्रतिक्रिया अधिक स्थिर और स्पष्ट है। भावक्षेत्र में छायावाद की अतींद्रियता और वायवी सौंदर्य चेतना के विरुद्ध एक वस्तुगत मूर्त और ऐंद्रिय चेतना का विकास हुआ और सौंदर्य की परिधि में केवल, मसृण और मधुर के अतिरिक्त पुरुष, अनगढ़ और 'भदेस' का समावेश किया गया। वास्तव में नए कवि ने अतिशय कोमलता और मार्दव से ऊबकर अनगढ़ और भदेस को कुछ अधिक ही आग्रह के साथ ग्रहण किया :

निकटतर धँसती हुई छत, आड़ में निर्वेद
मूत्र-सिंचित मृत्तिका के वृत्त में
तीन टाँगों पर खड़ा नत-ग्रीव
धैर्य-धन गदहा।

यहाँ तो केवल वस्तु में ही भदेसपन है क्योंकि इनका लेखन अपने व्यक्तित्व के अतिरिक्त परिमार्जन के कारण भाषा को भदेस नहीं बना पाया है। अंतर्बाह्य भदेसपन के लिए डॉ. रामविलास और श्री केदार, या हंस में नित्यप्रति छपने वाली कविताएँ आदर्श हैं :

सरग था ऊपर
नीचे पाताल था
अपच के मारे बहुत बुरा हाल था
दिल दिमाग भुस का, खद्दर का खाल था।

(नागार्जुन—हंस)

अपने दृष्टिकोण की सफाई में उसने कहा कि सौंदर्य को केवल मधुर कोमल में सीमित कर देना अत्यंत संकुचित दृष्टि का परिचायक है। सौंदर्य-चेतना एक अत्यंत व्यापक चेतना है और गत्यात्मक भी, जो परिस्थिति के अनुसार विकसित होती रहती है। जिस प्रकार मधुर-कोमल उसका एक रूप है उसी प्रकार अनगढ़ और पुरुष भी। आज के जीवन में अनगढ़ और भदेस हमारे अधिक निकट हैं इसलिए उसकी चेतना हमारे लिए अधिक वास्तविक और स्वाभाविक है।

आज का जीवन सर्वथा विशृंखलित और अव्यवस्थित है; जीवन-मूल्यों की इतनी भयंकर अराजकता पहले शायद ही कभी सामने आई हो। राजनीतिक

और आर्थिक दुर्व्यवस्था के साथ सांस्कृतिक और दार्शनिक उलझनों ने मिलकर जीवन में अगणित गुत्थियाँ डाल दी हैं—जिनमें कि आज का विचारक फँसकर रह जाता है। इस प्रकार के राजनीतिक विप्लव तो पहले भी आए, परंतु मानव-चेतना पर उनका इतना सर्वव्यापी प्रभाव नहीं पड़ा। पर आज तो जैसे समाज और सभ्यता का आधार ही भंग हो गया है। इसका कारण यह है कि पहले तो राजनीति और संस्कृति प्रायः स्वतंत्र थीं, किंतु आज वे एक-दूसरे से गूँथी गई हैं। राजनीतिक विप्लव ने भयंकर आध्यात्मिक विप्लव को जन्म दे दिया है, विश्वास का सूत्र सर्वथा छिन्न-भिन्न हो गया है और आज सबसे बड़ी दुर्घटना सर्वग्राही अविश्वास है। आज न अध्यात्म-दर्शन में विश्वास है, न भौतिक दर्शन में। विज्ञान ने ईश्वर-विश्वास को हिला दिया है—परंतु वह अपने में विश्वास जमाने में असफल रहा है। समाज की प्राचीन व्यवस्था भंग हो गई है, परंतु नवीन व्यवस्था दूर तक दिखाई नहीं देती। राजनीति में हिंसा-अहिंसा, प्रजातंत्रवाद, साम्यवाद, सर्वाधिकारवाद का और अर्थनीति में पूँजीवाद और समाजवाद का दर्शन के क्षेत्र में आदर्शवाद और द्वन्द्वात्मक भौतिकवाद आदि का और मनोविज्ञान में चेतन और अवचेतन, अचेतन आदि का ऐसा कुहराम मचा हुआ है कि आज के मानव की चेतना एकांत धूमिल और तमसाछन्न हो गई है। ऐसी अवस्था में किसी स्थिर रोमानी सौंदर्य-बोध को ग्रहण कर लेना असंभव है। यदि ऐसा किया जाता है तो वह वास्तविक और हार्दिक नहीं है—वह केवल काल्पनिक अथवा भावगत है। छायावादी सौंदर्य बोध के विरुद्ध इन कवियों का यही प्रबल आक्षेप है—और ये उसके प्रतिकार रूप आज के आच्छन्न जीवन के अनुकूल, संकुल सौंदर्य-बोध को ही वास्तविक एवं हार्दिक आनंद मानकर चलते हैं।

जीवन-मूल्यों की अव्यवस्था नवीन काव्य में अत्यंत मुखर है। आध्यात्मिक, सामाजिक और साहित्यिक उपादानों में लघु-गुरु के अंतर को यह कवि झटके के साथ अस्वीकार कर देता है और सूर्य और मेढक चाँदनी रात और मूत्र-सिंचित वृत्त में खड़े हुए गदहे; नूपुर-ध्वनि और चप्पल, कांट, फिक्टे और खाली चाय की प्याली को साथ-साथ ग्रहण करता है।

1. तू सुनता रहा मधुर नूपुर-ध्वनि यद्यपि बजती थी चप्पल।

(भारतभूषण)

2. कब तक मगज मारता बैठूँ तुमसे कांट और बोजाके,
तर्क घुला जाता है बांके, उधड़ रहे सीने के टांके।
जीवन धोखा ही तो हो, यह प्यार कभी जोखों से खाली,
यह सब एक विराट व्यंग हैं, मैं हूँ सच और चाय की प्याली।

(माचवे)

यहीं से प्रयोगवादी कविता का वस्तुपरक दृष्टिकोण जोर पकड़ता है। प्रयोगवादी कवि का आग्रह है कि वह अपने दृष्टिकोण को अधिक से अधिक वस्तुगत बनाए, वस्तु पर अपने मन का रंग न चढ़ाकर वस्तु की आंतरिक अर्थ-व्यंजना को अनूदित करे। आज के हिंदी कवि के लिए यह अत्यन्त दुष्कर कार्य है, क्योंकि वह छायावाद की अतिशय भावपरकता में पगा हुआ है। केवल केदार, शमशेरसिंह और अंशतः अज्ञेय ही इसमें सफल हो चुके हैं; कारण यह है कि छायावाद के विरुद्ध उत्कट चेतना रखते हुए भी इनमें अधिकांश कवि उसके प्रभाव से मुक्त नहीं हो पाए।

वास्तव में देखा जाए तो इन कवियों के लिए अपने व्यक्तित्व से बचना संभव नहीं है। इनमें से अधिकांश कवियों की प्रवृत्ति एकांत अंतर्मुखी है और वे अपने मन की निबिड़ता में उलझे हुए हैं—सबसे अधिक अज्ञेय। मनोविश्लेषण शास्त्र के प्रभाववश अवचेतन का अध्ययन इनकी कविता का मुख्य विषय है। अवचेतन की काम-कुंठाओं का प्रतीकों द्वारा यथा-तथ्य चित्रण अज्ञेय और गिरिजाकुमार में अत्यंत स्पष्ट है और वैसे अन्य कवि भी इससे मुक्त नहीं हैं। छायावाद में भी यह प्रवृत्ति अत्यधिक प्रबल थी। परंतु दोनों की चेतना में काफी अंतर है। छायावाद का कवि जहाँ अनजाने ही अपनी कुंठाओं को काम प्रतीकों द्वारा (प्रधानतः प्रकृति-प्रतीकों द्वारा) सहज रूप में व्यक्त करता था, वहाँ प्रयोगवादी कवि के प्रतीक विधान में अवचेतन विज्ञान का सचेष्ट उपयोग रहता है इस प्रकार इस कविता में व्यक्तित्व की निबिड़ताओं को वैज्ञानिक प्रतीकों द्वारा वस्तुगत रूप में अंकित करने का प्रयत्न रहता है और एक ऐसी बौद्धिक स्थिति उत्पन्न हो जाती है जहाँ वस्तु-परक और व्यक्ति-परक दृष्टिकोण प्रतिद्वन्द्वी न रहकर साधक साध्य बन जाते हैं। कवि अपने अवचेतन के अर्धव्यक्त अनुभव-खंडों को, जो एकांत व्यक्तिगत होते हैं, यथावत् वस्तु रूप में अंकित करने का प्रयत्न करता है। यथावत् अंकन का यह प्रयत्न काव्य की बिंब

ग्रहण-पद्धति के विपरीत पड़ता है। इसमें विशेष की प्रत्यक्ष अभिव्यक्ति का इतना उत्कट आग्रह रहता है कि साधारणीकरण नहीं कर पाता—वरन् एक प्रकार से वह साधारणीकरण को अनावश्यक ही मानता है। वह अपने विशिष्ट अव्यवस्थित भाव-खंडों को उसी अव्यवस्थित रूप में प्रतीकों द्वारा अनूदित करने का प्रयत्न करता है। उसका अभीष्ट रहता है। अवचेतन की प्रत्यक्ष अभिव्यक्ति—अतएव वह निकटतम प्रतीकों का प्रयोग करता है। अवचेतन भाव-खंडों के पास पहुँचते-पहुँचते ये प्रतीक स्वयं भी अर्धव्यक्त और निबिड़ होते चले जाते हैं। परंतु इसको वह सर्वथा स्वाभाविक एवं अनिवार्य मानता है, क्योंकि उसका मत है कि अर्धव्यक्त की अभिव्यक्ति के लिए पूर्ण व्यक्त प्रतीक अवांछित है। वे श्रोता या पाठक को अभिप्रेत भावखंड का संवेदन न कराकर उसके मन में किसी भिन्न भावखंड अथवा धारणा की उद्‌बुद्धि करते हैं। अतएव वह अर्धव्यक्त एवं असंबद्ध प्रतीकों का सचेष्ट प्रयोग करता है और अपने इस प्रयत्न में मनोविश्लेषण शास्त्र की 'मुक्ति-विचार प्रवाह', 'स्वप्न चित्र' आदि पद्धतियों से प्रत्यक्ष सहायता ग्रहण करता है।

परिणामस्वरूप एक गहन बौद्धिकता इन कविताओं पर सीसे के पर्त की तरह जमती रहती है। छायावाद के रंगीन कल्पना-वैभव और सूक्ष्म तरल भावना-सिंचन के स्थान पर यहाँ ठोस बौद्धिक तत्त्व का बोझीलापन है, परंतु स्मरण रहे कि ये रचनाएँ प्राचीन दार्शनिक अथवा चिंतन विचार-प्रधान कविताओं की परंपरा में नहीं आतीं। उदाहरण के लिए, विनय-पत्रिका, अथवा इधर प्रसाद, महादेवी आदि की दार्शनिक कविता और नवीन प्रयोगवादी कविता में कोई साम्य नहीं है। इन कविताओं में जहाँ दर्शन अथवा विचार को राग का विषय बनाया गया है, वहाँ इन कविताओं में प्रायः रागात्मक तत्त्व को बौद्धिक माध्यम द्वारा व्यक्त किया गया है। प्राचीन कविता में विचार और काव्यानुभूति के बीच रागात्मक संबंध था, पर इस कविता में विषय और काव्यानुभूति के बीच बुद्धिगत संबंध है। वास्तव में इस कविता का मुख्य उपादान-साधन बौद्धिक धारणाएँ (Intellectual Concepts) हैं जो प्रायः विज्ञान, राजनीति-शास्त्र, मनोविज्ञान, मनोविश्लेषण-शास्त्र आदि की उपजीवी हैं।

यहाँ तक तो हुई भाव-वस्तु की बात। शैली-शिल्प के क्षेत्र में प्रयोगवाद का आग्रह और भी उत्कट है। "जो व्यक्ति का अनुभव है उसे समष्टि तक

कैसे पहुँचाया जाए यही पहली समस्या है जो प्रयोगशीलता को ललकारती है।" इस क्षेत्र में प्रथम विशेषता है भाषा का सर्वथा वैयक्तिक प्रयोग। प्रयोगवादी शब्द की प्रचलित अर्थ-व्यंजना को सामान्यतः ग्रहण करना पसंद नहीं करता। अपने विशिष्ट अनुभव को व्यक्त करने के लिए वह साधारण शब्दार्थ को असमर्थ पाता है, इसलिए वह उसका विशिष्ट प्रयोग करता है—अर्थात् "शब्द के साधारण अर्थ से बड़ा अर्थ उसमें भरना चाहता है।" उसके मन में यह विश्वास बैठ गया कि "साधारणीकरण की पुरानी प्रणालियाँ रूढ़ हो गई हैं। अतएव वह भाषा की क्रमशः संकुचित होती हुई केंचुल फाड़कर उसमें नया, अधिक व्यापक और सारगर्भित अर्थ भरना चाहता है।" इसके लिए वह तरह-तरह के प्रयोग करता है। एक तो विज्ञान, दर्शन, मनोविज्ञान, मनोविश्लेषण-शास्त्र, बाजार, गाँव, गलीकूचे सभी जगह से शब्द एकत्र करता हुआ अपने शब्द-भंडार को व्यापक बनाता है; दूसरे, शब्दों का विचित्र और सर्वथा अनर्गल प्रयोग करता है और तीसरे, अपने अप्रस्तुत विधान को अत्यंत असाधारण रूप देने का प्रयत्न करता है। इसके अतिरिक्त वह भाषा की व्यंजना और समास-शक्ति पर इतना भार लादने की चेष्टा करता है कि वह अस्त-व्यस्त हो जाती है और उसकी अर्थव्यंजना जवाब दे देती है। अपने उस 'बड़े अर्थ' को पाठक के मन में उतार देने के लिए भाषा के साधन अपर्याप्त ठहरते हैं निदान उसे इतर साधनों की शरण लेनी पड़ती है—"भाषा को अपर्याप्त पाकर विराम संकेतों, अंकों और सीधी-तिरछी लकीरों, छोटे-बड़े टाइप, सीधे-उल्टे अक्षरों, लोगों और स्थानों के नामों, अधूरे वाक्यों" की शरण लेनी पड़ती है। या फिर, वह विदेश के प्रभाववादी, मूर्तिवादी आदि प्रयोगों का जाने-अनजाने में अनुकरण करता हुआ पाठक के सामने एक गोरख-धंधा उपस्थित कर देता है।

इसी प्रकार छंद-विधान में भी इस क्षुब्ध-संकुल भाव-वस्तु और तदनुरूप अस्त-व्यस्त काव्य-सामग्री को वहन करने योग्य नए-नए प्रयोग अनिवार्य हो गए। पुराने वर्णिक और मात्रिक छंदों की स्थिरता नए जीवन की अस्थिरता को वहन नहीं कर सकती। इसलिए प्रयोगवादी कवि प्रायः मुक्त-छंद को ही ग्रहण करता है और उनमें वर्णिक और मात्रिक छंदों की भिन्न-भिन्न संयोजनाओं के अतिरिक्त पदांश और स्वर-पाद आदि की भी व्यवस्था करता है तुकों का वह अत्यंत सूक्ष्म प्रयोग करता है, पूर्णांत तुकों का तो वह प्रायः प्रयोग ही नहीं करता क्योंकि

उसकी धारणा है कि पूर्णांत तक छंदों-बंदों को अतिशय नादमय बनाकर विषय की गंभीरता के अनुरूप नहीं रहने देती। वह तुकांत शब्दों का प्रयोग अंत में न कर प्रायः पंक्ति के बीच में करता है—और उनके द्वारा लय को समृद्ध करता है। इसके अतिरिक्त अर्थ से स्वतंत्र, संगीत को भी वह अपने माध्यम के अनुकूल नहीं पाता और उसका सतर्कता से बहिष्कार करता है। अर्थ के ही अनुकूल उसके छंद-विधान में एक प्रकार की गद्यमयी निबिड़ता रहती है जो केदार, शमशेरसिंह जैसे कवियों में अत्यंत जड़ और नीरस हो जाती है। अज्ञेय अपने शब्द-चयन के बल पर उसकी गद्यमयता को तो अवश्य कम कर देते हैं, परंतु संगीत का समावेश वे भी नहीं कर पाते संगीत और ध्वनि-सौंदर्य की दृष्टि से गिरिजाकुमार की सफलता स्तुत्य है। वास्तव में नए कवियों में मधुर-कोमल स्वर-सौंदर्य का व्यावहारिक ज्ञान उनको ही है।

उपर्युक्त विवेचन से एक बात तो अत्यंत स्पष्ट हो जाती है, वह है इन कविताओं की दुरूहता! ये कविताएँ अनिवार्य रूप से ही नहीं सिद्धांत रूप से भी दुरूह हैं। इस दुरूहता के अनेक कारण ऊपर दिए हुए हैं—जिनमें चार मुख्य हैं : भाव-तत्त्व और काव्यानुभूति के बीच रागात्मक के बजाय बुद्धिगत संबंध, साधारणीकरण का त्याग, उपचेतन मन से अनुभव-खंडों के यथावत् चित्रण का आग्रह तथा काव्य के उपकरणों एवं भाषा का एकांत वैयक्तिक और अनर्गल प्रयोग। इसके अतिरिक्त एक और भी कारण है और वह है इन सबका मूलवर्ती कारण—नूतनता का सर्वग्राही मोह, जो सदा परिचित को छोड़ अपरिचित की खोज में रहता है। ये कारण यदि आनुषंगिक होते तो इनको सफाई के रूप में ग्रहण किया जा सकता था। परन्तु इसके विपरीत ये सभी कारण सैद्धांतिक हैं और मेरा सबसे बड़ा आक्षेप यही है कि ये कारण सैद्धांतिक हैं क्योंकि इनके आधारभूत सिद्धांत ही सदोष हैं और मनोविज्ञान तथा काव्य-शास्त्र दोनों की कसौटियों पर ही खोटे उतरते हैं।

सबसे पहले भाव-तत्त्व और काव्यानुभूति के बुद्धिगत संबंध को लीजिए। काव्य के विषय में और चाहे कोई सिद्धांत निश्चित न हो परंतु उसकी रागात्मकता असंदिग्ध है। इसे पौरस्त्य और पाश्चात्य दोनों ही काव्य-शास्त्र निर्भ्रांत रूप से स्वीकार करते हैं। कविता मानव-मन का शेष सृष्टि के साथ रागात्मक संबंध स्थापित करती है—यह एक विश्वजनीन सत्य है और कविता की यही चरम

सार्थकता है। समय-समय पर बुद्धि और राग में थोड़ी-बहुत प्रतियोगिता रही हो यह दूसरी बात है, परंतु कभी भी बुद्धि को राग के स्थान पर काव्य का प्राण-तत्त्व होने का सौभाग्य प्राप्त नहीं हुआ। जब कभी बुद्धि-तत्त्व राग-तत्त्व के ऊपर हावी हुआ है, काव्य-तत्त्व भी उसी अनुपात से क्षीण हो गया है। काव्य का यह मापदंड छोटे-बड़े सभी कवियों के विषय में लागू रहा है। दांते, तुलसी, मिल्टन, प्रसाद—जिस किसी कवि ने भी बौद्धिक तत्त्व के प्रति पक्षपात दिखाते हुए राग की उपेक्षा की है, काव्य के पारखी ने तुरंत ही उसके बुद्धि-वैभव की प्रशंसा करते हुए भी काव्य-गुण की क्षीणता का निर्णय दे दिया है। इसका निषेध करने का साहस टी.एस. इलियट में भी नहीं है। काव्य की सार्थकता इसी में है कि वह राग को संवेदनीय बनाए, बौद्धिक तत्त्व को संवेदनीय बनाना काव्य का काम नहीं है। शक्ति का साहित्य अथवा ललित-साहित्य वस्तु के साहित्य से इसी बात में मूलतः भिन्न है। यह अन्तर जब तक काव्य का अस्तित्व है तब तक बना रहेगा। इसका विरोध भाव होने से काव्य के अस्तित्व पर ही आघात होता है। प्रयोगवादी कवि ने नवीनता की झोंक में इसी मूल सिद्धांत का तिरस्कार कर काव्य के मर्म पर चोट की है और इसका परिणाम यह हुआ है कि उसकी रचना प्रायः काव्य नहीं रह गई है। उसमें मन को स्पर्श अथवा चित्त को द्रवित करने की शक्ति नहीं रही। दूसरे शब्दों में—उसमें रस का अभाव है। पहले तो उसका अर्थ ही हाथ नहीं पड़ता और यदि दिमाग को खुरचकर उसका अर्थ निकाल भी लिया जाए तो पाठक के मन का प्रसादन नहीं होता और उसे एक प्रकार की खीज-सी होती है।

प्रयोगवादी कवि का दूसरा आग्रह है उपचेतन की उलझी हुई संवेदनाओं का यथावत् चित्रण। यहाँ भी वह एक भयंकर मनोवैज्ञानिक त्रुटि करता है। अंतर्चेतन अथवा उपचेतन की संवेदनाएँ प्रायः सभी उलझी होती हैं। कला अथवा काव्य की सार्थकता ही यह है कि वह उस अरूप को रूप देता है, उलझे हुए संवेदनों को व्यवस्थित रूप में प्रस्तुत करता है। क्रोचे के सिद्धांत में थोड़ा अतिवाद मानते हुए भी इस बात का निषेध नहीं किया जा सकता कि सहजानुभूति के अनुभव का स्वरूप संवेदनों की गुत्थियों से भिन्न नहीं है। कवि में सहजानुभूति की शक्ति जन-साधारण की अपेक्षा अधिक होती है—अतएव जन-साधारण जिन उलझे हुए संवेदनों का अनुभव-भर करके रह जाता है, कवि उनकी सहजानुभूति

कर उन्हें रूप दे सकता है। यही मौलिक कविकर्म है और इसीलिए एक प्राकृतिक आवश्यकता के रूप में कविता का उद्भव हुआ। परंतु प्रयोगवादी अपने मन की उलझी हुई संवेदनाओं को यथावत् अर्थात् उसी उलझे रूप में उपस्थित करने के लिए उल्टे-सीधे प्रयत्न करता हुआ अभिव्यंजना के मूल सिद्धांत का ही तिरस्कार करता है। वास्तव में उसके प्रयत्न की अनिवार्य असफलता ही उसके सिद्धांत की असंगति का अकाट्य प्रमाण है।

साधारणीकरण की पुरानी प्रणालियों के रुद्ध हो जाने की बात भी काफी विचित्र है। प्रयोगवादी की सफाई है कि साधारणीकरण की पुरानी प्रणालियाँ आज के जीवन की अतिशय उत्तेजना को वहन करने में असमर्थ हैं। नई प्रणालियों की उद्भावना अभी नहीं हुई है, इसलिए कवि अपने अर्थात् व्यक्ति की अनुभूति को सहृदय-समाज की अनुभूति बनाने में असमर्थ रहता है। परंतु यह बात नहीं है। कवि नवीन प्रयोगों की धुन में साधारणीकरण का या तो प्रयत्न ही नहीं करता या फिर ऐसा प्रयत्न करता है जिसमें साधारणीकरण के मूल सिद्धांतों का ही निषेध रहता है। वास्तव में, साधारणीकरण शैली का प्रयोग न होकर एक मनोवैज्ञानिक प्रक्रिया है, जिसका मूल आधार है मानव-सुलभ सह-अनुभूति। इसमें संदेह नहीं कि आज का जीवन विगत जीवन की अपेक्षा कहीं अधिक उलझा और पेचीदा हो गया है और मानव-मन की प्रवृत्तियाँ भी उसी अनुपात से निबिड़ एवं जटिल हो गई हैं। फिर भी साधारणीकरण के सिद्धांत में इससे कोई अंतर नहीं आता, क्योंकि कवि के मन की निबिड़ता भी तो उसी अनुपात से बढ़ गई है। जिन परिस्थितियों ने कवि के मन को प्रभावित किया है, उन्होंने सहृदय के मन पर भी प्रभाव डाला है। अतएव कवि और सहृदय के मानसिक धरातल में एक-सा परिवर्तन होने के कारण साधारणीकरण की स्थिति वैसी ही रहती है। परंतु वास्तविकता यह है कि कवि साधारणीकरण का प्रयत्न ही नहीं करता। वह विशेष को साधारण रूप में प्रस्तुत करने के बजाय विशेष रूप में ही प्रस्तुत करने का बेतुका प्रयत्न करता है। आखिर उसके और सहृदय के बीच मानसिक संपर्क स्थापित करने का माध्यम तो वही हो सकता, जो दोनों के लिए साधारण हो। परंतु वह इस साधारण को पुराना समझकर नए माध्यम की खोज में न जाने क्या-क्या चमत्कार दिखाता है। लेकिन वास्तव में यह सब कुछ नहीं है। यह कवि की सहजानुभूति की विफलता-मात्र है। उसने उलझन

को एक प्रयोगवादी सिद्धांत के रूप में ऐसे आग्रह के साथ स्वीकार कर लिया है कि वह उसमें एक प्रकार के गौरव का अनुभव करता है। एक तो उसकी संवेदनाएँ इतनी उलझी हुई हैं कि उनकी सहजानुभूति अर्थात् उन्हें बिंब रूप में प्रस्तुत करना अपेक्षाकृत कठिन है, दूसरे वह उलझन को ही 'संवेदनीय' मान बैठा है। परिणाम यह होता है कि उसकी अभिव्यक्ति सर्वथा विफल रहती है। इसके अतिरिक्त अनेक स्थितियों में इस विफलता का कारण कवि में सहजानुभूति की अक्षमता भी होती है। कवि की अनुभूति में ही इतनी शक्ति नहीं होती कि वह संवेद्य को बिंब रूप में ग्रहण और प्रस्तुत कर सके। सहजानुभूति को क्रोचे ने कल्पना का गुण माना है। परंतु यह कल्पना भी सर्वथा अनुभूति पर ही आश्रित है। अतः सहजानुभूति के लिए अनुभूतिक्षमता सर्वथा अपेक्षणीय है। जब तक अनुभूति में शक्ति नहीं है कवि के मन में संवेदना का बिंब बनाना असंभव नहीं है। प्रयोगवादी कवि बुद्धि व्यवसायी है, अपनी अनुभूति पर उसे विश्वास नहीं है। परिणामतः वह सहजानुभूति में असमर्थ रहता है अर्थात् अपने संवेद्य को बिंब रूप में न तो ग्रहण कर सकता है—और न प्रस्तुत ही कर सकता है—और इसके बिना काव्य-रचना संभव नहीं।

अब रह जाता है भाषा का एकांत वैयक्तिक प्रयोग जिसके अंतर्गत शब्दों का अनर्गल उपयोग, असाधारण प्रतीक-विधान आदि आते हैं। यह वास्तव में साधारणीकरण विरोधी प्रवृत्ति का ही स्थूल रूप है और उसी की भाँति असंगत भी। भाषा एक सामाजिक साधन है। उसकी सार्थकता ही यह है कि वह व्यक्ति के मंतव्य को समाज पर प्रकाशित कर सके। अतएव उसका प्रयोग सामाजिक ही हो सकता है, वैयक्तिक नहीं। शैली की वैयक्तिकता दूसरी बात है—शैली में शब्द-संयोजना, वाक्य-रचना, लक्षण-व्यंजना आदि का उपयोग निश्चय ही व्यक्तिगत होता है, परंतु शब्द को कोई अनर्गल अर्थ देना, अथवा शब्दों की अस्त-व्यस्त संयोजनाओं द्वारा किसी सर्वथा असंबद्ध अर्थ की प्रतीति कराना, या अप्रचलित प्रतीकों द्वारा किसी अर्धव्यक्त अनुभव-खंड को अनूदित करना तो भाषा के मूल सिद्धांत के ही प्रतिकूल है। साधारणतः तो पाठक आपके अभिप्राय को समझेगा नहीं, किंतु यदि आपकी टिप्पणियों की सहायता से समझ भी जाए तो उसे गोरखधंधे को खोलने का आनंद मिल सकता है, काव्य का आनंद नहीं मिल सकता। साधारण दुरूहता भी रस-प्रतीति में बाधक होती है,

लेकिन जहाँ प्रयत्नपूर्वक दुरूहता के सभी साधन किए गए हों वहाँ रस-प्रतीति कैसी?

सारांश यह है कि जीवन की भाँति काव्य में भी नवीनता और प्रयोग का बड़ा महत्त्व है, परंतु आवश्यकता इस बात की है कि मूल्यों का संतुलन बना रहे। जीवन के मूल तत्त्वों पर दृष्टि केंद्रित रखते हुए उन्हीं के पोषण और समृद्धि-विकास के निमित्त प्रयोग करना, उनको रूढ़ि और स्थविरता से बचाने के लिए नवीन गति-विधि का अन्वेषण करना सार्थक और स्तुत्य है। परंतु यदि एकादृशत्व-मात्र से वैर हो जाए और नवीनता की खोज अथवा नए प्रयोग साधन न रहकर साध्य बन जाएँ, उनको यदि जीवन के मूल तत्त्वों से अधिक महत्त्व दिया जाने लगे, तो वे अपनी सार्थकता खो बैठते हैं और प्रायः बाधक बन जाते हैं। काव्य के विषय में भी ठीक यही बात है। काव्य के मूल तत्त्व रस-प्रतीति पर दृष्टि केंद्रित रखकर, काव्य को गतिरोध और रूढ़ि-जाल से मुक्त करने के लिए नए प्रयोग स्तुत्य हैं—वे काव्य के साधक हैं। परंतु क्रम को उलटकर काव्य की आत्मा का तिरस्कार करते हुए प्रयोगों को स्वतंत्र महत्त्व देना, उन्हें ही साध्य मान लेना हल्की साहसिकता मात्र है—काव्यगत मूल्यों का अनुचित तथा अनावश्यक क्रम-विपर्यय है।

यथार्थ और आदर्श

महादेवी वर्मा

संतुलन का अभाव हमारा जातीय गुण चाहे न कहा जा सके, परंतु यह तो स्वीकार करना ही पड़ेगा कि एक दीर्घ काल से हमारे जीवन के सभी क्षेत्रों में यही त्रुटि विशेषता बनती जा रही है। हमारी स्थिति या तो एक सीमा पर संभव है या दूसरी पर परंतु समन्वय के किसी भी रूप से हमारा हृदय जितना विरक्त है, बुद्धि उतनी ही विमुख। या तो हम ऐसे आध्यात्मिक कवच से ढके वीर हैं कि जीवन की स्थूलता हमें किसी ओर से भी स्पर्श नहीं कर सकती, या ऐसे मुक्त जड़वादी कि संपूर्ण जीवन बालू के अनमिल कणों के समान बिखर जाता है; या तो ऐसे तन्मय स्वप्नदर्शी हैं कि अपने पैर के नीचे की धरती का भी अनुभव नहीं कर पाते, या यथार्थ के ऐसे अनुगत कि सामंजस्य का आदर्श भी मिथ्या जान पड़ता है; या तो अलौकिकता के ऐसे अनन्य पुजारी हैं कि आकाश की ओर उद्‌ग्रीव रहने को ही जीवन की चरम परिणति मानते हैं, या लोक के ऐसे एकनिष्ठ उपासक कि मिट्टी में मुख गड़ाए पड़े रहने ही को विकास की पराकाष्ठा समझते हैं। आज जब बाह्य जीवन से संबंध रखने वाले राजनीति, समाज आदि के क्षेत्रों में भी हमारे इस एकांगी दृष्टिकोण ने हमें केवल प्रतिक्रियात्मक ध्वंस में ही जीवित रहने पर बाध्य किया है तब काव्य के संबंध में क्या कहा जावे, जिसमें हमारी सारी विषमताएँ अपेक्षाकृत निर्बन्ध विकास पा सकती हैं।

प्रत्येक प्रतिक्रिया किसी विशेष अपूर्णता से संबंध रखने के कारण तीव्र और एकांगी होती है। यदि उसे भूत और भविष्य की एक समन्वयात्मक कल्पना

से संचालित न किया जाए तो वह विकास का अवकाश न देकर विषमताओं की शृंखला बनाती चलती है। यह सत्य है कि जीवन की गतिशीलता के लिए क्रिया-प्रतिक्रिया दोनों की आवश्यकता रहती है। पर इस गति की लक्ष्यहीनता को विकास से जोड़ देना, हमारी दृष्टि की उसी व्यापकता पर निर्भर है, जो आकाश के नक्षत्र से धरती के फूल तक आ-जा सकती है।

साधारण रूप से गिरना, पड़ना, भटकना सभी अचलता से भिन्न हैं, परंतु गति तो वही स्थिति कही जाएगी, जिसमें हमारे पैरों में संतुलन और दृष्टिपथ में एक निश्चित गंतव्य रहता है। प्रतिक्रिया की उपस्थिति किसी प्रकार भी यह नहीं प्रमाणित कर देती कि हमारे ध्वंसात्मक विद्रोह ने सृजन की समस्या भी सुलझा ली है। यों तो आँधी और तूफान की भी आवश्यकता है, अतिवृष्टि और अनावृष्टि का भी उपयोग है, परंतु यह कौन कहेगा कि वह आँधी-तूफान को ही श्वासोच्छ्वास बना लेगा, केवल अतिवृष्टि में या केवल अनावृष्टि में ही बोए-काटेगा। प्रत्येक उथल-पुथल में से निर्माण का जो तंतु आ रहा है, उसे ग्रहण कर लेना ही विकास है, परंतु यह कार्य उनके लिए सहज नहीं होता, जिनकी दृष्टि क्रिया-प्रतिक्रिया के उत्तेजक ओज तक ही सीमित है। ध्वंस में केवल आवेग की तीव्रता ही अपेक्षित है, पर निर्माण में सृजनात्मक संयम के साथ-साथ समन्वयात्मक दृष्टि की व्यापकता भी चाहिए। प्रासाद का गिरना किसी कौशल की अपेक्षा नहीं रखता, परंतु बिना किसी शिल्पी के, मिट्टी का कच्चा घर बना लेना भी कठिन होगा। इसी से प्रायः राजनीतिक क्रांतियों के ध्वंसयुग के सूत्राधार निर्माण-युग में अपना स्थान दूसरों के लिए रिक्त करते रहे हैं।

काव्य-साहित्य और अन्य कलाएँ मूलतः सृजनात्मक हैं, अतः उनमें राजनीति के कार्य-विभाजन जैसा कोई विभाजन संभव ही नहीं होता। कोई भी सच्चा कलाकार ध्वंसयुग का अग्रदूत रहकर निर्माण का भार दूसरों पर नहीं छोड़ सकता, क्योंकि उसकी रचना तो निर्माण तक पहुँचने के लिए ही ध्वंस का पथ पार करती है। जिस प्रकार मिट्टी की क्रिया से गला और अपनी प्रतिक्रिया में अंकुर बनकर फूटा हुआ बीज तब तक अधूरा है, जब तक वह अपनी और मिट्टी की शक्तियों का समन्वय करके अनेक हरे दलों और रंगीन फूलों में फैल नहीं जाता, उसी प्रकार जीवन के विकासोन्मुख निर्माण में व्यापक न होकर केवल प्रतिक्रियात्मक ध्वंस में सीमित रहने वाली कला अपूर्ण है।

इस संबंध में एक प्रश्न तो किया ही जा सकता है। यदि हम केवल लक्ष्य पर दृष्टि न रखें तो लक्ष्यभेद कैसे हो? उत्तर सहज और स्पष्ट है। जीवन केवल लक्ष्यभेद ही नहीं, लक्ष्य का स्थापन भी तो है। कलाएँ ही नहीं जीवन की स्थूलतम आवश्यकताएँ भी मत्स्य की आँख को बाण की नोक से छेद देने के समान नहीं कही जा सकतीं। भोजन के एक ग्रास की इच्छा भी ईंधन-पानी से लेकर शरीर के रस तक किस प्रकार फैली है, कौन नहीं जानता!

मनुष्य यंत्र-मात्र नहीं है (आज तो यंत्रों के कलपुर्जे भी न सबके लिए स्पष्ट हैं, न रहस्य से शून्य) कि उसका संपूर्ण बाह्य और अंतर्जगत् कुछ विशेष नियमों से संचालित हो सके। बाह्य जीवन को तो विधि निषेध से किसी अंश तक बाँध सकते हैं, परंतु अंतर्जगत् अपनी सूक्ष्मता के कारण उनकी परिधि से परे ही रहेगा। हमारा कोई भी स्वप्न, किसी प्रकार की भी कल्पना, कैसी भी इच्छा जब तक स्थूल साकारता नहीं ग्रहण करती, तब तक बाह्य संसार के निकट उसका अस्तित्व नहीं है। परंतु हमारे अंतर्जगत् में तो उसकी स्थिति रहेगी ही और इस प्रकार वह रोग के कीटाणुओं के समान उपचारहीन क्षय भी करती रह सकती है और जीवनरस के समान स्फूर्ति का कारण भी बन सकती है। हमारे अंतर्जगत् में पली हुई विषम भावना, विकृत कल्पना आदि के परिणाम में, प्रकट स्थूल रूप-रेखा की कमी हो सकती है, परंतु जीवन को जर्जरित कर देने वाली शक्ति का अभाव नहीं होता, इस सत्य को हमें स्वीकार करना ही होगा।

राजनीति और समाज के विधान हमारे इस सूक्ष्म जीवन को बाँध नहीं पाते। स्थूल धर्म सूक्ष्म अध्यात्म भी इस कार्य में प्रायः असमर्थ ही प्रमाणित होते रहे हैं, क्योंकि पहला तो राजनीति के न्याय-विधान को ही परलोक में प्रतिष्ठित कर आता है और दूसरा सत्य को सौंदर्य-रहित कर देने के कारण केवल बुद्धिग्राह्य बनकर हृदय के लिए अपरिचित हो जाता है।

इस संबंध में एक बात और ध्यान देने योग्य है। जिस प्रकार बाह्य शारीरिक कुरूपता मनुष्य के सौंदर्य बोध को कुण्ठित नहीं कर देती, प्रत्युत कभी-कभी और अधिक तीव्रता दे देती है, उसी प्रकार उसके बाह्य या अंतर्जगत् की अपूर्णता उसे पूर्णता का सौंदर्य देखने से नहीं रोकती। ऐसा कुत्सित मनुष्य मिलना कठिन होगा, जिसके अंतर्जगत् से पूर्णता की प्रत्येक रेखा मिट गई हो, सामंजस्य के

आदर्श के सब रंग धुल गए हों। साधारणतः घोर मिथ्यावादी भी सत्य को सबसे अधिक सम्मान देता है। मलिनतम व्यक्ति भी पवित्रता का सबसे अधिक मूल्य निश्चित करता है। मनुष्य संसार के सामने ही नहीं, हृदय के एकांत कोने में भी यह नहीं स्वीकार करना चाहता कि वह मिथ्या के लिए ही मिथ्यावादी है, मलिनता के प्रेम के कारण ही मलिन है। प्रायः वह सब व्यक्तिगत अपूर्णताओं और विषमताओं का भार परिस्थितियों पर डालकर, अंतर्जगत् में प्रतिष्ठित किसी पूर्णता और सामंजस्य की प्रतिमा के निकट अपने-आपको क्षम्य सिद्ध कर लेता है।

यह अपूर्णता से पूर्णता, यथार्थ से आदर्श और भौतिकता से सूक्ष्म तत्त्वों तक विस्तृत जीवन, काव्य और कलाओं की उसी परिधि से घिर सकता है जो सौंदर्य की विविधता से लेकर सत्य की असीम एकरूपता तक फैली हुई है।

विशेष रूप से काव्य तो हमारे अंतर्जगत् के सूक्ष्म तत्त्वों को, देशकाल से सीमित जीवन की स्थूल रूप-रेखा में इस प्रकार ढाल देता है कि वे हमारे लिए एक परिचयभरी नवीनता बन जाते हैं। उसका संस्पर्श तो बहुत कुछ वैसा ही है, जैसा दूरागत रागिनी का, जिसकी लहरें बिना आहट के ही हमारे हृदय को पुलक-कंप से भर देती हैं, पर हमारे बाह्य-जीवन में ढला उसका रूप किसी प्रकार भी अशरीरी नहीं जान पड़ता।

काव्य का देश-काल से नियंत्रितरूप विभिन्नता से शून्य नहीं हो सकता, परंतु उसमें व्यक्त जीवन की मूल प्रवृत्तियाँ परिष्कृत से परिष्कृत होती रहती हैं, बदलती नहीं। उसका विकास कली का वह विकास है, जो पंखड़ियों को पुष्ट और रंग को गहरा कर सकता है, गंध को व्यापकता और मधु को भारीपन दे सकता है, जीवन को पूर्णता और सौंदर्य को सजीवता प्रदान करता है परंतु कली को न तितली बनाने में समर्थ है, न गुबरीला।

जीवन की इसी विविधता और एकता की अभिव्यक्ति के लिए काव्य ने यथार्थ और आदर्शवाद की, रूप में भिन्न पर प्रेरणा में एक, शैलियाँ अपनाई हैं। जीवन प्रत्यक्ष जैसा है और हमारी परिपूर्ण कल्पना में जैसा है, यही हमारा यथार्थ और आदर्श है और इस रूप में तो वे दोनों, जीवन के उतने ही दूर पास हैं, जितने जल की आर्द्रता से मिले रहने के कारण एक, और उसे मर्यादित रखने के लिए भिन्न, नदी के दो तट। उनमें से केवल एक से जीवन को घेरने का प्रयास ही बनकर रह सकता है, उसे सफलता की संज्ञा देना कठिन होगा।

किसी भी युग में आदर्श और यथार्थ या स्वप्न और सत्य, कुरुक्षेत्र के उन दो विरोधी पक्षों में परिवर्तित करके नहीं खड़े किए जा सकते, जिनमें से एक युद्ध की आग में जल गया और दूसरे को पश्चात्ताप के हिम में गल जाना पड़ा। वे एक-दूसरे के पूरक रहकर ही जीवन को पूर्णता दे सकते हैं। अतः काव्य उन्हें विरोधियों की भूमिका देकर जीवन में एक नई विषमता उत्पन्न कर सकता है, सामंजस्य नहीं। न यथार्थ का कठोरतम अनुशासन आदर्श के सूक्ष्म चित्राधार पर कालिमा फेर सकता है, और न आदर्श का पूर्णतम विधान यथार्थ को शून्य आकाश बना सकता है।

जहाँ तक स्वप्न और सत्य का प्रश्न है, हमारे विकास-क्रम ने उनमें कोई विशेष अंतर नहीं रहने दिया, क्योंकि एक युग का स्वप्न दूसरे युग का सत्य बनता ही आया है। पाषाण-युग के वीर के लिए महाभारत के अग्नि बाण स्वप्न ही रहे होंगे, कंदरा में रहने वाले मानव ने गगनचुंबी प्रासादों की कल्पना को स्वप्न ही माना होगा और आदिम युग के स्त्री-पुरुष ने एक पतिव्रत और एक पत्नीव्रत का स्वप्न ही देखा होगा। हमारे युग की अनेक वैज्ञानिक सुविधाएँ पिछले युग के लिए स्वप्न मात्र थीं, इसे कौन अस्वीकार कर सकता है।

जब एक युग अपनी पूर्णता और सामंजस्य के स्वप्न को इतनी स्पष्ट रेखाओं और इतने सजीव रंगों में अंकित कर जाता है कि आने वाला युग उसे अपनी सृजनात्मक प्रेरणा से सत्य बना सके और जब आगत-युग, उस निर्माण से भी भव्यतम निर्माण का स्वप्न भावी युग के लिए छोड़ जाने की शक्ति रखता है, तब जीवन का विकास निश्चित है।

इसी क्रम से स्वप्नों को सत्य बनाते-बनाते हमारे समाज, संस्कृति, कला, साहित्य आदि का विकास हुआ है। हमारी चेतना में चेतन परमाणुओं का जैसा समन्वय है, हमारे शरीर में जड़-द्रव्य का जैसा विकासमय संतुलन है और हमारी सभ्यता की व्यापकता में, हमारे हृदय और मस्तिष्क की वृत्तियों के साथ कार्यों का जैसा सामंजस्य है, वह ऐसी स्थिति में संभव नहीं हो सकता था, जिसमें आगत युग प्रत्येक साँस में, अपने अपूर्णतम यथार्थ के भी चिरंजीवी होने के शकुन मनाना और पिछले युग के पूर्णतम स्वप्न की भी मृत्यु-कामना करना आरंभ कर देता है।

देश-काल के अनुसार अनेक विभिन्नताओं के साथ भी नए युग की यात्रा

वहीं से आरंभ होगी, जहाँ पिछले युग की समाप्त हुई थी। विकासपथ में चले मार्ग से लौटकर फिर अंतिम छोर से यात्रा आरंभ करना संभव नहीं हो सकता, इसी से पूर्ण स्वप्न के दान और उसके सृजनात्मक आदान का विशेष मूल्य है।

यह सत्य है कि विकास-क्रम में विषमताएँ भी उत्पन्न होंगी और प्रतिक्रियाओं का भी आविर्भाव होता रहेगा। परंतु उनका उपयोग इतना है कि वे हमें दृष्टि के पुंजीभूत धुँधलेपन के प्रति सजग कर दें, क्षितिज की अस्पष्टता के प्रति सतर्क बना दें और विकास-सूत्र की सूक्ष्मता के प्रति जागरूकता दें। जहाँ तक प्रतिक्रिया का प्रश्न है, उसका आधार जितना अधिक जड़ भौतिक होता है, ध्वंस में उतनी ही अधिक उग्रता और सृजन में उतनी शिथिलता मिलती है। नींव-शेष ताजमहल गिरकर खँडहर-मात्र रह जाएगा। परंतु टूटा हुआ, पर मूल-शेष वृक्ष असंख्य शाखा-उपशाखाओं में लहलहा उठेगा।

काव्य में वही क्रिया-प्रतिक्रिया अपेक्षित है, जिसमें प्रत्येक ध्वंस अपने सृजनात्मक रूपों को जन्म देता चलता है। उसका परिवर्तन-क्रम शोधे हुए संखिए के समान मारक शक्तियों को ही जीवनदायिनी बना देता है, इसी से हमारे बाह्य परिवर्तन से वह लक्ष्यतः एक होकर भी प्रयोगतः भिन्न ही रहा है। क्रूरतम परिस्थितियों और विषमतम वातावरण में भी कलाकारों की साधना का राजमार्ग एक ही रहता है।

हमारे प्रत्येक निर्माण-युग की कलाएँ स्वप्न और सत्य, आदर्श और यथार्थ के बाह्य अंतर को पार कर उनकी मूलगत अन्योन्याश्रित स्थिति को पहचानती रही हैं। इसी विशेषता के कारण, बहिरंग सौंदर्य में पूर्ण ग्रीक मूर्तियों से भिन्न, हमारी विशाल मूर्तियाँ अपनी गुरु, कठोर और स्थूल मुद्राओं में सूक्ष्मतम रहस्य के वायवी संकेत छिपाए बैठी हैं। इसी गुण से, हम धूलि की व्यथा कहकर आकाश में मेघों को घेर लाने वाली रागिनी और अंतरिक्ष के अंधकार को वाणी देकर पृथ्वी के दीपक जला देने वाले राग की सृष्टि कर सके हैं। इसी सहज प्रवृत्ति से प्रेरित हमारा नृत्य केवल वासनाजनित चेष्टाओं में सीमित न होकर जीवन की शाश्वत लय को रूप देता रहा है और चित्रकला नारीरूपों को सौंदर्य और शक्ति के व्यापक सिद्धांत की गरिमा से भूषित कर सकी है। इसी चेतना से अनुप्राणित होकर हमारे काव्य सत् से चित् और चित् से आनंद तक पहुँचने तथा सुंदर से शिव और शिव से सत्य को प्राप्त करते रहे हैं।

जिन युगों में हमारी यथार्थ-दृष्टि को स्वप्न-सृष्टि से आकार मिला है और स्वप्न-दृष्टि को यथार्थ-सृष्टि से सजीवता, उन्हीं युगों में हमारा सृजनात्मक विकास संभव हो सका है। ध्वंसात्मक अंधकार के युगों में या तो वायवी और निष्प्राण आदर्श का महाशून्य हमारी दृष्टि को दिग्भ्रांत करता रहा है या विषम और खंडित यथार्थ के नीचे गर्त तथा ऊँचे टीले हमारे पैरों को बाँधते रहे हैं।

स्थूल उदाहरण के लिए हम रामायण और महाभारत-काल की परिणामतः भिन्न यथार्थ दृष्टियों को ले सकते हैं। परिस्थितियों की दृष्टि से, कर्तव्यपरायण और लोकप्रिय युवराज का, अभिषेक के मुहूर्त में अकारण निर्वासन, द्यूत में हारे हुए पांडवों के निर्वासन से बहुत अधिक क्रूर है। एक ओर पाँच पतियों और दूसरी ओर गुरुजन-परिजन से घिरी हुई अपमानित राजनीति की स्थिति से, सुदूर शत्रुपुरी में बर्बरों के बीच में बैठी हुई सहायहीन और एकाकिनी राजतपस्विनी की स्थिति अधिक भयोत्पादक है। उत्तर भारत की आधी राजशक्तियों और उस क्रांति के सूत्राधार को लेकर युद्ध करने वाले योद्धाओं के कार्य से उस निर्वासित वीर का कार्य अधिक दुष्कर जान पड़ता है, जिसे विजातियों की सीमित सेना लेकर विदेश में व्यक्तिगत शत्रु ही नहीं, उस युग के सबसे शक्तिशाली उत्पीड़न का सामना करना पड़ा।

पर दोनों संघर्षों के परिणाम कितने भिन्न हैं! एक के अंत में आर्यसंस्कृति की प्रवाहिनी उत्तर में दक्षिणी सीमांत तक पहुँच जाती है, हमारे चरित्र का स्वर्ण परीक्षित हो चुकता है और हमारे सौंदर्य, शक्ति और शील के आदर्श जीवन में प्रतिष्ठा पाकर, उसे हिमालय के समान, सहस्र-सहस्र धाराओं में गतिशील पर मूल में अचल विशालता दे देते हैं।

दूसरी क्रांति के अंत में अन्याय और अन्याय से जूझने वाले दोनों जूझ मरते हैं। और इतना बड़ा संघर्ष कुछ भी सृजन न करके आगामी युग के लिए सीमाहीन मरु और उसके शून्य में मँडराता हाहाकार मात्र छोड़ जाता है। संग्रामभूमि में एक ओर न्यायपक्ष का कातर वीर इतना असमर्थ है कि निष्काम कर्म की बैसाखी के बिना खड़ा ही नहीं हो सकता और दूसरी ओर भीष्म ऐसे योद्धा विरक्त हैं कि दिन-भर क्रीत सैनिकों के समान युद्ध कर रात में विपक्ष को अपनी मृत्यु के उपाय बताते रहते हैं। एक जानता है कि प्रतिपक्षी का नाश हो जाने पर, उस महाशून्य में उसका दम घुट जाएगा और दूसरा मानता है

कि उस दुर्वह जीवन से मृत्यु अच्छी है। इन विषमताओं का कारण ढूँढ़ने दूर न जाना होगा। रामायण-काल के यथार्थ के पीछे जो सामंजस्यपूर्ण निर्माण का आदर्श था, वही जीवन को सब अग्नि-परीक्षाओं से अक्षत निकाल लाया, पर महाभारत-काल की, व्यक्तिगत विरोधियों में खंडित और अकेली यथार्थ-दृष्टि कोई सृजनात्मक आदर्श नहीं पा सकी, जिसके सहारे उसका न्यायपक्ष उस ध्वंसयुग के पार पहुँच पाता।

हमारे अन्य विकासशील काव्य-युगों में भी ऐसे उदाहरणों का अभाव नहीं। जिन यथार्थ-दर्शियों ने बीहड़ वनों में मार्ग बनाने, निर्जनों को बसाने और स्थूल जीवन की, यज्ञ से लेकर बीज तक संख्यातीत समस्याएँ सुलझाने का मूल्य समझा, वे ही प्रकृति और जीवन में समान रूप से व्याप्त सौंदर्य और शक्ति की भावना कर सके, ज्ञान की सूक्ष्म असीमता के मापदंड दे सके और अध्यात्म की अरूप व्यापकता को नाम-रूप देकर अखंड जीवन के अमर द्रष्टा बन सके। मर्यादा-पुरुषोत्तम के चरित्र में भी जिसकी यथार्थ-दृष्टि भ्रांत न हो सकी, उसी कविमनीषी के सामंजस्य का आदर्श, क्रौंच पक्षी की व्यथा की थाह लेकर हमें प्रथम श्लोक और आदिकाव्य दे गया है।

हिंदी का अमर-काव्य भी आदर्श की सीमाओं में यथार्थ का और यथार्थ के रंगों में आदर्श का जैसा विशाल चित्र अंकित कर दिया गया है, उसमें अमिट रूपरेखाएँ ही नहीं, जीवन का शाश्वत स्पंदन भी है। मंदिर-मसजिद की स्थूलता से लेकर अंधविश्वास की आडंबरपूर्ण विविधता तक पहुँचने वाली कबीर की उग्र यथार्थ-दृष्टि, कठोर यथार्थदर्शी को भी विस्मित कर देगी, परंतु विषम खंडों में उलझी हुई यही यथार्थ-दृष्टि, बिना गुणों का सहारा लिए, बिना रूपरेखा के विश्राम किए, अखंड अध्यात्म की असीमता नाप लेने की शक्ति रखती है। इसी से जुलाहे के ताने-बाने पर बुने गीत धरती के व्यक्त और दर्शन के गहन अव्यक्त को समान अधिकार दे सके हैं। तुलसी जैसे अध्यात्मनिष्ठ आदर्शवादी ने जीवन की जितनी परिस्थितियों की उद्‌भावन की है, जितनी मनोवृत्तियों से साक्षात् किया है, स्थूलतम उलझनों और सूक्ष्मतम समस्याओं का जैसा समाधान दिया है और अध्यात्म को यथार्थ के जैसे दृढ़ बंधन में बाँधा है, वैसा किसी और से संभव न हो सका। क्रूर नियति ने जिसके निकट यथार्थ जगत् का नाम अंधकार कर दिया था, उसी सूर से सूक्ष्मतम भावनाओं, कोमलतम अनुभूतियों और मिलन-विरह

की मार्मिक परिस्थितियों का सबसे अधिक सजीव और नैसर्गिक चित्रण हुआ है। अमर प्रेम की स्वप्नदर्शिनी मीरा के हाथ में ही यथार्थ का विष अमृत बन सका है।

जब हमने आदर्श को अमूर्त और यथार्थ को एकांगी कर लिया, तब एक बौद्धिक उलझनों और निर्जीव सिद्धांतों में बिखरने लगा और दूसरा पाशविक वृत्तियों की अस्वस्थ प्यास में सीमित होकर घिरे जल के समान दूषित हो चला। एक ओर हम यह भूल गए कि आदर्श की रेखाएँ कल्पना के सुनहले-सुनहले रंगों में तब तक नहीं भरी जा सकतीं, जब तक उन्हें जीवन के स्पंदन से न भर दिया जावे और दूसरी ओर हमें यह स्मरण नहीं रहा कि यथार्थ की तीव्र धारा को दिशा देने के पहले उस आदर्श के कूलों का सहारा देना आवश्यक है। फलतः हमारे समग्र जीवन में जो ध्वंस का युग आया, उसे विदा देना उत्तरोत्तर कठिन होता गया। सत्य तो यह है कि सैनिक-युग, न बीते कल को संपूर्णता में देख सकता है और न आगामी काल के सम्बन्ध में कोई कल्पना कर सकता है, क्योंकि एक उसकी जय-पराजय की भूली कथा में समाप्त है और यदि सैनिकयुग के पीछे पराजय की स्मृतियाँ और आगे निराशा का अंधकार हो, तब तो उसके निकट जीवन और वस्तु जगत के मान ही बदल जाते हैं।

दुःख के सीमातीत हो जाने पर या तो ऐसी स्थिति संभव है, जिससे मनुष्य दुःख से बहुत ऊपर उठकर निर्माण के नए साधन खोजता है, या ऐसी जिसमें वह अपने आपको भूलने के लिए और कभी-कभी तो नष्ट करने के लिए किसी प्रकार के भी उपाय का स्वागत करता है। हमारा सुदीर्घ रीतियुग दूसरी आत्मघाती प्रवृत्ति का सजीव उदाहरण है। संस्कृत काव्य के उत्तरार्द्ध में भी वही सर्वग्रासिनी प्रवृत्ति मिलेगी, जिसने काव्य ही नहीं, संपूर्ण कलाओं पर 'इति' की मुद्रा अंकित कर हमारी जीवनशक्ति के अंत की सूचना दी। अन्य उन्नत जातियों के निर्माण-युग की कलाएँ भी इसका अपवाद नहीं, क्योंकि जीवन का वह नियम, जिसके अनुसार बड़े से बड़े राजकुमार को भी घुट्टी में हीरा पीसकर नहीं पिलाया जा सकता, सबके लिए समान रहा है और रहेगा।

जो नारी, माता, भगिनी, पत्नी, पुत्र आदि के अनेक संबंधों से वात्सल्य, ममता, स्नेह आदि असंख्य भावनाओं से तथा कोमल-कठोर साधनाओं की विविधता से, पुरुष को, भूमिष्ठ होने से चितारोहण तक घेरे रहती है और मृत्यु

के उपरांत भी उसे स्मृति में जीवित रखने के लिए उग्रतम तपस्या से नहीं हिचकती, उससे सत्य यथार्थ और उससे सजीव आदर्श पुरुष को कहाँ मिलेगा? उससे पुरुष की वासना का वह संबंध भी है जो पशु-जगत् के लिए भी सामान्य है। परन्तु मानवी ने पशु-जगत् की साधारण प्रवृत्ति से बहुत ऊपर उठकर ही पुरुष को आज्ञाकारी पुत्र, अधिकारी पिता, विश्वासी भाई और स्नेही पति के रूपों में प्रतिष्ठित किया है। इसी से निर्माण-युग का शूर भी, प्रकृति के समान ही अनेक-रूपिणी मातृजाति के वरदानों के सामने नतमस्तक हो सका और उसका कृतज्ञ हृदय भौतिक ऐश्वर्य से लेकर दिव्य ज्ञान तक का नामकरण करते समय नारीमूर्ति का स्मरण करता रहा।

जब पुरुष ने, सौंदर्य और शक्ति के इसी यथार्थ को विकलांग और जीवन के इसी आदर्श को खंडित बना, उसे अपने मदिरा के पात्र में नाप लेने का स्वांग करते हुए आश्वस्त भाव से कहा—बस नारी तो इतनी ही है, तब उसने अपनी बुद्धि की पंगुता और हृदय की जड़ता की ही घोषणा की।

क्रमशः हमारे सामगान का वंशज संगीत, हमारी अर्चना में उत्पन्न नृत्य—सब उस समाज-विशेष की पैतृक संपत्ति बन गए, जिसे केवल वासना की पूँजी से व्यापार करने का क्रूर कर्तव्य स्वीकार करना पड़ा।

सौंदर्य के तारों से सत्य की ओर झंकार उत्पन्न करने वाले कवि उस सामंत वर्ग के लिए विलास का खाद्य प्रस्तुत करने लगे, जो अजीर्ण से पीड़ित था, इसी से स्त्री नाम के व्यंजन को अनेक-अनेक रूपों में उपस्थित करना आवश्यक हो उठा।

रसों के असीम विस्तार और अतल गहराई में कवि को निम्न वासना के घोंघे ही मिल सके और प्रकृति के अनंत सौंदर्य की चिरंतन सजीवता में पाशविक वृत्तियों के निर्जीव उद्दीपन ही प्राप्त हुए। क्या इस प्रवृत्ति में यथार्थता नहीं? अवश्य ही है। अमृत संभाव्य हो सकता है, पर विष तो निश्चित यथार्थ ही रहेगा। एक हमारे स्वप्नों का विषय बनता है, कल्पना का आधार रहता है, खोज का लक्ष्य हो जाता है, फिर भी सहज प्राप्त नहीं; और दूसरा प्रत्येक स्थान और प्रत्येक स्थिति में प्राप्त होकर भी हमारे भय का कारण है, नाश का आकार है और मृत्यु की छाया है। एक को हम महान् मूल्य देकर भी पाना चाहते हैं और दूसरा मूल्यहीन भी हमें स्वीकार नहीं।

एक संभाव्य आदर्श, एक निश्चित यथार्थ से, एक मूल्यवान् स्वप्न एक बेदाम स्थूल से अधिक महत्त्व क्यों रखता है? केवल इसीलिए कि एक हमें जीवन का अनंत आरंभ दे सकता है, और दूसरा मृत्यु का शांत परिणाम। इस सत्य को यदि हम तत्त्वतः समझ सकें तो रीति युग की वासना का यथार्थ हमारे लिए नवीन उलझनों की सृष्टि न कर सकेगा। इस युग के पास यथार्थदृष्टि नहीं, यह कहना सत्य नहीं हो सकता; परंतु वह दृष्टि कठफोड़े की पैनी चोंच जैसी है, जो कठिन काठ को भी कुरेद-कुरेद उसमें छिपे कीड़े को तो उदरस्थ कर लेती है, पर उस काठ से उत्पन्न हरे पत्तों से निर्लिप्त, फूल से उदासीन और फल से विरक्त रहती है। वृक्ष का अनेकरूपी वैभव न उसे भ्रमर के समान गुंजन की प्रेरणा देता है, न कोकिल के समान तान लेना सिखाता है और न मधुमक्षिका के समान परिश्रम की शक्ति प्रदान करता है।

विकास-क्रम में पशुता हमारा जन्माधिकार है और मनुष्यता हमारे युगयुगांतर के अनवरत अध्यवसाय से अर्जित अमूल्य निधि; इसी से हम अपने पूर्ण स्वप्न के लिए, सामंजस्यपूर्ण आदर्श के लिए और उदात्त भावनाओं के लिए प्राण की बाजी लगाते रहे हैं। जब हममें ऐसा करने की शक्ति शेष नहीं रहती, तब हम एक मिथ्या दंभ के साथ पशुता की ओर लौट चलते हैं, क्योंकि वहाँ पहुँचने के लिए न किसी पराक्रम की आवश्यकता है और न साधन की।

हम अपने शरीर को निश्चेष्ट छोड़कर हिमालय के शिखर से पाताल की गहराई तक सहज ही लुढ़कते चले आ सकते हैं, परंतु उस ऊँचाई के सहस्र अंशों में से एक तक पहुँचने में हमारे पाँव काँपने लगेंगे, साँस फूल उठेगी और आँखों के सामने अँधेरा छा-छा जाएगा।

उस युग के सामने राजनीतिक पराजय, सामाजिक विशृंखलता और सांस्कृतिक ध्वंस का जो कुहरा था, उसे भेदकर जब कलाकार यथार्थ की यथार्थता भी न देख सके, तब उसे निर्माण के आदर्श और विकास के स्वप्न की आशा करना बालू के कणों से रस की आशा करना होगा। जो विराग की सूक्ष्म रेखाओं में बँधे और संप्रदायों की स्थूल प्राचीरों से घिरे थे, उन्होंने भी अपने युग की अस्वस्थ प्यास ही को दूसरे नाम-रूप देकर धर्म-सम्मत बना लिया और जिन पर, संघर्ष में लगे आश्रयदाताओं को उत्तेजित करने का भार था, उनकी दृष्टि सामयिक संकीर्णता से लेकर, पक्ष के गुण और विपक्ष के दुर्गुणों की अतिरंजना

में सीमित और एकरस हो गई। इस प्रकार आदर्श से विच्छिन्न और यथार्थ से विकलांग काव्य और कलाएँ पिघलते हुए बर्फ की अछोर शिला के समान अपने विद्युत वेग में ध्वंस लिए हुए, नीचे ही उतरती चली आईं। जहाँ उनकी गति रुकी, वहाँ आँखें मलकर हमने अपने सामने एक धुँधला क्षितिज और अपने चारों ओर विषम भूखंड पाया।

आदर्श जीवन के निरपेक्ष सत्य का बालक है और यथार्थ जीवन की सापेक्ष सीमा का जनक, अतः उनकी अन्योन्याश्रित स्थिति न ऊपर से कभी प्रकट हो सकती है और न भीतर से कभी मिट सकती है। उनकी गति विपरीत दिशोन्मुखी होकर भी जीवन की परिधि को दो ओर से स्पर्श करने का एक लक्ष्य रखती है।

यथार्थ को जैसे-जैसे हम देखते जाते हैं, वैसे-वैसे उसकी त्रुटियों को हमारी कल्पना की रेखाएँ पूर्ण करती चलती हैं, इसी से अंत में हम उसकी विषमता पर खिन्न और सामंजस्य पर प्रसन्न होते हैं। उदाहरण के लिए हम एक चित्र को ले सकते हैं। उसमें एक बालक रंग के धब्बे ही देखेगा, साधारण व्यक्ति रंग के साथ आकार भी देख सकेगा, सहृदय कलाप्रेमी रंग, रेखा आदि में व्यक्त सामंजस्य या विषमता का भी अनुभव करेगा। यथार्थ से उसके मूलगत आदर्श तक पहुँचने का यह क्रम मनुष्य की सामंजस्यमूलक भावना के विकसित रूप पर निर्भर रहता है। यथार्थ की त्रुटि जानने का अर्थ यही है कि हमारे पास उस त्रुटि से ऊपर का चित्र है; इसी से यथार्थ का वैषम्य उन्हें नहीं ज्ञात होता, जिसके पास सामंजस्य की भावना का अभाव रहता है। रेखागणित के समान यथार्थ को जान लेना ही हमें उसके निकट परिचय का अधिकारी नहीं बना सकता, क्योंकि जब तक हम उन तारों से अपने सामंजस्य का स्वर नहीं निकाल लेते, वह यथार्थ और हमारे जीवन का यथार्थ, जोड़-फल के साथ रखे हुए गणित के अंकों जैसे ही दुर्मिल बने रहते हैं। यथार्थ, यथार्थ से एक नहीं होता, अन्यथा हमारे घरों के खंभे सहचर हो जाते और वृक्ष मनोहर बन जाते। एक यथार्थ दूसरी सामंजस्य-भावना का स्पर्श करके ही अपना परिचय देने में समर्थ हो पाता है और यह भावना जिसमें जिस अंश तक अधिक है, वह उसी अंश तक यथार्थ का उपासक है।

आदर्श का क्रम इससे विपरीत होगा, क्योंकि उसमें व्यक्त सामंजस्य की

प्रत्येक रेखा हमें यथार्थ के सामंजस्य या विषमता की स्मृति दिलाती चलती है; इसी से यथार्थ ज्ञान से शून्य बालक के निकट किसी आदमी का कोई मूल्य नहीं हो सकता। यदि किसी कारण से हम कल तक का उपार्जित यथार्थ ज्ञान भूल जावें, तो आज हमारे आदर्श का चित्रपट भी शून्य होगा। इस तरह जीवन में वह यथार्थ, जिसके पास आदर्श का स्पंदन नहीं, केवल शव है और वह आदर्श, जिसके पास यथार्थ का शरीर नहीं, प्रेत मात्र है।

साधारण रूप से हमारी धारणा बन गई है कि यथार्थ के चित्रण के लिए हमें कुछ नहीं चाहिए; परंतु अनुभव की कसौटी पर वह कितनी खरी उतर सकती है, यह कथन से अधिक अनुभव की वस्तु है। आदर्श का सत्य निरपेक्ष है, परंतु यथार्थ की सीमा के लिए सापेक्षता आवश्यक ही नहीं, अनिवार्य रहेगी; इसी से एक की भावना जितनी कठिन है दूसरे की अभिव्यक्ति उससे कम नहीं। आदर्श का भवन मनुष्य के हृदय और बुद्धि के परिष्कार पर निर्भर होने के कारण सहज नहीं, परंतु एक बार भावन हो आने पर उसकी अभिव्यक्ति यथार्थ के समान कठिन बंधन नहीं स्वीकार करती। पूर्ण और सुंदर स्वप्न देख लेना किसी असुंदर हृदय और विकृत मस्तिष्क के लिए सहज संभाव्य नहीं रहता, पर जब हृदय और मस्तिष्क की स्थिति ने इसे सहज कर दिया, तब केवल अभिव्यक्ति-संबंधी प्रश्न उसे व्यक्त होने से रोक पाते। विश्व के स्थूल से सूक्ष्मतम अनेक रूपकों के भरोसे, भाषा की कोमल से कठोर तक असंख्य रेखाओं की सहायता से और भावों के हल्के से गहरे तक असंख्य रंगों के सहारे वह बार-बार व्यक्त होकर सुंदर से सुंदरतम, पूर्ण से पूर्णतम होता रह सकता है। आदर्श के संबंध में अभिव्यक्ति की समस्या नहीं, परंतु अभिव्यक्ति के ग्रहण का प्रश्न रहता है; क्योंकि व्यक्त होते ही वह यथार्थ की परिधि में आ जाता है और इस रूप में, उसे अपना पूर्ण परिचय देने के लिए, दूसरे की सामंजस्य-भावनाओं की अपेक्षा होगी।

जैसा वीणा के एक तार से उँगली का स्पर्श होते ही, दूसरे का अपने आप कंपन से भर जाना, उनके खिंचे-मिले रहने पर सहज और स्वाभाविक है, उसी प्रकार एक व्यक्त आदर्श की अव्यक्त प्रतिध्वनि अनुकूल संवेदनीयता में आयासहीन होती है।

यथार्थ की समस्या कुछ दूसरे प्रकार की है, क्योंकि जो व्यक्त और स्थूल

है, उसे खंडशः देख लेना कठिन नहीं, पर इन खंडों में व्याप्त अखंडता की भावना सहज प्राप्त नहीं। जीवन खंड-खंड में बिखरा, देश-काल में बँटा और रूप-व्यष्टि में ढला है, परंतु उसके एक खंड का मूल्य इसलिए है कि वह अखंड पीठिका पर स्थित है, उसकी सीमा का महत्त्व इसीलिए है कि वह सीमातीत आधार-भित्ति पर अंकित है और उसके एक रूप का अस्तित्व इसलिए है कि वह अरूप की व्यापक समष्टि में ढला है। यदि हम एक सीमित खंड को पूर्ण रूप से घेर भी लें तो, जब उसे अशेष जीवन की व्यापक पीठिका पर शेष खंडों के साथ रखकर नहीं देखते, तब उसके कभी न घटने-बढ़ने वाले मूल्य का पता नहीं चलता और जब तक हमें इस मूल्य की अनुभूति नहीं होती, तब तक उससे हमारा परिचयजनित तादात्म्य संभव नहीं हो पाता।

हमारे शरीर की पूर्णता के लिए नहीं, उपयोग के लिए भी आवश्यक अंगों का शरीर से भिन्न कोई मूल्य नहीं, कोई महत्त्व नहीं और कोई जीवन नहीं। भावी चिकित्सा का ज्ञान बढ़ाने के लिए चीर-फाड़ के काम में आने वाले शरीर के अंग उसका ज्ञान बढ़ाकर स्वयं सजीव नहीं हो जाते।

कला को चाहे प्राकृतिक चिकित्सा ही कह लिया जावे, पर यह ऐसा शल्य-चिकित्सा-शास्त्र कभी नहीं बन सकती, जिसके जिज्ञासुओं के उपयोग के लिए, निर्जीव यथार्थ-खंड संवेदन-शून्यता के हिम में गाड़-गाड़ कर सुरक्षित रक्खे जावें। कला के यथार्थ को सजीव तो रहना ही है, साथ ही जीवन की अशेष विशालता में अपने अधिकार का परिचय देते हुए निरंतर पाना और अविराम देना है; अतः उसकी सीमित स्थूल रेखा से लेकर सामान्य नियम तक सब अपने पीछे एक व्यापक सामंजस्य की भावना चाहते हैं। इस प्रकार यथार्थ का प्रत्येक खंड—जीवन के आदर्श पर आश्रित हुए बिना खंड ही नहीं रह सकता।

उदाहरण के लिए, हम एक चतुर यथार्थ-शिल्पी द्वारा निर्मित कृश, दीन और अर्धनग्न भिखारी की मूर्ति को ले सकते हैं। अपनी संसार-यात्रा में हमने ऐसे अनेक विरूप खंड देखे हैं, जिनके निकट ठहरने की, हमारे व्यस्त जीवन को इच्छा ही नहीं हुई। पर उस मूर्ति से साक्षात् होते ही हमारा जीवन अपने संपूर्ण आवेग से इसे घेर-घेर कर उसी प्रकार आर्द्र करने लगेगा, जिस प्रकार तीव्र गति वाला जल-प्रवाह अपने पथ में पड़े हुए शिलाखंड की प्रदक्षिणा कर-करके उसे अपने सीकरों से अभिषिक्त करने लगता है। हमारा हृदय कहेगा—यह मेरा

है! हमारी साँस पूछेगी—इतना अंतर किसलिए? हमारी बुद्धि प्रश्न करेगी—ऐसा दैन्य क्यों? इस अंतर का कारण स्पष्ट है। कलाकार ने जब उस खंड-विशेष को जीवन की अखंड पीठिका पर प्रतिष्ठित और सामंजस्य की व्यापक आधारभित्ति पर अंकित करके हमारे सामने उपस्थित किया, तब वह अपने स्थायी मूल्य पर और अविच्छिन्न संबंध के साथ निकट आया और उस रूप में हमारे जीवन का सत्य उसकी अपेक्षा नहीं कर सका।

जीवन-पथ पर कंकड़-पत्थर के समान बिखरे और खंडित यथार्थ को हम जो आत्मीयता नहीं देते, उसको अयाचित दिलाने के लिए यथार्थवादिनी कलाएँ उन परिचित और अपेक्षित खंडों को एक अखंड भावना के रहस्यमय अंचल में बटोर लेती हैं। जब कला, जीवन की व्यापकता का भावन बिना किए मनुष्य, पशु-पक्षी आदि के कैमरे से खिंचे चित्रों को पास-पास चिपका कर ही अपने चित्राधार को विराट् बनाना चाहती है, तब वह रेखाओं के जितने निकट आ जाती है, जीवन से उतनी ही दूर पहुँच जाती है।

आदर्श व्यक्ति-विशेष की अखंड भावना को रूप देकर उसी रूप की रेखाओं में यथार्थ के संकेत व्यक्त करता है। इसी से उसका क्रम यथार्थ से भिन्न रहेगा। उदाहरण के लिए वह प्रतिमा पर्याप्त होगी, जिसमें कलाकार ने पूर्ण रेखाओं और प्रशांत मुर्दाओं की सीमा में एक में एक असीम सामंजस्य की भावना भरकर शांति को नारी-रूपक में प्रतिष्ठित किया है। उसकी रूप-रेखा में फूटती हुई सामंजस्य की किरणें हमारी वाष्प जैसी अरूप और हल्की भावना को धरती की मलिनता बहुत ऊपर ले जाती हैं और वहाँ से उसे जल की बूँदों-सा, आर्द्रता में गुरु रूप देकर प्यासे कणों पर झर-झर बरसा देती हैं।

आदर्श हमारी दृष्टि की मलिन संकीर्णता धोकर उसे बिखरे यथार्थ के भीतर छिपे हुए सामंजस्य को देखने की शक्ति देता है, हमारी व्यष्टि में सीमित चेतना को, मुक्ति के पंख देकर समष्टि तक पहुँचने की दिशा देता है और हमारी खंडित भावना को, अखंड जागृति देकर उसे जीवन की विविधता नाप लेने का वरदान देता है। जब आदर्श जलभरे बादल की तरह आकाश का असीम विस्तार लेकर पृथ्वी के असंख्य रंगों और अनंत रूपों में नहीं उतर सकता, तब शरद् के सूने मेघ-खंड के समान शून्य का धब्बा बना रहना ही उसका लक्ष्य हो जाता है।

आदर्श और यथार्थ की कला-स्थिति के संबंध में एक समस्या और भी है। आदर्श हमारे सत्य की भावना होने के कारण अंतर्जगत् की परिधि में मुक्त हो सकता है और बाह्य जगत् में केवल व्यापक रेखाओं का बंदी रहकर अपनी अभिव्यक्ति कर सकता है। परंतु यथार्थ हमारी भावना से बाहर भी, कठिन स्थूल बंधनों के भीतर एक निश्चित स्थिति रखता है, अतः उसे इस प्रकार व्यक्त करना कि वह हमारा भी रहे और अपनापन भी न खोए, सहज नहीं। दिव्य पारिजात के साथ, पुष्पत्व की व्यापक और संसार भर के फूलों के लिए सामान्य सीमा के अतिरिक्त रंग, आकार, वृंत, पल्लव आदि के संकीर्ण बंधन नहीं हैं, इसी से हम रंगों, ऐश्वर्य, रूपों के कोष और पल्लव तथा वृंतों की समृद्धि में से अपनी भावना के अनुकूल चुनाव करके उसे साकारता दे सकते हैं और हमारी उस साकारता के लिए यथार्थ हमसे कोई प्रश्न कर सकता है।

इसके विपरीत गेहूँ की एक बाली का भी चित्र बनाने में हमें एक विशेष रंग खोजना होगा, पत्तियों को यथार्थ अंकित करना पड़ेगा, वृंत को निश्चित आकार-प्रकार देना होगा, दानों को यथातथ्य स्थिति में रखना होगा और इतने बंधनों के भीतर अपनी भावना के मुक्त स्पंदन से, इस संघात-विशेष में सजीवता की प्रतिष्ठा करनी होगी।

यथार्थ के संबंध में हम दार्शनिक के समान यह कहकर संतोष नहीं कर सकते कि इसका रंग हमारे नेत्रों ने देखा, कोमलता त्वचा ने स्पर्श की, गंध घ्राणेंद्रिय को मिली, स्वाद रसना ने ग्रहण किया और स्वर श्रवण को प्राप्त हुआ, इसलिए यह हमारे स्पर्श, श्रवण, घ्राण, स्वाद और दृष्टि की समष्टि के अतिरिक्त और कुछ नहीं। वैज्ञानिक की तरह उसके रंग-रूपों के वैचित्र्य-भरे संग्रह को गला-मिला कर जड़ द्रव्य का संघातमात्र बना लेना भी, कलाकार को लक्ष्य तक नहीं पहुँचाता। बालकों के प्रथम पाठ 'आ' से 'आदमी' के समान संज्ञा-ज्ञान बढ़ाना भी कलागत यथार्थ की चरम परिणति नहीं।

यथार्थ स्वयं ही जड़ की सचेतन अभिव्यक्ति है, अतः इस अभिव्यक्ति की अभिव्यक्ति का प्रश्न सरलता ही में जटिल है। कलाकार का प्रत्यक्ष सबका प्रत्यक्ष है; इसलिए केवल नवीन रूपों के परिचय से दूसरों के प्रत्यक्ष ज्ञान की परिधि बढ़ाने के लिए उसे उत्तरी ध्रुव से दक्षिणी ध्रुव तक दौड़ लगा-लगा कर भौगोलिक विभिन्नताओं में जीवन के विविध रूपों का संग्रह करना होगा।

हम अपने घर के सामने न जाने कब से समाधिस्थ सूखे ठूँठ की रेखा-रेखा पहचानते हैं। अपने द्वार पर कोमल पौधे से कठोर प्रहरी बने हुए नीम को हम, पाताल में बंदी चरणों से लेकर आकाश में उन्मुक्त शिखा तक जानते हैं। इनका प्रत्यक्ष संबंधी ज्ञातव्य हम कलाकार से पूछने नहीं जाएँगे। परंतु उजाली रात में आदमी, अँधेरी में प्रेत और दिन में सूखा काठ बन जाने ठूँठ की अनेक स्थितियाँ ऐसी हैं, जिनसे हम परिचित नहीं। इसी प्रकार बसंत में मोतियों के चूर से जड़े मरकत-परिधान में झूमते और पतझर में चरणों पर बिछे पीले पत्तों के निष्फल वैभव पर अवाक् जैसे नीम की सभी परिधियों की सीमा हम नहीं समाप्त कर सके हैं।

यथार्थ का कलाकार प्रत्यक्ष रेखाओं में किसी अपरिचित तथा अप्रत्यक्ष स्थिति को इस प्रकार अंकित करेगा कि उसका प्रत्यक्ष हमारे प्रत्यक्ष पर फैल जावे और उसकी परिधि के भीतर हमें अप्रत्यक्ष का सौंदर्य, जीवन की अखंड सजीवता के साथ प्राप्त हो सके।

इस संबंध में यह तो स्पष्ट ही है कि ऐसी अपरिचित और अप्रत्यक्ष परिस्थितियाँ न तो ठूँठ की सुलझी रेखाओं में निश्चित अंकगणित बन चुकी हैं और न नीम की उलझी शाखाओं में स्थायी रेखागणित हो गई हैं। वे तो कलाकार की भावना में अस्तित्व रखती हैं। और वह भावना जो इन सब परिस्थितियों में व्यापक और सब प्रत्यक्ष रेखाओं के लिए सामान्य हो सकती है, जीवन का अखंड आदर्श है।

प्रश्न हो सकता है कि ऐसा यथार्थ आदर्श से भिन्न क्यों माना जावे? उत्तर उनकी जीवन को व्यक्त करने वाली विभिन्न शैलियों में मिलेगा, जिनके कारण एक का इति दूसरे का अर्थ बन जाता है। आदर्शवादी कलाकार जीवन की व्यापक भावना को पहले देखकर उसके संकेतों में यथार्थ को अंकित करता है। इसी से अनेक रूपकों-उप-रूपकों में ढला परिचित प्रत्यक्ष, अपरिचित अप्रत्यक्ष को साकारता देकर ही सफल होता है।

यथार्थवादी, प्रत्यक्ष का सीमित शरीर देकर हमें उनके थोक व्यापार और अप्रत्यक्ष स्पंदन की अनुभूति देता है और आदर्शवादी, व्यापक जीवन भावन देकर हमें उसके सीमित रूपों का पता बताता है। दोनों क्रम दोहरा अतएव कठिन है। इसी से प्रायः एक कलाकार अपनी सृष्टि को केवल अंतर्जगत् से घेर लेता

है और दूसरा अपने निर्माण को केवल बाह्य जगत् में बिखरा देता है। एक के पास रंग ही रंग रह जाता है और दूसरे के पास मिट्टी ही मिट्टी; अतः एक ओर मिश्रित रंगों में सिद्धांतों की रेखाहीन चित्रशाला प्रस्तुत की जाती है और दूसरी ओर धूल के खिलौनों का रंगहीन मेला लगाया जाता है। ऐसी स्थिति में आदर्श और यथार्थ को सजाने का क्रियाकलाप अंतिम संस्कार के समारोह-सा विवश, करुण पर निश्चित हुए बिना नहीं रहता। यह क्रम तब तक नहीं बदलता जब तक कलाकार के जीवन का सत्य, सौंदर्य में प्रतिष्ठित होने के लिए विद्रोह नहीं कर उठता। और जब यह विद्रोह संभव हो जाता है, तब कलाकार कठिनाइयों की चिंता करके कण-कण से शिला बने आडंबर को उसी सहज भाव से छिन्न-भिन्न कर डालता है, जिस सरलता से माँ के भृकुटि-भंग पर हँसता हुआ बालक फीके खिलौने को फेंक कर चूर-चूर कर देता है। तब वह आदर्श और यथार्थ के बीच की खाइयों को जीवन के सहज संवेदन से भरता हुआ उस देश में जा पहुँचता है जहाँ स्वप्न, सत्य का अनुमान है और सौंदर्य उसका प्रमाण, सूक्ष्म, विश्व-चेतना का संचरण है और स्थूल, उसका आकार-ग्रहण।

हमारे चारों ओर एक प्रत्यक्ष जगत् है। उसका ज्ञान प्राप्त करने के लिए हमारी ज्ञानेंद्रियों से लेकर सूक्ष्म वैज्ञानिक यंत्रों तक एक विस्तृत कारण-जगत् बन चुका है और बनता जा रहा है। बाह्य जगत् के संबंध में विज्ञान और ज्ञान की विचित्र स्थिति है। जहाँ तक विज्ञान का प्रश्न है, उसने इन्द्रियजन्य ज्ञान में सबसे पूर्ण प्रत्यक्ष को भी अविश्वसनीय प्रमाणित कर दिया है। अपनी अपूर्णता नहीं, पूर्णता में भी दृष्टि, रंगों के भाव में रंग ग्रहण करने की क्षमता रखती है और रूपों की उपस्थिति में भी उनकी यथार्थता बदल सकती है। इसके अतिरिक्त प्रत्यक्ष ज्ञान के ऊपर, अनुमान, स्मृति आदि की अप्रत्यक्ष छाया फैली रहती है। पर इतना सब कह-सुन चुकने पर भी यह स्पष्ट है कि हम ऊपर नीलिमा के स्थान में खोखला आकाश, टिमटिमाते ग्रह-नक्षत्रों के स्थान में अधर में लटककर वेग से घूमने वाला विशाल ब्रह्मांड और पैरों तले समतल धरती के स्थान में ढालू और दौड़ते हुए गोलाकार का अनुभव कर प्रसन्न न हो सकेंगे। हमें यह विशिष्ट ज्ञान उपयोग के लिए चाहिए, पर उस उपयोग के लिए हम अपना सहज अनुभव ही चाहते रहेंगे। इसी कारण वैज्ञानिक ज्ञान को सीखकर भूलता है और कलाकार भूलकर सीखता है।

यथार्थ के संबंध में यदि केवल वैज्ञानिक दृष्टि रखें तो, वह काव्य को लक्ष्यभ्रष्ट कर देगी, क्योंकि आनंद के लिए उसकी परिधि में स्थान नहीं। विज्ञान का यथार्थ, स्वयं विभक्त और निर्जीव होकर ज्ञान की उपलब्धि संभव कर देता है, पर काव्य के यथार्थ को, अपनी सीमित सजीवता से ही एक व्यापक सजीवता और अखंडता का परिचय देना होगा। और केवल ज्ञानाश्रयी कवि यथार्थ को ऐसे उपस्थित करने की शक्ति नही रखता।

साधारणतः मनुष्य और संसार की क्रिया-प्रतिक्रिया से उत्पन्न ज्ञान, अनुभूति, सब संस्कारों का ऐसा रहस्यमय ताना-बाना बुनते चलते हैं जो एक ओर हृदय और मस्तिष्क को जोड़े रहता है और दूसरी ओर जीवन के लिए एक विस्तृत पीठिका प्रस्तुत कर देता है। जिसके पास यह संस्कार-आकाश जितना व्यापक, सामंजस्यपूर्ण और सुलझा हुआ होगा, वह यथार्थ को उतनी ही सफल जीवन-स्थिति दे सकता है। इस संस्कार की छिन्न-भिन्नता में हमें ऐसा यथार्थवादी मिलेगा, जो जीवन को विरूप खंडों में बाँटता चलता है और इसके नितांत अभाव में ऐसा विक्षिप्त संभव है जो सुख-दुखों का अनुभव करने पर भी उन्हें कोई सामान्य आधारभित्ति नहीं दे पाता।

संसार में प्रत्येक सुंदर वस्तु उसी सीमा तक सुंदर है, जिस सीमा तक वह जीवन की विविधता के साथ सामंजस्य की स्थिति बनाए हुए है और प्रत्येक विरूप वस्तु उसी अंश तक विरूप है, जिस अंश तक वह जीवनव्यापी सामंजस्य को छिन्न-भिन्न करती है। अतः यथार्थ का द्रष्टा जीवन की विविधता में व्याप्त सामंजस्य को बिना जाने, अपना निर्णय उपस्थित नहीं कर पाता और करे भी तो उसे जीवन की स्वीकृति नहीं मिलती। और जीवन के सजीव स्पर्श के बिना केवल सुंदर को एकत्र कर देने का वही परिणाम अवश्यंभावी है, जो नरक-स्वर्ग की सृष्टि का हुआ।

संसार में सबसे अधिक दंडनीय वह व्यक्ति है, जिसने यथार्थ के कुत्सित पक्ष को एकत्र कर नरक का आविष्कार कर डाला, क्योंकि जिस चित्र ने मनुष्य की सारी बर्बरता को चुन-चुन कर ऐसे ब्यौरेवार प्रदर्शित किया कि जीवन के कोने-कोने में नरक गढ़ा जाने लगा। इसके उपरांत, उसे यथार्थ के अकेले सुख-पक्ष को पुंजीभूत कर इस तरह सजाना पड़ा कि मनुष्य उसे खोजने के लिए जीवन को छिन्न-भिन्न करने लगा।

एकांत यथार्थवादी काव्य में यथार्थ के ऐसे ही एकांगी प्रतिरूप स्वाभाविक हो जाते हैं। एक ओर यथार्थद्रष्टा केवल विरूपताएँ चुनकर उससे जीवन को सजा देता है और दूसरी ओर उसके हृदय को चीर-चीर कर स्थूल सुखों की प्रदर्शिनी रचता है। केवल उत्तेजक और वीप्साजनक काव्य और कलाओं के मूल में वही प्रवृत्ति मिलेगी। इन दोनों सीमाओं से दूर रहने के लिए कवि को जीवन की अखंडता और व्यापकता से परिचित होना होगा, क्योंकि इस पीठिका पर यथार्थ चिरंतन गतिशीलता पा सकता है।

यथार्थ यदि सुंदर है, तो यह पृष्ठभूमि तरल जल के समान उसे सौ-सौ पुलकों में झुलाती है और यदि विरूप है, तो वह तरल कोमलता हिम का ऐसा स्थिर और उज्ज्वल विस्तार बन जाती है, जिसकी अनन्त स्वच्छता में एक छोटा-सा धब्बा भी असह्य हो उठता है। इस आधार-भित्ति पर जीवन की कुत्सा देखकर हमारा हृदय काँप जाता है, पर एक अतृप्त लिप्सा से नहीं भर आता।

यदि यथार्थ को केवल इतिवृत्ति का क्रम मान लिया जावे, तो भी व्यक्तिगत भावभूमि पर अपनी स्थिति रखकर ही वह काव्य के उपयुक्त संवेदनीयता पा सकता है। इस भावभूमि से सर्वथा निर्वासित इतिवृत्त का सबसे उपयुक्त आश्रयस्थल इतिहास ही रहेगा।

चरम सीमा पर यथार्थ जैसे विक्षिप्त गतिशील है, वैसे ही आदर्श निष्क्रियता में स्थिर हो जाता है। एक विविध उपकरणों का बवंडर है और दूसरा पूर्ण निर्मित पर अचल मूर्ति। साधारणतः जीवन में एक ही व्यक्ति यथार्थदर्शी भी है और आदर्श स्रष्टा भी, चाहे उसका यथार्थ कितना ही अपूर्ण हो और आदर्श कितना ही संकीर्ण। जीवन की ऐसी स्थिति की कल्पना तो पशुजगत् की कल्पना होगी, जिसमें बाह्य संसार की छाया नहीं आँकता। जो है, उसके साथ हमारे सक्रिय सहयोग के लिए यह कल्पना आवश्यक है कि इसे कैसा होना चाहिए?

संसार से आदान मात्र मनुष्य को पूर्ण संतोष नहीं देता, उसे प्रदान का भी अधिकार चाहिए और इस अधिकार की विकसित चेतना ही आदर्श का पर्याय है। छोटा-सा बालक भी दूसरे की दी हुई वस्तुओं को हरण करने के लिए जितना उत्सुक होगा, उन्हें अपनी इच्छा और रुचि के अनुसार रखने, जोड़ने-तोड़ने आदि के लिए भी उतना ही आकुल मिलेगा। सभ्यता, समाज, धर्म, काव्य आदि सभी मनुष्य और संसार के इसी चिरंतन आदान-प्रदान के इतिहास हैं।

साधारण रूप से आदर्श से यही समझा जाता है कि वह सत्य की जय, असत्य की पराजय आदि-आदि जीवन में असंभव पर कल्पना में संभव कार्यकारण का नाम है। इस धारणा के कारण हैं। संभाव्य यथार्थ से संबंध रखने वाले अंतर्जगत् के संस्कार हमारे बाह्य आचरण पर विशेष प्रभाव डालते हैं, इसी से समय-समय पर धर्म, नीति आदि ने उन्हें अपने विकास का साधन बनाया। जिस युग का प्रधान लक्ष्य धर्म रहा, उसमें सत्य, त्याग आदि गुणों के आदर्श चरम सीमा तक पहुँचकर ही सफल हो सके। जिस युग का दृष्टिबिंदु सामाजिक विकास था, उसमें कर्तव्य संबंधी आदर्श उच्चतम सीमा तक पहुँच गये। जिस समय संघर्ष की सफलता ही अभीष्ट रही, उस समय जय के आदर्श की उज्ज्वलता में साधनों की मलिनता भी छिप गई। जब, जो विशेषता आवश्यक नहीं रही, तब उससे संबंध रखने वाला असाधारण आदर्श, जीवन के पुरातत्त्व विभाग की स्थायी सम्पत्ति बना दिया गया और साधारण आदर्श, गौण से प्रयोग में आता रहा। कुरुक्षेत्र के युग में हरिश्चंद्र की सत्यवादिता का कोई स्थान नहीं, रास के संघर्ष के बुद्ध की अहिंसा का कोई महत्त्व नहीं।

युग-विशेष में उत्पन्न कवियों ने भी अपने युग के आदर्श को असाधारणता के साथ काव्य में प्रतिष्ठित किया। इतना ही नहीं, वह आदर्श कहीं भी पराजित न हो सके, इसकी ओर भी उन्हें सतर्क रहना पड़ा। फिर भी यह सत्य है कि वे एकांगी नहीं हो सके।

काव्य हमारे अंतर्जगत् में मुक्ति का ऐसा अनुभव कर चुकता है कि उससे बाह्य जगत् के संकेतों का अक्षरशः पालन नहीं हो पाता। रामायणकार ऋषि का दृष्टिबिंदु कर्तव्य के युग से प्रभावित था अवश्य, पर उसने युग-प्रतिनिधि कर्तव्यपालन की भी त्रुटियों को छिपाने का प्रयास नहीं किया। राजा के चरम आदर्श तक पहुँचकर भी वह जब साध्वी, पर परित्यक्त, पत्नी की फिर अग्निपरीक्षा लेना चाहता है, तब वह नारी उस कर्तव्यपालक के पत्नीत्व के बदले मृत्यु स्वीकार कर लेती है। जीवन के अंत में एकांगी कर्तव्य की जैसी पराजय ऋषि-कवि ने अंकित की है, उसकी रेखा-रेखा में मानों उसका भ्रू-भंग कहता है—बस इतना ही तो इसका मूल्य था।

विजय् केंद्र बिंदु होने् पर भी महाभारत में असत्य साधनों को उज्ज्वलता नहीं मिल सकी। संघर्ष सफल हो गया, कहकर भी कवि ने उस सफलता की

उजली रेखाओं में ग्लानि का इतना काला रंग भर दिया है कि विजयी ही नहीं, आज का पाठक भी काँप उठता है।

जीवन के प्रति स्वयं आस्थावान् होने के कारण कवि का विश्वास भी एक आदर्श बनकर उपस्थित होता है। शकुंतला की आत्महत्या तो तरल सौंदर्य और सहज विश्वास की हत्या है; उसे कवि कल्पना में भी नहीं अंगीकार करेगा, पर उस सौंदर्य और विश्वास को ठुकराने वाले दुष्यंत के पश्चात्ताप में से वह लेशमात्र भी नहीं घटाता। इतना ही नहीं, जिस पवित्र सौंदर्य और मधुर विश्वास की प्राप्ति एक दिन कण्व के साधारण तपोवन में अनायास ही हो गई थी, उसी के पुनर्दर्शन के लिए दुष्यंत को स्वर्ग तक जाने का आयास भी करना पड़ता है और दिव्यभूमि पर, अपराधी को याचक के रूप में खड़ा भी होना पड़ता है।

सारांश यह कि अपने युग सीमित आदर्श को स्वीकार करके भी कवि उसे विस्तृत विविधता के साथ व्यक्त करते रहे हैं। जैसे शिष्य के बनाए पूर्ण चित्र में भी कलाकार-गुरु अपनी कुशल उँगलियों में थमी तूली से कुछ रेखाएँ इस तरह घटा-बढ़ा देता है, कहीं-कहीं रंग इस तरह हल्के गहरे कर देता है कि उसमें एक नया रहस्य यत्र-तत्र झलकने लगता है, वैसे ही प्राचीन ऋषि-कवियों ने अपने युग की निश्चित रेखाओं और पक्के रंगों के भीतर से युग-युगांतर व्यापी जीवन रहस्य को व्यक्त कर दिया है। आज का युग उनसे इतना दूर है कि उस रहस्यलिपि को नहीं पढ़ पाता, अतः केवल निश्चित रंग-रेखा को ही सब कुछ मान बैठता है।

आधुनिक युग में बुद्धि का आदर्श भी वैसा ही असाधारण हो गया है, जैसा किसी समय सत्य, त्याग, कर्तव्य आदि का था। सत्य की विजय अनिवार्य है या मिथ्या का बुरा परिणाम अवश्यंभावी है, आदि में कार्य-कारण की संभाव्य स्थिति भी निश्चित मान ली गई है। परंतु बौद्धिक विकास की चरम सीमा ही मनुष्य की पूर्णता है, भौतिक उत्कर्ष ही जीवन का एकमात्र लक्ष्य है, आदि में भी वैसा ही कल्पित कार्य-कारण संबंध है, क्योंकि जीवन में न तो सब जगह बुद्धिवादी ही पूर्ण मनुष्य हैं और न भौतिक विकास का चरमबिंदु जीवन की एकमात्र सार्थकता है। जब हमारा युग भी अतीत युगों में स्थान पा लेगा तब नवागत युग हमारे असाधारण बौद्धिक और भौतिक आदर्शों को उसी दृष्टि से देखेगा, जिस दृष्टि से हम अपने अतीत आदर्श-वैभव को देखते हैं।

आधुनिक युग के आदर्शों में ही असाधारणता नहीं, उनकी काव्य-स्थिति भी वैसा ही एकांगी है। आज का कवि भी अपने युग के आदर्शों को काव्य में प्रतिष्ठित करता है और उनकी एकांत विजय के संबंध में सतर्क रहता है। पर आदर्श को संकीर्ण अर्थ में न ग्रहण करके यदि हम उसे जीवन की एक व्यापक और सामंजस्यपूर्ण स्थिति का भावनमात्र मान लें तो वह हमारे एकांगी बुद्धिवाद और बिखरे यथार्थ को संतुलन दे सकता है।

आज के युग के सामने निर्माण का जैसा विस्तृत और अनेक रूपात्मक क्षेत्र है, उसे देखते हुए हम आदर्श और यथार्थ संबंधी प्रश्नों को बौद्धिक व्यायाम मात्र नहीं मान सकेंगे।

कोई भी जाति अपने देशकालगत यथार्थ के निरीक्षण और परीक्षण के बिना वर्तमान का मूल्यांकन नहीं कर पाती और संभाव्य यथार्थ की कल्पना के बिना भविष्य की रूपरेखा निश्चित करने में असमर्थ रहती है। यह कार्य साहित्य और कला के क्षेत्र में जितना सहज, सुंदर और संप्रेषणीय रूप पा लेता है, उतना जीवन के अन्य क्षेत्र में संभव नहीं। सच्चा कलाकर व्यावसायिक कम, पर संवेदनशील अधिक होता है, अतः उसकी दृष्टि यथार्थ के संबंध में संतुलित और आदर्श के संबंध में व्यापक रहकर ही अपने लक्ष्य तक पहुँचती है। लक्ष्य से ऊपर दृष्टि रखकर हम लक्ष्यवेध करने में समर्थ हो सकते हैं पर उससे नीचे दृष्टि को केंद्रित कर लक्ष्य को छू पाना भी संभव नहीं।

कुटज

•

हजारी प्रसाद द्विवेदी

कहते हैं, पर्वत शोभा-निकेतन होते हैं। फिर हिमालय का तो कहना ही क्या! पूर्व और अपर समुद्र—महोदधि और रत्नाकर—दोनों को दोनों भुजाओं से थामता हुआ हिमालय 'पृथ्वी का मानदंड' कहा जाय तो गलत क्या है? कालिदास ने ऐसा ही कहा था। इसी के पाद-देश में यह जो शृंखला दूर तक लोटी हुई है, लोग इसे 'शिवालिक' कहते हैं। 'शिवालिक' का क्या अर्थ है? 'शिवालिक' शिव के जटाजूट का निचला हिस्सा तो नहीं है। लगता तो ऐसा ही है। 'सपादलक्ष' या सवा लाख की मालगुजारी वाला इलाका तो वह लगता नहीं! शिव की लटियाई जटा ही इतनी सूखी, नीरस और कठोर हो सकती है। वैसे, अलकनंदा का स्रोत यहाँ से काफी दूरी पर है, लेकिन शिव का अलक तो दूर-दूर तक छितराया ही रहता होगा। संपूर्ण हिमालय को देखकर ही किसी के मन में समाधिस्थ महादेव की मूर्ति स्पष्ट हुई होगी। उसी समाधिस्थ महादेव के अलक जाल के निचले हिस्से का प्रतिनिधित्व यह गिरि-शृंखला कर रही होगी। कहीं-कहीं अज्ञात-नाम-गोत्र झाड़-झंखाड़ और बेहया-से पेड़ खड़े दिख अवश्य जाते हैं, पर कोई और हरियाली नहीं। दूर तक सूख गई है। काली-काली चट्टानें और बीच-बीच में शुष्कता की अंतर्निरुद्ध सत्ता का इजहार करने वाली रक्ताभ रेती है! रस कहाँ! ये जो ठिंगने-से लेकिन शानदार दरख्त गर्मी की भयंकर मार खा-खाकर और भूख-प्यास की निरंतर चोट सह-सहकर भी जी रहे, हैं, इन्हें क्या कहूँ? सिर्फ जी ही नहीं रहे हैं, हँस भी रहे हैं। बेहया हैं क्या? या मस्तमौला हैं? कभी-कभी जो लोग

ऊपर से बेहया दिखते हैं, उनकी जड़ें काफी गहरे पैठी रहती हैं। ये भी पाषाण की छाती फाड़कर न जाने किस अतल गह्वर से अपना भोग्य खींच लाते हैं।

शिवालिक की सूखी नीरस पहाड़ियों पर मुस्कराते हुए ये वृक्ष द्वंद्वातीत हैं, अलमस्त हैं। मैं किसी का नाम नहीं जानता, कुल नहीं जानता, शील नहीं जानता, पर लगता है, ये जैसे मुझे अनादि काल से जानते हैं। इन्हीं में एक छोटा-सा—बहुत ही ठिंगना—पेड़ है, पत्ते चौड़े भी हैं, बड़े भी हैं। फूलों से तो ऐसा लदा है कि कुछ पूछिए नहीं। अजीब-सी अदा है, मुस्कराता जान पड़ता है, पूछ रहा है कि क्या तुम मुझे नहीं पहचानते? पहचानता तो हूँ; अवश्य पहचानता हूँ। लगता है, बहुत बार देख चुका हूँ, पहचानता हूँ उजाड़ के साथी, तुम्हें अच्छी तरह पहचानता हूँ! नाम भूल रहा हूँ। प्रायः भूल जाता हूँ। रूप देखकर प्रायः पहचान जाता हूँ, नाम नहीं याद आता। पर नाम ऐसा है कि जब तक रूप के पहले ही हाजिर न हो जाए, तब तक रूप की पहचान अधूरी रह जाती है। भारतीय पंडितों का सैकड़ों बार का कचारा-निचोड़ा प्रश्न सामने आ गया—रूप मुख्य है या नाम? नाम बड़ा है या रूप? पद पहले है या पदार्थ? पदार्थ सामने है, पद नहीं सूझ रहा है। मन व्याकुल हो गया; स्मृतियों के पंख फैलाकर सुदूर अतीत के कोनों में झाँकता रहा। सोचता हूँ, इसमें व्याकुल होने की क्या बात है? नाम में क्या रखा है—ह्वाट्स देअर इन ए नेम! नाम की जरूरत ही हो तो सौ दिए जा साकते हैं। सुस्मिता, गिरिकांता, वनप्रभा, शुभ्रकिरीटिनी, मदोद्धता, विजितातपा, अलकावतंसा, बहुत-से नाम हैं। या फिर पौरुष-व्यंजन नाम भी दिए जा सकते हैं—अकुतोभय, गिरिगौरव, कूटोल्लास, अपराजित, धरतीधकेल, पहाड़फोड़, पातालभेद! पर मन नहीं मानता। नाम इसलिए बड़ा नहीं है कि वह नाम है। वह इसलिए बड़ा होता है कि उसे सामाजिक स्वीकृति मिली होती है। रूप व्यक्ति-सत्य है, नाम समाज सत्य है। नाम उस पद को कहते हैं, जिस पर समाज की मुहर लगी है, आधुनिक शिक्षित लोग जिसे 'सोशल सैंक्शन' कहा करते हैं। मेरा मन नाम के लिए व्याकुल है, समाज द्वारा स्वीकृत, इतिहास द्वारा प्रमाणित, समष्टि-मानव की चित्त-गंगा में स्नान!

इस गिरिकूट-बिहारी का नाम क्या है? मन दूर-दूर तक उड़ रहा है—देश में और काल में—मनोरथानामगतिनं विद्यते! अचानक याद आया—अरे, यह तो कुटज है! संस्कृत साहित्य का बहुत परिचित किन्तु कवियों द्वारा अपमानित यह

छोटा-सा शानदार वृक्ष 'कुटज' है। 'कुटज' कहा गया होता तो कदाचित् ज्यादा अच्छा होता। पर नाम इसका चाहे कुटज ही हो, विरुद तो निस्संदेह 'कूटज' होगा। गिरिकूट पर उत्पन्न होने वाले इस वृक्ष को 'कूटज' कहने में विशेष आनंद मिलता है। बहरहाल, यह कूटज–कूटज है, मनोहर कुसुमस्तवकों से झबराया, उल्लास-लोल चारुस्मित कुटज! जी भर आया। कालिदास ने 'आषाढ़स्य प्रथमदिवसे' रामगिरि पर यक्ष को जब मेघ की अभ्यर्थना के लिए नियोजित किया तो कम्बख्त को ताले कुटज पुष्पों की अंजलि देकर ही संतोष करना पड़ा–चंपक नहीं, वकुल नहीं, नीलोत्पल नहीं, मल्लिका नहीं, अरविन्द नहीं–फकत कुटज के फूल! यह और बात है कि आज आषाढ़ का नहीं, जुलाई का पहला दिन है। मगर फर्क भी कितना है! बार-बार मन विश्वास करने को उतारू हो जाता है कि यक्ष तो बहाना मात्र है, कालिदास ही कभी 'शापेनास्तंगमितमहिमा' (शाप से जिनकी महिमा अंत हो गई हो) होकर रामगिरि पहुँचे थे, अपने ही हाथों इस कुटज पुष्प का अर्घ्य देकर उन्होंने मेघ की अभ्यर्थना की थी। शिवालिक की इस अनत्युच्च पर्वत-शृंखला की भाँति रामगिरि पर भी उस समय और कोई फूल नहीं मिला होगा। कुटज ने उनके संतप्त चित्त को सहारा दिया था–बड़भागी फूल है यह। धन्य हो कुटज, 'तुम गाढ़े के साथी' हो। उत्तर की ओर सिर उठाकर देखता हूँ, सुदूर तक ऊँची काली पर्वत-शृंखला छाई हुई है और एकाध सफेद बादल के बच्चे उससे लिपटे खेल रहे हैं। मैं भी इन पुष्पों का अर्घ्य उन्हें चढ़ा दूँ? पर काहे वास्ते? लेकिन बुरा भी क्या है!

कुटज के ये सुंदर फूल बहुत बुरे तो नहीं हैं। जो कालिदास के काम आया हो, उसे ज्यादा इज्जत मिलनी चाहिए। मिली कम है। पर इज्जत तो नसीब की बात है। रहीम को मैं बड़े आदर के साथ स्मरण करता हूँ। दरिया दिल आदमी थे, पाया सो लुटाया। लेकिन दुनिया है कि मतलब से मतलब है, रस चूस लेती है, छिलका और गुठली फेंक देती है। सुना है, रस चूस लेने के बाद रहीम को भी फेंक दिया गया था। एक बादशाह ने आदर के साथ बुलाया, दूसरे ने फेंक दिया! हुआ ही करता है। इससे रहीम का मोल घट नहीं जाता। उसकी फक्कड़ाना मस्ती कहीं गई नहीं। अच्छे-भले कद्रदान थे। लेकिन बड़े लोगों पर भी कभी-कभी ऐसी वितृष्णा सवार होती है कि गलती कर बैठते हैं। मन खराब रहा होगा, लोगों की बेरुखी और बेकद्रदानी से मुरझा गये होंगे–ऐसी

ही मनःस्थिति में उन्होंने बिचारे कुटज को भी एक चपत लगा दी। झुँझलाए थे, कह दिया—

वे रहीम अब बिरछ कहँ, जिनकर छाँह गँभीर।
बागन बिच-बिच देखियत, सेंहुड़ कुटज, करीर।।

गोया कुटज अदना-सा 'बिरछ' हो। 'छाँह' ही क्या बड़ी बात है, फूल क्या कुछ भी नहीं? छाया के लिए न सही, फूल के लिए तो कुछ सम्मान होना चाहिए। मगर कभी-कभी कवियों का भी 'मूड' खराब हो जाया करता है, वे भी गलतबयानी के शिकार हो जाया करते हैं। फिर बागों से गिरकूट बिहारी कुटज का क्या तुक है!

कुटज अर्थात् जो कुट में पैदा हुआ हो। 'कुट' घड़े को भी कहते हैं, घर को भी कहते हैं। कुट अर्थात् घड़े से उत्पन्न होने के कारण प्रतापी अगस्त्य मुनि भी 'कुटज' कहे जाते हैं। घड़े से तो क्या उत्पन्न हुए होंगे। कोई और बात होगी। संस्कृत में 'कुटहारिका' और 'कुटकारिका' दासी को कहते हैं। क्यों कहते हैं? 'कुटिया' या 'कुटीर' शब्द भी कदाचित् इसी शब्द से संबद्ध हैं। क्या इस शब्द का अर्थ घर ही है? घर में काम-काज करने वाली दासी कुटकारिका और कुटहारिका कही जा सकती है। एक जरा गलत ढंग की दासी 'कुटनी' भी कही जाती है। संस्कृत में उसकी गलतियों को थोड़ा अधिक मुखर बनाने के लिए उसे 'कुट्टनी' कह दिया गया है। अगस्त्य मुनि भी नारद जी की तरह दासी के पुत्र थे क्या? घड़े से पैदा होने का तो कोई तुक नहीं है, न मुनि कुटज के सिलसिले में, न फूल कुटज के। फूल गमले में होते अवश्य हैं, पर कुटज तो जंगल का सैलानी है। उसे घड़े या गमले से क्या लेना-देना। शब्द विचारोत्तेजक अवश्य है। कहाँ से आया? मुझे तो इसी में संदेह है कि वह आर्य भाषाओं का शब्द है भी या नहीं। एक भाषा शास्त्री किसी संस्कृत शब्द को एक से अधिक रूप में प्रचलित पाते थे तो तुरन्त उसकी कुलीनता पर शक कर बैठते थे। संस्कृत में 'कुटज' रूप भी मिलता है। और 'कुटच' भी। मिलने को तो 'कूटज' भी मिल जाता है। तो यह शब्द किस जाति का है? आर्य जाति का तो नहीं जान पड़ता। सिलवाँ लेवी कह गये हैं कि संस्कृत भाषा में फूलों, वृक्षों और खेती-बागबानी के अधिकांश शब्द आग्नेय भाषा-परिवार के हैं। यह भी वहीं का तो नहीं है? एक जमाना था जब आस्ट्रेलिया और एशिया महाद्वीप

मिले हुए थे, फिर कोई भयंकर प्राकृतिक विस्फोट हुआ और ये दोनों अलग हो गये। उन्नीसवीं शताब्दी के भाषा-विज्ञानी पंडितों को यह देखकर आश्चर्य हुआ कि आस्ट्रेलिया के सुदूर जंगलों में बसी जातियों की भाषा एशिया में बसी हुई कुछ जातियों की भाषा से संबद्ध है। भारत की अनेक जातियाँ वह भाषा बोलती हैं जिनमें संथाल, मुंडा आदि भी शामिल हैं। शुरू-शुरू में इस भाषा का नाम आस्ट्रो-एशियाटिक दिया गया था। दक्षिण-पूर्व या अग्निकोण की भाषा होने के कारण इसे आग्नेय परिवार भी कहा जाने लगा है। अब हम लोग भारतीय जनता के वर्ग-विशेष को ध्यान में रखकर और पुराने साहित्य का स्मरण करके इसे कोल-परिवार की भाषा कहने लगे हैं। पंडितों ने बताया है कि संस्कृत भाषा के अनेक शब्द, जो अब भारतीय संस्कृत के अविच्छेद्य अंग बन गये हैं, इसी श्रेणी की भाषा के हैं। कमल, कुड्मल, कंबु, कंबल, तांबूल आदि शब्द ऐसे ही बताए जाते हैं। पेड़-पौधों, खेती के उपकरणों और औजारों के नाम भी ऐसे ही हैं। कुटज भी हो तो क्या आश्चर्य? संस्कृत भाषा ने शब्दों के संग्रह में कभी छूत नहीं मानी। न जाने किस-किस नस्ल के कितने शब्द उसमें आकर अपने बन गये हैं। पंडित लोग उसकी छान-बीन करके हैरान होते हैं। संस्कृत सर्वग्रासी भाषा है।

यह जो मेरे सामने कुटज का लहराता पौधा खड़ा है, वह नाम और रूप दोनों में अपनी अपराजेय जीवनी शक्ति की घोषणा कर रहा है। इसीलिए यह इतना आकर्षक है। नाम है कि हजारों वर्ष से जीता चला आ रहा है। कितने नाम आए और गये दुनिया उनको भूल गई, वे दुनिया को भूल गये। मगर कुटज है कि संस्कृत की निरन्तर स्फीयमान शब्दराशि में जो जम के बैठा सो बैठा ही है। और रूप की तो बात ही क्या है। बलिहारी है इस मादक शोभा की। चारों ओर कुपित यमराज के दारुण निःश्वास के समान धधकती लू में यह हरा भी है और भरा भी है, दुर्जन के चित्त से भी अधिक कठोर पाषाण की कारा में रुद्ध अज्ञात जलस्रोत से बरबस रस खींचकर सरस बना हुआ है और मूर्ख के मस्तिष्क से भी अधिक सूने गिरि-कांतार में भी ऐसा मस्त बना है कि ईर्ष्या होती है। कितनी कठिन जीवनी-शक्ति है! प्राण ही प्राण को पुलकित करता है, जीवन-शक्ति ही जीवनी-शक्ति को प्रेरणा देती है। दूर पर्वतराज हिमालय ही हिमाच्छादित चोटियाँ हैं, वहीं कहीं भगवान् महादेव समाधि लगा कर बैठे

होंगे, नीचे सपाट पथरीली जमीन का मैदान है, कहीं-कहीं पर्वतनंदिनी सरिताएँ आगे बढ़ने का रास्ता खोज रही होंगी—बीच में यह चट्टानों की ऊबड़-खाबड़ जटाभूमि है—सूखी, नीरस, कठोर! यहीं आसन मारकर बैठे हैं मेरे चिरपरिचित दोस्त कुटज। एक बार अपने झबरीले मूर्धा को हिलाकर समाधिनिष्ठ महादेव को पुष्पस्तबक का उपहार चढ़ा देते हैं और एक बार नीचे की ओर अपनी पाताल-भेदी जड़ों को दबाकर गिरिनन्दिनी सरिताओं को संकेत से बता देते हैं कि रस का स्रोत कहाँ है। जीना चाहते हो? कठोर पाषाण को भेदकर, पाताल की छाती चीरकर अपना भोग्य संग्रह करो; वायुमण्डल को चूस कर, झंझा-तूफान को रगड़कर, अपना प्राप्य वसूल लो; आकाश को चूमकर, अवकाश की लहरों में झूमकर, उल्लास खींच लो। कुटज का यही उपदेश है—

भित्त्वा पाषाणपिठरं छित्त्वा प्राभंजनीं व्यथाम्।
पीत्वा पातालपानीयं कुटजश्चुम्बते नभः!

दुरन्त जीवनी-शक्ति है! कठिन उपदेश है। जीना भी एक कला है। लेकिन कला ही नहीं, तपस्या है। जियो तो प्राण ढाल दो जिन्दगी में, ढाल दो जीवन रस के उपकरणों में! ठीक है। लेकिन क्यों? क्या जीने के लिए जीना ही बड़ी बात है? सारा संसार अपने मतलब के लिए ही तो जी रहा है। याज्ञवल्क्य बहुत बड़े ब्रह्मवादी ऋषि थे। उन्होंने अपनी पत्नी को विचित्र भाव से समझाने की कोशिश की कि सब कुछ स्वार्थ के लिए है। पुत्र के लिए पुत्र प्रिय नहीं होता, पत्नी के लिए पत्नी प्रिया नहीं होती—सब अपने मतलब के लिए प्रिय होते हैं—'आत्मनस्तु कामाय सर्वंप्रियं भवति।' विचित्र नहीं है यह तर्क? संसार में जहाँ कहीं प्रेम है सब मतलब के लिए। सुना है, पश्चिम के हॉब्स और हेल्वेशियस जैसे विचारकों ने भी ऐसी ही बात कही है। सुन के हैरानी होती है। दुनिया में त्याग नहीं है, प्रेम नहीं है, परार्थ नहीं है, परमार्थ नहीं है—केवल प्रचंड स्वार्थ; भीतर की जिजीविषा—जीते रहने की प्रचंड इच्छा—ही अगर बड़ी बात हो तो फिर यह सारी बड़ी-बड़ी बोलियाँ, जिनके बल पर दल बनाए जाते हैं, शत्रु-मर्दन का अभिनय किया जाता है, देशोद्धार का नारा लगाया जाता है, साहित्य और कला की महिमा गाई जाती है, झूठ हैं। इसके द्वारा कोई न कोई अपना बड़ा स्वार्थ सिद्ध करता है। लेकिन अंतरतर से कोई कह रहा है, ऐसा सोचना गलत ढंग से सोचना है। स्वार्थ से भी बड़ी कोई-न-कोई बात अवश्य है, जिजीविषा

से भी प्रचंड कोई-न-कोई शक्ति अवश्य है। क्या है?

याज्ञवल्क्य ने जो बात धक्कामार ढंग से कह दी थी, वह अंतिम नहीं थी। वे 'आत्मनः' का अर्थ कुछ और बड़ा करना चाहते थे। व्यक्ति का 'आत्मा' केवल व्यक्ति तक सीमित नहीं है, वह व्यापक है। अपने में सब और सबमें आप—इस प्रकार की एक समष्टि-बुद्धि जब तक नहीं आती, तब तक पूर्ण सुख का आनंद भी नहीं मिलता। अपने-आपको दलित द्राक्षा की भाँति निचोड़ कर जब तक 'सर्व' के लिए निछावर नहीं कर दिया जाता; तब तक 'स्वार्थ' खण्ड-सत्य है, वह मोह को बढ़ावा देता है। तृष्णा को उत्पन्न करता है और मनुष्य को दंडनीय—कृपण बना देता है, कार्पण्य दोष से जिसका स्वभाव उपहत हो गया है, उसकी दृष्टि म्लान हो जाती है, वह स्पष्ट नहीं देख पाता। वह स्वार्थ भी नहीं समझ पाता, परमार्थ तो दूर की बात है।

कुटज क्या केवल जी रहा है? वह दूसरे के द्वार पर भीख माँगने नहीं जाता, कोई निकट आ गया तो भय के मारे अधमरा नहीं हो जाता, नीति और धर्म का उपदेश नहीं देता फिरता, अपनी उन्नति के लिए अफसरों का जूता नहीं चाटता फिरता, दूसरों को अपमानित करने के लिए ग्रहों की खुशामद नहीं करता, आत्मोन्नति के हेतु नीलम नहीं धारण करता, अँगूठियों की लड़ी नहीं पहनता, दाँत नहीं निपोरता, बगलें नहीं झाँकता। जीता है और शान से जीता है—काहे वास्ते, किस उद्देश्य से! कोई नहीं जानता। मगर कुछ बड़ी बात है। स्वार्थ के दायरे से बाहर की बात है। भीष्म पितामह की भाँति अवधूत की भाषा में कह रहा है—'चाहे सुख हो या दुःख, प्रिय हो या अप्रिय, जो मिल जाए उसे शान के साथ, हृदय से बिलकुल अपराजित होकर, सोल्लास ग्रहण करो। हार मत मानो!'—

सुखं वा यदि वा दुःखं प्रियं वायदि वाऽप्रियम्।
प्राप्तं प्राप्तमुपासीत हृदयेनापराजितः।

(शान्तिपर्व 25/26)

हृदयेनापराजितः! कितना विशाल वह हृदय होगा, जो सुख से, दुःख से, प्रिय से, अप्रिय से विचलित न होता होगा। कुटज को देखकर रोमांच हो जाता है। कहाँ से मिली है यह अकुतोभया वृत्ति, अपराजित स्वभाव, अविचलित जीवन-दृष्टि!

जो समझता है कि वह दूसरों का अपकार कर रहा है, वह अबोध है, जो समझता है कि दूसरा उसका अपकार कर रहा है, वह भी बुद्धि-हीन है। कौन किसका उपकार करता है, कौन किसका अपकार कर रहा है? मनुष्य जी रहा है, केवल जी रहा है, अपनी इच्छा से नहीं, इतिहास-विधाता की योजना के अनुसार। किसी को उससे सुख मिल जाए, बहुत अच्छी बात है; नहीं मिल सका, कोई बात नहीं; परंतु उसे अभिमान नहीं होना चाहिए। सुख पहुँचाने का अभिमान यदि गलत है, तो दुःख पहुँचाने का अभिमान तो नितरां गलत है।

दुःख और सुख तो मन के विकल्प हैं। सुखी वह है जिसका मन वश में है। दुःखी वह है जिसका मन परवश है। परवश होने का अर्थ है खुशामद करना, दाँत निपोरना, चाटुकारिता, हाँ हजूरी। जिसका मन अपने वश में नहीं है, वही दूसरे के मन का छंदावर्तन करता है, अपने को छिपाने के लिए मिथ्या आडंबर रचता है, दूसरों को फँसाने के लिए जाल बिछाता है। कुटज इन सब मिथ्याचारों से मुक्त है। वह वशी है। वह वैरागी है। राजा जनक की तरह संसार में रहकर, संपूर्ण भोगों को भोगकर भी उनसे मुक्त। जनक की ही भाँति वह घोषणा करता है—मैं स्वार्थ के लिए अपने मन को सदा दूसरे के मन में घुसाता नहीं फिरता, इसलिए मैं मन को जीत सका हूँ, उसे वश में कर सका हूँ—

नाहमात्मार्थमिच्छामि मनो नित्यं मनोऽन्तरे।
मनो मे निर्जित तस्मात् वशे तिष्ठति सर्वदा।।

कुटज अपने मन पर सवारी करता है, मन को अपने पर सवार नहीं होने देता। मनस्वी मित्र, तुम धन्य हो!

तुलसी-साहित्य के सामंत विरोधी मूल्य

•

डॉ. रामविलास शर्मा

दो तरह के लेखकों ने तुलसी-साहित्य के मूल्यांकन को बहुत आसान बना दिया है। पहली तरह के लेखक वे हैं जो समझते हैं कि तुलसीदास ने रामचरित मानस लिखकर इस्लाम के आक्रमण से हिंदू धर्म की रक्षा कर ली और राम सीता आदि के चरित्रों द्वारा हिंदू समाज और हिंदू संस्कृति के लिए अमर आदर्शों की प्रतिष्ठा कर दी। दूसरी तरह के आलोचक वे हैं जो समझते हैं कि तुलसीदास ने वर्णाश्रम धर्म के छिन्न-भिन्न होने के समय फिर ब्राह्मणवाद का समर्थन किया, नारी की पराधीनता को आदर्श के रूप में रखा और जनता को भक्तिरूपी अफीम की घुटी देकर सुला दिया।

पहली तरह के आलोचक तुलसीदास को श्रद्धा की दृष्टि से हिंदू धर्म का उद्धारक मानते हैं। दूसरी तरह के आलोचक उन्हें प्रतिक्रियावादी मानते हैं, उनकी कला का महत्त्व स्वीकार करते हुए भी उनकी विचारधारा को प्रगति विरोध मानते हैं। दोनों तरह के आलोचक—श्रद्धा के बावजूद—एक ही नतीजे पर पहुँचते हैं और वह यह कि तुलसीदास जर्जर होती हुई सामंती संस्कृति के पोषक थे, इसलिए आज की जातीय संस्कृति के निर्माण में—'ऊँची' जाति और 'नीची' जाति के हिंदुओं, मुसलमानों आदि की मिली-जुली संस्कृति के निर्माण में—उनकी विचारधारा कोई मदद नहीं दे सकती।

दोनों ही तरह के आलोचक भारतीय जनता को—खासकर हिंदीभाषी जनता को—तुलसीदास की सांस्कृतिक विरासत से वंचित कर देते हैं।

क्या इस तरह की धारणाएँ वैज्ञानिक हैं! क्या वे जनता के हित में, हमारी जातीय संस्कृति के विकास के हित में हैं?

सोलहवीं सदी या उससे कुछ आगे-पीछे भारत में भक्त कवियों की एक बाढ़-सी आ गई। न सिर्फ, ब्रज, अवध आदि हिंदी प्रदेशों में बल्कि बंगाल, पंजाब, महाराष्ट्र आदि प्रदेशों में भी यह बाढ़ दिखाई दी। संत-साहित्य ने एक विराट आंदोलन का रूप ले लिया। जनता की भाषा में ऐसी रचनाएँ होने लगीं जो गाँवों तक फैल गईं। इन रचनाओं में प्रेम को सबसे ज्यादा महत्त्व दिया गया, वर्ण और धर्म का भेद प्रेम में बाधक न समझा गया, अकसर इस तरह के भेद की कड़ी आलोचना भी की गई। इन प्रेममार्गी कवियों में हिंदू, मुसलमान, सवर्ण और अछूत, सभी तरह के लोग हुए। उनमें कुछ सगुणवादी थे, कुछ निर्गुणवादी, कुछ कृष्ण के उपासक थे, कुछ राम के, कुछ यह सब कुछ एक साथ थे। मूल बात यह थी कि वे उपासना में प्रेम को मुख्य चीज मानते थे।

क्या वह भक्ति-आंदोलन आकस्मिक घटना थी? क्या वर्ण-व्यवस्था और धार्मिक कट्टरता के बंधन तोड़कर प्रेम की इस धारा का बहना दैवेच्छा से हुआ? मार्क्सवाद के अनुसार संस्कृति किसी समाज व्यवस्था का मानसिक प्रतिबिंब है। आर्थिक व्यवस्था अगर नींव है तो संस्कृति उसके ऊपर की इमारत है। भक्ति आंदोलन का आधार क्या था?

जो लोग समझते हैं कि सोलहवीं सदी में सामंती समाज का ढाँचा ज्यों का त्यों बना हुआ था, अपने भीतर पैदा होने वाली नयी शक्तियों के प्रसार से चरमराने न लगा था, वे भक्ति-आंदोलन को या तो पुराने सामंती संबंधों का ही प्रतिबिंब मानेंगे या फिर उसे शुद्ध कल्पनाजन्य आंदोलन मानेंगे जिसकी जड़ें नए सामाजिक यथार्थ में गहरे न बैठी थीं। दोनों ही हालत में वे भक्ति आंदोलन के ऐतिहासिक महत्त्व से इनकार करेंगे।

संत साहित्य का प्रसार भारतीय संस्कृति के इतिहास में एक अनूठी घटना थी, इस बात से इनकार नहीं किया जा सकता। अचानक संस्कृति प्रभुत्व, जो सैकड़ों साल से चला आ रहा था, खत्म होता दिखाई दिया। जनता की संस्कृत जिसे पुरोहितों ने अब तक दबाया था, पुष्पित और पल्लवित होने लगी। जो लोग खुलकर पुरोहित के खिलाफ एक शब्द न कह सकते थे, अब खुले आम उन्हें चुनौती देने लगे। इसका कारण क्या था! क्या सामंती व्यवस्था के कमजोर

हुए बिना यह संभव था?

16वीं सदी के लगभग—शेरशाह और अकबर के शासन-काल में—उत्तर भारत में सामंती व्यवस्था काफी कमजोर हुई। नहरें खुदने और सड़कें बनने से यातायात में उन्नति हुई; एक ही तरह की मुद्रा के चलन से व्यापार में सुविधा हुई; राज्य और काश्तकार में सीधा संबंध स्थापित होने से जनपदों का अलगाव कम हुआ; बारूद के इस्तेमाल से केंद्रीय राज्यसत्ता जागीरदारों की स्वच्छंदता कम करके उन्हें अपने मातहत कर सकी; यूरोप में भारत का व्यापार बहुत बड़े पैमाने पर आगे बढ़ा; उत्तर भारत में शहरों की संख्या ही नहीं बढ़ी, उनकी जनसंख्या और उनका व्यवसायी महत्त्व भी बढ़ा; जगह-जगह अपने अधिकारों के लिए जनता ने संघर्ष किए और इस तरह भी उसकी एकता बढ़ी। इन परिस्थितियों में सामंती ढाँचा जर्जर हुआ। उस ढाँचे के भी व्यापारियों द्वारा पैदा किए पूँजीवादी संबंध जन्म लेने लगे। पुराने जनपदों का अलगाव काफी दूर हुआ और वे मिलकर एक जाति (नेशन) के रूप में संगठित होने लगे। भक्ति-आंदोलन इस जातीय आंदोलन का सांस्कृतिक प्रतिबिंब था।

इस जातीय आंदोलन में भाग लेने वाले व्यापारी, जुलाहे, कारीगर, किसान आदि थे। इनकी एकता की चाह, सामंती अलगाव को दूर करके मिलने की चाह भक्ति-आंदोलन में प्रकट हुई। ऊपर से देखने में मालूम होगा कि भक्त कवियों की मूल समस्या संसार से मुक्ति पाने की समस्या थी, उनके सबसे बड़े शत्रु काम, क्रोध, मद, लोभ आदि उनके मनोविकार ही थे। गाँधीवादी विचारक संत साहित्य को इसी दृष्टि से महत्त्वपूर्ण मानते हैं। लेकिन मजदूर वर्ग और पूँजीपतियों के संघर्ष के पहले आम तौर से देखा गया है कि वर्ग-संघर्ष एक धार्मिक लिबास में सामने आता है। उस लिबास के नीचे छिपे हुए ऐतिहासिक तथ्य को देखना हर वैज्ञानिक विचारक का कर्तव्य है।

पुरोहितों और राजाओं से दबे हुए लोगों ने जब सांसारिक बंधनों से मुक्ति पाने के लिए अपना अधिकार घोषित किया तब शासक वर्ग प्रसन्न नहीं हुआ। मुक्ति और धर्म पर वह अपना इशारा समझता था। हर वर्ण के लिए उसने धर्म-कर्म की व्यवस्था कर रखी थी; उसमें किसी तरह का हेर-फेर करने पर कठोर दंड देने की व्यवस्था भी थी। इसलिए सामंतों और पुरोहितों के खिलाफ जनता के संघर्ष ने अगर धार्मिक लिबास पहना तो वह एक अनिवार्य ऐतिहासिक

आवश्यकता थी।

16वीं सदी के जातीय आंदोलन का नेतृत्व बहुधा व्यापारी कर रहे थे। उस आंदोलन ने जहाँ-तहाँ सक्रिय संघर्ष का रूप भी लिया। उसके सांस्कृतिक प्रतिबिंब—भक्ति-आंदोलन—पर अकसर निष्क्रियतावाद का रंग चढ़ा दिखाई देता है। क्रांतिकारी मजदूर वर्ग और उसके नेतृत्व के अभाव में यह रंग चढ़ना भी एक हद तक अनिवार्य था। आज उसके लिए किसी तरह का ऐतिहासिक समर्थन बाकी नहीं रह गया।

गोस्वामी तुलसीदास किस हद तक भक्ति-आंदोलन का प्रतिनिधित्व करते हैं? किस हद तक उनके विचार हमारे सांस्कृतिक विकास में आज सहायक हो सकते हैं?

रामचरितमानस में जहाँ-तहाँ विप्र-पद-पूजा को बहुत बड़ा धर्म बतलाया गया है और विशेष रूप से उत्तरकांड में शूद्रों के अपना वर्णधर्म त्यागने पर क्षोभ प्रकट किया गया है। इन पंक्तियों को अलग करके देखने से यह धारणा बन सकती है कि तुलसीदास अपने समय की सामंत-विरोधी गतिविधि से असंतुष्ट थे और वे पुरानी व्यवस्था को ही बनाए रखना चाहते थे। क्या हम वर्ण धर्म के समर्थन को तुलसीदास के विचारों की ऐतिहासिक सीमा मानें जिससे उनकी मूल विचारधारा पर आँच नहीं आती?

यथार्थ यह है कि वर्णाश्रम धर्म के समर्थक पुरोहितों ने तुलसीदास को काफी सताया था और तुलसीदास ने भी उनका उचित उत्तर देने में आगा-पीछा न किया था।

तुलसीदास अपने जन्म के बारे में कहते हैं—

"जायो कुल मंगल बधावनो बजायो सुनि,
भयो परिताप पाप जननी जनक को।
बारे तें ललात बिललात द्वार-द्वार दीन,
जानत हौं चारि फल चारि ही चनक को।।"

यह समझने का कोई कारण नहीं दिखाई देता कि केवल अपनी दीनता से इष्टदेव को प्रभावित करने के लिए उन्होंने यह लिख दिया है। इसी तरह **"लालची ललात बिललात द्वार-द्वार दीन, बदन मलीन मन मिटै न बिसूरना"** आदि में अत्युक्ति हो सकती है लेकिन तुलसी ने, निर्धन और अकुलीन बालक

को जो अपमान सहना पड़ता है, उसे स्वयं सहा था इसमें संदेह नहीं और यह अपमान—बालकपन तक सीमित न था। जैसे-जैसे उनकी लोकप्रियता बढ़ती गई, वैसे-वैसे उनका विरोध भी बढ़ा। जब लोग उनकी जाति-पाँति की चर्चा करके उनका उपहास करते थे, तब तुलसीदास यही कहकर जवाब देते थे कि जो गोत्र राम का है, वही गोत्र उनके सेवक का है। कभी इन विरोधियों से उदासीन होकर वे कहते—

"मेरे जाति-पाँति न चहौं काहू की जाति-पाँति, मेरे कोऊ काम को न हौं काहू के काम को।" लेकिन कभी-कभी जातिवादियों को चुनौती देते हुए वह कहते हैं—

"धूत कहौ, अवधूत कहौ रजपूत कहौ, जुलहा कहौ कोऊ।
काहू की बेटी सों बेटा न ब्याहब काहू की जाति बिगार न सोऊ।
तुलसी सरनाम गुलाम है राम कौ जाको रुचै सो कहै कछु ओऊ।
माँगि के खैबो मसीत को सोइबो लेबे को एक न देवे को दोऊ।"

इस एक छंद में तुलसीदास के समूचे जीवन का संघर्ष चित्रित हो गया है; निःसंदेह उनके कार्यों से पुरोहित वर्ग आतंकित हो उठा था। वह उन्हें तरह-तरह के नाम देने लगा था और तुलसी को कहना पड़ा, तुम अपनी जाति लेकर खुश रहो, हमें तुमसे लेना एक है न देना दो।

जो लोग समझते हैं कि गोस्वामी तुलसीदास शूद्रों पर ब्राह्मणों के प्रभाव का समर्थन करते थे, वे भूल जाते हैं कि उन्होंने स्वयं इस प्रभुत्व का कटु अनुभव किया था। कवितावली के इन छंदों में महाकवि का एक निडर व्यक्तित्व हमारे सामने उभरकर आता है जो रामभक्ति का प्रचार करता हुआ वर्णवादियों के विरोध की जरा भी परवाह नहीं करता। समूचा तुलसी साहित्य इस चित्र की सत्यता प्रमाणित करता है।

वर्ण और जाति की व्यवस्था को चुनौती देता हुआ तुलसी का व्यंग्यस्वर सुनिए—

कौन धौं सोमयागी अजामिल अधम कौन गजराज धौं बाजपेयी।

इससे स्पष्ट है कि तुलसी की भक्ति सभी जातियों और वर्णों के लोगों को मिलाने वाली थी और जो लोग समझते हैं कि तुलसीदास ने इस्लाम से हिंदू धर्म की रक्षा की वे कृपा कर उस पंक्ति पर विचार करें जिसमें महाकवि

ने माँग कर खाने और मस्जिद में सोने की बात कही है। वर्ण-व्यवस्था के रक्षकों ने ही भारतीय जनता के हृदय सम्राट् तुलसीदास की यह दशा की थी। यदि तुलसीदास कुलीनता और जातिवाद के समर्थक होते तो उनकी आत्म-निवेदन वाली रचनाओं में बार-बार यह स्वर न सुनाई देता–

"लोग कहै पोचु, सो न सोच न संकोचु मेरे ब्याह न बरेखी जाति-पाँति न चहत हों।"

तुलसीदास की रामभक्ति का एक प्रमुख कारण यह है कि उनके प्रभु ने जातिहीन व्यक्तियों को अपनाया था। दोहावली का यह दोहा देखिए–

"जातिहीन अघजनम महि, मुकुट कीन अस-नारि।
महामंद मन सुख चहसि, ऐसे प्रभुहिं बिसारि।।"

पार्वती मंगल में शिव-विवाह का वर्णन करते हुए वर की विशेषताओं में यह भी है–

"कहहु कहा सुनि रीझिहु बरु अकुलीनहिं।
अगुन अमान अजाति मातुपितु हीनहिं।।"

अकुलीनता का जिक्र रामचरितमानस में भी है–

"निर्गुन निलज कुबेष कपाली।
अकुल अगेह दिगम्बर ब्याली।।"

भक्त कवियों का मूल मन्त्र था–**"जाति-पाँति पूँछै नहिं कोई, हरि का भजै सो हरि का होई।"** तुलसीदास इस मंत्र को सिद्ध करने वालों की चर्चा बार-बार करते हैं। यह वाल्मीकि का हवाला देते हैं जो मरा-मरा कहकर भी मुनि हो गए–**"जहाँ बालमीकि भये ब्याध ते मुनीन्द्र साधु, मरा-मरा जये सुनि सिष सात की।"** और भी–

"जान आदि कवि तुलसी नाम प्रभाउ।
उलटा जपत कोल ते भे ऋषिराउ।।"

इसी तरह सबरी, गीध आदि का हवाला सभी संतों के साहित्य में मिलता है जिन्हें प्रेम के वश होकर राम ने मुक्ति दी।

"सबरी गीध सुसेवकिन, सुगति दीन्ह रघुनाथ।
नामु उधारे अमित खल, वेद बिदित गुनगाथ।।"

तुलसीदास की भक्ति वर्ण, जाति, धर्म आदि के कारण किसी का बहिष्कार

नहीं करती। जों 'अति अधरूप' समझे जाते हैं, उन 'आभीर जवन किरात खस स्वपचादि' के लिए भी वह कहते हैं कि राम का नाम लेकर वे भी पवित्र हो जाते हैं। इससे उनकी भक्ति का जनवादी तत्त्व अच्छी तरह प्रकट हो जाता है। जिन तमाम लोगों के लिए पुरोहित वर्ग ने उपासना और मुक्ति के द्वार बन्द कर दिए गए थे, उन सबके लिए तुलसी ने उन्हें खोल दिया। तुलसी की जाति और कुलीनता पर पुरोहितों के आक्षेपों का यही कारण था।

जब राम चित्रकूट पहुँचते हैं, तब तुलसीदास कोल-किरातों को नहीं भूलते,–**"यह सुधि कोल किरातन्ह पाई। हरषे जनु नवनिधि धर आई।"** बीस पंक्तियों में राम से उनकी भेंट का वर्णन करने के बाद तुलसी यह टिप्पणी देते हैं,–**"रामहिं केवल प्रेम पियारा। जानि लेउ जो जाननिहारा।"**

जब आप याद करेंगे कि मुगल बादशाहों के जमाने में इन कोल-किरातों का आखेट होता था और जो पकड़े जाते थे, वे काबुल में बेच दिए जाते थे और ब्रिटिश साम्राज्यवाद के शासन में लाखों की तादाद में उन्हें जरायम पेशा करार दिया गया, तब तुलसीदास की प्रगतिशीलता समझ में आएगी।

केवट और निषाद के प्रसंग में तुलसीदास ने विशेष रूप से दिखलाया है कि ये 'नीची' जाति के लोग राम को, प्यार करके भरत और लक्ष्मण का दर्जा पा जाते हैं। जब निषाद अयोध्या पहुँचता है तब सब लोग उसका इस तरह आदर करते हैं मानों लक्ष्मण आ गये हों–

"कहि निषाद निज नाम सुबानी।
सादर सकल जोहारी रानी।
जानि लखन सम देहिं असीसा।
जिअहु सुखी सम लाख बरीसा।
निरखि निषादु नगर नरनारी।
भए सुखी जनु लखनु निहारी।"

राम के अयोध्या लौटने पर जब निषाद विदा होता है, तब राम स्वयं कहते हैं–

"तुम्ह मम सखा भरत सम भ्राता।
सदा रहेहु पुर आवत जाता।"

वास्तव में तुलसी के राम पर कुछ पक्षपात का दोष भी लगाया जा सकता

है कि उच्चवर्णों में से किसी को उन्होंने न तो सखा कहा, न भरत सम भ्राता कहा! यह स्नेह मानों उन्होंने वर्णाधर्म लोगों के लिए ही रख छोड़ा था। तुलसी का राम-राज्य वर्णहीन नहीं है। लेकिन सरयू के राजघाट पर चारों वर्ण एक साथ स्थान जरूर करते हैं–

> ''राजघाट सब विधि सुंदर वर।
> मज्जहिं तहाँ बरन चारिउ नर।''

इस तरह के राजघाटों का आज भी कितना अभाव है, सभी लोग जानते हैं। इसलिए जब उत्तरकांड में हम तुलसी को इस बात पर क्षोभ प्रकट करते देखते हैं कि शूद्र ब्राह्मणों की बराबरी करने लगे हैं, तब हम इसी नतीजे पर पहुँचते हैं कि या तो उनके विचारों में अंतर्विरोध है या फिर यह पुरोहितों का चमत्कार है जिन्होंने अपने काम की बातें मिलाकर रामचरितमानस को अपने अनुकूल बनाने की कोशिश की। यह काम उनके लिए कुछ नया भी न था; वह और भी ग्रंथों के साथ यह कांड कर चुके थे। तुलसी की भक्ति पुरोहितों का इजारा तोड़ने वाली थी। वह आभीर जबन किरात खस स्वपचादि सभी को गले लगाती थी, केवट और निषाद जैसे वर्णाधर्मों पर उसका स्नेह और भी ज्यादा था। वह भक्ति उस व्यवस्था का विरोध करती थी जो मनुष्य-मनुष्य को वर्णों के आचार-विचार की जंजीरों में जकड़े हुए थी। तुलसी स्वयं उन लोगों में से थे जिन पर जातिहीनता और अकुलीनता का आक्षेप किया जाता था। उन्होंने बड़ाई पाने के लिए पुरोहित वर्ग की खुशामद नहीं की; स्वयं कुलीन बनकर पैर नहीं पुजाये। उन्होंने समाज के इतर जनों का पक्ष लिया और राम के प्रेम के आधार पर उनकी समानता की घोषणा की। उनकी भक्ति का यह सामंत-विरोधी मूल्य है जिसे हमें अपनाना चाहिए और समाज में ऊँच-नीच का भेद, आभीर जवन किरात खस स्वपचादि का भेद, सदा के लिए खत्म कर देना चाहिए। गोस्वामी तुलसीदास ने जो काम भक्ति द्वारा किया था, आज जनता वह काम मानववाद और जातीय पुनर्जागरण के द्वारा करती है।

पुरोहित वर्ग ने जो व्यवहार 'नीची' जातियों के साथ किया था, वही व्यवहार उसने स्त्रियों के साथ किया था। उपासना और उच्च शिक्षा से उन्हें वंचित किया गया था। उनके लिए एक ही धर्म था कि पति की सेवा करें। तुलसीदास ने

स्त्रियों के लिए उपासना के द्वार खोल दिए। राम से मिलने, उनका स्वागत-सत्कार करने, उनका स्नेह पाने में स्त्रियाँ सबसे आगे रहती हैं। चाहे जनकपुर हो, चाहे अयोध्या हो, चाहे चित्रकूट का मार्ग हो, हर जगह इनकी भीड़ की भीड़ दिखाई देती है। जितनी आत्मीयता तुलसी ने परस्पर ग्रामीण स्त्रियों और सीता में दिखाई है, उतनी राम, भरत या निषाद में भी नहीं दिखाई। ये ग्रामीण स्त्रियाँ ही पूछ सकती थीं, **''कोटि मनोज लजावन हारे। सुमुखि कहहु को आहिं तुम्हारे।''** और सीता ही उनके प्रश्न का उत्तर दे सकती थीं—

''बहुरि बदन बिधु अंचल ढाँकी।
पियतन चितै भौंह करि बाँकी।
खंजन मंजु तिरीछे नैनन।
निजपति कहेउ तिन्हहिं सिय सैननि।''

और लोग राम के पैरों पड़ते हैं, उनसे भक्ति का वरदान माँगते हैं; ये स्त्रियाँ सीता के पैर तो पड़ती हैं लेकिन उल्टा उन्हें आशीष देती हैं—

''अति सप्रेम सिय पायँ परि, बहु विधि देहि असीस।
सदा सोहागिनि होहु तुम, जब लगि महि अहि सीस।।''

और जब राम अयोध्या लौटते हैं तो उनके स्वागत करने में स्त्रियाँ सबसे आगे हैं। रामचन्द्र को उदय होते देखकर अयोध्या नगर में समुद्र की तरह ज्वार आ गया है और इस ज्वार की बढ़ती हुई तरंगें स्त्रियाँ ही हैं। रामचरितमानस में भी यह दोहा अद्‌भुत है—

''राकाससि रघुपति पुर, सिंधु देखि हरखान।
बढ़ेउ कोलाहल करत जनु, नारि तरंग समान।''

दूसरी जगह राम के विरह का सूर्य अस्त होने पर तुलसी अयोध्या के सर में स्त्रियों को कुमुद की तरह खिला हुआ देखते हैं। इन सबको तुलसीदास अपावन समझते हैं तो इससे ज्यादा आश्चर्य की बात क्या हो सकती है।

सूरदास की तरह तुलसी की स्त्रियाँ भी कृष्ण को देखने के लिए पति को भी छोड़कर भाग आती हैं—**''तुलसीदास जेहि निरखि ग्वालिन भजीं जात पति तनय बिसारी।''** इससे यह तो नहीं मालूम होता कि पति ही ईश्वर है। लेकिन सामन्ती समाज में पति-भक्ति पर सबसे सुंदर टिप्पणी रामचरितमानस में है जहाँ उमा अपनी माँ से बिदा होती हैं—

"जननी उमा बोलि तब लीन्हीं। लै उछंग सुंदर सिख दीन्हीं।
करेहु सदा संकर पद पूजा। नारि धरम पति देव न दूजा।
बचन कहत भरि लोचन बारी। बहुरि लाइ उर लीन्हि कुमारी।
कत विधि सृजी नारि जग माहीं। पराधीन सपनेहुँ सुख नाहीं।
भै अति प्रेम बिकल महतारी। धीरज कीन्ह कुसमउ बिचारी।"

एक तरफ पति-सेवा का उपदेश, दूसरी तरफ पराधीन नारी के लिए स्वप्न में भी सुख न मिलने पर क्षोभ; यह कला तुलसीदास को छोड़कर और कहीं नहीं है। जो लोग 'ढोल गँवार शूद्र पशु नारी' वाली पंक्ति को वेदवाक्य समझते हैं, वे इन पंक्तियों पर विचार करें–

"कत विधि सृजी नारि जग माहीं।
पराधीन सपनेहुँ सुख नाहीं।"

तुलसीदास स्त्रियों को पराधीन जानते हुए भी उन्हें पशुओं की तरह ताड़न की अधिकारी कहें तो इससे अधिक निर्ममता और क्या हो सकती है? लेकिन जैसा ममतापूर्ण हृदय तुलसीदास ने पाया था वैसा हृदय और किस कवि ने पाया है? ढोल गँवार वाली पंक्ति समुद्र की बातचीत में आई है जहाँ वह जल होने के नाते अपने को जड़ कहता है और इस नियम की तरफ इशारा करता है कि जड़ प्रकृति को चेतन ब्रह्म ही संचालित करता है। वहाँ एकदम अप्रासंगिक ढंग से यह ढोल गँवार शूद्र वाली पंक्ति आ जाती है। निःसंदेह यह उन लोगों की करामात है जो यह मानने के लिए तैयार नहीं थे कि नारी पराधीन है और उसे स्वप्न में भी सुख नहीं है।

सामंती व्यवस्था में स्त्रियों के लिए एक धर्म है तो पुरुषों के लिए दूसरा है। तुलसी के रामराज्य में दोनों के लिए एक ही नियम है–

"एक नारिव्रतरत सब झारी।
ते मन बच क्रम पति हितकारी।"

इस तरह पुरुष के विशेषाधिकारों को मानकर तुलसीदास ने दोनों को समान रूप से एक ही व्रत पालने का आदेश दिया था। लेकिन विशेषाधिकार वालों ने ढोल गँवार आदि जैसी पंक्तियाँ तो गढ़ लीं और एक नारिव्रतरत होने की बात चुपचाप पी गये। वर्तमान समाज में भी नारी अधिकारवंचित है। पराधीनता में उसे सुख नहीं है। तरह-तरह की मीठी बातों से उसे भुलावा दिया

जाता है लेकिन उसकी दासता ढँकी नहीं जा सकती। तुलसीदास के समय में ऐसी परिस्थितियाँ नहीं थीं कि पराधीनता के पाश तोड़े जा सकें। वह केवल इस पराधीनता पर क्षोभ प्रकट कर सकते थे और एक ऐसे समाज का स्वप्न देख सकते थे जिसमें पुरुष भी एक नारिव्रतधारी हों। राम के चरित्र में उन्होंने यही दिखाया। यह दूसरी बात है कि हिंदी आलोचना में जितनी चर्चा सीता के पतिव्रत की है, उतनी राम के पत्नीव्रत की नहीं। आज हम इस परिस्थिति में हैं कि तुलसी स्वप्न को सत्य कर दिखाएँ।

सामंती समाज में साधारणतः विवाह पहले हो जाता है, प्रेम बाद में शुरू होता है। तुलसीदास ने राम और सीता के विवाह में यह दिखलाया है कि विवाह प्रेम की परिणति है। यद्यपि सीता की प्रीति पुरातन है, फिर भी लोक-व्यवहार की दृष्टि से कंकन किंकिन नूपुरधुनि में राम का मदन दुंदुभी सुनना, सियमुख की तरफ नयन-चकोरों का देखना और सीता द्वारा राम को हृदय में बिठाकर पलक-कपाट लगा देना आदि क्रियाओं का वर्णन तुलसी के मर्मी कवि हृदय का परिचय ही नहीं देता, उनके रूढ़ियों को तोड़ने वाले साहस का भी परिचय देता है। तुलसी केवल भक्त नहीं हैं, वे प्रेम और सौन्दर्य के कवि भी हैं। विवाह-मंडप में सीता की तन्मयता का कितना सजीव और बारीक चित्र उन्होंने खींचा है–

''राम को रूप निहारति जानकी कंकन के नग की परछाहीं।
याते सबै सुधि भूलि गई कर टेकि रही पल टारति नाहीं।।''

और अपने बरवै छंदों में तो मानों तुलसी ने अवध के ग्राम-गीतों की सारी मिठास उँड़ेल दी है–

''का घूँघट मुख मूँदहू नवला नारि।
चाँद सरग पर सोहत यहि अनुहारि।।
गरब करहु रघुनंदन जनि मन माँह।
देखहु आपनि मूरति सिय कै छाँह।।
उठी सखी हँसि मिस करि मृदु बैन।
सिय रघुवर के भये उनींदे नैन।।''

तुलसीदास ने जनसाधारण के सौंदर्य-बोध की जैसी सुकुमार व्यंजना की है, वह हिंदी साहित्य में अनुपम है। वर्तमान अर्द्ध-सामंती व्यवस्था में मनुष्य

की प्रेम और सौंदर्य की कोमल भावनाएँ बुरी तरह कुचली जाती हैं। विवाह का आधार है संपत्ति और कुलीनता; प्रेम करने के लिए प्रेयसी अलग होती है बच्चे पैदा करने के लिए पत्नी अलग। सामंती बंधनों के खत्म होने पर सौंदर्य और प्रेम की भावनाएँ अपने सहज रूप में पल्लवित होंगी और नारी कवियों की नायिका मात्र न रह जाएगी। वह श्रम करने वाली, समान अधिकार वाली नागरिक भी होगी।

तुलसीदास ब्रह्मचर्य पालन करके तपस्या द्वारा ज्ञान प्राप्त करने का आदर्श नहीं रखते। नारद में ब्रह्मचर्य पालन करने का दंभ पैदा हुआ था, सो वह बंदर का चेहरा पाकर नारी के पीछे दौड़ते फिरे और विंध्याचल में जो व्रतधारी तप कर रहे थे, वे अहल्या का उद्धार करने वाले राम के आने की बात सुनकर बहुत प्रसन्न हुए कि अब सब शिलाएँ चंद्रमुखी हो जाएँगी। तुलसीदास के नायक साधारणजनों की तरह विवाहित जीवन बिताने वाले हैं इसलिए तुलसीदास योगवादियों के सहज विरोधी बन जाते हैं। उनके लिए वह कहते हैं, **''जागैं जोगी जगम जती जमाती ध्यान धरैं डरैं उर भारी लोभ मोह कोह काम के।''** काम, क्रोध, मद, लोभ को जीतने वाले वीर लोग रात भर ध्यान लगाए जगा करते हैं लेकिन **''सोवैं सुख तुलसी भरोसे एक राम के।''** सूरदास जैसे कवियों की तरह तुलसीदास भी योग के मुकाबले में सगुण की सरस उपासना की हिमायत करते हैं। कृष्ण गीतावली में तुलसी की गोपियाँ भी कहती हैं–

''जोग जुगति अरु मुकुति विविध विधि वा मुरली पर वारौं।''

हिंदी में अनेक ऐसे पुरानपंथी लेखक हैं जो योग के उद्धार में भारतीय संस्कृति का प्रसार देखते हैं। उन्हें याद रखना चाहिए कि तुलसी, सूर आदि कवियों ने चार सौ साल पहले ही भारतीय संस्कृति को चमत्कारवादियों के प्रभाव से मुक्त करने का बीड़ा उठाया था। कुंडलिनी जगाने की कितनी ही नवीन कोशिशें करें, यह अर्द्धसामंती समाज व्यवस्था अब कुछ ही दिनों की मेहमान है।

जहाँ तक संसार के प्रति दृष्टिकोण का संबंध है, तुलसीदास और निर्गुणवादियों में एक सीमा तक कोई अंतर नहीं है। उनके लिए भी ब्रह्म व्यापक बिरज, अनीह और अभेद है। वेदांतियों की तरह एक जगह वह कहते हैं–**''सोहमस्मि इति वृत्ति अखंडा दीपसिखा सोई परम प्रचंडा?''** निर्गुनिये संतों की तरह वह

कहते हैं—"**सून्य भीति पर चित्र उरेहे, तनु बिन लिखा चितेरे।**" 'द्वैत जनित संसृति दुख' वह भी दूर करना चाहते हैं। तुलसीदास जी ने ये धारणाएँ प्राचीन भाववादी दर्शन से ली हैं। लेकिन इन स्थापनाओं पर उन्होंने अपनी तरफ से जो टीका-टिप्पणी की है, वह मूल स्थापनाओं को काफी बदल देती है। वह टीका-टिप्पणी ध्यान देने योग्य है।

गोस्वामी तुलसीदास नाम और रूप को ब्रह्म की दो उपाधियाँ मानते हैं। इनमें भी वह रूप को नाम के अधीन मानते हैं। उनका कहना है कि नाम के बिना रूप का ज्ञान नहीं होता—

"देखिअहिं रूप नाम आधीना। रूप ज्ञान नहिं नाम बिहीना।
रूप बिसेष नाम बिनु जाने। करतलगत न परहिं पहचाने॥"

नाम के माने भाषा, तुलसी के सिद्धांत का परिणाम यह निकलता है कि ज्ञान भाषा से परे नहीं है। वाणी और अर्थ की एकता की घोषणा करते हुए वह कहते हैं—"**गिरा अरथ जल बीचि सम, कहिअत भिन्न न भिन्न।**" भाववादी दर्शन ज्ञान को भाषा से स्वतंत्र मानता है; वस्तुवादी दर्शन दोनों की एकता मानता है। तुलसीदास की स्थापना भाववादी दर्शन के प्रतिकूल है।

नाम के बिना निर्गुनपंथियों को भी निर्गुन ब्रह्म का पता नहीं लगता इसलिए अगुन और सगुन के बीच तुलसीदास नाम की साखी मानते हैं, नाम के बिना ब्रह्म का ज्ञान नहीं होता, इसलिए वह नाम को ब्रह्म से भी बड़ा मानते हैं, "**कहेऊँ नाम बड़ ब्रह्म राम तें।**" सच्चिदानंद ब्रह्म नाम-निरूपण से ही प्रकट होता है। इस तरह ब्रह्म को नाम से बाँधकर, नाम को ब्रह्म से भी बड़ा दिखाकर गोस्वामी जी ने ब्रह्म की अगोचरता पर प्रतिबंध लगा दिया है। वास्तव में उनका सारा दर्शन ब्रह्म की गोचरता पर निर्भर है, इसलिए संसार में उसकी 'लीला' उनके लिए इतनी आकर्षक हो जाती है।

गोस्वामी तुलसीदास ने कई जगह माया की चर्चा की है, लेकिन उससे यह नतीजा निकालना कठिन होगा कि वह संसार को मिथ्या मानते थे। उल्टा वह उन लोगों को फटकारते हुए दिखाई देते हैं जो संसार को मिथ्या कहते हैं। अपनी व्यंग्यपूर्ण शैली में वह कहते हैं—

"झूठो है झूठो है झूठो सदा जग,
सन्त कहंत जे अंत लहा है।

ताको सहै सठ सकट कोटिक,

काढ़त दंत करंत हहा है।

जानपनी को गुमान बड़ो,

तुलसी के विचार गँवार महा है।

जानकी जीवन जान न जान्यौ,

तौ जान कहावत जान्यो कहा है।''

संसार को मिथ्या कहकर जो लोग अपने ज्ञान की डींग हाँकते हैं, उन्हें स्पष्ट शब्दों में तुलसी ने गँवार कहा है। यहाँ वह अपने समय के सभी संतों से आगे बढ़े हुए हैं क्योंकि किसी ने इतनी स्पष्टता से मायावाद का खंडन नहीं किया। वहाँ यह वस्तुवादी जीवन दर्शन के बिलकुल निकट हैं।

हिंदी साहित्य में जो भाववादी लेखक संसार को मिथ्या कहकर जनता का ध्यान अतींद्रिय ज्ञान, अंतर्चेतना आदि की तरफ ले जाना चाहते हैं, उनकी प्रतिक्रियावादी विचारधारा का विरोध करने में तुलसी की विश्वासभरी वाणी हमें आज भी प्रेरणा देती है।

तुलसीदास की रचनाओं में बहुत-से देवी-देवता मिलते हैं। उनका ऐसा सजीव चित्रण हुआ है कि पाठक यही समझता है कि गोस्वामी जी इन सबके अस्तित्व पर विश्वास करते होंगे। लेकिन वह 'व्यापक' एक ब्रह्म अविनासी में भी विश्वास प्रकट करते थे और जहाँ अविनासी ब्रह्म एक है, वहाँ अनेक देवी-देवताओं का अस्तित्व भ्रम ही हो सकता है।

वास्तव में देवताओं को अपना काव्यविषय बनाते हुए तुलसीदास ने पुराणों में बताई हुई उनकी रूपरेखा में काफी फेरफार किया है। उनका उद्देश्य स्पष्ट है, भिन्न मतवालों को राम की भक्ति के आधार पर एक करना। निर्गुण और सगुणवादियों को वह नाम के आधार पर एक करते हैं, शैवों, शाक्तों और वैष्णवों को एक करने के लिए शिव को राम का प्रेमी, सीता को जगदंबा का अवतार आदि कहते हैं। तमिलनाडु के मंदिरों में जैसे विष्णु और शाक्त की मूर्तियाँ एक साथ दिखाई देती हैं, वैसी ही रामचरितमानस में शैव, शाक्त और वैष्णव तीनों को संतुष्ट करने की सामग्री दी गई है। बहुदेवोपासना का यह रूप लौकिक व्यवहार से ही निश्चित हुआ है। कृष्ण के लिए उन्होंने कृष्ण गीतावली भी लिख दी। उनके समय में जातीय आंदोलन की जो धारा एकता की तरफ बह रही

थी, भिन्न मत वालों के इष्टदेवों के साथ यह उदार व्यवहार उसी का प्रतीक है।

लेकिन तुलसी-साहित्य का मूल्य इससे अधिक है। तुलसी की भक्ति मानववाद में डूबी हुई है। यह कवि मनुष्य का सबसे बड़ा उपासक है। तुलसी ने प्राचीन महाकाव्यों की मानववादी परंपरा को आगे बढ़ाया है। "न मानुषात् श्रेष्ठतर हि किंचित्" पर रामचरितमानस मानों सजीव भाष्य है। अनेक बार तुलसी ने भक्त को भगवान से बड़ा बतलाया है, इससे अधिक वह मानव-प्रेम का प्रमाण क्या दे सकते थे? जब भरत चित्रकूट जाते हैं तब बादल उन पर छाया करते चलते हैं, शीतल हवा चलती है और राम को भी मार्ग वैसा सुखद नहीं होता जैसे भरत को और अंत में वह स्पष्ट कह देते हैं—**"मोरे मन प्रभु अस बिस्वासा। राम तें अधिक राम कर दासा।"**

राम के प्रति तुलसी का सेवक भाव है। दरिद्रता और सामाजिक उत्पीड़न के बीच तुलसी राम की तरफ हाथ उठाते हैं, कितनी व्यथा के साथ, यह कवितावली और विनयपत्रिका के अनेक पदों में देखा जा सकता है। ऐसी पीड़ा, ऐसा उत्कट आत्मनिवेदन हिंदी साहित्य में और कहीं प्रकट नहीं हुआ। तुलसीदास जानते थे **"नहिं दरिद्रसम दुख जग माहीं।"** उन्होंने अनुभव किया था, **"आगि बड़वागि से बड़ी है आगि पेट की।"** उन्होंने राम से प्रार्थना की थी कि दरिद्रता के रावण ने संसार को दबा रखा है। आकर रक्षा करो—**"दारिद दसानन दवाई दुनी दीनबन्धु दुरित दहन देखि तुलसी हहा करी।"** इसीलिए वह इतना व्यथित होकर राम से कहते हैं, **"तुम जनि मन मैलो करो लोचन जनि फेरो।"**

लेनिन की मृत्यु पर स्तालिन ने कहा था, "अतीत काल में बीसियों नहीं सैकड़ों बार श्रमिक जनता ने कोशिश की है कि अपनी पीठ से उत्पीड़कों को उतार फेंके और अपनी भाग्य डोर अपने हाथ में ले। लेकिन हर बार परास्त और अपमानित होकर उसे पीछे हटना पड़ा है, हृदय में क्षोभ और लांछन, क्रोध और निराशा भरे हुए उसने किसी रहस्यमय दैव की तरफ हाथ उठाये हैं जहाँ से उसे मुक्ति की आशा थी।"

राम की तरफ तुलसी के सेवक भाव पर जैसा प्रकाश इन पंक्तियों से पड़ता है, वैसा आलोचना की बीसियों पोथियों से नहीं पड़ता। राम उनके लिए आशाओं का केंद्र बन गये, अपमान और लांछन का मुकाबला करने के लिए

एक अस्त्र बन गए। जब वह लोगों को दूसरों के सामने हाथ फैलाते देखते हैं तो वे मना करते हैं–

''गज जाँचिये कोऊ न जाँचिये तो
जिय जाँचिये जानकीजानहिं रे।''

राम उनके लिए **''दारिद्र दोष दावानल है''** जो औरों के सामने जाँचना खत्म कर देते हैं। इसी तरह वह ललकारते हुए दिखाई देते हैं, **''जिन डोलहि लोलुप कूकर ज्यों तुलसी भजु कोसल राजहिं रे''** जब वह सामंतों को गजशाला और पत्नीशाला से सुशोभित अपनी संपत्ति पर गर्व करते देखते हैं तो कहते हैं, **''ऐसे भये तो कहा तुलसी जुपै जानकीनाथु के रंग न राते।''**

तुलसी के राम उनकी आशाओं के केन्द्र ही नहीं हैं, मनुष्य में वह जिन तमाम नैतिक गुणों को प्यार करते थे वह उनके प्रतीक भी थे। ब्रह्मरूप से भले ही वह निर्गुण निर्विकार हों, मानवरूप में वह किसी देश-काल की सीमाओं में गतिशील समाज के मानव का ही प्रतिबिंब हो सकते हैं। तुलसी के राम भारतीय जनता के नैतिक गुणों का प्रतिनिधित्व करते हैं। उनके चरित्र में पितृभक्ति, भ्रातृप्रेम आदि पर बार-बार लिखा गया है लेकिन तुलसीदास का लक्ष्य परिवार में पिता के अधिकार की रक्षा करना न था। राम की मानवीय सहानुभूति माता, पिता, भाई, निषाद सभी के लिए है। विशेषता यह है कि जो जितना त्यागी है, निःस्वार्थ है और दलित है, राम का प्रेम उसके लिए उतना ही अधिक है। भरत और निषाद पर उनका प्रेम इसी कारण है। यह प्रेम पारिवारिक संबंधों पर ही निर्भर नहीं है; उसका आधार व्यापक सामाजिक संबंध हैं। समाज में चाहे दुःखी-दीनों और निःस्वार्थ सेवकों को कोई न पूछे, राम उन्हें पूछने वाले हैं।

तुलसी के राम न्याय-अन्याय के संघर्ष में तटस्थ नहीं हैं। वह न्याय का सक्रिय पक्ष लेते हैं। लक्ष्मण से मुकाबले में वह ज्यादा धैर्य दिखलाते हैं लेकिन उनके धैर्य की एक सीमा है। वह सीमा पार होने पर वह शस्त्र उठाने में जरा भी आगा-पीछा नहीं करते। यह गुण हमारी जनता का विशेष गुण है। वह बड़ी सहनशील है लेकिन एक सीमा तक ही। उस सीमा के पार होने पर वह अन्यायी को दंड देने के लिए उठ खड़ी होती है। रासलीला वाले कृष्ण की अपेक्षा तुलसी को धनुर्धर राम अधिक प्रिय हैं; इसका यही कारण है, **''राजिव नयन धरे धनुसायक। भगत बिपति भंजन सुखदायक।''**

जब परशुराम का क्रोध सीमा पार कर जाता है, तब राम उन्हें दृढ़ चेतावनी देते हैं–

''देव दनुज भूपति भट नाना। समबल अधिक होइ बलवाना।
जौं रन हमहिं प्रचारै कोऊ। लरहिं सुखेन काल किन होऊ।''

भारतीय जनता में जो कुछ सबसे अच्छा है, जो रक्षा करने लायक है और जिस पर हम गर्व कर सकते हैं, वह इन पंक्तियों में प्रकट हुआ है। राम की इस धीरता और शूरता का चित्रण करके तुलसी ने हमारे जातीय चरित्र को गढ़ने में अनुपम प्रतिभा का परिचय दिया है।

इसी तरह जब समुद्र राम को रास्ता नहीं देता, समझाने और विनती करने पर भी नहीं पसीजता, तब तुलसी कहते हैं :

''विनय न मानत जलधि जड़, गये तीन दिन बीति।
बोले राम सकोप तब, भय बिनु होय न प्रीति।।
संधाने प्रभु बिसिख कराला।
उठी उदधि उर अंतर ज्वाला।।''

इसी तरह रावण का अन्याय देखकर पहले दूत द्वारा राम उसे समझाने की कोशिश करते हैं, लेकिन जब वह नहीं मानता, तब उसका हृदय परिवर्तन करने के लिए वह सत्याग्रह नहीं करते, उससे युद्ध छेड़ देते हैं। राम का सारा चरित्र आत्मपीड़ा द्वारा निष्क्रिय प्रतिरोध का खंडन करता है। कहना न होगा, यह बहुत ही महत्त्वपूर्ण नैतिक मूल्य है जिसे हमें अपनाना चाहिए।

रामचरितमानस में, विशेषरूप से अयोध्याकांड में, जो वेदना का सागर लहराता हुआ दिखाई देता है, सामंती समाज में मनुष्य की वास्तविक पीड़ा से ही उत्पन्न हुआ है। माता-पिता से विदा होती हुई लड़कियाँ, घर में पुत्र वियोग सहती हुई माता आदि के चित्र तुलसी ने समाज से लिए हैं। लेकिन इस करुणा में भी सुख-सौंदर्य की चाह बादलों में बिजली की तरह कौंध जाती है। तुलसी का व्यंग्य और हास्य भारतीय जनता की कभी न मिटने वाली जिंदादिली से पैदा हुआ है। वह कठिनाइयों पर हँसना जानती है, जब कठिनाई बढ़ जाती है तब व्यंग्य और भी पैदा हो जाता है। क्रोधी परशुराम के सामने लक्ष्मण का व्यंग्य, रावण की सभा में राक्षसों से घिरे हुए अंगद का व्यंग्य इसी तरह का है। तुलसी का व्यंग्य–अन्यायियों, अत्याचारियों के लिए है; दलितों और पीड़ितों

के लिए, स्त्रियों और बालकों के लिए उनके हृदय में केवल सहानुभूति है। राम के बालरूप का वर्णन करके, कौसल्या और भरत के प्रेम का वर्णन करके एक तरफ वह हमारी मानवीय सहानुभूति को पुष्ट करते हैं, तो राम के चरित्र से वह शूरता और वीरता के भावों को पुष्ट करते हैं। इस तरह तुलसी मानव आत्मा के एक कुशल शिल्पी साबित होते हैं।

तुलसी की मानवीय सहानुभूति का आधार सामाजिक यथार्थ है। तत्कालीन समाज का जैसा भरा-पूरा चित्र उनकी रचनाओं में मिलता है, वैसा उस समय के और किसी कवि की रचनाओं में नहीं मिलता। जनता की दरिद्रता, उसके क्लेशों का वर्णन उन्होंने बड़े ही यथार्थवादी ढंग से किया है—**''खेती न किसान को भिखारी को न भीख बलि बनिक को बनिज न चाकर को चाकरी।''** बड़ी स्पष्टता से उन्होंने समाज में सामंतों के कुशासन का सवाल उठाया है। एक दोहे में वह देवताओं और राजाओं को स्वार्थी बतलाते हुए कहते हैं कि एक को बलि से मतलब है, दूसरे को कर से,

''बलि मिस देखे देवता, कर मिस मानव देव।
मुए मार सुविचार-हित, स्वारथ-साधन एव।''

राजा और प्रजा के संघर्ष में तुलसी प्रजा के साथ हैं। रामचरितमानस में वह प्रजा को सताने वाले राजाओं के लिए कहते हैं—

''जासु राज प्रिय प्रजा दुखारी। ते नृप अबसि नरक अधिकारी।''

और भी, दोहावली में वह उन राजाओं के पतन की भविष्यवाणी करते हैं जो प्रजा को सताते हैं—

''राज करत बिनु काज ही, करैं कुचालि कुसाज।
तुलसी ते दसकन्ध ज्यों, जइहैं सहित समाज।।''

तुलसी ने दुष्ट राजाओं की निंदा ही नहीं की, भारतीय जनता की आशाओं को मूर्त रूप देते हुए समता के आधार पर एक सुखी समाज की कल्पना भी की है।

''अल्प मृत्यु नहिं कवनिउँ पीरा।
सब सुंदर सब बिरुज सरीरा।।
नहिं दरिद्र कोउ दुखी न दीना।
नहिं कोउ अबुध न लच्छन हीना।।''

यह सुखी समाज स्वर्ग में नहीं वरन् इसी जीवन में, इसी धरती पर बना है। तुलसी का रामराज्य स्वर्ग में नहीं, अवध में है और राम कहते हैं–

"जद्यपि सब बैकुण्ठ बखाना। बेद पुरान बिदित जग जाना।
अवध सरिस प्रिय मोहिं न सोऊ। यह प्रसंग जाने कोउ कोऊ।"

तुलसीदास ने एक सुखी समाज की कल्पना की थी जिसमें दरिद्रता-विषमता मिट गई हो। अब हम अपनी आँखों से देख रहे हैं कि मनुष्य अपने प्रयत्न से ऐसा समाज रच सकता है। तुलसीदास का स्वप्न श्रमिक जनता के लिए एक धरोहर है जिससे प्रेरित होकर समाजवाद के लिए मंजिल-दर-मंजिल बढ़ती जाएँगी।

तुलसी का मानव-प्रेम उनकी कविता का स्रोत है। उनके लिए साहित्य न तो सामंतों के मनोरंजन का साधन है, न निरुद्देश्य प्रयोग है। वह ऐसे साहित्य के पक्षपाती हैं जो जनता का हित करे–

"कीरति भनिति भूति भल सोई।
सुरसरि सम सब कहँ हित होई।।"

इसलिए उनकी कविता अलंकारशास्त्र के उदाहरण पेश करने के लिए नहीं रची गई; वह प्रेम और आनंद की नदी की तरह बह चलती है। लेकिन रोमांटिक कवियों की तरह तुलसीदास कविता को स्वतःस्फूर्त प्रवाह नहीं मानते। उनमें विचार और चिंतन का योग होता है। उन्होंने एक सुंदर रूपक में विचारों के महत्त्व की ओर यों संकेत किया है–

"हृदय सिन्धु मति सीप समाना।
स्वाती सारद कहहिं सुजाना।।
जो बरखै बर बारि विचारू।
होहि कवित मुक्ता मनि चारू।"

तुलसीदास की यह स्थापना साहित्य के प्रति सामंती विचारधाराओं से ही लड़ने में मदद नहीं देती, वह पूँजीवादी साहित्य सिद्धांतों से भी लड़ने में मार्ग दर्शन करती है। कला के लिए या सामाजिक उत्तरदायित्व से मुक्त होकर प्रयोग करने की स्वाधीनता की गुहार मचाने वाले साहित्यकारों का दिल टटोलिए। हृदय-सिंधु की जगह इनका दिल सड़े हुए पानी से भरी हुई गड़ही की तरह है; उसमें जनता से प्रेम के बदले देश की तरफ से उदासीनता और साम्राज्यभक्ति

के बगूले उठते हैं। ये लोग 'फॉर्म' की रट लगाकर साहित्य में उच्चकोटि के विचारों के महत्त्व को अस्वीकार करते हैं। इनकी मति सीप के समान नहीं है जिससे मोती निकले; वह घोंघे की तरह जो सेक्स के लिए मुँह फैलाकर अपने अंदर सिमट जाता है। जन-संस्कृति, ग्राम-गीतों, प्राचीन साहित्य से इनकी सरस्वती नहीं जाग्रत होती न विदेश के जनवादी लेखक इन्हें अच्छे लगते हैं, इनकी प्रेरणा का स्रोत एजरा पाउंड, टी. एस. इलियट, स्पेण्डर आदि लेखक हैं जो जन शिविर के विरोधी हैं। ऐसे लेखकों का विरोध करना; जनता के हित में अपनी संस्कृति का विकास करना उन तमाम साहित्यकारों का कर्तव्य है जो तुलसी की विरासत पर गर्व करते हैं।

यहाँ मेरा उद्देश्य तुलसी के सभी विचारों का मूल्यांकन करना या उनकी कला का विवेचन करना नहीं है। मेरा उद्देश्य वर्णाश्रम, नारी-समस्या, राजा-प्रजा संबंध को लेकर कुछ वामपंथी लेखकों में फैली हुई गुमराहियों का निराकरण करना है। कोई भी लेखक अपने समय के सामाजिक यथार्थ को गहराई से देखे और अपनी रचनाओं में उसे प्रतिबिंबित किए बिना महान् साहित्यकार नहीं हो सकता। तुलसी का साहित्य उनके विचारों को अलग करके महत्त्वपूर्ण नहीं माना जा सकता।

तुलसी के समय का सामाजिक यथार्थ क्या है। उनके समय का सामाजिक यथार्थ जर्जर होती हुई सामंती व्यवस्था है। तुलसी इस व्यवस्था के रक्षक नहीं हैं और सामंत के उत्पीड़न के विरुद्ध उनकी सहानुभूति साधारण जनों और स्त्रियों के लिए है। उन्होंने स्वयं इस उत्पीड़न का अनुभव किया था। इसलिए यह धारणा कि तुलसी नारी की पराधीनता के हामी थे, ब्राह्मणों के खिलाफ शूद्रों की बगावत में वह ब्राह्मणों के साथ थे, उनके समूचे साहित्य के अध्ययन से सही साबित नहीं होती।

तुलसी की भक्ति समाज के लिए अफीम नहीं थी। वह जन-जागरण का एक साधन थी। भक्त तुलसीदास मूलतः मानववादी हैं और उनके साहित्य की महत्ता वास्तविक सामाजिक संबंधों का वर्णन करने में है, जनसाधारण की वेदना और उससे मुक्ति की कामना का, जनता के नैतिक गुणों का चित्रण करने में है, न कि सेवक भाव से कृपा की भिक्षा माँगने में।

तुलसी का ब्रह्मवाद, बहुदेवोपासना, 'स्वान्तस्तमः शांतये' रचना करना एक

धार्मिक आवरण है जो सामंती व्यवस्था के भीतर पुष्ट होने वाले जातीय आंदोलनों पर पड़ा हुआ दिखाई देता है। यह आवरण मूल्यवान नहीं है; मूल्यवान है वह सामाजिक तत्त्व जो उसके भीतर छिपा हुआ है।

तुलसी हमारे जातीय-जन जागरण के सर्वश्रेष्ठ कवि हैं। उनकी कविता की आधारशिला जनता की एकता है। मिथिला से लेकर अवध और ब्रज तक चार सौ साल से तुलसी की सरस वाणी नगरों और गाँवों में गूँजती है। साम्राज्यवादी, सामंती अवशेष और बड़े पूँजीपतियों के शोषण से हिंदी-भाषी जनता को मुक्त करके उसकी जातीय संस्कृति को विकसित करना है। हमारे जातीय संगठन के मार्ग में सांप्रदायिकता, ऊँच-नीच के भेद-भाव, नारी के प्रति सामंती शासक का रुख आदि अनेक बाधाएँ हैं। तुलसी का साहित्य हमें इनसे संघर्ष करना सिखाता है। तुलसी का मूल संदेश है, मानव-प्रेम। मानव-प्रेम को सक्रिय रूप देना, सहानुभूति को व्यवहार में परिणत करके जनता के मुक्ति-संघर्ष में योग देना हमारा कर्तव्य है।

तुलसी का साहित्य कला की शिक्षा देने के लिए अक्षय निधि है : उनसे हमें बार-बार सीखना चाहिए, कैसे उनकी वाणी जनता को इतनी गहराई से आंदोलित कर सकी। उनसे हमें गंभीर मानव सहानुभूति और उच्च विचारों की शिक्षा लेनी चाहिए जिनसे साहित्य महान् होता है।

तुलसी की ऐतिहासिक सीमाओं की बात करके माफी माँगने की जरूरत नहीं है। जरूरत है तुलसी पर गर्व करने की, इस बात पर दृढ़ विश्वास करने की कि जिस जाति ने तुलसी को जन्म दिया है, वह अजेय है, इस बात पर रोष करने की कि तुलसी की सन्तान आज संसार की सबसे पिछड़ी हुई, बिखरी हुई, निर्धन और दलित जातियों में से है। जिस सामंती व्यवस्था ने तुलसी जैसे सहृदय कवि को अपार कष्ट दिए थे, उसकी तरफ कभी तटस्थ न रहना चाहिए। जनता की एकता हमारा अस्त्र हो, संघर्ष हमारा मार्ग और ऐसा समाज हमारा लक्ष्य हो जिसमें पीड़ित और अपमानित मनुष्य को हताश होकर रहस्यमय दैव की तरह फिर हाथ न उठाना पड़े। एक कार्य में एक चिरंतन प्रेरणा की तरह तुलसीदास हमेशा हमारे साथ रहेंगे।

संवत्सर

•

अज्ञेय

मैं उन लोगों में से नहीं हूँ जो बड़े तड़के उठकर टहलने जाते हैं और पौ फटने से पहले ही लौट भी आते हैं। ऐसे लोगों का विशेष प्रशंसक भी नहीं हूँ। ये लोग रोज नियमपूर्वक इतनी जल्दी उठ लेते हैं, इससे तो प्रभावित हूँ; और तर्क के लिए यह भी मान लूँगा कि सवेरे की हवा बहुत अच्छी होती है। लेकिन मैं घूमने जाता हूँ तो अँधेरा देखने तो नहीं जाता—कम-से-कम रोज केवल अंधकार देखने की बात तो मेरी समझ में नहीं आती। कभी-कभी अवश्य अँधेरा भी सुंदर लगता है। और उसकी यह उपयोगिता भी मैं स्वीकार कर लूँगा कि वह अपने को देखने में सहायक होता है। अपने को देखना भी कभी-कभी तो ठीक है।

बाहर निकल कर नई-नई धूप देखी तो बढ़ता चला गया और पाया कि सैर को निकल पड़ा हूँ। उन ब्राह्म मुहूर्त वालों की तरह मेरे लिए सैर का अर्थ केवल सड़क की लंबाई नापना नहीं है, इसलिए जब सैर को निकल ही पड़ा तो बगीचे की ओर मुड़ गया। जानता था कि फूल इन दिनों नहीं होंगे और घास पर कोहरा भी होगा या गहरी ओस तो होगी ही। पर ओस पर धूप का अपना सौंदर्य होता है।

ओस पर धूप की ओर भी लोगों का ध्यान जाता है और गया है। लेकिन सोचता हूँ कि कभी-कभी ऐसा भी होता है कि लोग जो चीज देखते हैं उसकी तरफ उनका 'ध्यान' जाता है और उनकी 'दृष्टि' नहीं जाती। अब ओस की एक बूँद को ही लीजिए : आप उसे देखें और सवेरे की धूप में देखें तो कई

चीजें देखने की होती हैं। कैसे उसके भी भार से घास की अनी नीचे को झुक जा सकती है; कितनी नरम है घास लेकिन कितनी जिजीविषु! धूप में ओस की बूँदें कैसी चमक उठती हैं और धूप-किरणों को रंगों में विकीरित कर देती हैं। छायावादी मुहावरे में कहा जाता है कि 'मरकतशिला पर हीरक-कण' बिखरे हैं। लेकिन मैं छायावादी नहीं हूँ और मुझे दूब की हरियाली पर ओस मरकतशिला पर हीरक-कण की अपेक्षा कहीं अधिक सुंदर और प्राणवान् दिखती है।

लेकिन मैं कह रहा था कि बहुत से लोग ध्यान देते हैं और देखते नहीं हैं। अब उन लोगों की क्या कहिए जिन्हें ओस की बूँद में केवल नश्वरता दीखती है और धूप का चमत्कार नहीं दीखता! यह ठीक है कि धूप पड़ते ही ओस की बूँद भाप बनकर उड़ने लगती है। यह भी ठीक है कि भोर की पहली किरण के साथ ही प्रायः हवा भी सरसरा उठती है और घास की पत्तियों के हिलने से ओस की बूँद एक-दूसरे से मिलती है और मिलते ही भार के कारण झर जाती हैं—देखने वाले न हों तो इसमें यह भी 'देखेंगे' कि मिलन का क्षण भी कितना नश्वर है।

लेकिन जो लोग देखना भूलकर केवल ध्यान देने में खो जाते हैं वे ध्यान भी तो पूरा नहीं देते : नहीं तो ध्यान में तो यह बात भी आनी चाहिए कि ये सारी की सारी छोटी क्रियाएँ एक महान् प्रक्रिया के अंग हैं और वह महान् प्रक्रिया न सांत है, न नश्वर है। अगर हमें जो सामने है, उसे देखना नहीं है, उसकी ओर केवल ध्यान देना है, तो ध्यान देने की बात नश्वरता की नहीं बल्कि इस अनाद्यन्त प्रक्रिया की है जिसमें ओस की बूँद भी है और घास की पत्ती भी, हमारा ध्यान, हमारी दृष्टि और स्वयं हम भी; जिसमें किरण ही नहीं, सूर्य, चंद्र, तारा-मंडल सभी कुछ है।

ओस की बूँद ही क्यों, मैं तो झरते पत्ते को देखकर भी अटक जाता हूँ। सचमुच अटक जाता हूँ। पहले 'झरना' ही लीजिए—एक तरफ वह झर कर गिरना है तो दूसरी तरफ वह झरना, प्रपात की स्रोतस्विता है : पत्ता भी झरता है और वन-झरना भी झरता है और वन-झरने की धार भी झरती है—और उसका झरना ही अनंत प्रक्रिया है। झरता पत्ता भी अगर एक ओर अपने अंत का संकेत देता है तो दूसरी ओर क्या उस प्रक्रिया का भी संकेत नहीं देता जिसमें अंत है ही नहीं, केवल अर्थ-क्रियाओं की संतानता है? इसीलिए झरता पत्ता तो

मैंने कई बार देखा है लेकिन हर बार उसमें अटक गया हूँ। और तब से तो चिरकाल के लिए उसमें अटक गया हूँ जब से मैंने देखा कि डाल से झरता पत्ता नीचे न गिर कर अधर में ही एक दूसरी डाल से अटक गया—जो दूसरी डाल अभी हरी थी :

झरना : झरता पत्ता
हरी डाल से
अटक गया।

मेरी समझ में तो यह प्रक्रिया का पूर्ण चित्र है और मैं उसी चित्र में बहुत अटका हूँ । मेरी दीठ भी वहीं अटकी है और मेरा ध्यान भी वहीं अटका है। नश्वरता का मेरे लिए कभी कुछ विशेष अर्थ नहीं हुआ, लेकिन हर चीज मिटती हुई किसी प्राणवान चीज की प्राणवत्ता में अपना योग दे जाती है, यह मैंने बार-बार देखा है और हर बार पाया है कि इससे एक अंतःस्फूर्ति मिलती है जो स्वयं प्राणदायिनी है। हो सकता है ऐसा इसीलिए है कि मैं जंगलों में अधिक रहा हूँ, प्रकृति के निकट अधिक रहा हूँ।

तर्क के लिए तो कोई यह भी स्मरण दिला सकता है कि ध्यान (ज्झान) परंपरा के श्रमण भी प्रकृति के निकट रहते थे और प्रकृति से उन्हें नश्वरता—भंगुरता—का ही संदेश मिलता था। लेकिन मैं कहूँगा कि ध्यान-संप्रदाय की चर्चा में केवल यहीं तक जाकर रुक जाना उसे अधूरा ही देखना-समझना है। वे प्रकृति के निकट रहने का आग्रह करते थे तो केवल नश्वरता की याद बनाए रखने के लिए नहीं 'बल्कि सतत आवर्तन' की याद बनाए रखने के लिए। जो कुछ है सब मिटता जाएगा—लेकिन मिट जाने के लिए नहीं, इसलिए कि दूसरा कुछ बनता जाएगा।

पुराने आरण्यक-आश्रमिक भी प्रकृति के निकट रहते थे। वे भी देखते थे कि जो बनता है वह मिटता भी है। लेकिन इस देखने में उन्होंने जीवन की नश्वरता नहीं देखी। मुझे लगता है कि वे लोग देखकर भी देखते रह सके, केवल ध्यान में नहीं खो गये। उन्होंने जीवन को नश्वर नहीं माना, सनातन आवर्तन-प्रक्रिया में योग देने से अपना हाथ नहीं खींचा। ओस की बूँद में धूप की चमक देखकर उन्हें मृत्यु का स्मरण नहीं आया बल्कि उन्होंने उस सवितृ का स्तवन किया जो सारी प्रक्रिया की गति बढ़ाता है। साथ-साथ हमारी प्रत्यभिज्ञा-संपन्न बुद्धि

की भी–धियो यो नः प्रयोदयात्। तभी तो वे कह सके : देवस्य पश्य काव्यं न ममार न जीर्यति।

मेरी समझ में तो ऐसा देखना ही देखना है जो कि ध्यान में ऐसा खो नहीं जाता कि दिखना बंद हो जाए–जिसमें केंद्रित अवधारणा 'देखने' की गहराई बढ़ाकर उसे 'पहचान' का रूप दे देती है, केवल रूपक अथवा रूपकात्मक चिंतन का आधार नहीं बना देती।

और कभी-कभी सोचता हूँ कि वनाश्रम में बैठा हुआ यह दर्शक-चिंतक कैसे द्रष्टा वन गया–कितनी दूर-दूर तक वह नहीं देखता रहा! इसीलिए तो वह कभी मरण का दार्शनिक नहीं बना, जीवन का ही दार्शनिक बना रहा और निरंतर जीवन का ही स्तवन करता रहा। यहाँ तक कि मृतक के संस्कार में भी वह यह नहीं भूला कि जो देह शव होकर अपवित्र हो जाती है वह भी प्रक्रिया में पड़कर जो जीवित है उसकी प्राणवत्ता में योग देती है–धुआँ बनकर, चाँदनी बनकर, मेघ बनकर, वर्षा बनकर, पृथ्वी की उर्वरा-शक्ति बनकर...

वह द्रष्टा देखता है कि प्रक्रिया सनातन है : प्रक्रिया भी है और सनातन भी है इसलिए मूलतः स्थिर भी है और गतिमान भी है। शिव भी है और शक्ति भी, पुरुष भी है और प्रकृति भी, काल भी है और ऋत भी, सत्य भी है और ऋतु भी। उस द्रष्टा के लिए संवत्सर प्रजापति था। संवत्सर मृत्यु भी था, लेकिन वह विनाश नहीं करता था क्योंकि उसके पास ऋतु-कर्म का अक्षय भंडार था। संवत्सर ही एक यज्ञ था : रातें यज्ञ-सामग्री का अक्षय भंडार थीं और दिवस उस अग्नि-चयन की यजुष्मती ईंटें थीं। संवत्सर ही अग्नि था जो सब के भीतर क्रियाशील प्राण-स्रोत है। और इस यज्ञ में जीव-मात्र निरंतर योग दे रहा था–बिना उसके योग के संवत्सर की गति नहीं थी। और प्रजाप्रति भी मानों पंगु होकर रह जाता था।

और यह भी नहीं कि बौद्ध चिंतन ने भी केवल नश्वरता को ही देखा। उसके लिए भी प्रक्रिया प्रधान थी और सनातन थी, नश्वरता तो उसका एक लक्षण मात्र था। उसके तर्क में भी तो काल सनातन था और दिक् की वैसी कोई सत्ता नहीं थी। आश्चर्य होता है जब आज हम पाते हैं कि आधुनिक वैज्ञानिक भी जब यह देखता है कि न तो वह दिक् का सहारा लिए बिना काल को प्रमाणित कर सकता है, न काल का सहारा लिए बिना दिक् को प्रमाणित कर सकता

है, तब वह देश-काल-सातत्य की अवधारणा करके मानों सारी समस्या ही टाल जाता है। यह जो सातत्य है यह बौद्धों के संसार से कहाँ भिन्न है?–यानी कहाँ भिन्न है जहाँ तक कि उस भेद को जान सकना हमारे लिए संभव है या होगा! इसी बात में न, कि बौद्ध चिंतक की अवधारणा में इसकी गुंजाइश थी कि हम कभी उस प्रक्रिया के बाहर चले जाएँ–काल ही निर्वापित हो जाए–और वैज्ञानिक उस सातत्य से बाहर किसी तरह के 'होने' की कल्पना नहीं करता, नहीं कर सकता? लेकिन जहाँ तक परिणाम का प्रश्न है, न तो हम देश-काल-सातत्य के बाहर जाकर उसे देख सकते हैं, न निर्वाण में पहुँचकर जान सकते हैं कि वह क्या होता है। उसके बारे में कुछ पूछना अतिप्रश्न हो जाता है। यम भी नचिकेता को यह आशीर्वाद देकर भी कि 'तेरे जैसे पूछने वाले और भी हुआ करें!' इस प्रश्न पर पहुँचकर उसे टोक देता है।...

सचमुच कुछ प्रश्नों की सफलता इसी बात में होती है कि हम उस प्रश्न तक पहुँच गये हैं। उस प्रश्न का उत्तर भी हो, इसकी अपेक्षा वहाँ नहीं रहती। दूसरे शब्दों में, ऐसे प्रश्न का सही उत्तर यही होता है कि यह जिज्ञासु भाव लेकर हम जीवन की ओर लौट आएँ और उसे जिज्ञासुवत् हो जिएँ। निरे छिद्रान्वेषी को भले ही यह लगता रहे कि वह प्रश्न अनुत्तरित रह गया, वह अपना काम पूरा कर चुका होता है; उसने अर्थवत्ता का एक नया आयाम हमारे समक्ष खोल दिया होता है। जो इस प्रश्न तक पहुँच जाते हैं, साहस करके यह प्रश्न पूछ लेते हैं, उनका जीवन ही बदल जाता है। शायद पहुँचे हुए होने का अर्थ यही है–उस प्रश्न-भाव तक पहुँचे हुए होना। जिसके सहारे हम जीवन के एक दूसरे आयाम की देहरी पर पहुँच जाते हैं। मुझे तो लगता है कि यहाँ पहुँचना उस बिंदु पर पहुँचना है जहाँ हम केवल ऋतु में न जीकर काल में जीने लगते हैं, केवल प्रकृति से घिरे और बँधे न रहकर पुरुष से जुड़ जाते हैं।

और शायद यज्ञ के यजमान मात्र न रहकर उसके प्रजापति भी हो जाते हैं।

मेरे राम का मुकुट भीग रहा है

•

विद्यानिवास मिश्र

महीनों से मन बेहद-बेहद उदास है। उदासी की कोई खास वजह नहीं, कुछ तबीयत ढीली, कुछ आसपास के तनाव और कुछ उनसे टूटने का डर, खुले आकाश के नीचे भी खुलकर साँस लेने की जगह की कमी, जिस काम में लगकर मुक्ति पाना चाहता हूँ, उस काम में हजार बाधाएँ; कुल ले-देकर उदासी के लिए इतनी बड़ी चीज नहीं बनती। फिर भी रात-रात नींद नहीं आती। दिन ऐसे बीतते हैं, जैसे भूतों के सपनों की एक रील पर दूसरी रील चढ़ा दी गई हो और भूतों की आकृतियाँ और डरावनी हो गई हों। इसलिए कभी-कभी तो बड़ी-से-बड़ी परेशानी करने वाली बात हो जाती है। और कुछ भी परेशानी नहीं होती, उल्टे ऐसा लगता है, जो हुआ, एक सहज क्रम में हुआ; न होना ही कुछ अटपटा होता और कभी-कभी बहुत मामूली-सी बात भी भयंकर चिंता का कारण बन जाती है।

अभी दो-तीन रात पहले मेरे एक साथी संगीत का कार्यक्रम सुनने के लिए नौ बजे रात गए, साथ में जाने कि लिए मेरे एक चिरंजीव ने और मेरी एक मेहमान, महानगरीय वातावरण में पली कन्या ने अनुमति माँगी। शहरों की, आजकल की असुरक्षित स्थिति का ध्यान करके इन दोनों को जाने तो नहीं देना चाहता था, पर लड़कों का मन भी तो रखना होता है, कह दिया, एक डेढ़ घंटे सुनकर चले आना।

रात के बारह बजे। लोग नहीं लौटे। गृहिणी बहुत उद्विग्न हुईं, झल्लायीं;

साथ में गये मित्र पर नाराज होने के लिए संकल्प बोलने लगीं। इतने में जोर की बारिश आ गई। छत से बिस्तर समेटकर कमरे में आया। गृहिणी को समझाया, बारिश थमेगी, आ जाएँगे, संगीत में मन लग जाता है, तो उठने की तबीयत नहीं होती, तुम सोओ, ऐसे बच्चे नहीं हैं। पत्नी किसी तरह शांत होकर सो गई, पर मैं अकुला उठा, बारिश निकल गई, ये लोग नहीं आए। बरामदे में कुर्सी लगाकर राह जोहने लगा। दूर कोई भी आहट होती, तो उदग्र होकर फाटक की ओर देखने लगता। रह-रहकर बिजली चमक जाती थी और सड़क छिप जाती थी। पर सामने ही सड़क पर कोई रिक्शा नहीं, कोई चिरई का पूत नहीं। एकाएक कई दिनों से मन में उमड़ती-घुमड़ती पंक्तियाँ गूँज गईं—

"मोरे राम के भीजे मुकुटवा,
लछिमन के पटुकवा
मोरी सीता के भीजै सेनुरवा
त राम घर लौटहिं।।"

(मेरे राम का मुकुट भीग रहा होगा, मेरे लखन का पटुका (दुपट्टा) भीग रहा होगा, मेरी सीता की माग का सिंदूर भीग रहा होगा, मेरे राम घर लौट आते।)

बचपन में दादी-नानी जायें पर यह गीत गातीं, मेरे घर से बाहर जाने पर विदेश में रहने पर वे यही गीत विह्वल होकर गातीं और लौटने पर कहतीं—'मेरे लाल को कैसा बनवास मिला था।' जब मुझे दादी-नानी की इस आकुलता पर हँसी भी आती, गीत का स्वर बड़ा मीठा लगता। हाँ, तब उसका दर्द नहीं छूता। पर इस प्रतीक्षा में एकाएक उसका दर्द उस ढलती रात में उभर आया और सोचने लगा, आनेवाली पीढ़ी पिछली पीढ़ी की ममता की पीड़ा नहीं समझ पाती और पिछली पीढ़ी अपनी संतान के संभावित संकट की कल्पना मात्र से उद्विग्न हो जाती है। मन में यह प्रतीति ही नहीं होती कि अब संतान समर्थ है, बड़ा-से-बड़ा संकट झेल लेगी। बार-बार मन को समझाने की कोशिश करता, लड़की दिल्ली विश्वविद्यालय के एक कॉलेज में पढ़ाती है, लड़का संकट-बोध की कविता लिखता है, पर लड़की का ख्याल आते ही दुश्चिंता होती, गली में जाने कैसे तत्त्व रहते हैं! लौटते समय कहीं कुछ हो न गया हो और अपने भीतर अनायास अपराधी होने का भाव जाग जाता, मुझे रोकना चाहिए था या कोई व्यवस्था करनी चाहिए थी, परायी लड़की (और लड़की तो हर एक परायी होती

है, धोबी की मुटरी की तरह घाट पर खुले आकाश में कितने दिन फहराएगी, अंत में उसे गृहिणी बनने जाना ही है) घर आई, कहीं कुछ हो न जाए!

□

मन फिर घूम गया। कौसल्या की ओर, लाखों-करोड़ों कौसल्याओं की ओर और लाखों-करोड़ों कौसल्याओं के द्वारा मुखरित एक अनाम-अरूप कौसल्या की ओर, इन सबके राम बन में निर्वासित हैं, पर क्या बात है कि मुकुट अभी भी उनके माथे पर बँधा है और उसी के भीगने की इतनी चिंता है? क्या बात है कि आज भी काशी की रामलीला आरंभ होने के पूर्व एक निश्चित मुहूर्त में मुकुट की ही पूजा सबसे पहले की जाती है? क्या बात है कि तुलसीदास ने 'कानन' को 'सत अवध समाना' कहा और चित्रकूट में ही पहुँचने पर उन्हें 'कलि की कुटिल कुचाल' दीख पड़ी? क्या बात है कि आज भी बनवासी धनुर्धर राम ही लोकमानस के राजा राम बने हुए हैं! कहीं-न-कहीं इन सबके बीच एक संगति होनी चाहिए।

अभिषेक की बात चली, मन में अभिषेक हो गया और मन में राम के साथ राम का मुकुट प्रतिष्ठित हो गया। मन में प्रतिष्ठित हुआ, इसलिए राम ने राजकीय वेश उतारा, राजकीय रथ से उतरे, राजकीय भोग का परिहार किया, पर मुकुट तो लोगों के मन में था, कौसल्या के मातृ-स्नेह में था, वह कैसे उतरता, वह मस्तक पर विराजमान रहा और राम भीगें तो भीगें, मुकुट न भीगने पाये, इसकी चिंता बनी रही। राजा राम के साथ उनके अंगरक्षक लक्ष्मण का कमर-बन्द दुपट्टा भी (प्रहरी की जागरूकता का उपलक्षण) न भीगने पाये और अखंड सौभाग्यवती सीता की मांग का सिंदूर न भीगने पाये, सीता भले ही भीग जाएँ। राम तो वन से लौट आए, सीता को लक्ष्मण फिर निर्वासित कर आए, पर लोकमानस में राम की वनयात्रा अभी नहीं रुकी। मुकुट, दुपट्टे और सिंदूर के भीगने की आशंका अभी भी साल रही है। कितनी अयोध्याएँ बसीं, उजड़ीं, पर निर्वासित राम की असली राजधानी, जंगल का रास्ता अपने काँटों-कुशों, कंकड़ों-पत्थरों की वैसी ही ताजा चुभन लिए हुए बरकरार है, क्योंकि जिनका आसरा साधारण गँवार आदमी भी लगा सकता है, वे राम तो सदा निर्वासित ही रहेंगे और उनके राजपाट को सँभालने वाले भरत अयोध्या के समीप रहते

हुए भी उनसे भी अधिक निर्वासित रहेंगे, निर्वासित ही नहीं, बल्कि एक कालकोठरी में बंद जिलावतनी की तरह दिन बिताएँगे।

❒

सोचते-सोचते लगा कि इस देश की ही नहीं, पूरे विश्व की एक कौसल्या है; जो हर बारिश में बिसूर रही है—'मोरे राम के भीजै मुकुटवा' (मेरे राम का मुकुट भीग रहा होगा)। मेरी संतान, ऐश्वर्य की अधिकारिणी संतान वन में घूम रही है, उसका मुकुट, उसका ऐश्वर्य भीग रहा है, मेरे राम कब घर लौटेंगे; मेरे राम के सेवक का दुपट्टा भीग रहा है, पहरुए का कमरबन्द भीग रहा है, उसका जागरण भीग रहा है, मेरे राम की सहचारिणी सीता का सिंदूर भीग रहा है, उसका अखंड सौभाग्य भीग रहा है, मैं कैसे धीरज धरूँ? मनुष्य की इस सनातन नियति से एकदम आतंकित हो उठा, ऐश्वर्य और निर्वासन दोनों साथ-साथ चलते हैं। जिसे ऐश्वर्य सौंपा जाने को है। उसको निर्वासन पहले से बदा है। जिन लोगों के बीच रहता हूँ, वे सभी मंगल नाना के नाती हैं, वे 'मुद मंगल' में ही रहना चाहते हैं, मेरे जैसे आदमी को वे निराशावादी समझकर बिरादरी से बाहर ही रखते हैं, डर लगता रहता है कि कहीं उड़कर उन्हें भी दुख न लग जाए, पर मैं अशेष मंगलाकांक्षाओं के पीछे से झाँकती हुई दुर्निवार शंकाकुल आँखों में झाँकता हूँ, तो मंगल का सारा उत्साह फीका पड़ जाता है और बंदनवार, बंदनवार न दिखकर बटोरी हुई रस्सी की शक्ल में कुंडली मारे नागिन दिखती है, मंगल घट औंधाई हुई अधफूटी गगरी दिखता है, उत्सव की रोशनी का तामझाम धुओं की गाँठों का अंबार दिखता है और मंगल-वाद्य डेरा उखाड़ने वाले अंतिम कारवरदार की उसाँस में बजकर एकबारगी बंद हो जाता है।

लागति अवध भयावह भारी,
मातहुँ कालराति अँधियारी।
घोर जंतु सम पुर नर नारी,
डरपहिं एक हि एक निहारी।
घर मसान परिजन जनु भूता,
सुत हित मीत मनहुँ जमदूता।

बागन्ह बिटप बेलि कुम्हिलाहीं,
सरित सरोवर देखि न जाहीं।

कैसे मंगलमय प्रभात की कल्पना थी और कैसी अँधेरी कालरात्रि आ गई है? एक-दूसरे को देखने से डर लगता है। घर मसान हो गया है, अपने ही लोग भूत-प्रेत बन गये हैं, पेड़ सूख गए हैं, लताएँ कुम्हला गई हैं। नदियों और सरोवरों को देखना भी दुस्सह हो गया है। केवल इसलिए कि जिसका ऐश्वर्य से अभिषेक हो रहा था, वह निर्वासित हो गया। उत्कर्ष की ओर उन्मुख समष्टि का चैतन्य अपने ही घर से बाहर कर दिया गया, उत्कर्ष की मनुष्य की ऊर्ध्वोन्मुख चेतना की यही कीमत सनातन काल से अदा की जाती रही है। इसीलिए जब कीमत अदा कर ही दी गई, तो उत्कर्ष कम-से-कम सुरक्षित रहे, यह चिंता स्वाभाविक हो जाती है। राम भीगें तो भीगें, राम के उत्कर्ष की कल्पना न भीगे, वह हर बारिश में हर दुर्दिन में सुरक्षित रहे। नर के रूप में लीला करने वाले नारायण निर्वासन की व्यवस्था झेलें, पर नर रूप में उनकी ईश्वरता का बोध दमकता रहे, पानी की बूँदों की झालर में उसकी दीप्ति छिपने न पाये। उस नारायण की सुख-सेज बने अनंत के अवतार लक्ष्मण भले ही भीगते रहें, उनका दुपट्टा, उनका अहर्निश जागर न भीजे, शेषी नारायण के ऐश्वर्य का गौरव अनंत शेष के जागर-संकल्प से ही सुरक्षित हो सकेगा और इन दोनों का गौरव जगज्जननी आद्याशक्ति के अखंड सौभाग्य सीमंत सिंदूर से रक्षित हो सकेगा, उस शक्ति का एकनिष्ठ प्रेम पाकर राम का मुकुट है, क्योंकि राम का निर्वासन वस्तुतः सीता का दुहरा निर्वासन है। राम तो लौटकर राजा होते हैं, पर रानी होते ही सीता राजा राम द्वारा वन में निर्वासित कर दी जाती हैं। राम के साथ लक्ष्मण हैं, सीता हैं, सीता वन्य पशुओं से घिरी हुई विजन में सोचती हैं—प्रसव की पीड़ा हो रही है, कौन इस वेला में सहारा देगा, कौन प्रसव के समय प्रकाश दिखलाएगा, कौन मुझे सँभालेगा, कौन जन्म के गीत गाएगा?

कोई गीत नहीं गाता। सीता जंगल की सूखी लकड़ी बीनती हैं, जलाकर अंजोर करती हैं और जुड़वाँ बच्चों का मुँह निहारती हैं। दूध की तरह अपमान की ज्वाला में चित्त कूद पड़ने के लिए उफनता है और बच्चों की प्यारी और मासूम सूरत देखते ही उस पर पानी के छींटे पड़ जाते हैं, उफान दब जाता है। पर इस निर्वासन में भी सीता का सौभाग्य अखंडित है, वह राम के मुकुट

को तब भी प्रमाणित करता है, मुकुटधारी राम को निर्वासन से भी बड़ी व्यथा देता है और एक बार और अयोध्या जंगल बन जाती है, स्नेह की रसधार रेत बन जाती है, सब कुछ उलट-पुलट जाता है, भवभूति के शब्दों में पहचान की बस एक निशानी बच रहती है, दूर ऊँचे खड़े तटस्थ पहाड़, राजमुकुट में जड़े हीरों की चमक के सैकड़ों शिखर, एकदम कठोर, तीखे और निर्मम—

पुरा यत्र स्रोतः पुलिनमधुना तत्र सरितां
विपर्यासं यातो धन विरलभावः क्षितिरुहाम्।
बहोः कालाद् दृष्टं ह्यपरमिव मन्ये वनमिदं
निवेशं शैलानां तदिदमिति बुद्धिं द्रढयति।

राम का मुकुट इतना भारी हो उठता है कि राम उस बोझ से कराह उठते हैं और इस वेदना के चीत्कार में सीता के माथे का सिंदूर और दमक उठता है, सीता का वर्चस्व और प्रखर हो उठता है।

❐

कुर्सी पर पड़े-पड़े यह सब सोचते-सोचते चार बजने को आए, इतने में दरवाजे पर हल्की-सी दस्तक पड़ी, चिरंजीव निचली मंजिल से ऊपर नहीं चढ़े, सहमी हुई कृष्णा (मेरी मेहमान लड़की) बोली—दरवाजा खोलिए। आँखों में इतनी कातरता कि कुछ कहते नहीं बना, सिर्फ इतना कहा कि तुम लोगों को इसका अंदाज होगा कि हम कितने परेशान रहे हैं। भोजन-दूध धरा रह गया, किसी ने भी छुआ नहीं, मुँह ढाँपकर सोने का बहाना शुरू हुआ, मैं भी स्वस्ति की साँस लेकर बिस्तर पर पड़ा, पर अर्धचेतन अवस्था में फिर जहाँ खोया हुआ था, वहीं लौट गया। अपने लड़के घर लौट आए, बारिश से नहीं, संगीत से भीगकर, मेरी दादी-नानी के गीतों के राम, लखन और सीता अभी भी वन-वन भीग रहे हैं। तेज बारिश में पेड़ की छाया और दुखद हो जाती है, पेड़ की हर पत्ती से टप्-टप् बूँदें पड़ने लगती हैं, तने पर टिकें, तो उसकी हर नस-नस से आप्लावित होकर पीठ गलाने लगती है। जाने कब से मेरे राम भीग रहे हैं और बादल हैं कि मूसलाधार ढरकाये चले जा रहे हैं, इतने में मन में एक चोर धीरे से फुसफुसाता है, राम तुम्हारे कब से हुए, तुम, जिसकी बुनाहट पहचान में नहीं आती जिसके व्यक्तित्व के ताने-बाने तार-तार होकर अलग हो गए

हैं, तुम्हारे कहे जाने वाले कोई हो भी सकते हैं कि वह तुम कह रहे हो, मेरे राम! और चोर की बात सच लगती है, मन कितना बँटा हुआ है, मनचाही और अनचाही दोनों तरह की हजार चीजों में। दूसरे कुछ पतियायें भी, पर अपने ही भीतर परतीति नहीं होती कि मैं किसी का हूँ या कोई मेरा है। पर दूसरी ओर यह भी सोचता हूँ कि क्या बार-बार विचित्र-से अनमनेपन में अकारण चिंता किसी के लिए होती है, वह चिंता क्या पराये के लिए होती है, वह क्या कुछ भी अपना नहीं है? फिर इस अनमनेपन में ही क्या राम अपनाने के लिए हाथ नहीं बढ़ाते आए हैं, क्या न-कुछ होना और न-कुछ बनाना ही अपनाने की उनकी बढ़ी हुई शर्त नहीं है?

तार टूट जाता है, मेरे राम का मुकुट भीग रहा है, यह भीतर से कहाँ पाऊँ। अपनी उदासी से ऐसा चिपकाव अपने सँकरे-से दर्द से ऐसा रिश्ता, राम को अपना कहने के लिए केवल उनके लिए भरा हुआ हृदय कहाँ पाऊँ? मैं शब्दों के घने जंगलों में हिरा गया हूँ। जानता हूँ, इन्हीं जंगलों के आसपास किसी टेकड़ी पर राम की पर्णकुटी है, पर इन उलझाने वाले शब्दों के अलावा मेरे पास कोई राह नहीं। शायद सामने उपस्थित अपने ही मनोराज्य के युवराज, अपने बचे-खुचे स्नेह के पात्र, अपने भविष्यत् के संकट की चिंता में राम के निर्वासन का जो ध्यान आ जाता है, उनसे भी अधिक एक बिजली से जगमगाते शहर में एक पढ़ी-लिखी चन्द दिनों की मेहमान लड़की के एक रात कुछ देर से लौटने पर अकारण चिंता हो जाती है। उसमें सीता का ख्याल आ जाता है, वह राम के मुकुट या सीता के सिंदूर के भीगने की आशंका से जोड़े न जोड़े आज की दरिद्र अर्थहीन, उदासी को कुछ ऐसा अर्थ नहीं दे देता, जिससे जिंदगी ऊब से कुछ उबर सके?

और इतने में पूरब से हल्की उजास आती है और शहर के इस शोर-भरे बियावान में चक्की के स्वर के साथ चढ़ती-उतरती जंतसार गीति हल्की-सी सिहरन पैदा कर जाती है। 'मोरे राम के भीजे मुकुटवा' और अमचूर की तरह विश्वविद्यालयी जीवन की नीरसता में सूखा मन कुछ जरूर ऊपरी सतह पर ही सही भीगता नहीं, तो कुछ नम तो जरूर ही हो जाता है, और महीनों की उमड़ी-घुमड़ी उदासी बरसने-बरसने को आ जाती है। बरस न पाए, यह अलग बात है (कुछ भीतर भाप हो, तब न बरसे), पर बरसने का यह भाव जिस ओर से आ रहा है, उधर

राह होनी चाहिए। इतनी असंख्य कौसल्याओं के कंठ में बसी हुई जो एक अरूप ध्वनिमयी कौसल्या है। अपनी सृष्टि के संकट में उसके सतत उत्कर्ष के लिए आकुल, उस कौसल्या की ओर, उस मानवीय संवेदना की ओर ही कहीं राह है, घास के नीचे दबी हुई। पर उस घास की महिमा अपरंपार है, उसे तो आज वन्य पशुओं का राजकीय संरक्षित क्षेत्र बनाया जा रहा है, नीचे ढकी हुई राह तो सैलानियों के घूमने के लिए, वन्य पशुओं के प्रदर्शन के लिए, फोटो खींचने वालों की चमकती छवि यात्राओं के लिए बहुत ही रमणीक स्थली बनाई जा रही है। उस राह पर तुलसी और उनके मानस के नाम पर बड़े-बड़े तमाशे होंगे, फुलझड़ियाँ दगेंगी, सैर-सपाटे होंगे, पर वहं राह ढकी ही रह जाएगी, केवल चक्की का स्वर, श्रम का स्वर ढलती रात में, भीगती रात में अनसोये वात्सल्य का स्वर तलाशता रहेगा—किस ओर राम मुड़े होंगे, बारिश से बचने के लिए? किस ओर? किस ओर? बता दो सखी।

उत्तराफाल्गुनी के आसपास

•

कुबेरनाथ राय

वर्षा ऋतु की अंतिम नक्षत्र है उत्तराफाल्गुनी। हमारे जीवन में गदह पचीसी सावन-मनभावन है, बड़ी मौज रहती है, परंतु सताइसवें के आते-आते घनघोर भाद्रपद के अशनि-संकेत मिलने लगते हैं और तीसी के वर्षों में हम विद्युन्मय भाद्रपद के काम, क्रोध और मोह का तमिस्र सुख भोगते हैं। इसी काल में अपने-अपने स्वभाव के अनुसार हमारी सिसृक्षा कृतार्थ होती है। फिर चालीसवें के लगते-लगते हम भाद्रपद की अंतिम नक्षत्र उत्तराफाल्गुनी में प्रवेश कर जाते हैं और दो-चार वर्ष बाद अर्थात् उत्तराफाल्गुनी के अंतिम चरण में जरा और जीर्णता की आगमनी का समाचार काल-तुरंग दूर से ही हिनहिना कर दे जाता है। वास्तव में सृजन-संपृक्त, सावधान, सतर्क, सचेत और कर्मठ जीवन जो हम जीते हैं वह है तीस और चालीस के बीच। फिर चालीस से पैंतालीस तक उत्तराफाल्गुनी का काल है। इसके अंदर पग-निक्षेप करते ही शरीर की षटउर्मियों में थकावट आगे लगती है, 'अस्ति, जायेत, वर्धते'—ये तीन धीरे-धीरे शांत होने लगती हैं, उनका वेग कम होने लगता है। और इनके विपरीत तीन 'विपरिणमते, अपक्षीयते, विवश्यति' प्रबलतर हो उठती हैं, उन्हें प्रदोष-बल मिल जाता है, वे शरीर में बैठे रिपुओं के साथ साँठ-गाँठ कर लेती हैं और फल होता है जरा के आगमन का अनुभव। पैंतालीस के बाद ही शीश पर काश फूटना शुरू हो जाता है, वातावरण में लोमड़ी बोलने लगती है, शुक और सारिका उदास हो जाते हैं, मयूर अपने शृंगार-कलाप का त्याग कर देता है और मानस की उत्पलवर्णा

मारकन्याएँ चोवा-चन्दन और चित्रसारी त्यागकर प्रव्रज्या का वल्कल-वसन धारण कर लेती हैं। अतः बचपन भले निर्मल-प्रसन्न हो, गदहपचीसी भले ही 'मधु-मधुनी-मधूनि' हो; परंतु जीवन का वह भाग, जिस पर हमारे जन्म लेने की सार्थकता निर्भर है, पच्चीस और चालीस या ठेल-ठालकर पैंतालीस के बीच पड़ता है। इसके पूर्व हमारे जीवन की भूमिका या तैयारी का काल है और इसके बाद 'फलागम' या 'निमीसिस' (Nemesis) की प्रतीक्षा है। जो हमारे हाथ में था; जिसे करने के लिए हम जनमे थे, वह वस्तुतः घटित होता है पच्चीस और पैंतालीस के बीच। इसके बाद तो मन और बुद्धि के वानप्रस्थ लेने का काल है—देह भले ही 'एकमधु दो मधु-असंख्य मधु' साठ वर्ष तक भोगती चले। इस पच्चीस-पैंतालीस की अवधि में भी असल 'हीर' रचती हैं तीसोत्तरी। तीसोत्तरी के वर्षों का स्वभाव शाण पर चढ़ी तलवार की तरह है, वर्ष-प्रतिवर्ष उन पर नई धार, नया तेज चढ़ता जाता है चालीसवें वर्ष तक। मुझे क्रोध आता है, उन लोगों पर जो विधाता ब्रह्मा को बूढ़ा कहते हैं और चित्र में तथा प्रतिमा में उन्हें वयोवृद्ध रूप में प्रस्तुत करते हैं। मैंने दक्षिण भारत के एक मंदिर में एक बार ब्रह्मा की एक अत्यंत सुंदर तीसोत्तर युवा मूर्ति को देखा था। देखकर ही मैं कलाकार की औचित्य-मीमांसा पर मुग्ध हो गया। जो सतर्क है, जो सृष्टिकर्ता है, वह निश्चय ही चिरयुवा होगा। प्राचीन या बहुकालीन का अर्थ जर्जर या बूढ़ा नहीं होता है। जो सर्जक है, पिता है, 'प्रॉफेट' है, नई लीक का जनक है, प्रजाता है, वह रूप-माधव या रोमैंटिक काम-किशोर भले ही न हो, परंतु वह दाँत-झरा, बाल-झरा, गलितम् पलितम् मुण्डम् कैसे हो सकता है? उसे तो अनुभवी पुंगव तीसोत्तर युवा के रूप में ही स्वीकारना होगा। जवानी एक चमाचम धारदार खड्ग है। उस पर चढ़कर असिधाराव्रत या वीराचार करने वाली प्रतिमा ही पावक-दग्ध होंठों से देवताओं की भाषा बोल पाती है। युवा-मन के पोर-पोर में फासफोरस जलता है और युवा-मन में उस फासफोरस का रूपांतर हजार-हजार सूर्यों के सम्मिलित पावक में हो जाता है। मेरी समझ से सृष्टिकर्ता की, कवि की, विप्लव नायक की, सेनापति की, शूरवीर की, विद्रोही की कल्पना श्वेतकेश वृद्ध के रूप में नहीं की जा सकती। अतः प्रजापति विधाता को सदैव तीस वर्ष के पट्ठे सुंदर, युवा के सुंदर रूप में ही कल्पित करना समीचीन है।

वास्तव में तीसवाँ वर्ष जीवन के सम्मुख फण उठाये एक प्रश्न-चिह्न को

उपस्थित करता है और उस प्रश्न-चिह्न को पूरा-पूरा उसका समाधान मूल्य हमें चुकाना ही पड़ता है। किसी भी पुरुष या नारी की कीर्ति-गरिमा, इसी प्रश्न चिह्न की गुरुता और लघुता पर निर्भर करती है। गौतम बुद्ध ने उनतीस की अवस्था में गृह त्यागकर अमृत के लिए महाभिनिष्क्रमण किया। यीशू क्राइस्ट ने तीस वर्ष की अवस्था में अपना प्रथम संदेश 'सरमन ऑन द माउंट' (गिरिशिखर-प्रवचन) दिया था और तैंतीसवें वर्ष में उन्हें सलीब पर चढ़ा दिया गया। उनका समूचा उपदेश काल तीन वर्ष से भी कम रहा। वाल्मीकि के अनुसार रामचंद्र को भी तीस के आसपास ही (वास्तव में 27 वर्ष की वयस में) बनवास हुआ था। उस समय सीता की आयु अठारह वर्ष की थी और बनवास के तेरहवें वर्ष में अर्थात् सीता के तीसवाँ पार करते-करते ही सीताहरण की ट्रेजेडी घटित हुई थी। अतः तीसवाँ वर्ष सदैव वरण के महामुहूर्त के रूप में आता है और संपूर्ण दशक उस वरण और तेज के दाह से अविष्ट रहता है। तीसोत्तर दशक जीवन का घनघोर कुरुक्षेत्र है। यह काल गदहपचीसी के विपरीत एक क्षुर धार काल है, जिस पर चढ़कर पुरुष या नारी अपने को आविष्कृत करते हैं, अपने मर्म और धर्म के प्रति अपने को सत्य करते हैं तथा अपनी अस्तित्वगत महिमा उद्घाटित करते हैं अथवा कम-से-कम ऐसा करने का अवसर तो अवश्य पाते हैं। चालीसा लगने के बाद पैंतालीस तथा 'यथास्थिति' की उत्तराफाल्गुनी चलती है। पर इसमें ही जीवन की प्रतिकूल और अनुकूल उर्मियाँ परस्पर के संतुलित को खोना प्रारंभ कर देती हैं और प्राणशक्ति अवरोहण की ओर उन्मुख हो जाती है। इसके बाद अनुकूल उर्मियाँ स्पष्टतः थकहर होने लगती हैं और प्रतिकूल उर्मियाँ प्रबल होकर देह की गाँठ-गाँठ में बैठे रिपुओं से मेल कर बैठती हैं, मन हारने लगता है, सृष्टि अनाकर्षक और रति प्रतिकूल लगने लगती है, बुद्धि का तेज घट जाता है और वह स्वीकार पंथी (कॅनफर्मिस्ट) होने लगती है एवं आत्मा की दाहक तेजोमयी शक्ति पर विकार का धूम्र छाने लगता है। मैं तो यहाँ पर पैंतालीसवें वर्ष की बात कर रहा हूँ। परंतु मुझे स्मरण आता है दोस्तोव्हॅस्की—जिसने चालीस के बाद ही जीवन को धिक्कार दे दिया था : "मैं चालीस वर्ष जी चुका। चालीस वर्ष ही तो असली जीवनकाल है। तुम जानते हो कि चालीसवाँ माने चरम बुढ़ापा। दरअसल चालीस से ज्यादा जीना असभ्यता है, अश्लीलता है, अनैतिकता है। भला चालीस से आगे कौन जीता है? मूर्ख लोग और व्यर्थ लोग!"

('नोट्स फ्रॉम अंडर ग्राउंड' से) दोस्तोव्हॅस्की की इस उक्ति का यदि शाब्दिक अर्थ न लिया जाए तो मेरी समझ से इसका यही अर्थ होगा कि चालीस वर्ष के बाद जीवन के सहज लक्षणों का, परिवर्तन-परिवर्धन-सृजन का आत्मिक और मानसिक स्तरों पर ह्रास होने लगता है। पर मैं 'साठा तब पाठा' की उक्तिवाली गंगा की कछार का निवासी हूँ, इसी से इस अवधि को पाँच वर्ष और आगे बढ़ाकर देखता हूँ, यद्यपि दोस्तोव्हॅस्की की मूल थीसिस मुझे सही लगती है। शक्ति क्षय की प्रक्रिया चालीस के बाद ही प्रारंभ हो जाती है, यद्यपि वह अस्पष्ट रहती है।

मैं इस समय 1972 ईस्वी में अपना अड़तीसवाँ पावस झेल रहा हूँ। पूर्वा-फाल्गुनी का विकारग्रस्त यौवन-जल पी-पीकर में 'क्षिप्त' से भी आगे एक पग 'विक्षिप्त' हो चुका हूँ और शीघ्र ही मोहमूढ़ होनेवाला हूँ। भाद्रपद की पहली नक्षत्र है मघा। मघा में अगाध जल है। पृथ्वी की तृषा आश्लेषा और मघा के जल से ही तृप्त होती है। यदि मघा में धरती की प्यास नहीं बुझी तो उसे अगले संवत्सर तक प्रतीक्षा करनी पड़ती है। न केवल परिमाण में, बल्कि गुण में भी मघा का जल श्रेष्ठ है। मघा-मेघ की झड़ी झकोर का स्तव-गान कवि और किसान दोनों खूब करते हैं : 'बरसै मघा झकोरी-झकोरी। मोर दुई नैन चुवै जस ओरी।' मेघा बरसी, मानों दूध बरसा, मधु बरसा। इस मघा के बाद आती है पूर्वाफाल्गुनी जो बड़ी ही रद्दी-कण्डम नक्षत्र है। इसका पानी फसल जायदाद के लिए हानिकारक तो है ही, उत्तर भारत में बाढ़-वर्षा का भय भी सर्वाधिक इसी नक्षत्र-काल में रहता है। इसी से उत्तर भारतीय गंगातीरी किसान इसे एक कीर्तिनाशा-कर्मनाशा नक्षत्र मानते हैं। इसके बाद आती है उत्तराफाल्गुनी, भाद्रपद की अंतिम नक्षत्र, जो समूचे पावस में मघा के बाद दूसरी उत्तम नक्षत्र है। इसका पानी स्वास्थ्यप्रद और सौभाग्यकारक होता है। इस अड़तीसवें पावस में अपने जीवन का पूर्वाफाल्गुनी काल भोग रहा हूँ, यद्यपि साथ-ही-साथ द्वार पर उत्तराफाल्गुनी का आगमन भी देख रहा हूँ। चालीस आने में अब कितनी देर ही है!

अतः आज पूर्वाफाल्गुनी का अंतिम पानपात्र मेरे होंठों से संलग्न है। क्रोध मेरी खुराक है, लोभ मेरा नयन-अंजन है और काम-भुजंग मेरा क्रीड़ा-सहचर है। इनको ही मैं क्रमशः विद्रोह, प्रगति और नवलेखन कहकर पुकारता हूँ। भले ही यह विकार-जल हो, भले ही इसमें श्रेय-प्रेय, गति-मुक्ति कुछ भी न हो। परंतु

इसमें जीर्णता और जर्जरता नहीं। यह जरा और वृद्धत्व का प्रतीक नहीं। पूर्वाफाल्गुनी द्वारा प्रदत्त विक्षिप्रता भी यौवन का ही एक अनुभव है। मुझे लग रहा है कि मेरे भीतर कोई उपंग बजा रहा है क्योंकि मेरे सम्मुख द्वार पर काल-नट्टिन अर्थात् उत्तराफाल्गुनी त्रिभंग मुद्रा में खड़ी है और मैं उसमें मार की तीनों कन्याओं, तृषा-रति-आर्ति को एक साथ देख रहा हूँ। काञ्चनपद्म-कान्त, कर-पल्लव, कुञ्चितकेश, बिम्बाधार, विशाल बंकिम भ्रू दक्षिणावर्त्त गंभीर नाभि, और मिवली रेखा से युक्त इस भुवन-मोहन रूप को मैं देख रहा हूँ और इसकी आगमनी में अपने भीतर बजती उपंग को निरंतर सुन रहा हूँ। उपंग एक विचित्र बाजा है। काल-पुरुष की उँगलियाँ चटाक-चटाक पड़ती हैं और आहत नाद का छंदोबद्ध रूप निकलता है बीच-बीच में हिचकी के साथ। यह हिचकी भी उसी काल-विदूषक की भँड़ैती है और यह उपंग के तालबद्ध स्वर को अधिक सजीव और मार्मिक कर देती है। मैं अपने भीतर बजते यौवन का यह उपंग-संगीत सुन रहा हूँ और अपने मनोविकारों का छककर पान कर रहा हूँ। मुझे कोई चिंता नहीं। अभी वानप्रस्थ का शरद काल आने में काफी देर है। इस क्षण उसकी क्या चिंता करूँ? इस क्षण तो बस मौज ही मौज है, भले ही वह कटुतिक्त मौज क्यों न हो; कामभुजङ्ग के डँसने पर तो नीम भी मीठी लगती है। अतः यह काल-नटी, यह पूर्वाफाल्गुनी या उत्तराफाल्गुनी, यह 'नैना जोगिन' कितना भी भ्रांति, माया या मृगजल क्यों न हो, मैं इसके रूप से आबद्ध हूँ। इसमें मुझे वही स्वाद आ रहा है जो मायापति भगवान् को अपनी माया के काम-मधु का स्वाद लेते समय प्राप्त होता है और जिस स्वाद को लेने के लिए वे परमपद के भास्वर सिंहासन को छोड़कर हम लोगों के बीच बार-बार आते हैं। अतः इस समय मुझे कोई चिंता, कोई परवाह नहीं।

परंतु एक-न-एक दिन वह क्षण भी निश्चय ही उपस्थित होगा जिसकी शृंगारहीन शरद यवनिका के पीछे जीर्ण हेमंत और मृत्युशीतल शिशिर की प्रेत-छाया झलकती रहेगी। "उस दिन, उस दिन तुम क्या करोगे? है तुम्हारे पास कोई बीज-मंत्र, कोई टोटका, कोई धारणी-मंत्र, जिससे तुम अगले बीस-बाईस वर्षों के लिए इस उत्तराफाल्गुनी के पगों को स्तंभित कर दो और वह अगले बीस-बाईस वर्ष तुम्हारे द्वारदेश पर, शिथिल दक्षिण चरण, ईषत् कुंचित जानु के साथ आभंग मुद्रा में नतग्रीव खड़ी रहे और तुम्हारे हुकुम की प्रतीक्षा करती रहे? है कोई

ऐसा जीवन-दर्शन, ऐसा सिद्धाचार, ऐसी काया सिद्धि जिससे बाहर-बाहर शरद-शिशिर, पतझार-हेमंत आएँ और जूझते-हार खाते चले जाएँ, परंतु मनस की द्वार-देहरी पर यह उत्तराफाल्गुनी एक रस साठ वर्ष की आयु तक बनी रहे? है कोई ऐसा उपाय?" यह प्रश्न रह-रहकर मैं स्वयं अपने ही से पूछता हूँ। आज से तेरह वर्ष पूर्व भी मैंने इस प्रश्न पर चिंता की थी और उक्त चिंतन से जो समाधान निकला उसे मैंने कार्य-रूप में परिणत कर दिया। परंतु इन तेरह वर्षों में असंख्य भाव-प्रतिभाओं के मुंडपात हुए हैं और आज मैं मूल्यों के कबंध-वन में, भाव-प्रतिभाओं के केतु-कांतार में बैठा हूँ। आज जगत् वही नहीं रहा जो तेरह वर्ष पूर्व था। एक ग्रीक दार्शनिक की उक्ति है कि एक ही नदी में हम दुबारा हाथ नहीं डाल सकते, क्योंकि नदी की धार क्षण-प्रतिक्षण और-ही-और होती जा रही है। काल-प्रवाह भी एक नदी है और इसकी भी कोई बूँद स्थिर नहीं। अतः शताब्दी के आठवें दशक के इस प्रथम चरण में मुझे उसी प्रश्न को पुनः-पुनः सोचना है : कैसे जीर्णता या जरा को, यदि संपूर्णतः जीतना असंभव हो तो भी फाँकी देकर यथा संभव दूरी तक वंचित रखा जाए? कैसे अपने दैहिक यौवन को नहीं, तो मानसिक यौवन को ही निरंतर धारदार और चिरंजीवी रखा जाए? उस दिन तो मैंने सीधा-सीधा उत्तर ढूँढ़ निकाला था 'ययाति की तरह पुत्रों से यौवन उधार लेकर'। अर्थात् मैं कोई नौकरी न करके कॉलेज में अध्यापन करूँ तो मुझे पचपन या साठ वर्ष की आयु तक युवा शिष्य-शिष्याओं के मध्य वास करने का अवसर सुलभ होगा। मैं इनकी आशा-आकांक्षा, उत्साह, साहस, उद्दामता आदि से वैसे ही अनुप्राणित और आविष्ट रहूँगा जैसे चुंबकीय आकर्षणक्षेत्र में पड़कर साधारण लोहा भी चुंबक बन जाता है।

परंतु विगत दशक के अंतिम दो वर्षों में जब मेरे ये बालखिल्य सहचरगण छिन्नमस्ता राजनीति के रंगरूट बनने लगे, जब इन्होंने मेरे गुरुओं, गाँधी, विवेकानंद, विद्यासागर, सर आशुतोष की प्रतिमाओं का एवं उनके द्वारा प्रतिपादित मूल्यों का, अनर्गल मुंडपात करना शुरू कर दिया, जब इनके नए दार्शनिकों ने कहना प्रारंभ किया कि अध्यापक और छात्र के बीच भी श्रेणी-शत्रुओं का संबंध है, क्योंकि अध्यापक भी 'स्थापित व्यवस्था' का एक अंग है और 'व्यवस्था' का भंजन ही श्रेष्ठतम पुरुषार्थ है, तब देश में घटित होती हुई इन घटनाओं पर विचार करके और क्रांति तथा 'नयी पीढ़ी' के दार्शनिकों—यथा हिबर्ट मारक्यूज,

चेग्वारा, ब्रैण्डिनकोहन आदि की चिंताधारा से यथासंभव अल्प स्वल्पे परिचय पा करके मैं इस निष्कर्ष पर पहुँचा कि मैं इन अपने भाइयों, अपने हृदय के टुकड़ों के साथ जो आज छिन्नमस्ता राजनीति के रँगरूट हैं, कुछ ही दूर तक, आधे रास्ते ही जा सकता हूँ। विविध प्रकार के नारों से आक्रांत ये नए 'पुरुखा' यदि मुझे यौवन उधार देंगे भी तो बदले में मुझे भी कबंध में रूपांतरित होने को कहेंगे। और मैं कैसे अपना चेहरा, अपनी आत्म-सत्ता, अपना व्यक्तित्व त्याग दूँ? 'छिन्नमस्त' पुरुष बनकर यौवन लेने से क्या लाभ? बिना मस्तक के, बिना अपने निजी नयन-मुख-कान के इस उधार प्राप्त नवयौवन का क्या अर्थ होगा? रूप, रस, गंध और गान से वंचित रह जाऊँगा। केवल शिश्नोदरवाला व्यक्तित्व लेकर कौन जीवन-यौवन भोगना चाहेगा? कम-से-कम बुद्धिजीवी तो नहीं ही। आत्मार्थ पृथिवी त्यजेत! अतः मुझे चिरयौवन को इन शिष्य-पुरुखाओं की नयी पीढ़ी से दान के रूप में नहीं लेना है। तेरह वर्ष पहले का चिंतित समाधान आज व्यर्थ सिद्ध हो गया है। मुझे अन्यत्र चिरयौवन का अनुसंधान करना है। कहीं-न-कहीं मेरे ही अंदर अमृता कला की गाँठ होगी। उसे ही मुझे आविष्कृत करना होगा। जो बाहर-बाहर अप्राप्य है वह सब-कुछ भीतर-भीतर सुलभ है। मैं अपने ही हृदय-समुद्र का मंथन करके प्राण और अमृत के स्रोत किसी चंद्रमा को आविष्कृत करूँगा। तेरह वर्ष पुराना समाधान आज काम नहीं आ सकता।

मैं मानता हूँ कि समाज और शासन में शब्दों के व्यूह के पीछे एक कपट पाला जा रहा है। मैं बालखिल्यों के क्रोध की सार्थकता को स्वीकार करता हूँ। पर साथ ही छिन्नमस्ता शैली के सस्ते रंगांध और आत्मघाती समाधान को भी मैं बेहिचक बिना शील-मुरौवत के अस्वीकार करता हूँ। अपना मस्तक काटकर स्वयं उसी का रक्त पीना तंत्राचार-वीराचार हो सकता है। परंतु यह न तो क्रांति है और न समर। पुरानी पीढ़ी का चिरयक्षत्व मुझे भी अच्छा नहीं लगता। मैं भी चाहता हूँ कि वह पीढ़ी अब खिजाब-आरसी का परित्याग करके संन्यास ले ले। शासन और व्यवस्था के पुतलीघरों की मशीन-कन्याएँ उनकी बूढ़ी उँगलियों के सूत्र-संचालन से ऊब गई हैं और उनकी गति में रह-रहकर छंद-पतन हो रहा है। यह बिलकुल न्याय-संगत प्रस्ताव है कि पूर्व पीढ़ी अपनी मनुस्मृति और कौपीन बगल में दबाकर पुतलीघर से बाहर हो जाय और नयी पीढ़ी को, अर्थात् हमें और हमारे बालखिल्यों को अपने भविष्य के यश-अपयश का पट स्वयं बुनने

का अवसर दे जिससे वे भी अपने कल्पित नक्शे, अपने अर्जित हुनर को इस कीर्तिपट पर काढ़ने का अवसर पा सकें। यह सब सही है। परंतु क्या इन सब बातों की संपूर्ण सिद्धि के लिए इस पुतलीघर का ही अग्निदाह, पुरानी पीढ़ी द्वारा बुने कीर्तिपट के विस्तार का दाह, उनके श्रम-फल का तिरस्कार आदि आवश्यक हैं? क्या ऐसा सब करना एक आत्मघाती प्रक्रिया नहीं? इस स्थल पर डॉ. राधाकृष्णन या आचार्य विनोबा भावे की राय को उद्धृत करूँ तो वह क्रांति के इन 'दुग्ध-कुमारों' के लिए कौड़ी की तीन ही होगी। अतः मैं लेनिन-जैसे महान क्रांतिकारी की राय उद्धृत कर रहा हूँ। 1922 ई. में लेनिन ने लिखा था : ''उस सारी सभ्यता-संस्कृति को जो पूँजीवाद निर्मित कर गया है, हमें स्वीकार करना होगा। और उसके द्वारा ही समाजवाद गढ़ना होगा। पूर्व पीढ़ी के सारे ज्ञान, सारे विज्ञान, सारी यांत्रिकी को स्वीकृत कर लेना होगा। उसकी सारी कला को स्वीकार कर लेना होगा।...हम सर्वहारा संस्कृति के निर्माण की समस्या तब तक हल नहीं कर सकते जब तक यह बात साफ-साफ न समझ लें कि मनुष्य जाति के सारे विकास और संपूर्ण सांस्कृतिक ज्ञान को आहरण किए बिना यह संभव नहीं, और उसे समझकर सर्वहारा संस्कृति की पुनर्रचना करने में हम सफल हो सकेंगे। 'सर्वहारा संस्कृति' अज्ञात शून्य से उपजने वाली चीज नहीं और न यह उन लोगों के द्वारा गढ़ी ही जा सकती है जो सर्वहारा संस्कृति के विशेषज्ञ विद्वान कहे जाते हैं। ये सब बातें मूर्खतापूर्ण हैं। इनका कोई अर्थ नहीं होता है। 'सर्वहारा संस्कृति' उसी ज्ञान का स्वाभाविक सहज विकास होगी जिसे पूँजीवादी, सामंतवादी और अमलातांत्रिक व्यवस्थाओं के जुए के नीचे हमारी संपूर्ण जाति ने विकसित किया है।''—यह बात स्वामी दयानंद या पं. महावीरप्रसाद द्विवेदी की होती तो बड़ी आसानी से कह सकते 'मारो गोली! सब बूर्ज्वा बकवास है।' पर कहता है क्रांतिकारियों का पितामह लेनिन, जिसे एक कट्टर बंगाली मार्क्सवादी नीरेन्द्रनाथ राय ने अपनी पुस्तक 'शेक्सपियर—हिज ऑडिएन्स' के पृष्ठ (49-50) पर उद्‌धृत किया है। आज प्रायः लोग पुकारकर कहते हैं : 'देखो, देखो जोखिम उठा रहा हूँ, मूल्य-भंजन कर रहा हूँ।' अरे बंधु, जोखिम उठा रहे हो, या नाम कमा रहे हो? यह तो आज अपने को प्रतिष्ठित बनाने और जाग्रत सिद्ध करने का सबसे सटीक 'शॉर्टकट' यानी तिरछा रास्ता है। जोखिम तुम नहीं उठा रहे हो, तुम तो धार के साथ बह रहे हो और यह बड़ी आसान बात

है। आज जोखिम वह उठा रहा है जो नदी की वर्तमान धारा के प्रतिकूल, धार के हुकुम को अस्वीकारते हुए कह रहा है : 'मूल्य भी क्या तोड़ने की चीज है जो तोड़ोगे! वह बदला जा सकता है तोड़ा नहीं जा सकता।' मूल्य स्थिर या सनातन नहीं होता, यह भी मान लेता हूँ। परंतु एक अविच्छिन्न मूल्य-प्रवाह, एक सनातन मूल्य-परंपरा का अस्तित्व तो मानना ही होगा; नए बालखिल्य दार्शनिक कहेंगे—'यह तो धार के विपरीत जाना हुआ। यह तो प्रतिक्रियावाद है।' ऐसी अवस्था में मेरा उन्हें उत्तर है : 'कभी-कभी नदी की धार पथभ्रष्ट भी हो जाती है। वह सदैव प्रगति की दिशा में ही नहीं बहती। वह स्वभाव से उद्योगपति की ओर जाने वाली होती है। और आज? आज तो वन्याकाल है। वन्याकाल में धार पथभ्रष्ट रहती है। वह कर्मनाशा-कीर्तिनाशा-कालमुखी बनकर हमारे गाँव को रसातल में पहुँचाने आ रही है। अतः इस क्षण हमारी प्यारी नदी ही शत्रुरूपा हो गई है। और यदि गाँव को बचाना है तो हम धार के प्रतिकूल समर करेंगे। यदि हम अपना घर-द्वार फूँककर तमाशा देखने मौज लेने वाले आत्मभोगी 'नीरो' की संतानें नहीं हैं, तो हमें इस नदी से समर करना ही होगा। यही हमारी जिजीविषा की माँग है। और इसके प्रतिकूल जो कुछ कहा जा रहा है, वह 'नई पीढ़ी' की बात हो या पुरानी की, मुमुक्षा का मुक्त भोग है। यह सब विद्रोह नहीं मूर्च्छा डेथविश का नया रूप है।'

अतः मैं धार के साथ न बहकर अकेले-अकेले अपने अंदर की अमृता कला का आविष्कार करने को कृत-संकल्प हूँ। बिना रोध के, बिना तट के जो धार है वह कालमुखी वन्या है, रोधवती और तटिनी नहीं। यों यह तो मैं मानता ही हूँ कि सर्जक या रचनाकार के लिए 'नॉनकनफॅर्मिस्ट' होना जरूरी है। इसके बिना उसकी सिसृक्षा प्राणवती नहीं हो पाती और नई लीक नहीं खोज पाती। अतः मुझे भी विद्रोही दर्शनों से अपने को किसी-न-किसी रूप में आजीवन संयुक्त रखना ही है। एक लेखक होने के नाते यही मेरी नियति है, और इस तथ्य को अस्वीकृत करने का अर्थ है अपनी सिसृक्षा की सारी संभावनाओं का अवरोध। परंतु लेखक, कवि या किसी भी साहित्येतर क्षेत्र के सर्जक या विधाता को यह बात भी गाँठ में बाँध लेनी चाहिए कि शत-प्रतिशत अस्वीकार या 'नॉनकनफर्मिज्म' से भी रचना या सृजन असंभव हो जाता है। पुराने के अस्वीकार से ही नए का आविष्कार संभव है। यह कुछ हद तक ठीक है। परंतु नए भावों या विचारों

के 'उद्‌गम' के बाद 'उपकरण' या अभिव्यक्ति के साधन का प्रश्न उठता है और इसके लिए 'नॉनकनफर्मिज्म' को त्यागकर पचहत्तर प्रतिशत पुराने उपकरणों में से ही निर्वाचित-संशोधित करके कुछ को स्वीकार कर लेना होता है। रचना की 'आइडिया' के आविष्कार के लिए तो अवश्य 'विद्रोही मन' चाहिए। परंतु रचना का कार्य (प्रॉसेस) आइडिया के आविष्कार के साथ ही समाप्त नहीं हो जाता। रचना-प्रक्रिया में 'स्वीकारवादी मन' की भी उतनी ही आवश्यकता है। अन्यथा 'आइडिया' या ज्ञान का 'क्रिया' में रूपांतर संभव नहीं। अतः प्रत्येक सर्जक या विधाता, जीवन के चाहे जिस क्षेत्र की बात हो, 'विद्रोही' और 'स्वीकारवादी' दोनों साथ ही साथ होता है। 'शत-प्रतिशत अस्वीकार' के फैशनेबुल दर्शन के प्रति मेरा आक्षेप यह भी है कि यह एक स्वयं आरोपित 'नो एक्जिट' (द्वार या वातायन रहित अवरुद्ध कक्ष) है, इसको लेकर बहुत आगे तक नहीं जाया जा सकता है। यह दर्शन विषय और विधा दोनों की नकारात्मक सीमा बाँधकर बैठा है और इसके द्वारा अपने 'स्व' को भी पूरा-पूरा नहीं पहचाना जा सकता है; तो 'स्व' से बाहर, इतिहास और समाज को समझने की तो बात ही नहीं उठती। यह 'शत-प्रतिशत अस्वीकार' का दर्शन कभी अस्तित्ववाद का चेहरा लेकर आता है तो कभी नव्य मार्क्सवाद का (क्लासिकल मार्क्सवाद से भिन्न); और ये दोनों मानसिक-बौद्धिक स्तर पर मौसेरे भाई हैं। ये एक ही ह्रासोन्मुख संस्कृति की संतानें हैं। योगशास्त्र में मन की पाँच अवस्थाएँ कही गई हैं : क्षिप्त, विक्षिप्त, विमूढ़, विरुद्ध और आरूढ़। ये दोनों दर्शन विमूढ़ स्थिति के दो भिन्न संस्करण हैं, अतः दोनों त्याज्य हैं।

यह बाढ़-वन्या का काल है। नदी अपनी दिशा भूलकर, कूल छोड़कर उन्मुक्त हो गई है, अतः बुद्धिजीवी वर्ग से धीरता और संयम अपेक्षित है। घबराकर वन्या की पथभ्रष्ट धार के प्रति आत्मसमर्पण करने की अपेक्षा जल के उत्तरण, वन्या के 'ओद्धार' की प्रतीक्षा करना अधिक उचित है। पानी हटने पर नदी फिर कूलों के बीच लौट जाएगी। नदी अपनी शैया यदि बदल भी दे, तो भी नयी शैया के साथ कोई कूल, कोई अवरोध तो उसे स्वीकार करना ही होगा। यह नया कूल भी उसी पुराने कूल के ही समानांतर होगा। नदी तब भी समुद्रमुखी ही रहेगी। उलटकर हिमाचलमुखी कभी नहीं हो सकती। अतः इस वन्या नाट्य के विष्कंभक के बीच का समय मैं न तो बहुत महत्त्वपूर्ण मानता हूँ और न

बहुत चिंताजनक। मैं बिलकुल अविचलित हूँ। मेरा विश्वास है कि कल नहीं तो परसों हम अर्थात् पुरानी पीढ़ी का युवा और मेरे बाल्यखिल्य छात्र-छात्रायें अर्थात् नई युवा पीढ़ी, दोनों मिलकर इस शासन एवं स्वस्था के पुतलीघर की नृत्य-कन्याओं के कत्थक नृत्य को साथ-साथ संचालित करेंगे यह पुतलीघर ऐसा है कि इसमें अनुशासित-संयमित-तालबद्ध कत्थक ही चल सकता है। अन्यथा जरा भी छंद-पतन होने पर कोई-न-कोई भयावह पुतली एक ही झपट्टे में हड्डी-आँत तक का भक्षण कर डालेगी क्योंकि इन पुतलियों में से कोई-कोई विषकन्याएँ भी हैं। अतः मैं चेष्टा करूँगा कि अपने अंदर की अमृता कला का आविष्कार करके इस उत्तराफाल्गुनी-काल को बीस-बाईस वर्ष के लिए अपने अंतर में स्थिर-अचल कर दूँ, बाहर-बाहर चाहे शरद बहे या निदाघ हू-हू करे। तब मैं अपने बालखिल्य सहचरों के साथ व्यवस्था की इन पुतलियों का छंदोबद्ध नृत्य भोग सकूँगा। और एक दिन वह भी आएगा जब कोई चिल्लाकर मेरे कानों में कहेगा 'फाइव ओ' क्लाक! पाँच बज गये!' कोई मेरे शीश पर घंटा बजा जाएगा, कोई मेरे हृदय में बोल जाएगा : 'बहुत हुआ। बहुत भोगा। अब नहीं। अब, अहं अमृतं इच्छामि। अहं वानप्रस्थं चरिष्यामि।' और तब मैं व्यवस्था के पुतलीघर की इन यंत्र कन्याओं से माफी माँगकर उत्तर-पुरुष की जय-जयकार बोलते हुए मंच से बाहर आ जाऊँगा और अपने को विसर्जित कर दूँगा लोकारण्य में, खो जाऊँगा। अपरिचित, वृक्षोपम, अवसर प्राप्त, रिटायर्ड स्थाणुओं के महाकांतार में। पर अभी नहीं। अभी तो मैं विश्वेश्वर के साँड की तरह जवान हूँ।

□□